Der Präventivkrieg

SCHRIFTEN ZUM STAATS- UND VÖLKERRECHT

Herausgegeben von Gilbert Gornig,
Burkhard Schöbener und Winfried Bausback

Begründet von Dieter Blumenwitz

Band 125

Peter Lang
Frankfurt am Main · Berlin · Bern · Bruxelles · New York · Oxford · Wien

Martin Kunde

Der Präventivkrieg

Geschichtliche Entwicklung und gegenwärtige Bedeutung

Peter Lang
Europäischer Verlag der Wissenschaften

Bibliografische Information der Deutschen Nationalbibliothek
Die Deutsche Nationalbibliothek verzeichnet diese Publikation in der Deutschen Nationalbibliografie; detaillierte bibliografische Daten sind im Internet über <http://www.d-nb.de> abrufbar.

Zugl.: Würzburg, Univ., Diss., 2006

Gedruckt auf alterungsbeständigem,
säurefreiem Papier.

D 20
ISSN 0172-7796
ISBN 3-631-56030-3

Printed in Germany 1 2 3 4 5 7

www.peterlang.de

VORWORT UND DANKSAGUNG

Die vorliegende Untersuchung wurde im Sommersemester 2006 von der Juristischen Fakultät der Bayerischen Julius-Maximilians-Universität Würzburg als Dissertation angenommen. Ich habe sie im April 2006 abgeschlossen, spätere Entwicklungen konnte ich bis Juli 2006 berücksichtigen.

Die Arbeit an der Dissertation wurde vom plötzlichen Tod von Herrn Professor Dr. Dr. h. c. mult. Dieter Blumenwitz im April 2005 überschattet. Als Teilnehmer seines völkerrechtshistorischen Seminars in Wildbad Kreuth regte er mich im Sommer 2003 zur Bearbeitung dieses Themas an und gab mir die Möglichkeit, für zwei Jahre an seinem Lehrstuhl zu arbeiten und zu forschen. Ihm gilt mein besonderer Dank. Gleichermaßen danke ich auch meinem verehrten Doktorvater, Herrn Privatdozent Dr. Winfried Bausback, der ohne Zögern die weitere Betreuung übernahm und die Arbeit wohlwollend begutachtete. Bei Herrn Professor Dr. Jan Dirk Harke bedanke ich mich für die zügige Erstellung des Zweitgutachtens.

Allen, die zum Gelingen dieser Arbeit beigetragen haben, bin ich zu Dankbarkeit verpflichtet. Von den Mitarbeitern und Kollegen am Lehrstuhl für Völkerrecht möchte ich Frau Ruth Rupp sowie Herrn Dr. Jan Hübner und Herrn Dr. Tobias Irmscher nennen. Ihre fachlichen Anregungen und organisatorischen Tipps waren mir stets willkommen. Für die Korrekturarbeiten am Manuskript bedanke ich mich bei Frau Franziska Schuirer und Frau Verena Staats, für die technische Unterstützung bei Herrn Christian Schöler. Die Aktivitas der Würzburger Burschenschaft Arminia grüße ich mit einem kräftigen „*vivat, crescat, floreat* Arminia!“ als Dank für ihre langjährige Gastfreundschaft. Ganz besonders herzlich danke ich schließlich meiner Freundin, Frau Cornelia Staats. Besonders in den letzten Monaten vor Abschluss der Dissertation hat sie mir mit Aufmerksamkeit, Zuspruch und Geduld den entscheidenden Rückhalt gegeben.

Der akademischen Tradition folgend widme ich diese Arbeit meinen lieben Eltern. Sie haben mir das Studium und die Promotion überhaupt erst ermöglicht und mich während dieser Zeit in jeder Hinsicht unterstützt.

Düsseldorf, im August 2006 — Martin Kunde

Inhaltsverzeichnis

ABKÜRZUNGSVERZEICHNIS

a.a.O.	am angegebenen Ort
Abs.	Absatz
AFDI	Annuaire Français de Droit International
AIDI	Annuaire de l'Institut de Droit International
AJIL	American Journal of International Law
Anm.	Anmerkung
Art.	Artikel
ASIL Proc.	American Society of International Law Proceedings (Annual Meeting)
Aufl.	Auflage
AVR	Archiv des Völkerrechts
Baltic YBIL	Baltic Yearbook of International Law
BayVBl.	Bayerische Verwaltungsblätter
Bd.	Band
BDGV	Berichte der deutschen Gesellschaft für Völkerrecht
Berkeley JIL	Berkeley Journal of International Law
BGBl.	Bundesgesetzblatt
BVerfGE	Entscheidungen des Bundesverfassungsgerichts
BVerwG	Bundesverwaltungsgericht
BYIL	The British Yearbook of International Law
CJIL	Chinese Journal of International Law
Columbia JTL	Columbia Journal of Transnational Law
Cornell ILJ	Cornell International Law Journal
Denver JILP	Denver Journal of International Law and Policy
disp.	disputatio
Diss. op.	Dissenting opinion
Doc. / Dok.	Document / Dokument
ebda.	ebenda
EJIL	European Journal of International Law
EuG	Europäisches Gericht Erster Instanz
EuGRZ	Europäische Grundrechte-Zeitschrift
f. / ff.	folgende(r)
FAZ	Frankfurter Allgemeine Zeitung
Fn.	Fußnote

FW	Die Friedenswarte (Zeitschrift)
GA/Res.	Resolution der Generalversammlung der Vereinten Nationen
GAOR	General Assembly Official Records
GLJ	German Law Journal
GYIL	German Yearbook of International Law (bis 18. Jg. JöR)
Harv. J. Law & Publ. Pol.	Harvard Journal of Law & Public Policy
Harvard ILJ	Harvard International Law Journal
Hrsg.	Herausgeber
HS	Halbsatz
HuV-I	Humanitäres Völkerrecht – Informationsschriften
i.e.	id est
i.e.S. / i.w.S.	im engeren Sinne / im weiteren Sinne
i.S.v.	im Sinne von
ICJ Rep.	International Court of Justice. Reports on Judgements, Advisory Opinions and Orders
ICLQ	The International and Comparative Law Quarterly
ICTY	International Criminal Tribunal for the Former Yugoslavia
IGH	Internationaler Gerichtshof
ILC	International Law Commission
ILM	International Legal Materials
JHIL	Journal of the History of International Law
JIR	Jahrbuch für internationales Recht (ab 19. Jg. GYIL)
JöR	Jahrbuch des öffentlichen Rechts
Kap.	Kapitel
lit.	littera
LNTS	League of Nations Treaty Series
m.w.N.	mit weiteren Nachweisen
Max Planck UNYB	Max Planck Yearbook of United Nations Law
Miskolc JIL	Miskolc Journal of International Law
n.F.	neue Folge
NILR	Netherlands International Law Review
NJIL	Nordic Journal of International Law
NJW	Neue Juristische Wochenschrift
Notre Dame LR	Notre Dame Law Review

NSS	National Security Strategy
NYIL	Netherlands Yearbook of International Law
NYT	The New York Times
NZZ	Neue Zürcher Zeitung
o. S.	ohne Seitenzahl
ÖstZöffR	Österreichische Zeitschrift für öffentliches Recht (ab 50. Jg. ZÖR)
PCIJ, Series	Sammlung der Rechtsprechung des Ständigen Internationalen Gerichtshofs, Reihe
Phil. & Publ. Affairs	Philosophy and Public Affairs
Prol.	Prolegomena
PSQ	Political Science Quarterly
RdC	Recueil des Cours de l'Académie de Droit International
RDI	Revue de droit international, de sciences diplomatiques et politiques
RGBl.	Reichsgesetzblatt
RICR	Revue internationale de la Croix-Rouge
Rn.	Randnummer
S.	Seite bzw. Satz
San Diego ILJ	San Diego International Law Journal
SC/Res.	Resolution des Sicherheitsrates der Vereinten Nationen
SCOR	Security Council Official Records
sec.	sectio(n)
Sess.	Session
SRÜ	Seerechtsübereinkommen der Vereinten Nationen vom 10. Dezember 1982
StIGH	Ständiger Internationaler Gerichtshof
Supp.	Supplement
SWP	Stiftung Wissenschaft und Politik
UdSSR	Union der Sozialistischen Sowjetrepubliken
UN	United Nations
UNYB	Yearbook of the United Nations
URL	Uniform Resource Locator
VBS	Völkerbundsatzung
Verf.	Verfasser
VN	Vereinte Nationen (Zeitschrift)
Vol.	Volume

WVR	Wörterbuch des Völkerrechts
WVRK	Wiener Übereinkommen über das Recht der Verträge vom 23. Mai 1969
ZaöRV	Zeitschrift für ausländisches öffentliches Recht und Völkerrecht
ZfP	Zeitschrift für Politik
ZHF	Zeitschrift für historische Forschung
Ziff.	Ziffer
zit.	zitiert
ZÖR	Zeitschrift für öffentliches Recht (bis 49. Jg. ÖstZöffR)
ZPol	Zeitschrift für Politikwissenschaft
ZRP	Zeitschrift für Rechtspolitik
ZSE	Zeitschrift für Staats- und Europawissenschaften
ZStW	Zeitschrift für die gesamte Strafrechtswissenschaft

Einleitung

Am 17. September 2002 veröffentlichte Präsident George W. Bush die neue Nationale Sicherheitsstrategie der Vereinigten Staaten. Dieser sonst wenig öffentliche Aufmerksamkeit erregende Sicherheitsbericht des Präsidenten an den Kongress wurde in jenem Jahr mit Spannung erwartet, da es die erste Ausgabe nach den verheerenden Terroranschlägen vom 11. September 2001 sein sollte. Als die größte Bedrohung für die nationale und internationale Sicherheit zu Beginn des 21. Jahrhunderts identifiziert das als Bush-Doktrin bekannt gewordene Dokument das Zusammentreffen von weit verbreiteten Massenvernichtungswaffen mit global operierenden Terrornetzwerken und „Schurkenstaaten". Gegen diese Gefahren müssten die USA sich und ihre Verbündeten energisch verteidigen, wenn nötig auch mit militärischen „preemptive actions". In den folgenden sechs Monaten machten die USA das Argument der „preemptive self-defense" zum Kern ihrer politischen Begründung – nicht aber der juristischen Rechtfertigung – für die gewaltsame Entmachtung des irakischen Präsidenten Saddam Hussein. Am frühen Morgen des 20. März 2003 eröffneten die US-amerikanisch geführten Koalitionsstreitkräfte unter dem Namen „Operation Iraqi Freedom" den Krieg gegen den Irak.

Diese hier nur sehr grob skizzierten Ereignisse haben eine kontrovers, bisweilen hysterisch geführte Debatte in der internationalen Politik und im völkerrechtlichen Schrifttum angeregt, in deren Zentrum die Schlagworte „preemptive strike", „präventive Selbstverteidigung" und – als ihr Oberbegriff – „Präventivkrieg" stehen. Dabei ist die Methode der präventiven Kriegsführung keine Entdeckung der jüngeren Zeit; der Gedanke des vorbeugenden Schlages gegen den mächtiger werdenden Feind findet sich bereits im Werk des griechischen Historikers Thukydides (ca. 460-400 v. Chr.). In seiner Geschichte des Peloponnesischen Krieges schildert Thukydides, wie Sparta um die Entscheidung rang, ob der wachsenden Macht Athens mit Krieg begegnet werden solle, um der Gefahr auch für die eigenen Verbündeten vorzubeugen. In seiner Rede gegen den zu Mäßigung mahnenden König Archidamos wirbt der Ephor Sthenelaidas eindringlich für den Krieg, indem er dessen präventiven Charakter herausstreicht:

> „Lakedämonier! Stimmt, wie es Spartas würdig ist, für den Krieg! Lasset nicht die Athener zu mächtig werden! Wir wollen unsere Bundesgenossen nicht verraten, sondern mit den Göttern gegen die Frevler ins Feld ziehen!"[1]

---

[1] THUKYDIDES, Der Peloponnesische Krieg, Buch I, §§ 80 ff. (86): „Ψηφίζεσθε οὺν, ώ Λακεδαιμόνιοι, άξίως τής Σπάρτης τόν πόλεμον, καί μήτε τοὺς΄ Αθηναίους έατε μείζους γίγνεσθαι μήτε τοὺς ξυμμάχους καταπροδιδώμεν, άλλὰ ξὺν τοίς θεοίς επίωμεν επί τοὺς άδικουντας.". Zum politischen Hintergrund der Auseinandersetzung BUCHHEIM, Der Staat 30 (1991), 323 (335 f.).

Ziel dieser Untersuchung ist nicht die juristische Bewertung des Waffengangs der USA und ihrer Verbündeten gegen den Irak. Die Zahl von Beiträgen zu dieser Frage ist Legion, die Argumente sind ausgetauscht.[2] Vielmehr will sich die Arbeit dem als abstrakte Rechtsbehauptung formulierten Konzept der „preemptive self-defense" vor dem ideengeschichtlichen Hintergrund des Präventivkrieges nähern. Die Anregung hierzu gibt die Bush-Doktrin selbst, indem sie das von ihr postulierte Recht auf „preemptive self-defense" in eine Traditionslinie mit dem Völkerrecht vergangener Jahrhunderte stellt.[3]

Ausgangspunkt für die ideengeschichtliche Betrachtung des Präventivkrieges soll das Werk des oft als „Vater des Völkerrechts" gerühmten Niederländers Hugo Grotius sein. Dessen im Jahr 1625 veröffentlichte Schrift *De iure belli ac pacis libri tres* gilt – zusammen mit den Instrumentarien des Westfälischen Friedens – als erste Äußerung eines frühneuzeitlichen Völkerrechts. Die Lehren von Grotius als einem der Klassiker der völkerrechtlichen Literatur können zwar keine aktuelle Normativität beanspruchen, Maßstab ist insofern allein das geltende Völkerrecht. Als ideengeschichtlicher Kontext konkreter vertrags- und gewohnheitsrechtlicher Regelungen helfen die Klassikertexte jedoch, die heutigen Kontroversen sinnvoll in der Völkerrechtslehre einzuordnen und so den Blick vom rein Tagespolitischen zu den zeitlos gültigen Grundsatzfragen zu weiten. So betrachtet werden ihre Schriften zu „Fundgruben für ein Denken, dem Zusammenhang von Erneuerung und Tradition gegenwärtig ist".[4]

Die erste, in die Vergangenheit gerichtete Frage dieser Arbeit lautet daher, ob es in der völkerrechtlichen Beurteilung des Präventivkrieges eine Kontinuität gibt, die sich von der gegenwärtigen Rechtslage bis zu den Anfängen der modernen Völkerrechtswissenschaft zurückverfolgen lässt. Der Antwort auf diese Frage schließt sich eine zweite, nun in die Zukunft gewandte Frage an: Fügt sich das von der Bush-Doktrin formulierte Konzept der „preemptive self-defense" in eine solche Kontinuität ein oder bricht sie mit ihr? Aus diesen beiden Fragen ergibt sich der Gang der Untersuchung.

---

2 Einen Überblick über die Positionen in der amerikanischen bzw. europäischen Völkerrechtslehre bieten O'CONNELL, AFDI 49 (2003), 3 ff. bzw. IOVANE / DE VITTOR, AFDI 49 (2003), 17 ff. Den Einfluss der Rechtskulturunterschiede zwischen den USA und Europa auf die Beurteilung des Irak-Krieges beleuchtet HESTERMEYER, ZaöRV 64 (2004), 315 (326 ff.).

3 NSS 2002, V. Kap., S. 15: "For centuries, international law recognized that nations need not suffer an attack before they can lawfully take actions to defend themselves against forces that present an imminent danger of attack.".

4 Zu diesem Ansatz HÄBERLE, Klassikertexte im Verfassungsleben, S. 55 ff. Ihm folgend speziell für die moderne Rezeption der Völkerrechtsklassiker KOTZUR, JöR 49 n.F. (2001), 329 (346 ff.).

A. Gang der Untersuchung

Das erste Kapitel der Arbeit untersucht die rechtliche Beurteilung des Präventivkrieges in Hugo Grotius' Hauptwerk *De iure belli ac pacis*. Um Grotius' Völkerrechtslehre in ihrem dogmatischen Kontext gerecht werden zu können, müssen zunächst die beiden zentralen Begriffe „Krieg“ und „Recht“ sowie die Unterscheidung zwischen Naturrecht (*ius naturae*) und gewillkürtem Völkerrecht (*ius gentium*) in Grotius' Werk analysiert werden. Innerhalb dieser beiden Ordnungen gelten verschiedene Grundsätze, so dass die rechtliche Zulässigkeit des Präventivkrieges im Naturrecht und im gewillkürten Völkerrecht getrennt betrachtet werden muss. Notwendige Vorfrage ist dabei jeweils das innerhalb jeder Ordnung geltenden *ius ad bellum*[5], da sich die Frage der Rechtmäßigkeit des Präventivkrieges nur stellt, wenn das Recht der Staaten zur Kriegsführung materiellen, das heißt nicht im Belieben der Staaten als Rechtsanwender stehenden Beschränkungen unterliegt. Anhand dieser Ergebnisse sowie unter Berücksichtigung der komplizierten Verschränkungen zwischen Naturrecht und gewillkürtem Völkerrecht kann dann Grotius' Standpunkt zum Präventivkrieg herausgearbeitet werden. Das Kapitel schließt ab mit der Frage nach Grotius' Einfluss auf die völkerrechtliche Beurteilung des Präventivkrieges in der kontinentaleuropäischen Völkerrechtslehre des 17. und 18. Jahrhunderts.

Das zweite Kapitel wendet sich der rechtlichen Beurteilung des Präventivkrieges unter Geltung des Friedenssicherungssystems der Vereinten Nationen zu. Dazu wird zunächst die dynamische Entwicklung von den ersten Kriegsbeschränkungen am Anfang des 20. Jahrhundert bis zum universellen Gewaltverbot der UN-Charta von 1945 verfolgt. Dieses Verbot geht zwar weit über eine schlichte Beschränkung des *ius ad bellum* früherer Tage hinaus. Gleichwohl kennt die UN-Charta Ausnahmen, innerhalb derer die Staaten weiterhin das Recht zur individuellen oder kollektiven Gewaltanwendung haben; diskutiert werden darüber hinaus weitere, diesmal gewohnheitsrechtliche Ausnahmen vom Gewaltverbot. Rechtmäßige präventive Kriegsführung scheint damit nur noch innerhalb dieser Ausnahmen denkbar. Im Mittelpunkt des Interesses steht die präventive Selbstverteidigung, deren Zulässigkeit und Voraussetzungen in der Staatenpraxis und in der Völkerrechtslehre intensiv diskutiert wird. Hintergrund dieser Auseinandersetzung ist das komplexe Verhältnis zwischen Art. 51 UN-Charta und dem parallel dazu existierenden völkergewohnheitsrechtlichen Selbstverteidigungsrecht. Durch eine Analyse der Wurzeln des modernen Selbstverteidigungsrechts im 19. Jahrhundert, der Praxis des Sicherheitsrats der Vereinten Nationen sowie der Argumente des Schrifttums sollen die völkerge-

---

[5] Das Begriffspaar *ius ad bellum / ius in bello* war dem klassischen Völkerrecht allerdings unbekannt und ist erst seit den 1930er Jahren gebräuchlich (dazu KOLB, RICR 1997, 593 ff.).

wohnheitsrechtlichen Schranken identifiziert werden, innerhalb derer ein Staat sich gegen einen drohenden, unmittelbar bevorstehenden Angriff verteidigen darf. Das Kapitel schließt mit einem Vergleich zwischen der rechtlichen Beurteilung des Präventivkrieges bei Hugo Grotius und im aktuellen Völkerrecht ab.

Das dritte Kapitel der Arbeit untersucht, ob die von der neuen Nationalen Sicherheitsstrategie der USA proklamierte Ausweitung des Selbstverteidigungsrechts mit der Völkerrechtsordnung *de lege lata* vereinbar ist. Dazu wird die Bush-Doktrin zunächst in die Tradition früherer US-amerikanischer Sicherheitsstrategien gestellt und der Einfluss der neokonservativen Denkschule auf ihre Entwicklung beleuchtet. Daran schließt sich eine Analyse des Inhalts der Bush-Doktrin an, wobei das besondere Augenmerk der Forderung nach Ausweitung des Selbstverteidigungsrechts auf die „preemptive self-defense" gilt. Die mit diesem Konzept verbundene Vorverlagerung der Schwelle, ab der ein Staat sich gegen erst drohende Gefahren verteidigen darf, muss sich an den Grundpfeilern der geltenden Völkerrechtsordnung messen lassen. „Preemptive self-defense" berührt das sensible Regel-Ausnahme-Verhältnis zwischen Gewaltverbot und Selbstverteidigungsrecht, da es die Grenze zwischen Angriff und Verteidigung verschiebt. Unter Berücksichtigung der in den beiden ersten Kapiteln gewonnenen Erkenntnisse über die Traditionslinien des präventiven Selbstverteidigungsrechts wird gefragt, ob die neuen Gefahren durch Massenvernichtungswaffen diesen tiefen Eingriff in die Völkerrechtsordnung rechtfertigen. Schließlich soll anhand der völkerrechtlichen Rechtsquellenlehre der Einfluss der Bush-Doktrin auf die künftige Entwicklung des Völkervertrags- und des Völkergewohnheitsrechts beleuchtet werden. Von besonderem Interesse ist hierbei die Frage, ob der Irak-Krieg des Jahres 2003 die Umsetzung des Konzepts der „preemptive self-defense" in der Staatenpraxis darstellt und die Bush-Doktrin daher als werdendes Völkergewohnheitsrecht bezeichnet werden kann.

In der Schlussbetrachtung sollen dann die gewonnenen Erkenntnisse über die Traditionslinien in der völkerrechtlichen Bewertung des Präventivkrieges zusammengefasst und die eingangs aufgeworfene Frage beantwortet werden, wie sich das Konzept der „preemptive self-defense" in diese Kontinuität einfügt.

B. Herkunft und Bedeutung des Begriffs „Präventivkrieg"

Vor Beginn der Untersuchung über die rechtliche Bewertung des Präventivkrieges soll der Inhalt dieses Begriffs bestimmt werden. Der Historiker Karl-Ernst Jeismann vertritt in Abwandlung eines Wortes von Friedrich Nietzsche zwar die Auffassung, dass außer allgemeinen und weiten Abgrenzungen keine klare und brauchbare Definition des Begriffs „Präventivkrieg" existiert, die der geschichtlichen Vielfalt seiner Erscheinungen gerecht wird: Derart definiert werden könne nur, was keine Geschichte habe.[6] Daher sei es schwierig, wenn nicht gar unmöglich, die Fülle der verschiedenen Präventivkriegssituationen und der ihnen entsprechenden Formen dieses Krieges auf wenige, juristisch klare Begriffe zu bringen.[7] Anders als vielleicht die Geschichtsforschung kommt eine völkerrechtliche Untersuchung der präventiven Kriegsführung ohne eine klare Definition ihres Untersuchungsgegenstandes nicht aus. Allerdings führt die Eingrenzung des Begriffs „Präventivkrieg" dazu – dies ist Jeismann zuzugeben – dass bestimmte Sachverhalte, die der Historiker als Präventivkrieg bezeichnen würde, ausgeschlossen werden und umgekehrt.

I. Die etymologische Herkunft des Begriffs „Präventivkrieg"

Der Begriff „Präventivkrieg" gehört der Diplomatensprache des 18. und 19. Jahrhunderts an. Im Zuge der Zurückdrängung des Französischen als *lingua franca* von Politik und Diplomatie bürgerte sich der deutsche Ausdruck – wohl als Teilübersetzung von „guerre de précaution"[8] und „guerre préventive" – ab Mitte des 19. Jahrhunderts langsam in Deutschland ein.[9] Im englischen Sprachraum lässt sich der Begriff „preventive war" bereits im frühen 17. Jahrhundert nachweisen.[10] Die ebenfalls gebräuchliche Bezeichnung „preemptive war" beruht hingegen auf einer Besonderheit im amerikanischen Sprachgebrauch, nach der die Ausdrücke „preemptive" und „preventive" trotz der Ableitung von unterschiedlichen lateinischen Wortstämmen[11] synonym verwendet werden.[12] Hintergrund dieser Gleichsetzung sind die in Verkennung des römisch-rechtlichen

---

6 JEISMANN, Präventivkrieg, S. 3. So auch ROGGE, Nationale Friedenspolitik, S. 574, der „die ungeklärte Vieldeutigkeit der Begriffe vom Präventivkrieg" beklagt.

7 JEISMANN, Präventivkrieg, S. 125. Kritisch zu den bestehenden Definitionsansätzen auch ROGGE, Nationale Friedenspolitik, S. 573: „Es fehlt nicht an Definitionen des Präventivkrieges, welche zeigen, dass der Autor sich eine leidliche Vorstellung von dem bildet, was er meint, wenn schon dabei die Vorstellungselemente in ihrem rechtstheoretischen Charakter, in ihrer Abweichung von dem Präventivkriegsbegriff anderer Vorstellungsart unanalysiert bleiben.".

8 Vgl. FRIEDRICH DER II. VON PREUßEN, L'Antimachiavel, S. 159: « Il y a des guerres de précaution, que les princes font sagement d'entreprendre. Elles sont offensives, à la vérité, mais elles n'en sont pas moins justes. [...] C'est une maxime certaine qu'il vaut mieux prévenir que d'être prévenu; ...» (Hervorhebung vom Verf.).

9 JEISMANN, Präventivkrieg, S. 2 mit Anm. 5.

10 Vgl. BACON, Considerations touching a war with Spain, S. 477: "For certainly, as long as men are men [...] and as long as reason is reason, a just fear will be a just cause of a preventive war.".

11 Lat. *praeemere* = vorkaufen; lat. *praevenire* = zuvorkommen.

12 SAFIRE, Safire's New Political Dictionary, S. 607 und 612 f.

Vorkaufrechts[13] als „pre-emption laws" bezeichneten Gesetze, die bis 1891 Siedlern im Westen der Vereinigten Staaten das Eigentum an dem von ihnen urbar gemachten und bewirtschafteten öffentlichen Grund und Boden einräumten. Der Eigentümer konnte dann andere von der Nutzung ausschließen, weil er diesen durch die Landnahme vorausgekommen war.[14] „To preempt" wird daher auch im Sinne von „to prevent something by taking action in advance" verstanden.[15]

II. Der völkerrechtliche Kriegsbegriff im Wandel der Zeit

Die Arbeit betrachtet die Völkerrechtsdoktrin über die präventive Kriegsführung über einen Zeitraum von annähernd vierhundert Jahren. Eine erste Schwierigkeit liegt nun darin, dass die Bedeutung des Begriffs „Krieg" in dieser Zeit selbst Wandlungen unterworfen war. So definierte Grotius den Krieg im frühen 17. Jahrhundert als *status per vim certantium*[16], als Zustand derer, die einander mit Gewalt bekämpfen. Damit war Grotius der erste völkerrechtliche Autor, der den Begriff des Krieges von der bloßen Tatsache der Gewaltanwendung abstrahierte und als einen vom Frieden streng zu unterscheidenden Rechtszustand begriff.[17] Seine Definition des Krieges umfasste jedoch noch jeden zwischenmenschlichen Konflikt, der potentiell mit Gewalt ausgetragen werden kann. So kannte Grotius neben dem Krieg zwischen souveränen Fürsten auch den gemischten Krieg und sogar den Privatkrieg.

Das klassische Völkerrecht verstand den Krieg als faktische Situation der zwischenstaatlichen Gewaltanwendung mit dem Ziel, den Gegner niederzuwerfen, um ihm seinen Willen aufzuzwingen.[18] Dabei wurden Krieg und Frieden im Anschluss an Grotius als zwei voneinander scharf zu unterscheidende Rechtszustände betrachtet. Bezeichneten die Staaten bis zum Beginn des 19. Jahrhunderts noch jede bewaffnete Auseinandersetzung undifferenziert als Krieg[19], setzte sich

---

13 Ein Vorkaufsrecht ist dem klassischen römischen Recht der Sache nach nicht unbekannt, üblich scheint es im Gegensatz zum Vorbehalt des besseren Gebots, der *in diem addictio*, jedoch nicht gewesen zu sein. Es findet sich nur in zwei Digestenstellen (D 18.1.75 Herm 2 epit, D 19.1.21.5 Paul 33 ed) und dort jeweils als Gegenstand einer *lex contractus*, mit der sich der Verkäufer den Rückerwerb der Kaufsache sichert.

14 BLUMENWITZ, Präventionsstrategie, S. 26.

15 Oxford Advanced Learner's Dictionary of Current English, 4. Aufl., Oxford u.a. 1989, S. 975.

16 GROTIUS, IBP, 1. Buch, 1. Kap., II, 1.

17 GROTIUS, IBP, 3. Buch, 21. Kap., I, 1: *„[I]nter bellum et pacem nihil est medium."*. Grotius zitiert CICERO, Philippica VIII, 1, 4: *„Etenim cum inter bellum et pacem medium nihil sit, ..."*.

18 MENG, War, in: Bernhardt, EPIL IV, S. 1335. Verschiedene Kriegsdefinitionen aus dieser Zeit bringen MCNAIR / WATTS, The Legal Effects of War, S. 6.

19 RIFAAT, International Aggression, S. 19.

in der Folgezeit die Ansicht durch, dass der Wechsel vom Friedens- in den Kriegszustand den Kriegsführungswillen (*animus belli gerendi*) zumindest einer der Konfliktparteien erfordert.[20] Diese Absicht musste dem Gegner durch eine Kriegserklärung oder zumindest konkludent angezeigt werden.[21] Sofern jedoch beide Seiten ihren Kriegsführungswillen leugneten, eröffnete dieser subjektive Kriegsbegriff den Konfliktparteien die Möglichkeit, außerhalb des Kriegszustandes Gewaltakte zu setzen, ohne dabei an das Kriegsrecht gebunden zu sein. So wurden im 19. und beginnenden 20. Jahrhundert zwischenstaatliche Gewaltmaßnahmen häufig auch größeren Ausmaßes als „bewaffnete Intervention", „Friedensblockade" oder „militärische Repressalie" (so genannte „measures short of war"[22]) deklariert, ohne dass die Konfliktparteien damit den Kriegszustand zwischen sich begründeten.[23]

Der Krieg als Rechtsbegriff wurde nach dem Ersten Weltkrieg in keinem der beiden großen Pakte zur Kriegsverhütung, der Völkerbundsatzung von 1919 und dem Briand-Kellogg-Pakt von 1928, definiert.[24] Die Staatenpraxis rückte jedoch davon ab, in der militärischen Gewaltanwendung die *conditio sine qua non* des Kriegszustandes zu sehen.[25] Der Eintritt in den Zustand des „Krieges" erlaubt danach zwar die Anwendung von Gewalt, er setzt sie jedoch nicht voraus. Der *animus belli gerendi* zumindest einer Seite blieb jedoch weiterhin Voraussetzung für die Qualifikation eines Konflikts als „Krieg". Exemplarisch für diesen formellen Kriegsbegriff ist die Definition des Wiener Völkerrechtlers Josef L. Kunz aus dem Jahr 1935:

> „Krieg ist [...] ein Rechtszustand zwischen souveränen Staaten der Völkerrechtsgemeinschaft, der zumindest von einer Seite in der erklärten oder aus konkludenten Handlungen hervorgehender Absicht, Krieg führen zu wollen, geschaffen wird und der beide Gegner zur Setzung militärischer Gewaltakte, zum Eingreifen in alle möglichen Rechte der gegnerischen Rechtssphäre, innerhalb der vom völkerrechtlichen Kriegsrecht gezogenen Schranken ermächtigt."[26]

---

20 MENG, War, in: Bernhardt, EPIL IV, S. 1336; GREEN, AVR 6 (1956/57), 387 (398).

21 Art. 1 des III. Haager Abkommens von 1907 (RGBl. 1910, 82) machte die vorherige Kriegserklärung zur Voraussetzung für den Eintritt des Kriegszustandes. Diese Vertragsbestimmung kodifizierte jedoch nicht das damalige Völkergewohnheitsrecht und konnte diesen Rang auch später nicht erreichen (DINSTEIN, War, Aggression and Self-Defence, S. 30).

22 Zwischen den verschiedenen Arten gewaltsamer Selbsthilfe wurde allerdings nicht juristisch klar differenziert (WALDOCK, Use of Force, RdC 81 (1952/II), S. 457).

23 HEINTSCHEL VON HEINEGG, Seekriegsrecht, S. 159; KUNZ, Kriegsbegriff, in: Strupp / Schlochauer, WVR II, S. 330.

24 GREEN, AVR 6 (1956/57), 387 (409 f.).

25 MENG, War, in: Bernhardt, EPIL IV, S. 1335.

26 KUNZ, Kriegsrecht und Neutralitätsrecht, S. 6 f. Ähnlich BERBER, Völkerrecht II, S. 3: „Krieg ist der Zustand der Beziehungen zwischen zwei Staaten, zwei Staatengruppen oder

Nach dem Zweiten Weltkrieg wurde dem Begriff des Krieges im gemeinsamen Art. 2 der vier Genfer Rotkreuz-Konventionen vom 12. August 1949[27] der weitere Begriff des (internationalen) „bewaffneten Konflikts" zur Seite gestellt.[28] Notwendige Voraussetzung für die Geltung der Regeln des humanitären Kriegsvölkerrechts ist damit nicht mehr der „Krieg" im formellen Sinne, ausreichend ist vielmehr das faktische Vorliegen eines „bewaffneten Konflikts".[29] Durch das I. Zusatzprotokoll zu den Genfer Konventionen vom 8. Juni 1977[30] wurde der „internationale bewaffnete Konflikt" schließlich auch zum Schlüsselbegriff für die Anwendbarkeit des Rechts der Mittel, Methoden und Objekte bewaffneter Schädigungshandlungen, des so genannten „Haager Rechts".[31] Der internationale bewaffnete Konflikt wird definiert als

> „ein Rechtsverhältnis zwischen Konfliktparteien, die im Rahmen dieses Rechtsverhältnisses rechts- und handlungsfähig sind, wobei dieses Rechtsverhältnis in dem Zeitpunkt entsteht, in dem eine Konfliktpartei gegen den völkerrechtlich geschützten Bereich des Gegners in zurechenbarer Weise Waffengewalt anwendet."[32]

Der „internationale bewaffnete Konflikt" begründet zwischen den Konfliktparteien also auch gegen ihren Willen ein Rechtsverhältnis, so dass der vage subjektive Kriegsbegriff für die Anwendung des gesamten *ius in bello* hinfällig geworden ist. Auf diese Weise wurde den Konfliktparteien die zuvor mögliche Umgehung des *ius in bello* durch Bezeichnung der Gewaltakte als „measures short of war" abgeschnitten.[33]

Aber auch für das Recht der Staaten zur Anwendung militärischer Gewalt (*ius ad bellum*) spielt der Begriff des Krieges seit 1945 keine bedeutende Rolle mehr. Die UN-Charta kennt den Begriff „Krieg" nur in den mahnenden Worten der Präambel, verwendet aber in ihren operativen Bestimmungen die Ausdrücke

---

einer Staatengruppe und einem Staat, unter dem die Geltung des Friedensvölkerrechts zwischen ihnen suspendiert ist." McNAIR / WATTS, The Legal Effects of War, S. 6 f., halten eine exakte Definition des Krieges hingegen für unmöglich.

27 UNTS 75, 31, 85, 135 und 287; BGBl. 1954 II, 783, 813, 838 und 917.

28 PARTSCH, Armed Conflict, in: Bernhardt, EPIL I, S. 251; IPSEN, Zum Begriff des „internationalen bewaffneten Konflikts", S. 421.

29 GREENWOOD, ICLQ 36 (1987), 283 (304); KOLLER, Harvard ILJ 46 (2005), 231 (247).

30 BGBl. 1990 II, 1233.

31 IPSEN, in: Ipsen, Völkerrecht, § 63 Rn. 8 f. Mit den USA, Israel und der Türkei sind jedoch einige einflussreiche Staaten dem I. Zusatzprotokoll bisher nicht beigetreten. Die Haager Konventionen wurden allerdings schon in den 1950er Jahren allgemein als auch in „internationalen bewaffneten Konflikten" geltend interpretiert (GREENWOOD, ICLQ 36 (1987), 283 [295]).

32 IPSEN, Zum Begriff des „internationalen bewaffneten Konflikts", S. 420.

33 Allerdings ist auch der Begriff des „bewaffneten Konflikts" nicht scharf konturiert und verschiedenen Auslegungen zugänglich, vgl. KOLLER, Harvard ILJ 46 (2005), 231 (248) und DETTER, The Law of War, S. 20.

„Drohung oder Anwendung von Gewalt" (Art. 2 Nr. 4), „Angriffshandlung" (Art. 39), „Waffengewalt" (Art. 41) und „bewaffneter Angriff" (Art. 51). Einige Stimmen im völkerrechtlichen Schrifttum bezweifeln daher, dass das Konzept des „Krieges" als eine vom „Frieden" scharf zu unterscheidende Rechtsordnung unter Geltung der UN-Charta aufrechterhalten werden kann: Ein Rechtszustand, der die auch unverhältnismäßige Schädigung des Gegners erlaubt, sei mit dem Charakter des Gewaltverbots als *ius cogens* unvereinbar.[34] Eine dahingehende Überzeugung in der Staatengemeinschaft lässt sich allerdings nicht belegen.[35]

Tatsächlich gab es jedoch nach dem Zweiten Weltkrieges nur wenige militärische Auseinandersetzungen, bei denen sich die Konfliktparteien in einem förmlichen Kriegszustand gegenüber standen.[36] Seine frühere Bedeutung hat der Rechtsbegriff „Krieg" damit weitgehend verloren, er kann mit einigem Recht als ein „Relikt aus der Völkerrechtsgeschichte" bezeichnet werden.[37] Bezeichnend für diese Entwicklung ist, dass der Krieg als konturierter Rechtsbegriff in vielen Werken der aktuellen völkerrechtlichen Literatur nicht mehr vorkommt. Wenn daher im Folgenden vom Präventiv*krieg* die Rede ist, wird ein der jeweiligen Zeit angemessenes Verständnis von Krieg zugrunde gelegt. Für die Zeit nach 1945 bietet sich die Kriegsdefinition des israelischen Völkerrechtlers Yoram Dinstein an, die auch den „internationalen bewaffneten Konflikt" einschließt, sofern er die Schwelle der massiven militärischen Gewaltanwendung überschritten hat und sich als Krieg im materiellen Sinne darstellt:

> "War is a hostile interaction between two or more States, either in a technical or in a material sense. War in the technical sense is a formal status produced by a declaration

---

[34] DONNER, AVR 33 (1995), 168 (185). Zu dieser Diskussion ausführlich HEINTSCHEL VON HEINEGG, Seekriegsrecht, S. 44 ff. und SCHINDLER, Ius ad bellum und ius in bello, S. 251 ff.

[35] GREENWOOD, ICLQ 36 (1987), 283 (305). Auch in der Literatur halten viele Stimmen an der Zulässigkeit des Kriegszustandes auch unter der UN-Charta fest, vgl. nur DINSTEIN, War, Aggression and Self-Defence, S. 207 ff.; MENG, War, in: Bernhardt, EPIL IV, S. 1337; BLUMENWITZ, BayVBl. 1986, 737 (740).

[36] Vgl. dazu die Analyse der Staatenpraxis nach 1945 bei GREENWOOD, ICLQ 36 (1987), 283 (290 ff.). Die USA eröffneten die Feindseligkeiten gegen den Irak am 20. März 2003 nach Ablauf eines „Ultimatums mit bedingter Kriegserklärung", was den Anforderungen des Art. 1 der III. Haager Konvention von 1907 entspricht, vgl. BLUMENWITZ, Der Präventivkrieg und das Völkerrecht, S. 32 (Anm. 51) und HEINTSCHEL VON HEINEGG, Neutralitätsrecht, S. 241.

[37] PARTSCH, Armed Conflict, in: Bernhardt, EPIL I, S. 252. Für die grundsätzliche Beibehaltung des Krieges als Institut des Völkerrechts spricht auch, dass das Neutralitätsrecht und das Recht des Wirtschaftskrieges nicht an der Fortentwicklung des Kriegsrechts seit Ende des Zweiten Weltkrieges teilgenommen haben und immer noch an das Vorliegen eines förmlichen Kriegszustandes anknüpfen (PARTSCH, a.a.O.).

of war. War in the material sense is generated by actual use of armed force, which must be comprehensive on the part of at least one party to the conflict."[38]

Der von der amerikanischen Regierung nach den Terroranschlägen vom 11. September 2001 schlagwortartig ausgerufene „war on terror“[39] ist daher kein „Krieg“ im dargelegten völkerrechtlichen Sinne, da die globale Bekämpfung international operierender Terrorgruppen keine Auseinandersetzung zwischen Staaten ist.[40]

III. Die Besonderheit der präventiven Kriegsführung

Offen geblieben ist damit noch die Frage, was einen Krieg zum Präventivkrieg macht. Worin liegt das vorbeugende Moment? Friedrich Berber definiert den Präventivkrieg als einen Krieg, der geführt wird, um der von einem anderen Staat drohenden Gefahr rechtzeitig zuvorzukommen, bevor dieser übermächtig wird.[41] Der Begriff der „Übermacht“ weist darauf hin, dass der Präventivkrieg der vorbeugenden Eindämmung der gegnerischen Macht und damit auch der verhältnismäßigen Erhaltung der eigenen Macht dient. Der Präventivkrieg sei also unmittelbar mit dem Gedanken des Gleichgewichts der Mächte verbunden.[42] Um eine Verschiebung des Mächtegleichgewichts zu verhindern, sei die präventive Kriegsführung im Grenzfall ein geeignetes Mittel gewesen, von dem auch immer wieder Gebrauch gemacht worden sei. So seien die meisten modernen Kriege in Europa Gleichgewichtskriege gewesen.[43]

Nach Ansicht des Wiener Völkerrechtlers Leo Strisower zeichnet den Präventivkrieg aus, dass er zur Schwächung eines Gegners geführt wird, von dem vorausgesetzt wird, dass er in Zukunft den Willen zum Angriff hegen werde. Die Ungewissheit, ob es tatsächlich zu einem Angriff der anderen Seite kommen werde, unterscheide den Präventivkrieg von der bloß präventiven Kriegserklärung, die einen schon bevorstehenden Angriff voraussetzt.[44] Beim Präventivkrieg gehe es also um das „ob“, bei der präventiven Kriegserklärung jedoch nur

38 DINSTEIN, War, Aggression and Self-Defence, S. 15.

39 Zu den Gefahren dieser neuen Kriegsmetaphorik MÉGRET, EJIL 13 (2002), 361 ff. und KOTZUR, AVR 40 (2002), 454 ff.

40 So auch GREENWOOD, International Affairs 78 (2002), 301 (306); FROWEIN, ZaöRV 62 (2002), 879 (889); BRUHA, AVR 40 (2002), 383 (387).

41 BERBER, Völkerrecht II, S. 11.

42 BERBER, Völkerrecht II, S. 11; REIBSTEIN, AVR 8 (1959/60), 385 (400). MORGENTHAU, Politics among Nations, S. 203, bezeichnet den Präventivkrieg daher als „natural outgrowth of the balance of power“.

43 BERBER, Völkerrecht III, S. 163 f.

44 STRISOWER, Der Krieg und die Völkerrechtsordnung, S. 74 f. So auch VERDROSS, Völkerrecht, S. 353; DETTER, The Law of War, S. 57.

um das „wann“ des Krieges.[45] Diese Unterscheidung hat zwar auch in jüngerer Zeit Zustimmung gefunden[46], sie lässt jedoch offen, ab welchem Zeitpunkt ein Angriff „bevorsteht“. Gemeinsam ist diesen beiden Formen der präventiven Kriegseröffnung jedoch, dass es um das militärische Zuvorkommen eines – in unmittelbarer oder fernerer Zukunft – erwarteten Angriffs geht und der als unvermeidlich angesehene Krieg daher aus strategischer Überlegung begonnen wird.

Zumindest für die von ihm untersuchte Bismarck-Ära kommt auch Jeismann zu dem Schluss, dass der aus politischer Erwägung geführte vorbeugende Krieg zur Erhaltung des Gleichgewichts der europäischen Mächte sowie der militärisch-strategisch motivierte Präventivkrieg gegen den bedrohlich rüstenden Feind die Kernzone des Begriffs „Präventivkrieg“ ausmacht.[47]

Der Präventivkrieg kann demnach Angriffs-, aber auch Verteidigungskrieg sein, er bildet keine eigene Kategorie dazwischen. Die Privilegien des Verteidigungskrieges genießt der Präventivkrieg aber nur dann, wenn er dessen Merkmale erfüllt.[48] Da die Einordnung einer kriegerischen Handlung als Angriff oder Verteidigung im konkreten Fall schwer zu treffen und abhängig von subjektiven Erwägungen ist, waren und sind die Staaten auch heute noch versucht, eigene Angriffsakte als Maßnahmen der präventiven Verteidigung zu rechtfertigen.[49] Der amerikanische Außenminister Frank B. Kellogg äußerte dazu, dass sich die Meinungsverschiedenheiten und Zweifel, die über den Begriff des Angriffs bestehen, auch bei dem Verständnis des Selbstverteidigungsrechts auswirkten.[50] Auch die nach jahrzehntelanger Diskussion von der Generalversammlung angenommene Aggressionsdefinition von 1974 hat diese Schwierigkeit letztlich nicht bewältigen können, da nach wie vor Grenzfälle im Dunkeln bleiben.[51] Art. 2 der Aggressionsdefinition erkennt in der Erstanwendung von Waffengewalt lediglich einen Beweis des ersten Anscheins für eine Aggression, letztverbindlich entscheidet jedoch der Sicherheitsrat, ob nach den Umständen eine Angriffs- oder Verteidigungshandlung vorliegt. Weiterhin bleiben also subjektive Wertungen für die Frage entscheidend, ob ein konkreter Krieg von einer Seite Angriffs- oder Verteidigungskrieg ist.

---

45 STRISOWER, Der Krieg und die Völkerrechtsordnung, S. 74.

46 VERDROSS / SIMMA, Universelles Völkerrecht, § 471; KIPP, Angriff, in: Strupp / Schlochauer, WVR I, S. 65, der allerdings zwischen Präventivkrieg und Präventivkriegseröffnung unterscheidet.

47 JEISMANN, Präventivkrieg, S. 160.

48 BERBER, Völkerrecht II, S. 12.

49 BERBER, Völkerrecht II, S. 11.

50 Note vom 23. April 1928, Foreign Relations 1928-I, S. 36 f.: “Express recognition of this inalienable right... gives rise to the same difficulty encountered in any effort to define aggression. It is the identical question approached from the other side.”.

51 BERBER, Völkerrecht I, S. 201.

Bei der rechtlichen Beurteilung der Frage, ob ein Präventivschlag Angriffs- oder Verteidigungskrieg ist, müssen daher die Vorbereitungen und Absichten der Akteure beurteilt werden.[52] Die Frage ist also, welches Wissen die den Präventivschlag auslösende Partei über die militärische Stärke, Aufmarschbewegungen und sonstige Vorbereitungen des Gegners hatte und ob diese Kenntnisse den Entschluss zum Handeln maßgeblich bestimmt haben.[53] Entscheidend für die Abgrenzung sind damit die oft schwer zu ermittelnden Hintergründe und Absichten der Beteiligten.[54]

---

[52] Nach VON CLAUSEWITZ, Vom Kriege, 6. Buch, 1. Kap., § 1, unterscheidet – aus militärischer Sicht – das Abwehren eines Stoßes die Verteidigung vom Angriff. Dieses Merkmal mache die Handlung zu einer verteidigenden, und durch dieses Merkmal allein könne im Kriege die Verteidigung vom Angriff geschieden werden.

[53] MAGENHEIMER, Präventivkrieg, S. 44.

[54] KIPP, Angriff, in: Strupp / Schlochauer, WVR I, S. 65.

1. Kapitel: Der Präventivkrieg in Hugo Grotius' *De iure belli ac pacis*

Das erste Kapitel dieser Arbeit untersucht, wie Hugo Grotius in seinem Hauptwerk *De iure belli ac pacis* das Problem der präventiven Kriegsführung behandelt. Für das richtige Verständnis der wenigen, über den gesamten Text verstreuten Passagen zu dieser Frage ist es notwendig, zunächst in der gebotenen Kürze auf Grotius' allgemeine Rechtslehre einzugehen.

Als Quelle dazu dient der lateinische Originaltext in der Auflage von 1631, die der textkritischen, alle von Grotius selbst vorgenommenen Änderungen und Ergänzungen berücksichtigenden Ausgabe von B. J. A. de Kanter-van Hettinga Tromp (Leiden 1939) zugrunde liegt. Die Übersetzung der jeweiligen Referenzstellen orientiert sich an der jüngsten deutschen Textfassung von *De iure belli ac pacis*, herausgegeben und übersetzt von Walter Schätzel (Tübingen 1950), und der englischen Übersetzung von Francis W. Kelsey (Oxford 1925). Weitere Quellen sind die von Grotius in Hülle und Fülle angeführten Zitate der antiken Philosophen, Historikern und Rednern. Für den von humanistischer Bildung tief geprägten Grotius war „das Altertum eben nicht nur eine reiche Fundgrube für Ideen oder Ornamente, sondern bewundertes Vorbild“[1]. Ebenso zieht er die Schriften der Juristen und Kommentatoren des römischen Rechts sowie der Kirchenväter und der Scholastiker, allen voran Augustinus und Thomas von Aquin, heran. Diese Texte, denen noch in der Renaissance uneingeschränkte Autorität in jeder Debatte zugestanden wurde, sind der Stoff, aus dem Grotius sein *ius belli ac pacis* formt.

Der Einordnung von Grotius' Werk in den Stand der Völkerrechtswissenschaft des 16. und 17. Jahrhunderts dienen die Werke der moraltheologischen und völkerrechtlichen Autoren dieser Zeit. Zu nennen sind hier vor allem die Schriften der spanischen Spätscholastiker Francisco de Vitoria und Francisco Suárez sowie von Balthazar Ayala und Alberico Gentili. Mit Ausnahme von Suárez, den er jedoch an anderen Stellen zitiert, bekundet Grotius schon in den *Prolegomena* den Einfluss dieser Autoren auf sein Denken, kritisiert aber zugleich ihre geringe Kenntnis der Geschichte sowie die mangelnde Systematik in ihren Schriften.[2] Auch wenn sein Werk zeitlos erscheinen möchte, waren die geistigen Auseinandersetzungen seiner Zeit Grotius sehr wohl vertraut.

---

[1] ZIEGLER, ZHF 23 (1996), 355 (369).

[2] GROTIUS, IBP, Prol., 37 und 38.

A. Leben, Werk und Bedeutung von Hugo Grotius

I. Das Leben von Hugo Grotius

Huig de Groot, latinisiert Hugo Grotius, wurde am 15. April 1583 in Delft als Sohn einer kalvinistischen, burgundisch-holländischen Patrizierfamilie, den Cornets de Groot, geboren.[3] Damit war Grotius Zeitgenosse des von iberischer Dominanz geprägten „Spanischen Zeitalters" (1500-1648) der Völkerrechtsgeschichte, was Grotius durch die habsburgische Herrschaft über seine Heimat und den Freiheitskampf der Niederländer auch persönlich berührte. Grotius' außergewöhnliche intellektuelle Fähigkeiten machten sich schon in der Kindheit bemerkbar. So soll er schon als Achtjähriger lateinische Gedichte verfasst haben.[4] Im Alter von nur elf Jahren wurde Grotius 1594 an der Universität von Leiden immatrikuliert, wo er sich mit Leidenschaft dem Studium Generale der antiken Philologie und Geschichte widmete. Ob er in dieser Zeit auch die Rechtswissenschaft studierte, ist allerdings zweifelhaft.[5] Schon mit seiner ersten philologischen Arbeit, der Herausgabe von Martianus Capellas Enzyklopädie der Wissenschaft *De Nuptiis Philologiae et Mercurii libri duo* aus dem 5. Jahrhundert, erntete Grotius durch die begeisterte Beurteilung seines Lehrers Joseph Justus Scaliger (1540-1609) weithin wissenschaftlichen Respekt.[6]

Im Jahr 1598 begleitete Grotius seinen väterlichen Freund und Förderer, den Landesadvokaten Johann van Oldenbarnevelt (1547-1619), auf eine Mission nach Frankreich. Es galt, den französischen König Henry IV. vom Friedensschluss mit Spanien abzuhalten, da dies dem Freiheitskampf der Niederländer gegen die spanische Herrschaft geschadet hätte.[7] Sein Ruf als „Wunderkind" eilte ihm auf dieser Reise voraus: nicht nur, dass ihm am 5. Mai 1598 von der juristischen Fakultät der Universität Orléans die Ehrendoktorwürde beider Rechte verliehen wurde.[8] Es wird sogar berichtet, Henry IV. habe Grotius seinem Hofstaat als Wunder von Holland («Voilà le miracle de Hollande») vorgestellt.[9]

---

[3] GREWE, Epochen, S. 227; NUSSBAUM, Geschichte, S. 113; MEURER, Hugo Grotius, S. 51. KNIGHT, The Life and Works of Hugo Grotius, S. 17, datiert Grotius' Geburt hingegen auf den 10. April 1583.

[4] KNIGHT, The Life and Works of Hugo Grotius, S. 23; VAN EYSINGA, Hugo Grotius, S. 10.

[5] HAGGENMACHER, Grotius and Gentili, S. 142.

[6] VAN EYSINGA, Hugo Grotius, S. 11, 20 f.; HOFMANN, Hugo Grotius, S. 52; DUFOUR, Grotius, S. 21.

[7] VAN EYSINGA, Hugo Grotius, S. 11 f.; KNIGHT, The Life and Works of Hugo Grotius, S. 32.

[8] NUSSBAUM, Geschichte, S. 113; NELLEN, Hugo Grotius, S. 5; WOLF, Rechtsdenker, S. 265.

[9] BULL, The Importance of Grotius, S. 67; WOLF, Rechtsdenker, S. 265; WEHBERG, Hugo Grotius, S. 8 f.

Nach seiner Rückkehr in die Niederlande im Jahr 1599 praktizierte Grotius sieben Jahre als Anwalt in Den Haag, ohne dabei innere Erfüllung zu finden.[10] Im Ehrenamt des Historiographen von Holland fand er 1603 in der Aufzeichnung des niederländischen Freiheitskampfes gegen die Spanier und die Habsburger eine Aufgabe, die weit mehr seinem wissenschaftlichen Interesse entsprach.[11] Ab dem Jahr 1607 hatte er dann zunächst als Generaladvokat des Fiskus (Staatsanwalt) in den Provinzen von Holland, Friesland und Seeland, ab 1613 als Pensionär (Stadtsyndikus) von Rotterdam und damit Mitglied der holländischen Generalstände einflussreiche öffentliche Ämter inne.[12] Mit gerade einmal dreißig Jahren war Grotius damit in die höchsten Ränge der holländischen Politik aufgestiegen.

Im selben Jahr besiegelte sich allerdings schon Grotius' politischer und gesellschaftlicher Abstieg. Das Schicksal nahm seinen Lauf, als Grotius mit der Schrift *Ordinum Hollandiae ac Westfrisiae pietas* („Die Gottesfurcht der Stände Hollands und Westfrieslands") in einer zunächst nur theologisch-dogmatischen, später jedoch hochpolitischen Auseinandersetzung um die Prädestinationslehre für die kalvinistische Splittergruppe der Arminianer Partei ergriff.[13] Nachdem die religiösen Spannungen in den folgenden Jahren zu einem Bürgerkrieg zwischen den Arminianern und den Gomaristen[14] zu eskalieren drohten, ließ der Statthalter der Niederlande, Moritz von Oranien, am 29. August 1618 führende Arminianer verhaften, unter ihnen Oldenbarnevelt und Grotius.[15] Anders als Oldenbarnevelt wurde Grotius ein Jahr später zwar nicht hingerichtet, jedoch mit lebenslanger Haft in der Festung Loevestein und Einziehung aller Güter bestraft.[16] Nach zwei Jahren Haft konnte Grotius fliehen, der Legende nach schmuggelte ihn seine Ehefrau Maria van Reigersberch in einer leeren Bücherkiste aus der Festung. Er setzte sich nach Frankreich ab, wo ihm König Ludwig XIII. Asyl sowie eine Pension – die allerdings nicht zuverlässig ausgezahlt wurde – gewährte.[17] Das erhoffte Amt in französischen Diensten blieb dem be-

---

[10] HAGGENMACHER, Grotius and Gentili, S. 142; VAN EYSINGA, Hugo Grotius, S. 15; VAN VOLLENHOVEN, Die drei Stufen des Völkerrechts, S. 9.

[11] NUSSBAUM, Geschichte, S. 113; HOFMANN, Hugo Grotius, S. 53.

[12] TIEßLER-MARENDA, Einwanderung und Asyl bei Hugo Grotius, S. 86; WOLF, Rechtsdenker, S. 270; NELLEN, Hugo Grotius, S. 7; VAN EYSINGA, Hugo Grotius, S. 37.

[13] NUSSBAUM, Geschichte, S. 115; STUMPF, AVR 41 (2003), 83 (96); NELLEN, Hugo Grotius, S. 11; VAN EYSINGA, Hugo Grotius, S. 58.

[14] Die Anhänger des Leidener Professors Franciscus Gomarus.

[15] KNIGHT, The Life and Works of Hugo Grotius, S. 155 ff.; TIEßLER-MARENDA, Einwanderung und Asyl bei Hugo Grotius, S. 87.

[16] WOLF, Rechtsdenker, S. 275; WEHBERG, Hugo Grotius, S. 13 f.; HOFMANN, Hugo Grotius, S. 57.

[17] NUSSBAUM, Geschichte, S. 115 f.; STUMPF, AVR 41 (2003), 83 (96).

rühmten Gelehrten und gestürzten Staatsmann von Rang jedoch versagt, weil er sich als überzeugter Protestant weigerte, zum Katholizismus zu konvertieren.[18]

Obwohl Grotius im Jahr 1630 sein mit der Verurteilung konfisziertes Vermögen zurückerstattet wurde, kehrte er nicht auf Dauer in die Heimat zurück, sondern ließ sich in der Nähe von Hamburg nieder.[19] In Deutschlands Norden wähnte er sich in einer günstigen Position für Verhandlungen über eine mögliche Verwendung im diplomatischen Dienst eines der protestantischen Königreiche Skandinaviens.[20] Erst im Jahr 1634 sollte er dieses Ziel erreichen, als ihn der schwedische Kanzler Oxenstierna zum Botschafter in Paris ernannte. Nunmehr hatte Grotius eine diplomatische Schlüsselstellung im Dreißigjährigen Krieg inne.[21] Als Diplomat zeigte Grotius allerdings wenig Geschick im Umgang mit den maßgeblichen Kreisen in Paris, so dass er sich wohl nur wegen der Patronage Oxienstiernas über zehn Jahre auf dem Posten halten konnte.[22] Ursache dieses Scheiterns war zum einen, dass weder die französischen Würdenträger, die ihm seine Weigerung zu konvertieren verübelten, noch die niederländische Gesandtschaft, die in Grotius einen Staatsfeind sah, ihm wohlgesonnen waren.[23] Zum anderen stand dem Diplomaten Grotius der eigene Charakter im Wege: So charakterisierte der englische König James I. Grotius, den er anlässlich einer diplomatischen Mission im Frühjahr 1613 in London kennen gelernt hatte, als „some pendant, full of words and no great judgement"[24]. Es scheint, als sei Grotius als typischer Intellektueller, vergeistigt, aber ohne den nötigen diplomatischen Takt und gesunden Menschenverstand, mit den Ränkespielen der Politik überfordert gewesen.[25]

Auf eigenen Wunsch wurde Grotius 1645 nach Stockholm zurückberufen, erhielt dort jedoch von der schwedischen Königin Christine nicht das erhoffte Angebot für eine andere diplomatische Aufgabe, sondern wurde aus schwedischen Diensten entlassen.[26] Auf der Rückreise von Schweden nach Lübeck erlitt Grotius Schiffbruch. Zwar konnte er sich noch an die pommersche Küste retten,

---

18 NELLEN, Hugo Grotius, S. 17 ff; NUSSBAUM, Geschichte, S. 116.

19 RIVIER, Systeme und Theorien, S. 405; GREWE, Epochen, S. 227.

20 NELLEN, Hugo Grotius, S. 20.

21 NUSSBAUM, Geschichte, S. 116; HOFMANN, Hugo Grotius, S. 57 f.

22 MEURER, Hugo Grotius, S. 55; NELLEN, Hugo Grotius, S. 24.

23 TIEẞLER-MARENDA, Einwanderung und Asyl bei Hugo Grotius, S. 91.

24 Zitiert nach KNIGHT, The Life and Works of Hugo Grotius, S. 144; WOLF, Rechtsdenker, S. 272.

25 BULL, The Importance of Grotius, S. 70.

26 NELLEN, Hugo Grotius, S. 29; NUSSBAUM, Geschichte, S. 117. Nach SCHÄTZEL (Einleitung zu der von ihm übersetzten und herausgegebenen deutschen Ausgabe von *De iure belli ac pacis libri tres*, S. XX) erhielt Grotius den Auftrag, sich als schwedischer Bevollmächtigter zu den laufenden Friedensverhandlungen nach Osnabrück zu begeben.

starb aber dann am 28. August 1645 in Rostock.[27] Sein Grab im Chor der Delfter Nieuwe Kerk ziert die selbstverfasste Inschrift[28]:

Grotius hic Hugo est,
Batavus captivus et exsul,
Legatus regni, Suecia magna, tui.[29]

II. Grotius' völkerrechtliches Werk

Nachdem er schon als Jugendlicher Gedichte in lateinischer und griechischer Sprache verfasst hatte, veröffentlichte Grotius auch im weiteren Laufe seines Lebens zahlreiche nichtjuristische Schriften, vor allem geschichtliche und theologische Studien sowie Bearbeitungen der Werke antiker Schriftsteller.[30] Sein juristisches Werk ist daneben weniger umfangreich. Außerhalb des Völkerrechts ist hier in erster Linie ein Lehrbuch des materiellen bürgerlichen Rechts Hollands (De Inleidinge tot de Hollandsche Rechtsgeleerdheid) zu nennen, das Grotius während der Haft auf der Festung Loevestein verfasst hatte, aber erst 1631 in den Niederlanden veröffentlichen konnte. Als Spätwerk erschien im Jahr 1642 mit *Florum sparsio ad Jus Justinianeum* eine Huldigung an den juristischen Genius der Römer.[31]

1. *Mare librum* und *De iure praedae commentatorius*

Zur wissenschaftlichen Beschäftigung mit dem Völkerrecht gelangte Grotius eher zufällig, als er als Anwalt im Jahr 1604 von der niederländischen Ostindien-Gesellschaft zu einer prisenrechtlichen Stellungnahme beauftragt wurde.[32] In der Einleitung zu seinem Gutachten schildert Grotius den zugrunde liegenden Sachverhalt[33]: Im Jahr 1603, als sich die Niederlande mit Spanien im Krieg befanden, kaperte die Flotte der Ostindien-Gesellschaft in der Straße von Malakka

---

27 STUMPF, AVR 41 (2003), 83 (96); PREISER, History of the Law of Nations: Ancient Times to 1648, in: Bernhardt, EPIL II, S. 744.

28 Zit. nach SCOTT, AJIL 19 (1925), 461 (466), andere Fassungen bei WOLF, Rechtsdenker, S. 301; NUSSBAUM, Geschichte, S. 118; KNIGHT, The Life and Works of Hugo Grotius, S. 289.

29 Hier liegt Hugo Grotius, ein Niederländer, Gefangener und Verbannter, Gesandter deines Reiches, o großes Schweden.

30 Dazu DUFOUR, Grotius, S. 13 ff.

31 HOFMANN, Hugo Grotius, S. 59 f.; NUSSBAUM, Geschichte, S. 113; WOLF, Rechtsdenker, S. 298.

32 HAGGENMACHER, Grotius and Gentili, S. 142 f.; NUSSBAUM, Geschichte, S. 113 f.

33 GROTIUS, De iure praedae, Kap. I, S. 4 f. Vgl. auch FAHL, Freiheit der Meere, S. 119 ff.

die portugiesische Karacke „Catharina". Da sich Portugal zu dieser Zeit unter spanischer Oberhoheit befand, brachte die Gesellschaft die äußerst wertvolle Ladung des Schiffes nach Holland und verkaufte sie als gute Prise. Auch wenn Schiff und Ladung durch Urteil eines niederländischen Gerichts vom 9. September 1604 zu rechtmäßiger Beute erklärt worden waren, hatten einige mennonitische Anteilseigner religiöse Vorbehalte gegen dieses Vorgehen. Sie drohten, sich aus der Gesellschaft zurückzuziehen und ein Konkurrenzunternehmen in Frankreich aufzubauen. Um diese Bedenken zu zerstreuen, sollte Grotius untersuchen, ob es sich bei den Vorkommnissen um Piraterie oder eine prisenrechtlich erlaubte Maßnahme gehandelt hatte.

Auf Wunsch seiner Auftraggeberin veröffentlichte Grotius sein Gutachten zunächst nicht.[34] Sein 12. Kapitel erschien jedoch im Jahr 1609 – möglicherweise ohne sein Wissen und Einverständnis[35] – anonym[36] unter dem Titel *De mare libero*.[37] Als Sohn einer Seefahrernation plädierte Grotius in diesem Teil des Gutachtens für die freie Schifffahrt auf den Weltmeeren. Nachdem er aber schon in *De iure belli ac pacis*[38] diese Position relativiert hatte, verteidigte Grotius seine Thesen aus *Mare librum* entgegen seiner sonstigen Gewohnheit auch nicht, als im Jahr 1635 eine Gegenschrift des Engländers John Selden unter dem Titel *Mare clausum sive de dominum maris* erschien. Diese Zurückhaltung kann damit erklärt werden, dass das Königreich Schweden als Grotius' damaliger Dienstherr die Hoheit über die Ostsee für sich beanspruchte.[39]

Das Gesamtwerk galt als verschollen, bis es 1864 auf einer Auktion in Den Haag auftauchte und 1868 unter dem Titel *De iure praedae commentatorius*[40] erstmals veröffentlicht wurde.[41]

---

34 SCHÄTZEL, Einleitung zu der von ihm übersetzten und herausgegebenen deutschen Ausgabe von *De iure belli ac pacis libri tres*, S. XXV; NUSSBAUM, Geschichte, S. 114.

35 REEVES, AJIL 19 (1925), 12 (18). Nach FAHL (Freiheit der Meere, S. 122) willigte Grotius hingegen dem Wunsch der Ostindien-Gesellschaft nach Veröffentlichung des 12. Kapitels von *De iure praedae* im November 1608 ein.

36 Erst die Ausgabe von 1618 trägt den Namen des Verfassers (HOFMANN, Hugo Grotius, S. 54).

37 Bekannt ist das Werk unter dem seit 1618 gebräuchlichen Titel *Mare librum* (WOLF, Rechtsdenker, S. 267).

38 Vgl. GROTIUS, IBP, 2. Buch, 3. Kap., VIII. ff.

39 NUSSBAUM, Geschichte, S. 114 (mit Anm. 128); AMERASINGHE, AVR 39 (2001), 367 (378).

40 Vgl. zum Aufbau und Inhalt RENS, Grotius et la doctrine traditionnelle de la «guerre juste», S. 69 und BASDEVANT, Hugo Grotius, S. 155 ff.

41 HAGGENMACHER, Grotius and Gentili, S. 143 f.; NUSSBAUM, Geschichte, S. 114; PREISER, History of the Law of Nations: Ancient Times to 1648, in: Bernhardt, EPIL II, S. 743.

2. *De iure belli ac pacis*

Sein Hauptwerk *De iure belli ac pacis*[42] schrieb Grotius in den Jahren 1623 und 1624 im französischen Exil. Er widmete es seinem Gönner, dem jungen französischen König Ludwig XIII.[43] Anders als die Entstehungszeit vermuten ließe, bewegten Grotius allerdings nicht die Gräuel des Dreißigjährigen Krieges zur Abfassung des Werkes[44], da der Krieg im Jahr 1625 erst am Ende seiner ersten, für die Zivilbevölkerung noch nicht so verheerenden Phase stand.[45] In der Einleitung erläutert Grotius seine Motivation mit dem Eindruck zunehmender Rechtsverwirrung auch in der Kriegsführung der christlichen Herrscher:

> „Da ich selbst [...] überzeugt war, dass unter den Völkern ein gemeines Recht sowohl für den Krieg überhaupt als innerhalb desselben besteht, so bestimmten mich viele und erhebliche Gründe zur Abfassung eines Werkes darüber. Ich selbst beobachtete in der christlichen Welt eine entartete Kriegsführung, deren sich selbst rohe Völker geschämt hätten. Man greift aus unbedeutenden oder gar keinen Gründen zu den Waffen, und hat man sie einmal ergriffen, so wird weder das göttliche noch das menschliche Recht geachtet, gleichsam als ob auf Befehl die Wut zu allen Verbrechen losgelassen worden wäre."[46]

Aus diesen Worten ergibt sich ein doppeltes Anliegen. Zum einen will Grotius die Fürsten ermahnen, nur aus stichhaltigen Gründen der Gerechtigkeit Krieg zu führen, zum anderen will er die Existenz einer die Gewalt begrenzenden und humanisierenden Rechtsordnung innerhalb des Krieges aufzeigen.[47] Daher nennt der Titel den Krieg an erster Stelle, obwohl auch für Grotius der Frieden der

---

42 Der vollständige Titel lautet *De iure belli ac pacis, in quibus ius naturae et gentium, item iuris publici praecipua explicantur* (Drei Bücher über das Recht des Krieges und des Friedens, in welchem das Natur- und Völkerrecht und das Wichtigste aus dem öffentlichen Recht erklärt wird)". Mit diesem Titel greift Grotius eine Wendung Ciceros auf, der das *ius belli ac pacis* als die „Wissenschaft der Bündnisse, der Verträge und der Übereinkommen der Völker, Könige und auswärtigen Nationen" definiert hatte (CICERO, Pro Balbo, 6, 15: *„[S]cientiam in foederibus, pactionibus, condicionibus populorum, regum, exterarum nationum, in universo denique belli iure atque pacis."*).

43 NUSSBAUM, Geschichte, S. 116. Zur Entstehungsgeschichte REEVES, AJIL 19 (1925), 12 ff.

44 So aber DRAPER, Legal Ideas about War, S. 206 und SCHRÖDER, Der Westfälische Friede, S. 124 f.

45 WOLF, Rechtsdenker, S. 278 f.; WEHBERG, Hugo Grotius, S. 28 f.

46 GROTIUS, IBP, Prol. 28: *„Ego cum [...] compertissimum haberem, esse aliquod inter populos ius commune, quod et ad bella, et in bellis valeret, cur de eo instituerem scriptionem causas habui multas ac graves. Videbam per Christianum orbem vel barbaris gentibus pudendam bellandi licentiam: levibus aut nullis de causis ad arma procurri, quibus semel sumtis nullam iam divini, nullam humani iuris reverentiam, plane quasi uno edicto ad omnia scelera emisso furore."*.

47 GREWE, Epochen, S. 258 f.

Normalzustand zwischen den Völkern war. Sein Augenmerk gilt dabei allein dem Kriegsrecht, das Friedensvölkerrecht behandelt er nur, wenn es für eine kriegsrechtliche Frage relevant ist.[48] Dabei hatte Grotius nicht den Anspruch, durch die Schaffung neuen Rechts besonders „originell" zu sein, ein Gedanke, der seiner Zeit fremd war.[49] Sein – ohne Bescheidenheit formuliertes – Ziel war es vielmehr, das bereits existierende, von ihm nur vorgefundene Recht zwischen den Völkern oder den Führern dieser Völker in systematischer Weise darzustellen.[50]

De iure belli ac pacis ist in weiten Teilen eine Überarbeitung und Erweiterung der schon in *De iure praedae* gewonnenen Erkenntnisse.[51] Das Werk ist in vier Teile gegliedert: Nach einer Einleitung (*Prolegomena*), in der Grotius den Leser über sein Anliegen, seine Quellen und die Unterscheidung zwischen Natur- und Völkerrecht unterrichtet, folgt das kurze erste Buch, das die Schlüsselbegriffe „Krieg" und „Frieden" erläutert und die Frage untersucht, ob es überhaupt einen gerechten Krieg geben kann. Das fast die Hälfte des Gesamtwerkes einnehmende zweite Buch beschäftigt sich mit den gerechten Ursachen des Krieges, das dritte Buch schließlich bietet eine Darstellung des rechtmäßigen Verhaltens bei der eigentlichen Führung des Krieges.[52]

Vermutlich wegen der Passagen über die Religionskriege[53] wurde *De iure belli ac pacis* schon im Jahr nach seiner Veröffentlichung mit der Einschränkung *donec corrigatur* („solange es nicht berichtigt wird") auf den *index librorum prohibitorum* gesetzt und verblieb dort bis ins Jahr 1900.[54] Der Erstverleger von 1625, Nicolas Buon in Paris, verzichtete aufgrund des Banns der römi-

---

48 PILLET, La Guerre et le Droit, S. 21; LE FUR, Droit naturel, RdC 18 (1927/III), S. 310; HAGGENMACHER, Doctrine de la guerre juste, S. 616 f.

49 ROELOFSEN, NILR 30 (1983), 73 (76); KNIGHT, The Life and Works of Hugo Grotius, S. 201. Aus rechtshistorischer Perspektive zeigt sich allerdings, dass Grotius sehr wohl auch rechtsschöpferisch tätig geworden ist (HAGGENMACHER, Grotian Heritage, S. 152).

50 GROTIUS, IBP, Prol. 1: *„At ius illud, quod inter populos plures aut populorum rectores intercedit, sive ab ipsa natura profectum, aut divinis constitutum legibus sive moribus et pacto tacito introductum attigerunt pauci, universim ac certo ordine tractavit hactenus nemo:...*". Dazu auch HAGGENMACHER, Grotius and Gentili, S. 173 f.

51 HAGGENMACHER, Grotius and Gentili, S. 144 f.; NUSSBAUM, Geschichte, S. 116.

52 Ausführliche Analysen von *De iure belli ac pacis* bieten beispielsweise BASDEVANT, Hugo Grotius, S. 180 ff. und VAN DER VLUGT, L'Œuvre de Grotius, RdC 7 (1925/II), S. 421 ff.

53 GROTIUS, IBP, 2. Buch, 20. Kap., IL, L.

54 KNIGHT, The Life and Works of Hugo Grotius, S. 223; NUSSBAUM, Geschichte, S. 127. Der Papst war allerdings nicht wegen der Indizierung von Grotius' Schrift von der 1. Haager Friedenskonferenz (1899) ausgeschlossen (so aber HOFMANN, Hugo Grotius, S. 54). Der Grund war vielmehr, dass der Heilige Stuhl 1870 seine territoriale Souveränität in Mittelitalien verloren hatte (REEVES, AJIL 19 (1925), 12 [22]).

schen Kirche zwar auf die bereits vorbereitete Neuauflage[55], dem literarischen Erfolg des Werkes tat dies aber keinen Abbruch: Die ersten hundert Jahre nach der Veröffentlichung erschien durchschnittlich alle drei Jahre eine Neuauflage, bis heute erschienen 85 lateinische Textausgaben sowie mehr als dreißig Übersetzungen in alle europäischen Hauptsprachen.[56] Bis zu seinem Tod korrigierte Grotius fortlaufend fehlerhafte Anmerkungen in seinem großen Werk[57], veröffentlichte jedoch keine weiteren völkerrechtlichen Schriften.[58] *De iure belli ac pacis* kann damit als Essenz von Grotius' Lebenswerk betrachtet werden, als das „Zentralgestirn", um das seine übrigen Werke kreisen.[59]

III. Grotius' Bedeutung für die Völkerrechtslehre

Bis zum Beginn des 20. Jahrhunderts galt Grotius im völkerrechtlichen Schrifttum unangefochten als die bedeutendste Gestalt in der Geschichte dieser Disziplin.[60] Man sah in ihm den alleinigen „Gründer" oder „Vater", wenn nicht des gesamten, dann wenigstens des „modernen"[61] Völkerrechts.[62] Dieses „Klischee"[63] der völkerrechtlichen Literatur bekam in der Mitte des 19. Jahrhunderts

---

55 REEVES, AJIL 19 (1925), 12 (22).

56 GREWE, Epochen, S. 227.

57 Bis zur letzten von ihm selbst überarbeiteten und ergänzten Neuauflage, im Jahr 1646 postum erschienen, ergänzte und überarbeitete Grotius gegenüber der Erstauflage insgesamt 1114 Textstellen und Zitate (DE KANTER-VAN HETTINGA TROMP in der Einleitung zu der von ihr herausgegebenen Edition von *De iure belli ac pacis*, S. XII).

58 HAGGENMACHER, Grotius and Gentili, S. 145; SCHÄTZEL, Einleitung zu der von ihm übersetzten und herausgegebenen deutschen Ausgabe von *De iure belli ac pacis libri tres*, S. XXVI.

59 VAN DER VLUGT, L'Œuvre de Grotius, RdC 7 (1925/II), S. 399; BOURQUIN, Grotius est-il le père du Droit des Gens?, S. 78.

60 NUSSBAUM, Geschichte, S. 327; ZIEGLER, ZHF 23 (1996), 355 (357). Zur Bedeutung von Grotius' Naturrechtslehre für die europäische Privatrechtsgeschichte WIEACKER, Privatrechtsgeschichte der Neuzeit, S. 287 ff.

61 Der Terminus „modernes Völkerrecht" wird in der völkerrechtsgeschichtlichen Forschung in unterschiedlichen Bedeutungen gebraucht. Flankierend zum Begriff des „modernen", „neuzeitlich-souveränen" Staates als Völkerrechtssubjekt bezeichnet er in dieser Arbeit die Völkerrechtsordnungen der Neuzeit insgesamt. In einer groben Periodisierung kann man dieses „moderne Völkerrecht" in das „klassische" (bis zum Ersten Weltkrieg) und das „nachklassische" bzw. i.e.S. „moderne" Völkerrecht unterteilen (GREWE, Was ist „klassisches", was ist „modernes" Völkerrecht?, S. 115 ff.). – Grundlegend zur Periodisierung der Völkerrechtsgeschichte GREWE, Epochen, S. 19 ff. sowie PREISER, History of the Law of Nations: Basic Questions and Principles, in: Bernhardt, EPIL II, S. 721 f.

62 So z.B. RETTICH, Theorie und Geschichte, S. 8 f. und VON MARTENS, Völkerrecht, S. 154.

63 So GREWE, Der Staat 23 (1984), 161. Kritisch auch HAGGENMACHER, Grotian Heritage, S. 151.

allmählich Risse, als die Völkerrechtsgeschichtsschreibung die Bedeutung der Schriften der spanischen Spätscholastiker[64], insbesondere von Francisco de Vitoria[65] und Francisco Suárez[66], des spanischen Militärrichters Balthazar de Ayala[67] sowie des in Oxford lehrenden Italieners Alberico Gentili[68] für das Werk von Hugo Grotius erkannte.[69] Zunächst begnügte man sich damit, diese als „Vorläufer“[70] des Grotius zu bezeichnen.[71]

Die Kritik am exklusiven Verständnis von Grotius als „Vater“ oder „Gründer“ des Völkerrechts ebbte auch im 20. Jahrhundert nicht ab. In der Zeit zwischen den beiden Weltkriegen war es der amerikanische Völkerrechtler James Brown Scott, der die zentrale Bedeutung der spanischen Spätscholastiker in der ideengeschichtlichen Entwicklung des Völkerrechts betonte und Grotius seine Relevanz weitgehend absprach.[72] Der belgische Völkerrechtler Maurice

---

64 Als spanische Spätscholastiker wird eine Gruppe geistlicher und moraltheologischer Autoren bezeichnet, die im 16. und 17. Jahrhundert in Spanien und den spanischen Besitzungen in Italien und den Niederlanden wirkten. Ihre geistige Heimat hat die Spätscholastik in der Schule von Salamanca, als deren Begründer Francisco de Vitoria gilt (TIEẞLER-MARENDA, Einwanderung und Asyl bei Hugo Grotius, S. 19).

65 Francisco de Vitoria (1483-1546), Dominikaner von San Pablo zu Burgos, ab 1520 Lehrer an der Sorbonne, ab 1521 Professor der Theologie in Valladolid und später an der Universität Salamanca. Seine bedeutendste völkerrechtliche Schrift ist die postum veröffentlichte Doppelvorlesung *De Indis Recenter Inventis et De Iure Belli Hisponorum in Barbaros* von 1539.

66 Francisco Suárez (1548-1617), spanischer Jesuit, Professor der Theologie an der Universität Coimbra. Sein Werk *De legibus ac Deo legislatore* erschien 1612, im Jahr 1621 folgte die Schrift *De triplici virtute theologica, fide, spe, et charitate.*

67 Balthazar (de) Ayala (1548-1584), Großrichter im Heer von Alexander Farnese, des spanischen Feldherren in den Niederlanden, später Mitglied des Hohen Rats in Mechelen. 1582 veröffentlichte Ayala die kriegsrechtlichen Abhandlung *De iure et officiis bellicis et disciplina militari.*

68 Alberico Gentili (1552-1608), protestantischer italienischer Jurist, von 1587 bis 1600 Regius Professor of Civil Law in Oxford. Er veröffentlichte 1585 eine Schrift über das Gesandtschaftswesen (*De legationibus libri tres*) und 1598 sein dem Kriegsrecht gewidmetes Hauptwerk *De iure belli libri tres.*

69 LESAFFER, BYIL 73 (2002), 103 (104); MORATIEL VILLA, RICR 1997, 577 (584).

70 So schon im Jahr 1848 VON KALTENBORN, Vorläufer, S. 228: „Er [*i.e. Gentili*] ist der erste wichtigere Autor des modernen Völkerrechts und in dieser Beziehung als der eigentliche und unmittelbare Vorläufer des Grotius zu betrachten. Ja ich halte ihn für die unmittelbare Grundlage des Grotius, dem ich deswegen im gewissen Sinne seine Originalität und seine gerühmte Vaterschaft der modernen Völkerrechtswissenschaft in etwas abzusprechen nicht unterlassen kann.“ (Ergänzung vom Verf.).

71 GREWE, Der Staat 23 (1984), 161 (163).

72 SCOTT, The Spanish Origin of International Law: Francisco de Vitoria and his Law of Nations (Oxford / London 1934). Scotts Thesen wurde insbesondere von NUSSBAUM, Geschichte, S. 327 ff., scharf bis polemisch kritisiert.

Bourquin kam schließlich in dem 1948 veröffentlichten Aufsatz „Grotius est-il le père du droit des gens?" zu dem Schluss, „Vater des Völkerrechts [*sei*] ein Kollektiv, eine Reihe von Denkern und Juristen gewesen, von denen einige Grotius vorangegangen waren und andere sein Werk im Laufe des 17. und 18. Jahrhunderts erweitert und entwickelt haben"[73].

Der Kritik an der Bezeichnung „Vater des Völkerrechts" ist zuzugeben, dass das Völkerrecht ebenso wenig wie jede andere geisteswissenschaftliche Disziplin mit einer Art „Urknall" in die Welt getreten ist.[74] Vitoria, Suárez und andere Denker der Spätscholastik hatten lange zuvor Beiträge zur Grundlegung einer Ordnung geleistet, auf denen Grotius, ebenso wie alle späteren für die Entwicklung des modernen Völkerrechts wesentlichen Autoren aufbauen konnten und auch aufgebaut haben.[75] Auch gebührt nicht Grotius, sondern Gentili die Ehre, Naturrecht und Religion voneinander getrennt[76] und das Kriegsrecht auf eine von der Theologie unabhängige Grundlage gestellt zu haben[77]. Es steht daher außer Zweifel, dass die Völkerrechtslehre des Hugo Grotius auf diesen Vorgängern aufbaut und „ohne sie nicht denkbar" wäre.[78]

Allerdings ist es Grotius' Verdienst, die zwischenstaatlichen Beziehungen auf eine rechtliche Grundlage gestellt und ein beinahe alle Probleme behandelndes System des Völkerrechts ausgearbeitet zu haben.[79] In dieser Verrechtlichung der Beziehungen zwischen den Völkern liegt der Fortschritt gegenüber den spanischen Spätscholastikern, welche die Beziehungen der Völker untereinander eben nicht juristisch, sondern im Zusammenhang mit moraltheologischen und philosophischen Reflexionen behandelt haben.[80] Mit *De iure belli ac pacis* errichtete Grotius den Staaten als voneinander unabhängigen, keiner gemeinsamen Autorität unterworfenen politischen Einheiten einen normativen Rahmen und gab damit dem Völkerrecht seine raison d'être.[81] Von den Völkerrechtsautoren der gleichen humanistischen Stilrichtung hebt sich Grotius schließlich dadurch ab, dass er nicht nur einen Teil des internationalen Rechts – wie das Kriegsrecht oder das Gesandtschaftsrecht – darstellt, sondern eine gesamte die Menschheit verbindende Rechtsordnung aufzeigt.[82] Durch die Zusammenfassung der geisti-

---

73 BOURQUIN, Grotius est-il le père du Droit des Gens?, S. 94. Noch kritischer in Hinblick auf Grotius' Bedeutung in jüngerer Zeit HAGGENMACHER, Doctrine de la guerre juste, S. 622.

74 ABI-SAAB, Grotius as a System-Builder, S. 80.

75 GREWE, Epochen, S. 223.

76 LE FUR, Droit naturel, RdC 18 (1927/III), S. 299; GREWE, Epochen, S. 231.

77 SCHWARZENBERGER, AJIL 37 (1943), 460 (463); RETTICH, Theorie und Geschichte, S. 8.

78 GREWE, Epochen, S. 231.

79 WEHBERG, Hugo Grotius, S. 45; SIMMONDS, JIR 8 (1959/60), 85 (99).

80 VAN EIKEMA HOMMES, NILR 30 (1983), 61.

81 ONUMA, Conclusion, S. 362.

82 ZIEGLER, Grotius als „Vater des Völkerrechts", S. 856.

gen Strömungen der Zeit und des traditionellen Gedankenguts wirkte Grotius somit als „Brennspiegel", der die Gedanken Vitorias, Suárez' und Gentilis vereinigte, um sie gebündelt weiterzugeben.[83]

Grotius' Ruhm wurzelt schließlich auch in der enormen Verbreitung von *De iure belli ac pacis* und – was noch differenziert zu betrachten sein wird – seiner Rezeption in der Völkerrechtslehre und der Staatenpraxis in den bald vier Jahrhunderten seit der Erstauflage von 1625. Daher kann man auch heute noch mit einigem Recht Grotius als den „Vater" oder „Gründer" des Völkerrechts rühmen.[84] Allerdings sollte man sich der begrenzten Aussagekraft dieses Ehrentitels, der die geistesgeschichtliche Entwicklung nur verkürzt wiedergeben kann, bewusst sein.[85]

B. Die Begriffe „Krieg" und „Recht" in Grotius' *De iure belli ac pacis*

Die rechtswissenschaftliche Auseinandersetzung mit dem „Recht des Krieges und des Friedens" – nichts anderes strebt Grotius mit *De iure belli ac pacis* an – erfordert eine möglichst genaue Bestimmung der Bedeutung der Wörter „Krieg" und „Recht".[86] Daher definiert Grotius diese für sein Vorhaben zentralen Begriffe gleich im einleitenden Kapitel des ersten Buchs mit dem programmatischen Titel *Quid bellum, quid ius?* („Was ist der Krieg, was ist das Recht?").[87] Eine Definition des „Friedens" liefert Grotius hingegen nicht. Er hält sie für sein Vorhaben für nicht erforderlich, da „der Krieg des Friedens wegen begonnen wird und es keinen Streitfall gibt, aus dem nicht ein Krieg hervorgehen könnte, so dass das Kriegsrecht der passende Ort ist, die möglichen Streitfälle zu erörtern: Der Krieg selbst wird uns dann zum Frieden als seinem Ziel führen"[88]. Grotius macht also bewusst den Krieg zum Zentrum seiner Untersuchung.[89]

---

83 ZIEGLER, Völkerrechtsgeschichte, S. 169; WOLF, Rechtsdenker, S. 290.

84 OPPENHEIM / LAUTERPACHT, International Law Vol. I, § 53, S. 91; NUSSBAUM, Geschichte, S. 126 f.; PREISER, History of the Law of Nations: Ancient Times to 1648, in: Bernhardt, EPIL II, S. 744.

85 ZIEGLER, Grotius als „Vater des Völkerrechts", S. 858.

86 GROTIUS, IBP, 1. Buch, 1. Kap., II, 1: „*De Belli ergo iure acturi videndum habemus, quid bellum sit de quo quaeritur, quid ius quod quaeritur.*". Den rechtswissenschaftlichen Anspruch unterstreichen auch die Stellen IBP, Prol. 28 und 30. Vgl. auch BOURQUIN, Droit de la paix, RdC 35 (1931/I), S. 175: «C'est à une construction juridique du droit de la guerre qu'il veut atteindre.».

87 HAGGENMACHER, Grotius et le droit international, S. 119.

88 GROTIUS, IBP, 1. Buch, 1. Kap., I: „*Sed quia bellum pacis causa suscipitur, et nulla est controversia unde non bellum oriri possit, occasione bellici iuris quaecunque tales inci-*

I. Die Definition des Krieges

Als Ausgangspunkt für die Entwicklung eines eigenen Kriegsbegriffs dient Grotius eine Formulierung Ciceros, der den Krieg als eine *certatio per vim*[90], als eine „gewaltsame Auseinandersetzung“ bezeichnet hatte. Er übernimmt diese Definition jedoch nicht blindlings, sondern formuliert sie um in *status per vim certantium*, den „Zustand, in dem sich diejenigen befinden, die sich mit Gewalt bekämpfen“. Damit macht Grotius „entsprechend dem Sprachgebrauch“ nicht die gewaltsame Handlung als solche, sondern das gesamte feindselige Verhältnis als Wesensmerkmal des Krieges aus.[91] Die Verschiebung des Akzents auf den *status* gibt der ciceronischen Begriffsbestimmung eine Wendung, die für das völkerrechtliche Verständnis vom Wesen des Krieges in den folgenden Jahrhunderten wegweisend werden sollte.[92]

Bemerkenswert ist zunächst, dass sich Grotius nicht mit Alberico Gentili auseinandersetzt, der den Krieg als *publicorum armorum iusta contentio*[93], als „gerechte bewaffnete Auseinandersetzung zwischen zwei souveränen Mächten“, definiert und damit das Verständnis und den Sprachgebrauch seiner Zeit auf den Punkt gebracht hatte.[94] Die Definition seines italienischen Vorgängers ist für Grotius' Zwecke allerdings in gleich zweierlei Hinsicht zu eng.[95] Zum einem hält Grotius seine Definition des Krieges ganz bewusst vom Begriff der Gerechtigkeit (*iustitia*) frei[96], da es ihm gerade darum geht, die „Gerechtigkeit“ des Krieges zu ermitteln. Dazu müsse er aber das, was er sucht, von dem trennen,

---

dere solent controversiae recte tractabuntur: ipsum deinde nos bellum ad pacem ut finem suum deducet.“.

89 HAGGENMACHER, Grotius et le droit international, S. 118; STRISOWER, Der Krieg und die Völkerrechtsordnung, S. 46 f.; TREIDEL, Grundanschauungen, S. 14.

90 CICERO, De officiis, Buch I, 11, 34: „*Nam cum sint duo genera decertandi, unum per disceptationem, alterum per vim,...*“.

91 GROTIUS, IBP, 1. Buch, 1. Kap., II, 1: „*Sed usus obtinuit ut non actio sed status eo nomine indicetur, ita ut sit Bellum status per vim certantium qua tales sunt:...*“. Vgl. KOTZSCH, Concept of War, S. 38; RETTICH, Theorie und Geschichte, S. 9 (mit Anm. 4).

92 Grotius' Definition entspricht in dieser Hinsicht der Praxis des Dreißigjährigen Krieges, in dem es immer wieder längere Zeiträume gab, in denen nicht gekämpft wurde (KOTZSCH, Concept of War, S. 39).

93 GENTILI, De iure belli libri tres, Buch I, Kap. II, S. 17. Zu den drei Definitionsmerkmalen VAN DER MOLEN, Alberico Gentili, S. 116.

94 GREEN, AVR 6 (1956/57), 387 (395); BASDEVANT, Hugo Grotius, S. 259; VAN DER MOLEN, Alberico Gentili, S. 116.

95 HAGGENMACHER, Grotius and Gentili, S. 169.

96 Nach SCHMITT, Die Wendung zum diskriminierenden Kriegsbegriff, S. 40, zeigt dies, dass der Lehre vom gerechten Krieg bei Grotius ein nichtdiskriminierender Kriegsbegriff zugrunde liegt.

wozu er es sucht.[97] Grotius betrachtet den Krieg also nicht *a priori* als ein organisches Glied eines Rechtssystems, sondern zunächst nur als ein historisches Faktum.[98] Zum anderen ist auch das Merkmal *publicum* für Grotius' Kriegsbegriff zu eng, da er neben dem zwischen zwei Souveränen ausgetragenen „öffentlichen Krieg"[99] (*bellum publicum*) auch den „gemischten Krieg" (*bellum mixtum*), bei dem nur auf einer Seite hoheitliche Gewalt steht, und sogar den zwischen nicht Souveränen geführten „Privatkrieg" (*bellum privatum*) anerkennt.[100]

Diese sehr weite, auch die Fehde umfassende Definition entsprach schon bei Erscheinen von *De iure belli ac pacis* längst nicht mehr dem üblichen Sprachgebrauch.[101] So wurde in Frankreich schon Ende des 14. Jahrhunderts die Privatfehde untersagt, im Heiligen Römischen Reich Deutscher Nation erfolgte dies durch den Ewigen Landfrieden von 1495.[102] Die Einbeziehung der Gewaltanwendung zwischen Privaten und derjenigen einer Obrigkeit gegen Rebellen in seinen Kriegsbegriff verteidigt Grotius mit dem Hinweis, dass eben dieser Sprachgebrauch falsch sei, weil dadurch die Unterart „öffentlicher Krieg" zum Oberbegriff für die ganze Gattung „Krieg" gemacht werde.[103] Dass der Kriegsbegriff auch private Gewaltanwendung umfasse, zeige im übrigen schon das lateinische *bellum*, welches sich sprachlich aus *duellum* entwickelt habe.[104]

Der technischen, sich in den kommenden Jahrhunderten durchsetzenden[105] Kriegsdefinition Gentilis stellt Grotius damit ein philosophisches Konzept gegenüber, in dem der Begriff „Krieg" für jede zwischenmenschliche Gewaltanwendung steht.[106] Dieser Ansatz findet seine Erklärung in Grotius' Methode

---

97 GROTIUS, IBP, 1. Buch, 1. Kap., II, 3: „*Justitiam in definitione non includo, quia hoc ipsum in hac disputatione quaerimus, sitne aliquod bellum iustum, et quod bellum iustum sit. Distingui autem debet id quod quaeritur ab eo de quo quaeritur.*". Allerdings gebraucht Gentili das Adjektiv *iustum* nicht im Sinne von „gerecht", sondern von „formgerecht" (vgl. RETTICH, Theorie und Geschichte, S. 6 f. sowie unten, 1. Kap., Fn. 413).

98 RETTICH, Theorie und Geschichte, S. 10; BASDEVANT, Hugo Grotius, S. 182.

99 Den öffentlichen Krieg unterteilt GROTIUS (IBP, 1. Buch, 3. Kap., IV, 1) weiter in den „nach gewissen Bräuchen" geführten „feierlichen Krieg" (*bellum publicum solenne*) und den diese Voraussetzungen nicht erfüllenden „weniger feierlichen Krieg" (*bellum publicum minus solenne*).

100 GROTIUS, IBP, 1. Buch, 3. Kap., I, 1.

101 TREIDEL, Grundanschauungen, S. 15; LUEDER, Krieg und Kriegsrecht im Allgemeinen, S. 237.

102 KOTZSCH, Concept of War, S. 35 f. Zur Zurückdrängung der Fehde in Europa ab dem 12. Jahrhundert NYS, Les origines du droit international, S. 78 ff.

103 GROTIUS, IBP, 1. Buch, 1. Kap., II, 3.

104 GROTIUS, IBP, 1. Buch, 1. Kap., II, 2.

105 GREWE, Epochen, S. 248.

106 HAGGENMACHER, Grotius and Gentili, S. 169; HOFMANN, Hugo Grotius, S. 65. Mit diesem weiten Kriegsbegriff greift Grotius die von SUÁREZ (De triplici virtute theologica, III,

der Fundierung des zwischen den Völkern geltenden Rechts aus einem umfassenden, jegliche Rechtsbeziehungen bestimmenden Naturrecht, dessen Subjekt zunächst nur der einzelne Mensch ist. Daher kann Grotius erst über die *certatio per vim* zwischen Einzelnen zur Erörterung des Krieges zwischen Völkern kommen.[107] Da aber der Krieg für Grotius Durchsetzungs- und Entscheidungsmittel in Rechtsstreitigkeiten, die nicht mit gerichtlichen Mitteln beendet werden können, ist[108], sei der Privatkrieg innerhalb einer bestehenden Gesellschaft mit einem Gerichtswesen auch nach dem Naturrecht nur noch in engen Grenzen zulässig: in Notwehr[109] oder zur Selbsthilfe gegen Rechtsverletzungen, wenn keine Rechtshilfe durch ein Gericht erlangt werden kann[110]. Sein umfassender Kriegsbegriff dient Grotius also nur als Ausgangspunkt, um die verschiedenen Erscheinungsformen der Gewalt anschließend in ein System zu bringen und getrennt voneinander juristisch zu betrachten.[111] Bei der Lektüre und Interpretation von Grotius' Werk muss daher stets beachtet werden, auf welche Arten des Krieges Grotius seine Schlussfolgerungen bezieht und welche er davon ausschließt.[112]

II. Die dreifache Bedeutung des Begriffs „Recht“

Der andere zentrale Begriff der kriegsrechtlichen Ausführungen Grotius' ist der des „Rechts“ (*ius*). Schon in der Vorrede begründet Grotius die Existenz des Rechts aus der Natur des Menschen heraus und verwirft damit die utilitaristische Lehre des griechischen Philosophen Karneades[113], der die Existenz jeglichen

---

disp. 13, sec. 1) getroffene Unterscheidung zwischen der *pugna exterior* als Bezeichnung für jede physische Auseinandersetzung und dem rein geistigen Kampf auf (HAGGENMACHER, Grotius et le droit international, S. 120).

107 RETTICH, Theorie und Geschichte, S. 12; VAN VOLLENHOVEN, Grotius and Geneva, S. 13.

108 GIZEWSKI, Der Staat 32 (1993), 325 (333); vgl. GROTIUS, IBP, 2. Buch, 1. Kap., II, 1: „*Ac plane quot actionum forensium sunt fontes, totidem sunt belli: nam ubi iudicia deficiunt incipit belli.*“ („So viele Gründe es für gerichtliche Klagen gibt, ebenso viele Gründe gibt es zum Krieg. Wo es an rechtlichen Entscheidungen fehlt, bricht der Krieg aus.“).

109 GROTIUS, IBP, 2. Buch, 1. Kap, III.

110 GROTIUS, IBP, 1. Buch, 3. Kap., II, 1.

111 HAGGENMACHER, Grotius et le droit international, S. 123.

112 So auch TWISS, Law of Nations, S. 47.

113 Karneades von Kyrene (214-129 v. Chr.), griechischer Philosoph, Stifter der Dritten Akademie. Karneades hielt bei einem Aufenthalt in Rom im Jahr 155 zunächst eine Lobrede auf die Gerechtigkeit, um in einer Gegenrede am nächsten Tag zu beweisen, dass unter den Menschen keine Einigkeit über das Wesen der Gerechtigkeit bestehe und es daher kein Naturrecht gebe (VERDROSS, Rechtsphilosophie, S. 20; SCHELTENS, NILR 30 (1983), 43 [49]).

Rechts geleugnet hatte.[114] Karneades wählt Grotius jedoch nur vordergründig als Kontrahenten, um sich nicht mit „einem untergeordneten Haufen von Gegnern herumschlagen“[115] zu müssen, tatsächlich wendet er sich in dieser Passage gegen machiavellistische Positionen.[116] Dem Ausdruck „Recht“ kommen nach Grotius drei verschiedene Bedeutungen zu, die sich aus einer zweifachen Differenzierung ergeben.[117] Die erste, auf Cicero zurückgehende Unterscheidung[118] ergibt sich daraus, dass dem Substantiv *ius* nicht nur das der gleichen Wortfamilie zugehörige Adjektiv *iustum* (gerecht), sondern auch das Adjektiv *rectum* (richtig) zugeordnet sei.[119] Die zweite Unterscheidung ist die zwischen objektivem und subjektivem Recht[120], die Grotius allerdings nur hinsichtlich des „Rechts“ im Sinne von *iustum* vornimmt.[121]

In seiner ersten, allgemeinen Bedeutung könne „Recht“ nur negativ definiert werden, und zwar als „das, was nicht ungerecht ist. Ungerecht ist das, was dem Begriff einer Gemeinschaft vernünftiger Wesen widerstreitet.“[122] Unrecht beziehungsweise ungerecht seien damit alle Handlungen, die zur Störung des Zusammenlebens in der menschlichen Gemeinschaft geeignet sind. Gerecht handele hingegen derjenige, der solche gemeinschaftsschädlichen Handlungen unterlässt. In diesem Sinne bewertet der Begriff „Recht“ also Handlungen des Individuums im Verhältnis zur Gemeinschaft und kann daher als „objektive Gerechtigkeit“ verstanden werden.[123] Dieses Recht unterteilt Grotius weiter nach der Art der Gemeinschaft: Ist es eine Verbindung von Gleichen („Brüdern, Bürgern, Freunden oder Bundesgenossen“), so spricht er von *ius aequatorium* („Gleichheitsrecht“), ist die Gemeinschaft hierarchisch organisiert („zwischen Vater und Kindern, Herrn und Dienern, König und Untertanen, Gott und den

---

[114] TANAKA, Grotius's Method, S. 14 ff.; SCHELTENS, NILR 30 (1983), 43 (49).

[115] GROTIUS, IBP, Prol. 5: „*Caeterum ne cum turba nobis res sit, demus ei advocatum.*“.

[116] GIZEWSKI, Der Staat 32 (1993), 325 (343); AGO, Conception de Grotius, RdC 182 (1983/IV), S. 384; DRAPER, Legal Ideas about War, S. 199 f.

[117] REMEC, Position of the Individual, S. 60; HAGGENMACHER, Droits subjectifs, S. 73. Eine ähnliche Differenzierung findet sich bei SUÁREZ, De legibus, ac Deo legislatore, 1. Buch, Kap. 1 und 2.

[118] CICERO, De officiis, Buch I, 3, 8; Buch III, 3, 14.

[119] OTTENWÄLDER, Naturrechtslehre, S. 21; HAGGENMACHER, Doctrine de la guerre juste, S. 465.

[120] HAGGENMACHER, Doctrine de la guerre juste, S. 462, 466.

[121] OTTENWÄLDER, Naturrechtslehre, S. 21.

[122] GROTIUS, IBP, 1. Buch, 1. Kap., III, 1:„*[I]us sit, quod iniustum non est. Est autem iniustum, quod naturae societatis ratione utentium repugnat.*“.

[123] HAGGENMACHER, Droits subjectifs, S. 75; BAUER, Medieval canon law, S. 218; REMEC, Position of the Individual, S. 60.

Menschen“), bezeichnet er die in diesem Verhältnis geltende Rechtsordnung als *ius rectorium* („Unterordnungsrecht“).[124]

In seiner zweiten Bedeutung stehe der Begriff „Recht“ für die „moralische Eigenschaft, kraft derer eine Person etwas mit Recht haben oder tun kann“[125]. Diese *qualitas moralis* komme stets der Person zu, auch wenn sie sich in manchen Fällen – wie etwa eine Grunddienstbarkeit – auf eine Sache beziehe. Der Begriff „Recht“ in diesem zweiten Sinne geht aus dem Ersteren hervor, bezeichne jedoch die Rechte einer Person und ist daher gleichbedeutend mit „subjektives Recht“ oder „Anspruch“.[126] Die subjektiven Rechte unterscheidet Grotius in „perfekte“ und „weniger perfekte Rechte“ und bezeichnet diese als „Fähigkeit“ (*facultas*) beziehungsweise „Geeignetheit“ (*aptitudo*).[127] Unter *facultas*[128] versteht Grotius „das von den römischen Rechtsgelehrten als *suum* bezeichnete Recht, das Recht im eigentlichen oder strengen Sinne“: Eine umfassende Rechtsmacht, wie etwa die Macht über sich und andere (*potestas*), das Eigentum sowie andere beschränkte dingliche Rechte (*dominium*) und schuldrechtliche Ansprüche (*creditum*).[129] Der Begriff *aptitudo*, dem römischen Recht unbekannt, greift hingegen das aristotelische Konzept der ἀξία (*axia*) auf.[130] Grotius umschreibt *aptitudo* mit Aristoteles als „Würdigkeit“ und mit Michael von Ephesos als „das Billige, was sich gebührt“[131], bemüht sich jedoch nicht um eine eigene, exakte Definition dieser „Geeignetheit“, da er sie eben nicht als „Recht im eigentlichen oder strengen Sinne“ ansieht und sie aus diesem Grund in seinem System keine bedeutende Rolle spielt.[132]

---

[124] GROTIUS, IBP, 1. Buch, 1. Kap., III, 2. Nach HAGGENMACHER, Doctrine de la guerre juste, S. 463, hat Grotius diese in *De iure praedae* für seine Systematik noch bedeutsame Unterscheidung nur als Prinzip in *De iure belli ac pacis* übernommen, ohne ihr jedoch die dortige Bedeutung zuzumessen.

[125] GROTIUS, IBP, 1. Buch, 1. Kap., IV: „*Qualitas moralis personae, competens ad aliquid iuste habendum vel agendum*“.

[126] HAGGENMACHER, Doctrine de la guerre juste, S. 463; BASDEVANT, Hugo Grotius, S. 183; BAUER, Medieval canon law, S. 217 f.

[127] GROTIUS, IBP, 1. Buch, 1. Kap., IV. Zu dieser Differenzierung ausführlich TANAKA, Grotius's Concept of Law, S. 33 f.

[128] Der Begriff *facultas* war schon dem römischen Recht geläufig, allerdings im Sinne von *libertas* (OTTENWÄLDER, Naturrechtslehre, S. 21).

[129] GROTIUS, IBP, 1. Buch, 1. Kap., V.

[130] OTTENWÄLDER, Naturrechtslehre, S. 21 f; HAGGENMACHER, Droits subjectifs, S. 74.

[131] GROTIUS, IBP, 1. Buch, 1. Kap., VII.

[132] HAGGENMACHER, Doctrine de la guerre juste, S. 464, meint, Grotius habe die Unterscheidung zwischen *facultas* und *aptitudo* nur in sein System übernommen, um zur aristotelischen Lehre (ARISTOTELES, Nikomachische Ethik V, Kap. 5-7, 1130b-1132a) der kommutativen (austauschenden) und distributiven (verteilenden) Gerechtigkeit Stellung zu nehmen. GROTIUS (IBP, 1. Buch, 1. Kap., VIII, 1) kritisiert diese Diktion, da er die Bezeichnungen „ausgleichende Gerechtigkeit“ (*iustitia Expletrix*), der „Fähigkeit“ zugeordnet,

In seiner dritten Bedeutung entspreche der Begriff „Recht“ dem des „Gesetzes“ (*lex*), allerdings in einem weiten Sinne verstanden – gemeint sind die Regeln des moralischen Handelns, die den Menschen auf das „Richtige“ (*rectum*) verpflichten.[133] „Gesetz“ ist hier nicht technisch zu verstehen, gemeint sind vielmehr sämtliche zwingenden Verhaltensregeln und zwar nicht nur des Rechts in den beiden anderen Bedeutungen, sondern aller Tugenden.[134] Daher bevorzugt Grotius das Adjektiv *rectum* statt das darin begrifflich enthaltene, engere *iustum*, um den Gegenstand dieses Rechts zu bezeichnen.[135] Notwendige Voraussetzung für die Qualifikation einer Regel als Norm des Rechts in diesem dritten Sinne sei, dass sie den Adressaten unbedingt in die Pflicht nimmt. Keine Rechtsnormen seien daher bloße „Ratschläge und ähnliche Vorschriften“ ohne zwingenden Charakter.[136] Die „Erlaubnis“, verstanden als die Tatsache, dass eine bestimmte Handlung n i c h t v e r b o t e n ist, ist also nur dann eine Rechtsnorm, wenn ihr die Duldungspflicht eines Dritten gegenübersteht.[137] Andernfalls kommt in der schlichten „Erlaubnis“ nur ein von noch keiner Norm erfasster Teil der sozialen Wirklichkeit zum Vorschein.

Dieses gewissermaßen objektive Recht[138] legt Grotius seiner folgenden Darstellung des „Rechts des Krieges und Friedens“ zugrunde.[139] In der Tradition Aristoteles' unterteilt Grotius es in „das natürliche und in das gesetzte Recht“[140].

---

bzw. „zuteilende Gerechtigkeit“ (*iustitia Attributrix*), der „Geeignetheit“ zugeordnet, für treffender hält.

133 GROTIUS, IBP, 1. Buch, 1. Kap., IX, 1: „*Est et tertia iuris significatio quae idem valet quod Lex, quoties vox legis largissime sumitur, ut sit Regula actuum moralium obligans ad id quod rectum est.*“.

134 Vgl. ARISTOTELES, Nikomachische Ethik V, Kap. 3, 1129b: „Ἐν δὲ δικαιοσύνῃ συλλήβδην πᾶσ' ἀρετή 'στιν.“ (In der Gerechtigkeit ist alle Tugend zusammengefasst.).

135 GROTIUS, IBP, 1. Buch, 1. Kap., IX, 1; HAGGENMACHER, Droits subjectifs, S. 128.

136 GROTIUS, IBP, 1. Buch, 1. Kap., IX, 1: „*Obligationem requirimus: nam consilia et si qua sunt alia praescripta, honesta quidem sed non obligantia, legis aut iuris nomine non veniunt.*“. Vgl. TANAKA, Grotius's Concept of Law, S. 35; REMEC, Position of the Individual, S. 60.

137 GROTIUS, IBP, 1. Buch, 1. Kap., IX, 1: „*Permissio autem proprie non actio est legis, sed actionis negatio, nisi quatenus alium ab eo cui permittitur obligat ne impedimentum ponat.*“.

138 HAGGENMACHER, Doctrine de la guerre juste, S. 465.

139 REMEC, Position of the Individual, S. 61. Vgl. GROTIUS, IBP, Prol. 26: „*Sileant ergo **leges** inter arma, sed civiles illae et iudiciariae et pacis propriae: non aliae perpetuae et omnibus temporibus accommodatae* (Unter den Waffen schweigen also die Gesetze, doch nur die des Verkehrs, der Gerichte und des Friedens, nicht aber jene ewigen und für alle Zeiten geltenden Gesetze.).“ (Hervorhebunng vom Verf.).

140 GROTIUS, IBP, 1. Buch, 1. Kap., IX, 2; vgl. ARISTOTELES, Nikomachische Ethik V, Kap. 10, 1134 b: „τοῦ δὲ πολιτικοῦ δικαίου τὸ μὲν φυσικόν ἐστι τὸ δὲ νομικόν“ (von dem politischen (staatlichen) Recht ist das eine natürlich, das andere gesetzlich). Das konkrete Recht

Die Unterscheidung zwischen Naturrecht und positivem Recht beschränkt sich also nicht auf das zwischen den Staaten geltende Recht, vielmehr ist sie charakteristisch für Grotius' gesamtes Rechtsdenken.[141]

C. Die Unterscheidung zwischen *ius naturae* und *ius gentium*

Dem vollständigen Titel seines Werks zufolge macht Grotius es sich zur Aufgabe, das Recht des Krieges und des Friedens so darzustellen, wie es sich aus dem *ius naturae et gentium* und aus den Prinzipien des *ius publicum* ergibt. Alle drei genannten Rechte – *ius publicum, ius naturae* und *ius gentium* – hatten im Laufe des 17. Jahrhundert eine Zäsur erfahren.[142] Zu dieser Zeit, als die Schaffung eines Rechts für Christen und Heiden, für alle Nationen und Konfessionen und die Beziehungen der Völker untereinander – nach „vernünftigen Prinzipien" aus der „Natur des Menschen" entwickelt – auf der wissenschaftlichen Agenda stand, tauchte auch das *ius naturae et gentium* erstmals als festes Begriffspaar auf.[143]

Grotius unterscheidet das zwischen den Staaten geltende Recht in das schon in der Schöpfung angelegte Naturrecht (*ius naturae*, synonym auch *ius naturale*) und das erst durch einen Willensakt in Kraft gesetzte gewillkürte Recht (*ius voluntarium*).[144] Dabei betrachtet er das Naturrecht als Grundlage und Existenzbedingung des gewillkürten Rechts.[145] Das gewillkürte Recht unterteilt Grotius weiter in das *ius voluntarium divinum* und das *ius voluntarium humanum*, in das göttliche und das menschliche gewillkürte Recht.[146] Bei dem menschlichen gewillkürten Recht ist wiederum zwischen dem nur innerstaatlich geltenden *ius ci-*

---

einer Gemeinschaft entsteht nach Aristoteles also erst durch diese Verbindung aus Physis und Nomos (VERDROSS, Rechtsphilosophie, S. 42). – Die Unterscheidung zwischen dem geschriebenen Recht (positivem Recht) und dem ungeschriebenen Recht (für das Naturrecht) findet sich beispielsweise auch bei Ulpian und Suárez (LE FUR, Droit naturel, RdC 18 (1927/III), S. 298; WEHBERG, Hugo Grotius, S. 41).

141 LE FUR, Droit naturel, RdC 18 (1927/III), S. 324; HAGGENMACHER, Grotius et le droit international, S. 121; BAUER, Medieval canon law, S. 219.

142 TIEßLER-MARENDA, Einwanderung und Asyl bei Hugo Grotius, S. 104. Anders als das *ius naturae* und das *ius gentium* betrifft das *ius publicum* nicht die Frage des Kriegsgrundes, so dass im Folgenden nicht näher darauf eingegangen wird. Zum *ius publicum* MOHNHAUPT, Europa und ius publicum, S. 207 ff.

143 STOLLEIS, Reichspublizistik – Politik – Naturrecht im 17. und 18. Jahrhundert, S. 22.

144 GROTIUS, IBP, Prol. 17. Vgl. PILLET, La Guerre et le Droit, S. 22; WEHBERG, Natur- und Völkerrecht, S. 227. Zum Verhältnis zwischen *ius naturae* und *ius voluntarium* in *De iure praedae* KOSTERS, Les fondements du droit des gens, S. 39 ff.

145 REMEC, Position of the Individual, S. 63; VERDROSS, Völkerrecht, S. 50.

146 GROTIUS, IBP, 1. Buch, 1. Kap., XIII.

vile und dem den zwischenstaatlichen Verkehr regelnden *ius gentium*[147] (gewillkürtes Völkerrecht) zu unterscheiden. Auf diesem Wege kommt Grotius zu der für sein Werk typischen Dichotomie des Völkerrechts aus *ius naturae* und *ius gentium*.[148]

Grotius' Methode unterwirft sich ganz dem Ziel, das im Naturrecht und im gewillkürten Völkerrecht wurzelnde Recht des Krieges und des Friedens darzustellen. Zu diesem Zweck erläutert er zunächst die Regeln des *ius naturae* und des *ius gentium*, um dann zu fragen, ob sich daraus ein Anspruch ergibt, der einen berechtigten Kriegsgrund gäbe. Im Anschluss daran untersucht er, welche Regeln nach *ius naturae* und nach *ius gentium* bei der Kriegsführung zu beachten sind. Diese Vorgehensweise hat den Nachteil, dass Einzelfragen, deren Bedeutung Grotius für gering erachtet, dem Gesamtkonzept unterordnet und nicht in sich geschlossen beantwortet werden.[149]

Auch wenn Grotius für sich beansprucht, Naturrecht und gewillkürtes Recht systematisch klarer voneinander getrennt zu haben als alle seine Vorgänger[150], behandelt er eine Frage nicht alternativ nach dem Naturrecht oder dem gewillkürten Völkerrecht. So passiert es auch, dass Grotius ein und dieselbe Frage nach dem *ius gentium* anders beantwortet als nach dem *ius naturae*. Es kommt also stets auf das konkrete Rechtsproblem an, so dass die Kenntnis dieser Differenzierung für das richtige Verständnis von *De iure belli ac pacis* unerlässlich ist.[151] Zweck dieser komplexen Unterscheidung zwischen *ius naturae* und *ius gentium* ist letztlich die Verbindung der idealen philosophischen Prinzipien des Naturrechts mit den Kriegsbräuchen der Zeit, die, obwohl häufig grausam und unangemessen, allgemein als bindend betrachtet wurden.[152]

---

[147] Das *ius gentium* bezeichnet Grotius auch mit dem begriffsgleichen *ius gentium voluntarium* (z.B. an der Stelle IBP, 3. Buch, 1. Kap., V, 1), um dessen Geltungsgrund und damit die Abgrenzung zum *ius naturae* hervorzuheben. Aus dem abweichenden Sprachgebrauch kann daher nicht gefolgert werden, Grotius kenne auch ein *ius gentium naturalis* (TIEßLER-MARENDA, Einwanderung und Asyl bei Hugo Grotius, S. 142 f.).

[148] NUSSBAUM, Geschichte, S. 121; AGO, Conception de Grotius, RdC 182 (1983/IV), S. 386; VERDROSS, Völkerrecht, S. 50.

[149] TIEßLER-MARENDA, Einwanderung und Asyl bei Hugo Grotius, S. 250.

[150] GROTIUS, IBP, Prol. 30: „*Artis formam ei imponere multi antehac destinarunt: perfecit nemo: neque vero fieri potest, nisi, quod non satis curatum est hactenus, ea quae ex constituto veniunt a naturalibus recte separentur.*".

[151] WEHBERG, Natur- und Völkerrecht, S. 228 f. Es greift daher zu kurz, Grotius' Standpunkt zu einer völkerrechtlichen Frage einzig nach dem Naturrecht zu untersuchen, wie z.B. BRUNNÉE / TOOPE, NILR 51 (2004), 363 (371).

[152] REMEC, Position of the Individual, S. 89; BASDEVANT, Hugo Grotius, S. 238.

I. Das Naturrecht (*ius naturae*)

In Grotius' Rechtstheorie hat das *ius naturae* seinen Ursprung in der sozialen Natur des Menschen. Anders als die Tiere suche der Mensch wegen seines *appetitus societatis* die ruhige und nach dem Maß seiner Einsicht geordnete Gemeinschaft mit seinesgleichen.[153] Daher rühre die der menschlichen Vernunft entsprechende „Sorge für die Gemeinschaft" (*societatis custodia*), die Quelle dessen sei, was als Recht bezeichnet werde.[154] Denn diese Gemeinschaft von Wesen, die nicht vom Instinkt, sondern von der Vernunft geleitet werde, brauche zum Funktionieren eine Rechtsordnung: *Ubi societas, ibi ius*. Dieses Prinzip gilt für Grotius zunächst für die einzelnen Mitglieder einer Gruppe untereinander, gleichermaßen aber auch für die Beziehungen zwischen mehreren Gruppen, wie den antiken Stadtstaaten oder den modernen Nationalstaaten.[155] Mit der Rekurs auf den *appetitus societatis* und die menschliche Vernunft als Quelle des Naturrechts folgt Grotius einer traditionellen Argumentation, wie auch seine Bezugnahme auf die Philosophie der Stoiker[156] zeigt. Schon Aristoteles[157] und Cicero[158] sahen darin eine Quelle des Rechts und des Staates. Auch Augustinus[159] und Thomas von Aquin[160] diente der Gemeinschaftstrieb und die Vernunft als Grundlage des Rechts und des Staates.[161] Grotius' Rechtsdenken steht somit fest auf dem Boden der antik-christlichen Naturrechtslehre.[162]

Grotius definiert das Naturrecht als „ein Gebot der Vernunft, welches anzeigt, dass einer Handlung wegen ihrer Übereinstimmung oder Nichtübereinstimmung mit der vernünftigen Natur selbst eine moralische Hässlichkeit oder eine morali-

---

153 GROTIUS, IBP, Prol. 6: „*Inter haec autem quae homini sunt propria, est appetitus societatis, id est communitatis, non qualiscunque, sed tranquillae, et pro sui intellectus modo ordinatae, cum his qui sui sunt generis: quam* οἰκείωσιν *Stoici appellabant.*".

154 GROTIUS, IBP, Prol. 8: „*...societatis custodia humano intellectui conveniens, fons est eius iuris, quod proprie tali nomine appelatur: ...*".

155 LE FUR, Droit naturel, RdC 18 (1927/III), S. 302.

156 GROTIUS, IBP, Prol. 6. Zu den Grundgedanken der stoischen Philosophie VERDROSS, Rechtsphilosophie, S. 46 ff.

157 ARISTOTELES, Politik, 1253 a: „Φύσει μὲν οὖν ἡ ὁρμὴ ἐν πᾶσιν ἐπὶ τὴν τοιαύτην κοινωνίαν" („Alle Menschen haben also von Natur aus den Drang zu einer solchen Gemeinschaft").

158 CICERO, De re publica, Buch I, 25, 39: „*[P]opulus autem non omnis hominum coetus quoquo modo congregatus, sed coetus multitudinis iuris consensu et utilitatis comunione sociatus. Eius autem prima causa coeundi est non tam inbecillitas quam naturalis quaedam hominum quasi congregatio*; ...".

159 GROTIUS, IBP, Prol. 7: „..., *cum societatis appetitu excellente,* ... ", zu *excellente* Anm. 4: „...*Adde Augustinum de doctrina Christiana libro III, c. 14*".

160 THOMAS VON AQUIN, Summa Theologiae, I-II, 94, 2, 2: „*[L]ex naturalis consequitur hominis naturam.*".

161 TIEßLER-MARENDA, Einwanderung und Asyl bei Hugo Grotius, S. 108 f.

162 VERDROSS, Rechtsphilosophie, S. 112.

sche Notwendigkeit innewohnt, weshalb Gott als Schöpfer der Natur eine solche Handlung entweder geboten oder verboten hat."[163] Eine Handlung kann in Hinblick auf die vernünftige Natur des Menschen an sich gut oder schlecht sein. Auf der Grundlage dieser moralischen Qualifikation hat Gott diese Handlungen entweder erlaubt oder verboten. Dies bedeutet, dass die Gebote und Verbote des Naturrechts ihren Grund nicht in Gottes Willen haben, sondern dass Gott sie den Menschen bei der Schöpfung auferlegt hat, weil eine Handlung moralisch gut oder schlecht sein kann.[164] Das Naturrecht besteht also aus verschiedenen Prinzipien, die den Menschen den moralischen Wert oder Unwert ihres Handelns anzeigen.[165] Dieses Naturrecht darf jedoch nicht als bloße Summe der Regeln, die sich an das Gewissen des Einzelnen und seine Verantwortlichkeit vor Gott wenden, missverstanden werden, sondern muss als wirkliches Recht begriffen werden.[166]

Die Verankerung des grotianischen Naturrechts im vernünftigen Wesen des Menschen hat drei Konsequenzen. Sie bewirkt zunächst, dass das Naturrecht alle Menschen berechtigt und verpflichtet, ungeachtet ihres Glaubens, ihrer Rasse oder dem Stand ihrer Zivilisation.[167] Des Weiteren gilt das Naturrecht nicht für die Tiere, selbst wenn ihnen „ein Schatten und eine Spur von Vernunft" nicht abgesprochen werden kann.[168] Den entgegengesetzten, vom Naturrechtsverständnis der Antike[169] als Recht aller Lebewesen geprägten Standpunkt hatte Grotius noch in seinem Frühwerk *De iure praedae* eingenommen.[170] Schließlich ist das Naturrecht wegen seiner Verankerung in der menschlichen Natur auch von der gesellschaftlichen und technischen Entwicklung der Menschheit unabhängig. Vielmehr ist es in allen Zeiten unveränderlich, so dass selbst Gott, nachdem er das menschliche Wesen gemeinsam mit diesem Recht geschaffen hat[171],

---

163 GROTIUS, IBP, 1. Buch, 1. Kap., X, 1: „*Ius naturale est dictatum rectae rationis indicans, actui alicui, ex eius convenientia aut disconvenientia cum ipsa natura rationali, inesse moralem turpitudinem aut necessitatem moralem, ac consequenter ab auctore naturae Deo talem actum aut vetari aut praecipi.*". Die Bezeichnung des Naturrechts als *dictatum rectae rationis* unterstreicht die Nähe zum Denken der Stoiker und Ciceros, die den Ursprung des Naturrechts im ʻορθὸς λόγος bzw. in der *recta ratio* sahen (DEL VECCHIO, ÖstZöffR 12 (1962/63), 352 [354]). Vgl. CICERO, De re publica, Buch III, 22, 33: „*Est quidem vera lex recta ratio, naturae congruens, diffusa in omnis, ...*".

164 SCHELTENS, NILR 30 (1983), 43 (48).

165 KOSTERS, Les fondements du droit des gens, S. 43.

166 WEHBERG, Natur- und Völkerrecht, S. 228; HAGGENMACHER, Grotius and Gentili, S. 172.

167 VAN VOLLENHOVEN, Grotius and Geneva, S. 14; STUMPF, AVR 41 (2003), 83 (97).

168 GROTIUS, IBP, 1. Buch, 1. Kap., XI, 2.

169 Die klassische Definition des antiken Naturrechtsbegriffs stammt von ULPIAN, D 1.1.1.3: „*Ius naturale est, quod natura omnia animalia docuit.*".

170 LE FUR, Droit naturel, RdC 18 (1927/III), S. 318; WEHBERG, Hugo Grotius, S. 39; vgl. GROTIUS, De iure praedae, Kap. II, S. 9.

171 GROTIUS, IBP, Prol. 12.

es nicht mehr ändern könnte.[172] Die Unveränderlichkeit des *ius naturae* veranschaulicht Grotius mit einem Vergleich: Sowenig wie Gott in seiner sonst unermesslichen Macht es bewirken könne, dass zwei mal zwei nicht vier sind, so wenig könne er bewirken, dass das seiner inneren Natur nach Schlechte nicht schlecht sei.[173] Grotius hebt damit die Geltungskraft des Naturrechts auf eine Ebene mit der von physikalischen Naturgesetzen, wie etwa der Schwerkraft, die wenig später von Newton entdeckt wurde.[174] Kritik an diesem statischen Verständnis vom Naturrecht entkräftet Grotius mit dem Hinweis, dass das Naturrecht selbst unveränderlich sei, dies jedoch nicht für die nach ihm zu beurteilenden Umstände gelte. Diese unterlägen den Veränderungen der Zeit, was den „Unaufmerksamen" über die Unveränderlichkeit des Naturrechts täuschen könne.[175]

Zusammenfassend lässt sich sagen, dass Grotius das Naturrecht als ein der sozialen Natur des Menschen entsprechendes Recht göttlichen Ursprungs und ewiger Geltung versteht.[176]

1. Das Verhältnis von Naturrecht und Religion

Das Verhältnis von Naturrecht und Religion in Grotius' Werk ist vor dem Hintergrund der konfessionellen Auseinandersetzungen der Zeit, die sich im Dreißigjährigen Krieg entluden, zu sehen. Die scholastisch-katholischen Exponenten der Naturrechtslehre wurden nach der Reformation im protestantischen Europa nicht mehr ohne weiteres akzeptiert, die Protestanten wiederum galten den katholischen Schriftstellern des 16. und 17. Jahrhunderts als Ketzer, die sie mit jeder Härte bekämpften.[177] Damit seine Naturrechtslehre von beiden Konfessionen angenommen werden konnte, musste Grotius – selbst gläubiger Protestant – sie von ihrer traditionellen katholisch-theologischen Basis lösen und stattdessen ein auf der Vernunft gegründetes Naturrecht entwickeln.[178] Erst auf dem Boden

---

[172] GROTIUS, IBP, 1. Buch, 1. Kap., X, 5: „*Est autem ius naturale adeo immutabile, ut ne a Deo quidem mutari queat.*".

[173] GROTIUS, IBP, 1. Buch, 1. Kap., X, 5: „*Sicut ergo ut bis duo non sint quatuor ne a Deo quidem potest effici, ita ne hoc quidem, ut quod intrinseca ratione malum est malum non sit.*".

[174] LE FUR, Droit naturel, RdC 18 (1927/III), S. 301.

[175] GROTIUS, IBP, 1. Buch, 1. Kap., X, 6: „*Fit tamen interdum ut in his actibus de quibus ius naturae aliquid constituit, imago quaedam mutationis fallat incautos, cum revera non ius naturae mutetur quod immutabile est, sed res de qua ius naturae constituit, quaeque mutationem recipit.*".

[176] WEHBERG, Natur- und Völkerrecht, S. 227 f.

[177] NUSSBAUM, Geschichte, S. 121; MORATIEL VILLA, RICR 1997, 577 (584).

[178] ABI-SAAB, Grotius as a System-Builder, S. 82; NUSSBAUM, Geschichte, S. 122; BOURQUIN, Grotius est-il le père du Droit des Gens?, S. 87.

eines säkularisierten Naturrechts konnte Grotius ein Kriegsrecht gründen, dessen Akzeptanz vom Konflikt zwischen Katholiken und Protestanten unabhängig war.[179]

Die Trennung von Naturrecht und Religion vollzieht Grotius mit seinem Beitrag zu der Streitfrage, ob das Naturrecht von Gottes Willen abhängig sei oder nicht.[180] Grotius entscheidet sich gegen die voluntaristische Sicht mit dem Satz, dass „das Naturrecht in gewisser Weise auch gelten würde, wenn man annähme, was freilich ohne die größte Sünde nicht geschehen könnte, dass es keinen Gott gäbe, oder dass er sich um menschliche Angelegenheiten nicht bekümmere“[181]. Diese Stellungnahme macht deutlich, dass Grotius eben kein radikaler Säkularisierer des Rechts vom Schlage eines Alberico Gentilis war. Dieser hatte gefordert, die Theologen mögen zu Fragen, von denen sie nichts verstehen, schweigen.[182] Grotius hält demgegenüber an der theologischen Fundierung seiner Rechtstheorie, in der Gott als Schöpfer der Welt oberste Quelle des Naturrechts ist, fest. Durch die Eliminierung des göttlichen Willens und die Verankerung des Naturrechts in der Vernunft und der Wesensnatur Gottes, die ihr Ebenbild in der natürlichen Seinsordnung findet, ebnet er jedoch den Weg für eine rationale Deutung des Daseins.[183] So verbindet Grotius sein Naturrecht mit dem christlichen Glauben, macht es aber gleichzeitig unabhängig von Theologie und Metaphysik.[184]

2. Der direkte und der indirekte Beweis des Naturrechts

Grotius kündigt an, er werde das Naturrecht auf Begriffe zurückführen, die so sicher seien, dass niemand sie verleugnen könnte, ohne sich gewissermaßen selbst Gewalt anzutun. Dies sei möglich, da die menschliche Vernunft die Grundsätze des Naturrechts ohne weiteres identifizieren könne, ebenso wie gesunde Sinnesorgane des Menschen seine körperliche Umwelt erfahren.[185]

---

179 ABI-SAAB, Grotius as a System-Builder, S. 82; PILLET, La Guerre et le Droit, S. 23.

180 BOURQUIN, Grotius est-il le père du Droit des Gens?, S. 88; DEL VECCHIO, ÖstZöffR 12 (1962/63), 352 (354).

181 GROTIUS, IBP, Prol. 11: „*Et haec quidem quae iam diximus, locum aliquem haberent etiamsi daremus, quod sine summo scelere dari nequit, non esse Deum, aut non curari ab eo negotia humana*: …“.

182 GENTILI, De iure belli libri tres, Buch I, Kap. XII, S. 92: „*Silete theologi in munere alieno.*“. Zum Hintergrund dieses oft missverstandenen Ausspruchs HAGGENMACHER, Grotius and Gentili, S. 170 f.

183 GREWE, Der Staat 23 (1984), 161 (170); GUGGENHEIM, Les Origines de la Notion autonome du Droit des Gens, S. 185.

184 WEHBERG, Hugo Grotius, S. 40; BASDEVANT, Hugo Grotius, S. 233; PILLET, La Guerre et le Droit, S. 22.

185 GROTIUS, IBP, Prol. 39: „*Principia enim eius iuris, si modo animum recte advertas, per se patent atque evidentia sunt, ferme ad modum eorum quae sensibus externis percipimus;*

Grotius schreibt den Normen des Naturrechts damit eine Evidenz zu, die mit der Sicherheit der natürlichen Sinneswahrnehmung vergleichbar ist.

Den Beweis der Zugehörigkeit eines Rechtssatzes zum Naturrecht will Grotius jeweils direkt (*a priori*) oder indirekt (*a posteriori*) führen. Die Zugehörigkeit eines Rechtssatzes zum Naturrecht könne *a priori* bewiesen werden, indem gezeigt wird, dass eine Regel mit der natürlichen und gesellschaftlichen Vernunft im notwendigen Einklang stehe oder nicht.[186] Der Nachweis *a posteriori* hingegen erfordere, dass eine Norm von allen Völkern – zumindest von den gesitteten – für eine naturrechtliche gehalten werde. Denn eine allgemeine Wirkung müsse eine allgemeine Ursache haben, und die könne nur das sein, was gemeinhin als gesunder Menschenverstand bezeichnet werde.[187] Von diesen beiden Methoden bevorzugt Grotius im Grunde den „scharfsinnigeren" direkten Beweis. Die indirekte Methode hingegen führe zwar nicht zu ganz so sicheren Ergebnissen, sei jedoch allgemein verständlicher.[188]

Daher leitet Grotius entgegen seiner Ankündigung die Normen des Naturrechts kaum einmal aus vernunftmäßigen Überlegungen ab, vielmehr wählt er meist die Methode des Nachweises *a posteriori*.[189] Dazu untersucht Grotius jedoch nicht die Praxis der europäischen Völker in seiner Zeit. Dies folgt schon daraus, dass er die Bezugnahme auf die politische Lage der Zeit[190] und kontroverse Schriften der nachreformatorischen Zeit meidet, um die allseitige Akzeptanz seines Werkes zu gewährleisten.[191] Grotius führt den indirekten Beweis

qui et ipsi bene conformatis sentiendi instrumentis, et si caetera necessaria adsint, non fallunt.".

186 GROTIUS, IBP, 1. Buch, 1. Kap., XII, 1: „*A priori, si ostendatur rei alicuius convenientia aut disconvenientia necessaria cum natura rationali ac sociali: ...*".

187 GROTIUS, IBP, 1. Buch, 1. Kap., XII, 1: „*[A] posteriori vero, si non certissima fide, certe probabiliter admodum, iuris naturalis esse colligitur id quod gentes, aut moratiores omnes tale esse creditur. Nam universalis effectus universalem requirit causam: talis autem existimationis causa vix ulla videtur esse posse praeter sensum ipsum communis qui dicitur.*".

188 GROTIUS, IBP, 1. Buch, 1. Kap., XII, 1.

189 GREWE, Epochen, S. 232; AGO, Conception de Grotius, RdC 182 (1983/IV), S. 391; TANAKA, Grotius's Concept of Law, S. 42; DEL VECCHIO, ÖstZöffR 12 (1962/63), 352 (355).

190 Ausnahmsweise finden sich jedoch auch aktuelle Bezüge, wie der Hinweis auf ein aktuelles Urteil des höchsten Pariser Gerichtshofes (GROTIUS, IBP, 3. Buch, 9. Kap, XIX, 2); siehe auch IBP, 3. Buch, 6. Kap., XXIV, 8; 12. Kap., IV, 1.

191 SCHÄTZEL, Einleitung zu der von ihm übersetzten und herausgegebenen deutschen Ausgabe von *De iure belli ac pacis libri tres*, S. XXV f.; GIZEWSKI, Der Staat 32 (1993), 325 (353). GROTIUS (IBP, Prol. 58) begründet den fehlenden Bezug zu den völkerrechtlichen Problemen der Zeit in seinem Werk wie folgt: „Man tut mir Unrecht, wenn man glaubt, ich hätte auf die Streitfragen der Gegenwart Rücksicht genommen, mögen sie schon bestehen oder bald hervortreten. Denn ich gestehe offen, dass ich nach Art der Mathemati-

vielmehr anhand der antiken Geschichtsschreibung, von Zitaten der antiken Philosophen und aus der Heiligen Schrift, der scholastischen Doktrin und des römischen Rechts, mithin überkonfessionell anerkannten Autoritäten. Das so gewonnene Destillat aus zweitausend Jahren antiker und christlicher Geistesgeschichte, die Tatsache, dass – so Grotius – „viele aus verschiedenen Zeiten und Orten dasselbe als gewiss behaupten", zeige zwangsläufig allgemein gültige Grundsätze und damit das Naturrecht auf.[192]

Indes halten beide Arten der Beweisführung einer kritischen Würdigung nur bedingt stand. Denn auch wenn die direkte Methode zum Nachweis des Naturrechts – so, wie es Grotius definiert – grundsätzlich geeignet ist[193], leidet ihre Überzeugungskraft unter seinem weiten Naturrechtsbegriff. Denn Grotius stellt in *De iure belli ac pacis* nicht nur solche Grundprinzipien des Naturrechts dar, die tatsächlich evident sind, sondern rechnet wegen der Verankerung des *ius naturae* im menschlichen *appetitus societatis* alle Regelungen zum natürlichen Recht, die zum Bestehen einer Gemeinschaft gehören.[194] Da aber stets unterschiedliche Ansichten darüber herrschen, welches Verhalten mit der natürlichen und gesellschaftlichen Vernunft übereinstimmt, wird es noch häufiger so sein, dass die Vernunft allein für die Probleme, die sich im Verhältnis der Völker zueinander stellen, keine adäquaten Lösungen bietet.[195] Wäre die menschliche Vernunft hier eine nie versiegende Quelle des Rechts, wären sämtliche Rechtstheorien überflüssig, da Billigkeit und der gesunde Menschenverstand stets die beste Antwort auf die schwierigsten Fragen geben könnten.[196] Der grotianische Naturrechtsbegriff überfordert also die Erkenntniskraft der menschlichen Vernunft. Darüber hinaus bleibt die Formel, eine Norm des Naturrechts erkenne man daran, dass sie mit der „natürlichen und gesellschaftlichen Vernunft im notwendigen Einklang steht", eine hohle Phrase, wenn nicht bekannt ist, woran diese Übereinstimmung zu erkennen sein soll.[197] Dem Beweis *a priori* haftet also die Gefahr der Willkür bei der Erkenntnis des Naturrechts an, weil der Inter-

---

ker, welche ihre Figuren getrennt von den Körpern betrachten, bei der Behandlung des Rechts jeden Einzelfall außer Betracht gelassen habe.".

192 GROTIUS, IBP, Prol. 40: „*[S]ed quod ubi multi diversis temporibus ac locis idem pro certo affirmant, id ad causam universalem referri debeat: ...*".

193 BASDEVANT, Hugo Grotius, S. 222; VAN EIKEMA HOMMES, NILR 30 (1983), 61 (68); SCHELTENS, NILR 30 (1983), 43 (51).

194 TIEẞLER-MARENDA, Einwanderung und Asyl bei Hugo Grotius, S. 118 f.; HOFMANN, Hugo Grotius, S. 71. Daher befasst sich Grotius neben seinem eigentlichen Thema auch mit staats- und zivilrechtlichen Fragen.

195 PILLET, La guerre et le droit, S. 24; TREIDEL, Grundanschauungen, S. 12.

196 PILLET, La guerre et le droit, S. 24 f.

197 SCHELTENS, NILR 30 (1983), 43 (51).

pret durch vermeintliche Vernunftüberlegungen seine eigenen Rechtsvorstellungen zu vermeintlichem Naturrecht aufwerten kann.[198]

Bei dem Beweis *a posteriori* ist demgegenüber schon fraglich, ob dieser Ansatz überhaupt zur Identifikation der Normen eines als Vernunftrecht verstandenen Naturrechts geeignet ist.[199] Überdies bleibt die Auswahl derjenigen historischen Präzedenzfälle und Literaturstellen, die eine Norm des Naturrechts beweisen sollen, dem jeweiligen Interpreten überlassen. Damit werden der willkürlichen Aufwertung empirisch-historischer Rechtssätze zu vorgeblichem Naturrecht und abstrakt-philosophischer Spekulation Tür und Tor geöffnet, eine Gefahr, der auch Grotius nicht entgangen ist.[200]

Die Kritik an Grotius' Bemühen um den Nachweis des Naturrechts muss jedoch berücksichtigen, dass sein Denken noch nicht von der Erkenntnistheorie seines Zeitgenossen René Descartes (1596-1650) beeinflusst war. Grotius war mithin noch kein Autor der Aufklärung, vielmehr beruhte sein Denken noch auf dem platonisch-thomistischen Idealismus.[201] Bis zur Mitte des 17. Jahrhunderts wurden der Bibel, den Schriften der antiken Philosophen und Historiker sowie der Kirchenväter die selbstverständliche Autorität zugesprochen, in jeder ernstzunehmenden Diskussion die grundlegenden Argumente zu liefern.[202] Grotius musste also schon deswegen im Stil seiner Epoche schreiben und argumentieren, um Einfluss auf seine Zeitgenossen ausüben zu können.[203]

II. Das gewillkürte Recht (*ius voluntarium*)

Anders als das Naturrecht ist das gewillkürte Recht (*ius voluntarium*) nicht bereits in der menschlichen Natur angelegt, sondern entspringt göttlichem oder

---

198 TREIDEL, Grundanschauungen, S. 13.

199 BASDEVANT, Hugo Grotius, S. 222; VAN EIKEMA HOMMES, NILR 30 (1983), 61 (68).

200 WIEACKER, Privatrechtsgeschichte der Neuzeit, S. 300; VON MARTENS, Völkerrecht, S. 157. Die Verwechslung von Faktum und Recht in Grotius' System kritisierte bereits ROUSSEAU, Du Contrat social, Buch I, Kap. II, S. 237: « Grotius nie que tout pouvoir humain soit établi en faveur de ceux qui sont gouvernés: il cite l'esclavage en exemple. Sa plus constante manière de raisonner est d'établir toujours le droit par le fait. On pourroit employer une méthode plus conséquente, mais non plus favorable aux tyrans.». Zur Kritik Rousseaus siehe auch DEL VECCHIO, ÖstZöffR 12 (1962/63), 352 (355); LAUTERPACHT, BYIL 23 (1946), 1.

201 WIEACKER, Privatrechtsgeschichte der Neuzeit, S. 291.

202 ROELOFSEN, NILR 30 (1983), 73 (74).

203 VAN VOLLENHOVEN, Grotius and Geneva, S. 12 f.: "Grotius not only wished to avoid any allusion to present-day occurrences, but like the scholars of his time he felt convinced that antiquity and scripture practically showed all future possibilities of human thought and human fate as in a microcosmos. [...] Grotius made his book voice the impressive teaching of some fifteen centuries of unequalled and undisputed authority.". Ebenso WEHBERG, Hugo Grotius, S. 32.

menschlichem Willen.[204] Dementsprechend unterscheidet Grotius zwischen dem gewillkürten göttlichen Recht (*ius voluntarium divinum*) und dem gewillkürten menschlichen Recht (*ius voluntarium humanum*).

1. Das *ius voluntarium divinum*

Das gewillkürte göttliche Recht (*ius voluntarium divinum*) hat seinen Ursprung in Gottes freiem Willen, es ist also ebenso wie das Naturrecht göttlichen Ursprungs.[205] Da aber das gewillkürte göttliche Recht nicht schon in der Schöpfung angelegt sei, könne es durch reine Vernunftanstrengung nicht erkannt werden, sondern müsse den Menschen erst durch einen göttlichen Willensakt offenbart werden.[206] Dies könne gegenüber der gesamten Menschheit oder aber auch gegenüber nur einem einzelnen Volk geschehen. Der gesamten Menschheit habe Gott sein gewillkürtes Recht bei der Schöpfung, bei der Wiedererschaffung des Menschengeschlechts nach der Sintflut und bei der höheren Erlösung durch Christus offenbart. Diese drei Rechte seien für jeden Menschen, der Kenntnis davon hat, verbindlich.[207] Der für Grotius wichtigste, allerdings nur für Christen verpflichtende Teil des *ius voluntarium divinum* ist das göttlich offenbarte Gesetz des Evangeliums, wie es die Heilsgeschichte des Neuen Testaments überliefert.[208] Das Gesetz Moses' des Alten Testaments hingegen binde ausschließlich das jüdische Volk, weil Gott es nur ihm bekannt gegeben habe.[209]

Auch wenn Grotius mehrfach auf den Unterschied zwischen *ius naturae* und *ius voluntarium divinum* eingeht, gibt es für ihn kaum einen inhaltlichen Widerspruch zwischen diesen beiden Rechtsquellen.[210] Grotius führt hierzu aus, dass selbst Gott das ewige und unveränderliche Naturrecht nicht ändern könne. Da Gott niemals ungerecht sei, würde er auch kein dem Naturrecht widersprechendes gewillkürtes Recht setzen.[211] Dies bewirke allerdings nicht, dass die Regeln

---

[204] GROTIUS, IBP, 1. Buch, 1. Kap., XIII: „*Alteram iuris speciem esse diximus ius voluntarium, quod ex voluntate originem ducit: estque vel humanum vel divinum.*".

[205] GROTIUS, IBP, 1. Buch, 1. Kap., XV, 1: „*Ius voluntarium divinum quod sit, satis ex ipso vocum sono intelligimus: id nimirum quod ex voluntate divina ortum habet. Quo discrimine a iure naturali, quod item divinum dici posse diximus, internoscitur.*"; vgl. auch GROTIUS, IBP, Prol. 12.

[206] STUMPF, AVR 41 (2003), 83 (97).

[207] GROTIUS, IBP, 1. Buch, 1. Kap., XV, 2.

[208] STUMPF, AVR 41 (2003), 83 (97).

[209] GROTIUS, IBP, 1. Buch, 1. Kap., XVI, 7.

[210] TIEẞLER-MARENDA, Einwanderung und Asyl bei Hugo Grotius, S. 114.

[211] GROTIUS, IBP, 1. Buch, 1. Kap., XVII, 2: „*Nam cum ius naturae, ut ante diximus, sit perpetuum atque immutabile, non potuit a Deo, qui iniustus numquam est, quicquam adversus id ius praecipi.*". Daher können auch die Teile des Alten Testaments, die für Christen an sich nicht bindend sind, als Erkenntnisquelle für das Naturrecht dienen.

des *ius naturae* und des *ius voluntarium divinum* deckungsgleich seien: Dort, wo das Naturrecht keine Gebote oder Verbote aufgestellt habe, sondern etwas erlaube[212], bleibe Raum für eine vom Naturrecht abweichende Regelung des gewillkürten göttlichen Rechts. Das *ius voluntarium divinum* regele also nur das, was nicht schon von selbst und durch seine eigene Natur geboten oder verboten sei.[213]

Da aber Gott als Schöpfer der Natur indirekt die Grundlagen des Naturrechts bestimmt habe, kann sein gewillkürtes Recht nach Grotius' Verständnis inhaltlich nur geringfügig vom *ius naturae* abweichen.[214] Aus diesem Grund spielt das *ius voluntarium divinum* neben dem Naturrecht und dem gewillkürten menschlichen Recht in Grotius' Rechtssystem keine tragende Rolle.[215] Einer der wenigen Fälle, in denen Grotius zur Lösung einer praktischen Frage neben dem Naturrecht das gewillkürte göttliche Recht heranzieht, ist das Problem des *impium foedus*[216], der Zulässigkeit von Bündnissen mit Nichtchristen.[217]

2. Das *ius gentium* als Teil des *ius voluntarium humanum*

Das *ius voluntarium humanum* unterteilt Grotius weiter in das innerstaatliche *ius civile* und das *ius gentium*.[218] Das *ius civile* gilt aufgrund des Willens der staat-

---

212 Die „Erlaubnis" hat nicht die Qualität einer Rechtsnorm, vgl. oben 1. Kap. B II.

213 GROTIUS, IBP, 1. Buch, 1. Kap., X, 2: „... *qua nota distat hoc ius* [i.e. naturale] *non ab humano tantum iure, sed et a divino voluntario, quod non ea praecipit aut vetat quae per se ac suapte natura aut debita sunt aut illicita, ...*" (Ergänzung vom Verf.).

214 TIEßLER-MARENDA, Einwanderung und Asyl bei Hugo Grotius, S. 115.

215 BASDEVANT, Hugo Grotius, S. 180; AGO, Conception de Grotius, RdC 182 (1983/IV), S. 386; REMEC, Position of the Individual, S. 70; WEHBERG, Natur- und Völkerrecht, S. 228; NUSSBAUM, Geschichte, Anm. 137 zu Kap. IV, S. 368; GIZEWSKI, Der Staat 32 (1993), 325 (344). Daher erwähnen manche Autoren das gewillkürte göttliche Recht nicht, so z.B. KOSTERS, Les fondements du droit des gens, S. 45 ff.; PILLET, La Guerre et le Droit, S. 22.

216 Dazu ZIEGLER, Die römischen Grundlagen des europäischen Völkerrechts, Ius Commune IV (1972), 1 (15). Erst mit dem den Krimkrieg beendenden Pariser Friedensvertrag von 1856 wurde das Osmanische Reich als erster nichtchristlicher Staat als gleichberechtigtes Mitglied des Europäischen Konzerts anerkannt. Zuvor waren mit China (1842) und Japan (1854) schon zwei andere nicht abendländisch-christlich geprägte Staaten dem entstehenden Weltkomplex der Staaten inkorporiert worden (VITZTHUM, in: Vitzthum, Völkerrecht, S. 8).

217 GROTIUS, IBP, 2. Buch, 15. Kap., VIII-X. Ein Beispiel für ein solches Bündnis ist die Allianz zwischen dem französischen König Franz I. und dem osmanischen Sultan Süleyman I. gegen den Habsburger Karl V. im Kampf um Italien (LE FUR, Droit naturel, RdC 18 (1927/III), S. 301).

218 GROTIUS, IBP, 1. Buch, 1. Kap., XIV, 1. Neben dem *ius civile* und dem *ius gentium*, welches er als „Recht im weiteren Sinne" bezeichnet, kennt Grotius noch das nicht von der

lichen Obrigkeit.[219] Dieses Recht beschäftigt Grotius jedoch bei der Behandlung des „Rechts des Krieges und des Friedens" nicht weiter. Das *ius gentium* definiert Grotius demgegenüber als das Recht, welches durch den Willen aller oder – weil es außer dem Naturrecht kein Recht gebe, das bei allen Völkern gilt – zumindest vieler Völker seine verbindliche Kraft erhalten habe.[220] Aus dieser weiten Begriffsbestimmung folgt zunächst, dass der Begriff des *ius gentium* bei Grotius sowohl im traditionellen Sinn das bei allen Völkern gleichermaßen geltende Recht[221] wie auch das im Verkehr der Völker untereinander praktizierte Recht meint.[222]

Mit diesem Verständnis vom *ius gentium* folgt Grotius dem spanischen Scholastiker Francisco Suárez, der in seiner 1612 erschienenen Schrift *De legibus, ac Deo legislatore* die zweifache Bedeutung des Begriffs deutlich herausgearbeitet hatte[223]: Danach bezeichnet das *ius gentium* sowohl das Recht, das bei allen Völkern gleichermaßen oder ähnlich angewandt wird (*ius gentium intra se*), als auch das Recht der Völker untereinander (*ius gentium inter se*).[224] Aus der Definition ergibt sich weiter, dass Geltungsgrund des *ius gentium* bei Grotius entsprechend dem naturrechtlichen Grundsatz *stare pactis* allein der – möglicherweise nur stillschweigend erklärte – übereinstimmende Wille der Völker ist.[225] Anders als seine Vorläufer im 16. Jahrhundert gründet Grotius das gewillkürte Völkerrecht also nicht mehr auf eine naturalistische Basis, wodurch er

---

Obrigkeit geschaffene „Recht im engeren Sinne", beispielsweise das Recht des Vaters und des Sklavenhalters.

219 GROTIUS, IBP, 1. Buch, 1. Kap., XIV, 1: „*Civile est quod a potestate civili proficiscitur. Potestas civilis est quae civitati praeest.*".

220 GROTIUS, IBP, 1. Buch, 1. Kap., XIV, 1: „*Latius autem patens est ius Gentium, id est quod Gentium omnium aut multarum voluntate vim obligandi accepit. Multarum addidi, quia vix ullum ius reperitur extra ius naturale, quod ipsum quoque gentium dici solet, omnibus gentibus commune.*".

221 Vgl. ULPIAN, D 1.1.1.4: „*Ius gentium est, quo gentes humanae utuntur.*" („Völkerrecht ist das Recht, das die Menschheit in all ihren Völkern praktiziert.").

222 HOFMANN, Hugo Grotius, S. 62; TIEẞLER-MARENDA, Einwanderung und Asyl bei Hugo Grotius, S. 143.

223 GREWE, Epochen, S. 47; NUSSBAUM, Geschichte, S. 98; MORATIEL VILLA, RICR 1997, 577 (579).

224 SUÁREZ, De legibus, ac Deo legislatore, 2. Buch, 19. Kap., 8: „*Addo vero ad maiorem declarationem, duobus modis (quantum ex Isidoro, et aliis iuribus et auctoribus colligo) dici aliquid de iure gentium: uno modo quia est ius, quod omnes populi et gentes variae inter se servare debent; alio modo quia est ius, quod singulae civitates vel regna intra se observant, per similitudinem autem et convenientiam ius gentium appelantur.*".

225 GROTIUS, IBP, Prol. 15: „*Deinde vero cum iuris naturae sit stare pacis,* [...], *ab hoc ipso fonte iura civilia fluxerunt.*". Vgl. AGO, Conception de Grotius, RdC 182 (1983/IV), S. 387; BAUER, Medieval canon law, S. 218 f.; GREWE, Epochen, S. 232.

den Weg zum modernen Positivismus freimachte.[226] Wegen seines Geltungsgrundes ist das *ius gentium* auch – anders als das bereits in der Schöpfung angelegte Naturrecht – nicht unveränderlich, sondern einem steten Wandel unterworfen: Sobald sich der gemeinsame Wille der Völker ändert, passt sich das *ius gentium* dem an.[227] Die Subjekte des *ius gentium* sind analog zum *ius naturae* wiederum die Individuen, diesmal aber nicht in ihrer Eigenschaft als soziale und vernünftige Wesen, sondern als Bürger und Herrscher verschiedener Staaten, die ihr Recht nicht bei einem gemeinsamen Richter suchen können.[228]

Den Nachweis für die Existenz eines Satzes des gewillkürten Völkerrechts liefern Grotius „die ständige Übung und das Zeugnis erfahrener Männer", vorzugsweise die antike Geschichtsschreibung.[229] Grotius greift damit auf dieselben Quellen zurück wie bei dem Beweis von Normen des Naturrechts: nicht die Sitten und Gebräuche der Völker in seiner Zeit, sondern das Zeugnis der Antike.[230] Der Nachweis einer Norm des gewillkürten Völkerrechts sei daher erbracht, wenn eine Regel von den Völkern im Verkehr untereinander anerkannt werde, sie sich jedoch nicht wie die Normen des Naturrechts bereits mit dem Intellekt erschließen lasse („Alles, was sich aus bestimmten Grundsätzen durch sichere Schlussfolgerung nicht ableiten lässt und doch überall befolgt wird, hat offenbar seinen Ursprung im freien Willen.").[231] Da Grotius aber jeweils die gleiche indirekte Methode zum Nachweis einer Norm benutzt, verschwimmt der Unterschied zwischen *ius naturae* und *ius gentium* in dieser Hinsicht.[232] Er besteht nur darin, dass Grotius hier den freien Willen der Völker erkennt, wohingegen er dort die Natur als Ursprung der Norm identifiziert.[233]

III. Das Rangverhältnis zwischen *ius naturae* und *ius gentium*

Die Frage der Hierarchie der Normen des Naturrechts und des gewillkürten Völkerrechts stellt sich nicht in jeder Konstellation; oft kommt Grotius bei einer Rechtsfrage in beiden Ordnungen zu derselben oder zumindest zu miteinander

---

226 BOURQUIN, Grotius est-il le père du Droit des Gens?, S. 87.

227 KOSTERS, Les fondements du droit des gens, S. 46; REMEC, Position of the Individual, S. 78.

228 HAGGENMACHER, Grotian Heritage, S. 154.

229 GROTIUS, IBP, 1. Buch, 1. Kap., XIV, 2: „*Probatur autem hoc ius gentium pari modo quo ius non scriptum civile, usu continuo et testimonio peritorum. [...] Atque in eam rem maximum nobis usum praebent illustres annalium conditores.*".

230 PILLET, La Guerre et le Droit, S. 27 f.; VON MARTENS, Völkerrecht, S. 156.

231 GROTIUS, IBP, Prol. 40: „*Quod enim ex certis principiis certa argumentatione deduci non potest, et tamen ubique observatum apparet, sequitur ut ex voluntate libera ortum habeat.*".

232 AGO, Conception de Grotius, RdC 182 (1983/IV), S. 392; HOFMANN, Hugo Grotius, S. 71.

233 REMEC, Position of the Individual, S. 64 f.; TANAKA, Grotius's Concept of Law, S. 42 f.

vereinbaren Lösungen.[234] Das Rangverhältnis ist nur dann von Bedeutung, wenn die beiden Rechtsordnungen unvereinbare Antworten liefern. Erstaunlicherweise hat Grotius die für den Juristen wichtige Frage der Normenhierarchie zwischen Naturrecht und positivem Recht kaum gestreift.[235] Es finden sich in Grotius' Werk nur vereinzelte, auf den ersten Blick widersprüchlich erscheinende Textstellen zu dieser Frage.[236] Viele Stimmen in der Literatur äußern daher, dass es unmöglich sei, „ein klares und durchgängiges Prinzip zu ermitteln, das Auskunft gibt, in welchem Verhältnis die beiden von Grotius gegenüber gestellten Ordnungen des Naturrechts und des Völkerrechts zueinander stehen sollen"[237].

Mit Blick auf das gewillkürte göttliche Recht notiert Grotius zu Beginn, die Unveränderlichkeit des Naturrechts dürfe nicht dahingehend missverstanden werden, dass Gott kein davon abweichendes Recht schaffen könne. Denn die Unveränderlichkeit erfasse nur das, was das Naturrecht gebietet oder verbietet, nicht aber das, was es erlaubt. Da dies eigentlich nicht zum Naturrecht gehöre, sondern außerhalb davon stehe, könne es verboten oder geboten werden.[238] Dies fügt sich in Grotius' allgemeine Rechtslehre ein, nach der die „Erlaubnis", also die Tatsache, dass eine Frage nicht ausdrücklich geregelt ist, als rechtliches Nichts zu betrachten ist.[239] Das Naturrecht betrachtet Grotius also in dem Sinne dispositiv, als das gewillkürte göttliche und auch das gewillkürte menschliche Recht abweichende Regelungen treffen können, wenn das Naturrecht eine Handlung „erlaubt".[240] Auf diese Argumentation kommt Grotius später immer wieder zurück: So gestatte es das Naturrecht jedem, sich bewegliche Sachen anzueignen, dieses Recht könne jedoch durch Gesetz beschnitten werden.[241] Auch erlaube es das Naturrecht, dass ein Vater seinen Sohn verpfändet oder sogar verkauft, dies stehe jedoch unter dem Vorbehalt, dass das gewillkürte mensch-

---

234 KOSTERS, Les fondements du droit des gens, S. 50. Es kommt auch vor, dass Grotius ein bestimmtes Rechtsproblem nur nach dem Naturrecht, nicht aber nach dem gewillkürten Völkerrecht behandelt, so z.B. das Durchmarschrecht (IBP, 2. Buch, 2. Kap., XIII, 1).

235 WOLF, Rechtsdenker, S. 287.

236 LE FUR, Droit naturel, RdC 18 (1927/III), S. 319; BULL, The Importance of Grotius, S. 79.

237 GREWE, Epochen, S. 255. In diesem Sinne auch BOURQUIN, Grotius est-il le père du Droit des Gens?, S. 93; VAN DER VLUGT, L'Œuvre de Grotius, RdC 7 (1925/II), S. 446; DRAPER, Legal Ideas about War, S. 192; KINGSBURY / ROBERTS, Grotian Thought, S. 35; HAGGENMACHER, Grotian Heritage, S. 155.

238 GROTIUS, IBP, 1. Buch, 2. Kap., V, 1: *„Id enim verum est in iis quae ius naturae vetat aut praecipit; non in iis quae iure naturae licent tantum. Nam quae eius sunt generis, cum proprie iuris naturae non sint, sed extra ius naturae, et vetari possunt et praecipi."*.

239 GROTIUS, IBP, 1. Buch, 1. Kap., IX, 1 (vgl. oben 1. Kap. B II).

240 GROTIUS, IBP, 2. BUCH, 3. Kap., X, 3; 2. Buch, 18. Kap., IV, 3; REMEC, Postion of the Individual, S. 67; VAN EIKEMA HOMMES, NILR 30 (1983), 61 (71).

241 GROTIUS, IBP, 2. BUCH, 3. Kap., V.

liche Recht es nicht verbiete.[242] Schließlich sei es auch naturrechtlich gestattet, einen auf frischer Tat betroffenen Verbrecher auf der Stelle zu bestrafen; davon nehme aber das *ius gentium* die Gesandten aus.[243] Es scheint also, dass das *ius naturae* in Grotius' System den Vorrang gegenüber dem *ius gentium* genießt, es sei denn, das Naturrecht gestattet eine abweichende Regelung durch gewillkürtes Recht.[244]

Dieses zunächst klare Prinzip durchbricht Grotius allerdings an anderer Stelle wieder, wenn er notiert: „So wie das gewillkürte Völkerrecht vieles in der früher erwähnten Weise gestattet, was das Naturrecht verbietet, so verbietet es auch manches, was das Naturrecht gestattet."[245] Das *ius gentium* ist demnach sehr wohl fähig, Regelungen auch gegen das ausdrückliche Verbot des Naturrechts zu treffen. Entgegen den vorherigen Äußerungen räumt Grotius also im Kollisionsfalle dem *ius voluntarium* Vorrang vor dem Naturrecht ein.[246] Dieser Befund wird durch eine Bemerkung zur rechtlichen Beurteilung der Verproviantierung der Kriegführenden durch die Neutralen gestützt[247]: „Ich habe diese Frage nach dem Naturrecht erörtert, weil ich aus der Geschichte nicht habe entnehmen können, dass das gewillkürte Völkerrecht hierüber etwas bestimmt."[248] Hier wird deutlich, dass Grotius zunächst immer prüft, ob zu der konkreten Rechtsfrage bereits eine Norm des gewillkürten Völkerrechts existiert, um nicht eine widersprechende Regel des Naturrechts aufzustellen.[249] Dies bedeutet, dass das Natur-

---

242 GROTIUS, IBP, 2. Buch, 5. Kap., V.

243 GROTIUS, IBP, 2. Buch, 18. Kap., IV, 3.

244 So REMEC, Postion of the Individual, S. 67; VAN EIKEMA HOMMES, NILR 30 (1983), 61 (71). Allerdings enthalten nur wenige Sätze des grotianischen Naturrechts strenge Gebote oder Verbote (WOLF, Rechtsdenker, S. 287).

245 GROTIUS, IBP, 3. Buch, 4. Kap., XV, 1: *„Sicut autem ius gentium permittit multa, eo permittendi modo quem iam explicavimus, quae iure naturae sunt vetita, ita quaedam vetat permissa iure naturae.*". Für eine grundsätzlich andere Deutung dieser Stelle TANAKA, Grotius's Concept of Law, S. 53: Grotius meine hier nur, dass das gewillkürte Völkerrecht in manchen Fällen nicht bestrafe, was das Naturrecht verbietet.

246 WEHBERG, Natur- und Völkerrecht, S. 228 f.; KOSTERS, Les fondements du droit des gens, S. 50 ff.; NEUHOLD, Internationale Konflikte, S. 58; SCHMITT, Nomos der Erde, S. 133; TREIDEL, Grundanschauungen, S. 13. Entschieden dagegen und für den generellen Vorrang des Naturrechts JIMÉNEZ DE ARÉCHAGA (The Grotian Heritage and the Concept of a Just World Order, S. 18) unter Hinweis auf die Stellen IBP, 1. Buch, 3. Kap., XVI, 1; 1. Buch, 4. Kap., I, 3; 2. Buch, 3. Kap., VI.

247 WEHBERG, Hugo Grotius, S. 41 f.; KOSTERS, Les fondements du droit des gens, S. 50; GUGGENHEIM, Jus naturale und jus gentium, S. 223.

248 GROTIUS, IBP, 3. Buch, 1. Kap., V, 5: *„Hanc autem quaestionem ad ius naturae ideo retulimus, quia ex historiis nihil comperire potuimus ea de re iure voluntario gentium esse constitutum.*".

249 KOSTERS, Les fondements du droit des gens, S. 50; WOLF, Rechtsdenker, S. 287; GUGGENHEIM, Jus naturale und jus gentium, S. 223.

recht gegenüber einer entgegengesetzten, gewohnheitsmäßig verankerten Staatenpraxis – dem gewillkürten Völkerrecht – subsidiär ist.

Aus dem Vorrang des *ius gentium* darf allerdings nicht der Schluss gezogen werden, das Naturrecht sei in Grotius' Rechtssystem letztlich nur schmückendes Beiwerk. Zum einen kommt dem Naturrecht gegenüber dem gewillkürten Recht eine Auffangfunktion zu: Es verbindet die einzelnen „Rechtsinseln", die durch die Übereinkunft zwischen den Staaten, ihre Sitten und Gewohnheiten, mithin durch das *ius gentium* geschaffen worden sind.[250] Das *ius naturae* füllt als subsidiäres Recht die Lücken, die das gewillkürte Völkerrecht lässt und notwendigerweise auch immer lassen wird.[251] Zum anderen dient das Naturrecht als Richtschnur für das gewillkürte Recht[252], denn für Grotius wiegt auch für den Fall, dass das *ius gentium* eine dem *ius naturae* widersprechende Regel hervorgebracht hat, die moralische Bindung an die Sätze des Naturrechts schwer.[253] Denn auch dann behält das Naturrecht seinen Charakter als tatsächliches Recht und verpflichtet den Menschen in seinem *forum internum*.[254] So seien in einem Krieg, dessen Grund – trotz seiner feierlichen Verkündung[255] – ungerecht sei, alle darauf folgenden Handlungen vor der inneren Gerechtigkeit ungerecht: Wer hier wissentlich handele oder Hilfe gewähre, könne ohne Reue nicht in das Himmelreich gelangen.[256]

Die nur im Gewissen geltenden Regeln des Naturrechts dienen somit als Korrektiv des gewillkürten Völkerrechts.[257] Jeder Staatsmann, Heeresführer und Soldat ist gehalten, sein Verhalten danach auszurichten, so dass die Hoffnung besteht, dass sich die Normen des gewillkürten Völkerrechts allmählich dem Naturrecht entsprechend wandeln.[258] *Ius naturae* und *ius gentium* stehen somit in Wechselwirkung zueinander: Der Vorrang des tatsächlich praktizierten Rechts

---

250 PILLET, La Guerre et le Droit, S. 22.

251 REMEC, Position of the Individual, S. 66; HOFMANN, Hugo Grotius, S. 71. Nach HAGGENMACHER (Grotian Heritage, S. 155) verhält es sich genau umgekehrt: Das gewillkürte Völkerrecht fülle die Lücken des Naturrechts.

252 WOLF, Rechtsdenker, S. 287; LESAFFER, BYIL 73 (2002), 103 (137).

253 WEHBERG, Hugo Grotius, S. 44; KOSTERS, Les fondements du droit des gens, S. 53.

254 BASDEVANT, Hugo Grotius, S. 238; WEHBERG, Hugo Grotius, S. 45; KOSTERS, Les fondements du droit des gens, S. 53; LESAFFER, BYIL 73 (2002), 103 (137); LAUTERPACHT, BYIL 23 (1946), 1 (11); GUGGENHEIM, Jus naturale und jus gentium, S. 223 f.

255 Der feierliche öffentliche Krieg (*bellum publicum solenne*) gilt nach dem *ius gentium* als rechtmäßig, vgl. unten, 1. Kap. E I 2.

256 GROTIUS, IBP, 3. Buch, 10. Kap., III: „*Primum ergo dicimus, si belli causa iniusta sit, etiamsi bellum solenni modo susceptum sit, iniustos esse interna iniustitia omnes actus qui inde nascuntur: ita ut qui scientes tales actus operantur aut ad eos cooperantur habendi sint in eorum numero qui ad regnum caeleste sine poenitentia pervenire non possunt.*".

257 GUGGENHEIM, Jus naturale und jus gentium, S. 223 f.

258 ABI-SAAB, Grotius as a System-Builder, S. 84; BASDEVANT, Hugo Grotius, S. 238.

bewahrt die Völkerrechtsordnung vor dem Abdriften in wirklichkeitsfremde Schwärmereien, wohingegen das Naturrecht als philosophischer Unterbau manche dieser Sitten und Gebräuche kritisiert und den Weg zu ihrer Verbesserung aufzeigt.[259]

IV. Zusammenfassung

Ius naturae und *ius gentium* werden bei Grotius als Quellen des Rechts zwischen, aber auch des Rechts bei den Völkern behandelt.[260] Daher kann das grotianische *ius gentium* nicht allein, sondern erst in Verbindung mit dem *ius naturae* – sowie dem weniger wichtigen *ius voluntarium divinum* – als Vorläufer des heutigen Völkerrechts verstanden werden.[261] Obwohl die Doktrin der Scholastiker und ihre Morallehre Grotius in seinem Naturrechtsverständnis beeinflusst haben, muss es in seiner Lehre nicht nur als Summe von Regeln, welche sich an das Gewissen des Einzelnen und seine Verantwortlichkeit vor Gott wenden, sondern als wirkliches Recht verstanden werden.[262] Wenn eine Frage allerdings vom Völkerrecht abweichend vom Naturrecht beantwortet wird, so hat das Völkerrecht den Vorrang, das Naturrecht wandelt sich in diesem Fall zu einer Art „Naturmoral".[263] Grotius erörtert das Recht zur Kriegsführung sowohl nach dem Naturrecht als auch nach dem gewillkürten Völkerrecht, so dass die diesbezüglichen Regeln der beiden Teilrechtsordnungen getrennt voneinander untersucht werden müssen.[264]

---

[259] BASDEVANT, Hugo Grotius, S. 238; JIMÉNEZ DE ARÉCHAGA, The Grotian Heritage and the Concept of a Just World Order, S. 17.

[260] TIEßLER-MARENDA, Einwanderung und Asyl bei Hugo Grotius, S. 145.

[261] HAGGENMACHER, Doctrine de la guerre juste, S. 619. Erst der Oxforder Völkerrechtler Richard Zouche (1590-1660) etablierte mit dem *ius inter gentes* einen einheitlichen und exklusiven Begriff für den gesamten Komplex der zwischen den Staaten geltenden Normen, vgl. den Titel seines 1650 erschienenen Werks *Iuris et iudicii fecialis, sive iuris inter gentes, et quaestionum de eodem explicatio* (OPPENHEIM / LAUTERPACHT, International Law Vol. I, § 54, S. 94; LANGE, Doctrine pacifique, RdC 13 (1926/III), S. 317).

[262] WEHBERG, Natur- und Völkerrecht, S. 228; HAGGENMACHER, Grotian Heritage, S. 155.

[263] BOURQUIN, Grotius est-il le père du Droit des Gens?, S. 93 f.; WEHBERG, Natur- und Völkerrecht, S. 228. GUGGENHEIM, Les Origines de la Notion autonome du Droit des Gens, S. 188, spricht vom Dualismus zwischen Verpflichtungen *foro interno* und Verpflichtungen *foro externo*.

[264] So auch WEHBERG, Hugo Grotius, S. 42.

D. Der Präventivkrieg im Naturrecht

I. Die Beschränkung des Rechts zur Kriegsführung im Naturrecht durch die Lehre vom gerechten Krieg

Bei der Darlegung des Rechts zur Kriegsführung unter dem Regime des Naturrechts folgt Grotius der traditionellen Lehre vom gerechten Krieg (*bellum iustum*)[265], modifiziert diese jedoch im Hinblick auf seinen weiten Kriegsbegriff[266]. Das Konzept des *bellum iustum* hat, wenn die früheste Phase der bloß gedanklichen Entwicklung einbezogen wird, eine zusammenhängende, ununterbrochene Geschichte von annähernd zweieinhalb Jahrtausenden.[267] Der Gedanke des gerechten Krieges hat mithin eine „wahrhaft europäische Kontinuität"[268] und beeinflusst das Völkerrecht und die internationale Politik bis in die Gegenwart.[269]

1. Die Entwicklung der Lehre vom gerechten Krieg

Die Wurzeln der Lehre vom gerechten Krieg liegen im römischen Fetialrecht (*ius fetiale)*, das von der Zeit des zweiten römischen Königs Numa Pompilius (715-672 v. Chr.) an bis in die Spätphase der Republik praktiziert wurde.[270] Dieses dem Priesterkollegium der Fetialen anvertraute Recht schrieb die Regeln, Zeremonien und Verfahrensvorschriften für die Kriegseröffnung und den Abschluss von Friedens- und Bündnisverträgen vor.[271]

---

265 LESAFFER, BYIL 73 (2002), 103 (137); REGOUT, La doctrine de la guerre juste, S. 277.

266 VON ELBE, AJIL 33 (1939), 665 (678).

267 PREISER, Ursprünge des modernen Völkerrechts, S. 23; ZIEGLER, Die römischen Grundlagen des europäischen Völkerrechts, Ius Commune IV (1972), 1 (2).

268 So PREISER, Ursprünge des modernen Völkerrechts, S. 23. Zum Erfordernis der materiellen Gerechtigkeit des Krieges in den archaischen Völkerrechtsordnungen des Orients BUTKEVYCH, JHIL 5 (2003), 189 (205 f.). Zum islamischen Konzept des gerechten Krieges (*jihad*) siehe RIFAAT, International Aggression, S. 7 ff. und EL-KOSHERI, History of the Law of Nations, Regional Developments: Islam, in: Bernhardt, EPIL II, S. 811.

269 ZIEGLER, Tradition und Wandel, S. 27. Zum Einfluss der Lehre vom gerechten Krieg in der Gegenwart z.B. DINSTEIN, War, Aggression and Self-Defence, S. 63 ff.; GILL, Just War Doctrine, S. 47 ff.; RENGGER, International Affairs 78 (2002), 353 ff. Insbesondere in der US-amerikanischen Völkerrechtslehre und Politikwissenschaft halten sich bis heute Vorstellungen vom „just war", die mit der augustinischen *bellum-iustum*-Doktrin allerdings kaum mehr als den Namen gemein haben.

270 DINSTEIN, War, Aggression and Self-Defence, S. 59; DRAPER, Legal Ideas about War, S. 177. Zum Fetialrecht bereits AYALA, De jure et officiis bellicis, 1. Buch, 1. Kap.

271 HERSHEY, AJIL 5 (1911), 901 (920). Eine Beschreibung des Rituals und Wiedergabe der dabei von den Fetialen aufgesagten Formeln bietet LIVIUS, Ab urbe condita, Buch I, 32, 5-14. Vgl. auch GROTIUS, IBP, 3. Buch, 4. Kap., I.

Ein Krieg Roms galt danach als *bellum iustum piumque*, wenn vor der Kriegseröffnung zwei Verfahrensschritte eingehalten wurden. Zunächst mussten Gesandte dem Feind die Beschwerden Roms (*rerum repetitio*) übermitteln und ihm Gelegenheit geben, das gegenüber Rom verübte Unrecht innerhalb einer Frist von dreißig bis dreiunddreißig Tagen zu beseitigen.[272] Anerkannt waren vier gerechte (im Sinne von „rechtmäßige“[273]) Kriegsgründe: die Verletzung der Grenzen Roms, die Verletzung von Gesandten Roms, die Verletzung von Verträgen mit Rom und die Unterstützung der Feinde Roms durch ehemals befreundete Nationen.[274] Weigerte sich der Feind, der Aufforderung Roms nachzukommen, stellten die Fetialen fest, dass ein „gerechter“ Grund zum Krieg gegeben sei. In diesem Fall konnte der Senat den Krieg beschließen.[275] Als Zeichen der Eröffnung der Feindseligkeiten verlangte das *ius fetiale* schließlich, dass ein Priester (*pater patratus*) einen blutigen Speer von römischem Grund in das Gebiet des Feindes schleudert.[276]

Wegen der Bedeutung dieser Verfahrensvorschriften wurde das *ius fetiale* oft so interpretiert, dass es an die Gerechtigkeit des Krieges nur formale, sich in der Einhaltung des richtigen Verfahrens erschöpfende Anforderungen gestellt habe, der Frage nach der materiellen Gerechtigkeit des Krieges, ob also die andere Nation Rom tatsächlich Unrecht angetan hatte, hingegen keine Bedeutung zugemessen habe.[277] Diese Deutung stellt jedoch nicht in Rechnung, dass Ritualakten wegen der Untrennbarkeit von Form und Inhalt in archaischen Rechtsordnungen große Bedeutung zukamen. Nach römischem Verständnis stellte der Senat in Verbindung mit Volk und König in der Ausübung des Rituals lediglich eine Rechtsbehauptung auf.[278] Die Entscheidung über die objektive Rechtmäßigkeit des Krieges oblag dann den Göttern, die über Sieg oder Niederlage entscheiden würden. Die Gerechtigkeit des Krieges spielte im Denken der Römer also sehr wohl eine Rolle, jedoch als eine Frage, die dem Urteil der Menschen

---

272 LIVIUS, Ab urbe condita, Buch I, 32, 9; DRAPER, Legal Ideas about War, S. 178; ZIEGLER, Völkerrechtsgeschichte, S. 51.

273 VON ELBE, AJIL 33 (1939), 665 (666).

274 DRAPER, Legal Ideas about War, S. 179; HERSHEY, AJIL 5 (1911), 901 (920).

275 DRAPER, Legal Ideas about War, S. 178; ZIEGLER, Völkerrechtsgeschichte, S. 51. Nach HERSHEY (AJIL 5 (1911), 901 [920]) oblag die Entscheidung über die Gerechtigkeit des Kriegsgrundes in der Praxis nicht den Fetialen, sondern dem Senat, da die Religion in Rom nur Diener, nicht Herrscher des Staats gewesen sei.

276 LAMMASCH, Das Völkerrecht nach dem Kriege, S. 174; VAN DER MOLEN, Alberico Gentili, S. 67.

277 VAN DER MOLEN, Alberico Gentili, S. 67: “The standard for the legality of war was merely formal. The fact, whether the grievances and demands, declared as just by Rome, were really well-founded and just, did not play a part.”. So auch NUSSBAUM, Geschichte, S. 11 f.

278 HAUSMANINGER, ÖstZöffR 11 (1961), 335 (341 f.).

entzogen war. Zum Gefallen der Götter wurde daher auf die genaue Einhaltung des Rituals allerhöchster Wert gelegt.[279] Daneben traten der Beschluss des Senats über die Kriegseröffnung und dessen Ratifikation durch die Zenturiatskomitien in den Hintergrund.[280] Aber auch das Ritual selbst wurde mit der Zeit zum inhaltlich ausgehöhlten „Spiel mit antiquarischen Formen"[281]. Der Vergil-Kommentator Servius illustriert die zunehmende Sinnentleerung mit der Geschichte, die Römer hätten Pyrrhus im Jahr 280 v. Chr. den Krieg erklärt, indem sie einen Gefangenen aus dessen Heer einen Platz im Flaminischen Zirkus in Rom kaufen ließen, um dann den Speer auf dieses „feindliche Gebiet" zu schleudern.[282]

In den Wirren der sterbenden Republik ohne großen Einfluss, aber von um so größerer Bedeutung für die Weiterentwicklung des europäischen Völkerrechts war die philosophische Neubegründung und ethische Vertiefung des *ius fetiale* in den Schriften Ciceros.[283] Cicero betont das formale Element des *ius fetiale*, indem er die Bedeutung der Einhaltung der Verfahrensschritte für die Rechtmäßigkeit des Krieges hervorhebt.[284] Er notiert dazu: „Die Gerechtigkeit des Krieges ist auf das strengste durch das römische Fetialrecht geregelt; man kann daraus entnehmen, dass der Krieg nur dann gerecht ist, wenn er um Wiedererlangung von Sachen geführt wird und vorher gemeldet und angesagt worden ist."[285] Cicero setzt sich aber auch mit der Frage der materiellen Gerechtigkeit des Krieges auseinander, indem er in Anlehnung an die Pflichtenlehre des Stoikers Panaitios[286] (185-109 v. Chr.) ungerechte Kriege als solche definiert, „die ohne Grund unternommen werden. Denn außer um sich zu rächen oder aber eine feindliche Invasion zurückzuschlagen könne kein gerechter Krieg geführt wer-

279 VON ELBE, AJIL 33 (1939), 665 (666); KOTZSCH, Concept of War, S. 29.

280 LAMMASCH, Das Völkerrecht nach dem Kriege, S. 174.

281 ZIEGLER, Tradition und Wandel, S. 27.

282 SERVIUS, Aeneas-Kommentar, IX, 52: „*Denique cum Pyrrhi temporibus adversum transmarinum hostem bellum Romani gesturi essent nec invenirent locum, ubi hanc sollemnitatem per fetiales indicendi belli celebrarent, dederunt operam, ut unus de Pyrrhi militibus caperetur, quem fecerunt in circo Flaminio locum emere, ut quasi in hostili loco ius belli indicendi implerent.*". Dazu auch GROTIUS, IBP, 3. Buch, 3. Kap., VII, 2.

283 ZIEGLER, Völkerrechtsgeschichte, S. 60.

284 CICERO, De re publica, Buch II, 17, 31: „*[O]mne bellum quod denuntiatum indictumque non esset, id iniustum esse atque impium iudicaretur.*"; Buch III, 23, 35: „*Nullum bellum iustum habetur nisi denuntiatum, nisi indictum, nisi de repetitis rebus.*". Dazu auch KOTZSCH, Concept of War, S. 29.

285 CICERO, De officiis, Buch I, 11, 36: „*Belli quidem aequitas sanctissime fetiali populi Romani iure perscripta est. Ex quo intellegi potest nullum bellum esse iustum, nisi quod aut rebus repertitis geratur aut denuntiatum ante sit et indictum.*". „*Aut-aut*" muss an dieser Stelle als „*et-et*" gelesen werden, vgl. HAUSMANINGER, ÖstZöffR 11 (1961), 335 (343) und PREISER, Ursprünge des modernen Völkerrechts, S. 21.

286 BERBER, Völkerrecht II, S. 27 f; PREISER, Ursprünge des modernen Völkerrechts, S. 21.

den."[287] Mit der Verknüpfung des Fetialrecht und der – römisch ausgestalteten – Philosophie des Panaitios vollzieht sich bei Cicero ein Entwicklungsschritt vom formell „rechtmäßigen" hin zum materiell „gerechten" Krieg. Das trotz materiell-rechtlicher *causa* stark formale Kriegserklärungsrecht wird von ihm als *iustissime inventum*[288] und der *belli aequitas*[289] dienend in ein Gesamtkonzept menschlichen Verhaltens eingegliedert und von moralischen Ideen durchleuchtet.[290]

In dieser Ausprägung durch Cicero wurde die römische Lehre vom *bellum iustum* schließlich Anknüpfungspunkt christlich-mittelalterlicher Doktrin.[291] Einzug in die christliche Theologie fand der Gedanke des gerechten Krieges des *ius fetiale* durch die Lehren des lateinischen Kirchenvaters Aurelius Augustinus (354-430 n. Chr.).[292] Hintergrund dieser Entwicklung war die „Konstantinische Wende", die Gleichstellung des Christentums mit den übrigen Kulten unter Kaiser Konstantin im Jahr 311 n. Chr. und schließlich dem Aufstieg zur Staatsreligion des Römischen Reiches unter Theodosius I. im Jahr 380.[293] Mit der Vereinigung von weltlicher und kirchlicher Macht entstand für Christen das Dilemma, dass Machtausübung und Machterhalt in Widerspruch zu der dem absoluten Tötungsverbot geschuldeten Verurteilung des Krieges als Sünde und der daher gebotenen Verweigerung des Kriegsdienstes[294] standen.[295] Augustinus löst diesen Konflikt, indem er erklärt, dass Krieg keine Sünde sei, sofern er gerecht ist.[296] Gerecht sei aber nur der Krieg, der das Unrecht sühnt, wenn ein Volk oder ein Staat bestraft werden solle, der es entweder unterlassen habe, das von seinen Angehörigen zugefügte Unrecht zu bestrafen, oder zurückzuerstatten, was zu

287 CICERO, De re publica, Buch III, 23, 35: „*Illa iniusta bella sunt, quae sunt sine causa suscepta. Nam extra ulciscendi aut propulsandorum hostium causam bellum geri iustum nullam potest.*".

288 CICERO, De re publica, Buch II, 17, 31.

289 CICERO, De re publica, Buch I, 11, 36.

290 HAUSMANINGER, ÖstZöffR 11 (1961), 335 (345).

291 HAUSMANINGER, ÖstZöffR 11 (1961), 335 (345); REGOUT, La doctine de la guerre juste, S. 39.

292 REGOUT, La doctine de la guerre juste, S. 40; ZIEGLER, Tradition und Wandel, S. 30.

293 HERTZ, Die thomasische Lehre, S. 18; DINSTEIN, War, Aggression and Self-Defence, S. 60; GILL, Just War Doctrine, S. 23.

294 Zum Verhältnis der früheren christlichen Kirche zum Militärdienst VAN DER MOLEN, Alberico Gentili, S. 69 f. und NYS, Les origines du droit international, S. 44 f.

295 KUNZ, AJIL 45 (1951), 528 (530); KERTH, Der gute Grund, S. 229 (261); ALEXANDROV, Self-Defense, S. 3; DINSTEIN, War, Aggression and Self-Defence, S. 60.

296 KUNZ, AJIL 45 (1951), 528 (530); DRAPER, Legal Ideas about War, S. 180.

Unrecht weggenommen worden sei.[297] Der formalen Rechtmäßigkeit durch Einhaltung des Verfahrens im *ius fetiale* setzt Augustinus im Anschluss an Cicero das Erfordernis der materiellen, in der Sache begründeten Gerechtigkeit des Krieges entgegen.[298] Die Übernahme der *bellum-iustum*-Doktrin in die christliche Theologie im Zuge der Konstantinischen Wende kann also als ethischer Kompromiss verstanden werden: Die absolute Gewaltlosigkeit bleibt für den Christen das Ideal, als Mitglied des Gemeinwesens ist der Einzelne allerdings verpflichtet, diese Gemeinschaft auch mit der Waffe zu verteidigen.[299]

2. Die drei Erfordernisse des gerechten Krieges nach Thomas von Aquin: *auctoritas principis*, *iusta causa* und *recta intentio*

Das ciceronisch-augustinische Konzept des gerechten Krieges wurde in die bedeutendste Kirchenrechtssammlung, das *Decretum Gratiani* von 1150, aufgenommen.[300] Ihre für die mittelalterliche Kirche verbindliche, bis in die heutige katholische Soziallehre fortwirkende Formulierung erhielt die Lehre jedoch erst in der Hochscholastik durch Thomas von Aquin (1225-1274).[301] Ausgangpunkt der Überlegungen in dessen um 1270 verfassten Werk *Summa Theologiae* ist die Bibelstelle Matthäus 26, 52: „Jeder, der zum Schwert greift, wird durch das Schwert umkommen.“. Thomas zieht daraus zunächst den Schluss, dass jeder Krieg unerlaubt sei, schränkt dieses absolute Verbot dann aber im Anschluss an Augustinus wieder ein.[302] Mit klarer Systematik und in einer für Juristen eingängigen, logischen Sprache[303] fasst er dann die in der Sache schon von Augustinus entwickelten Grundgedanken zu drei Erfordernissen zusammen, die für die Führung eines gerechten Krieges erfüllt sein müssen.[304]

Erste Voraussetzung für einen gerechten Krieg sei die *auctoritas principis*, das heißt die Kriegsführung mit der Vollmacht eines Herrschers, der keinen hö-

---

297 Zitiert nach Decretum Gratiani, II, causa 23 quae II., C. II.: „*Justa autem bella solent diffiniri, que ulciscuntur iniurias, sic gens et civitas, petenda est, que vel vindicare neglexerit quod a suis inprobe factum est, vel reddere quod per iniurias ablatum est.*“.

298 KUNZ, AJIL 45 (1951), 528 (530); LAMMASCH, Das Völkerrecht nach dem Kriege, S. 175; ZIEGLER, Tradition und Wandel, S. 27.

299 HERTZ, Die thomasische Lehre, S. 19.

300 Decretum Gratiani, II, causa 23 quaestio II. C. II.

301 GREWE, Epochen, S. 135; VON ELBE, AJIL 33 (1939), 665 (669).

302 THOMAS VON AQUIN, Summa Theologiae, II-II, 40, 1.

303 GREWE, Epochen, S. 135 f.; MCDOUGAL / FELICIANO, The International Law of War, S. 132.

304 THOMAS VON AQUIN, Summa Theologiae, II-II, 40, 1: „*Respondeo dicendum quod ad hoc quod aliquod bellum sit iustum, tria requiruntur.*“. Dabei behandelte Thomas wie schon Augustinus nur den Angriffskrieg, da der Verteidigungskrieg unproblematisch als gerecht galt (VAN DER MOLEN, Alberico Gentili, S. 76).

heren irdischen Richter über sich habe und daher sein Recht selbst suchen müsse. Ausgeschlossen seien daher Kriege zwischen Privaten, die ihr Recht vor Gericht erstreiten könnten.[305] Als zweite Bedingung nennt Thomas die *iusta causa*, also die gerechte Sache, die in der Vergeltung und Bestrafung einer *culpa*, eines schuldhaften Verhaltens der anderen Seite liegen müsse.[306] In der Formulierung weicht Thomas hier zwar von der augustinischen Definition und der Formulierung im *Decretum Gratiani* ab, da er für das Vorhandensein einer *iusta causa* nicht nur ein zu sühnendes objektives Unrecht (*iniuria*), sondern darüber hinaus die subjektive Komponente der Schuld (*culpa*) des Gegners fordert.[307] In der Sache macht dies jedoch keinen Unterschied, da Thomas jedes Verhalten, das die Verteidigung des Gemeinwohls oder der Gemeinschaft erforderlich macht, als schuldhaft betrachtet.[308] Dritte Voraussetzung für die Gerechtigkeit des Krieges ist die *recta intentio*, das heißt die Absicht, mit dem Krieg das Gute zu fördern oder das Böse zu verhindern.[309] Diese unverändert von Augustinus übernommene Voraussetzung bedingt, dass nur dann Krieg geführt werden darf, wenn alle Möglichkeiten der friedlichen Streitbeilegung ausgeschöpft worden seien, und beendet werden müsse, wenn der Gegner zum Frieden bereit oder aber das Unrecht gesühnt worden sei.[310] Der gerechte Krieg darf also nur unter strikter Achtung des Verhältnismäßigkeitsprinzips geführt werden.[311]

Sind diese drei Voraussetzungen erfüllt, gilt der Krieg nach Thomas von Aquin nicht nur in theologischer, sondern auch in rechtlicher Hinsicht als „gerecht“ – letzterer ist ein Gedanke, der bei Augustinus noch keine Bedeutung hatte.[312] Die Aufgabe der Lehre vom gerechten Krieg bei Thomas von Aquin ist es also nicht, den Krieg in Übereinstimmung mit der christlichen Überlieferung, insbesondere der Bergpredigt zu verdammen, vielmehr soll sie den Krieg entgegen diesen Lehren rechtfertigen. Wie schon Augustinus vor ihm ordnet Thomas damit die christliche Lehre dem Machtanspruch der Fürsten unter.[313]

---

305 THOMAS VON AQUIN, Summa Theologiae, II-II, 40, 1: „*Primo quidem, auctoritas principis, cuius mandato bellum est gerendo. Non enim pertinet ad personam privatam bellum movere: quia potest ius suum in iudicio superioris prosequi.*“. Dazu HERTZ, Die thomasische Lehre, S. 24 f.

306 THOMAS VON AQUIN, Summa Theologiae, II-II, 40, 1: „*Secundo, requiritur causa iusta: ut scilicet illi qui impugnantur propter aliquam culpam impugnationem mereantur.*“.

307 GREWE, Epochen, S. 136; VON ELBE, AJIL 33 (1939), 665 (669).

308 HERTZ, Die thomasische Lehre, S. 26.

309 THOMAS VON AQUIN, Summa Theologiae, II-II, 40, 1: „*Tertio, requiritur ut sit intentio bellantium recta: qua scilicet intenditur vel ut bonum promoveatur, vel ut malum vitetur.*“ Vgl. GREWE, Epochen, S. 136; LAMMASCH, Das Völkerrecht nach dem Kriege, S. 175.

310 HERTZ, Die thomasische Lehre, S. 27.

311 HAGGENMACHER, Grotius et le droit international, S. 128 f.

312 KERTH, Der gute Grund, S. 261; DRAPER, Legal Ideas about War, S. 181.

313 RENS, Grotius et la doctrine traditionnelle de la «guerre juste», S. 78.

3. Die Wandlungen der Lehre vom gerechten Krieg im 16. und 17. Jahrhundert

Mit Blick auf das Recht zum Krieg scheint die mittelalterliche Tradition der Lehre vom *bellum iustum* bis in das 16. Jahrhundert ungebrochen fortbestanden zu haben. So wie aber die Einführung der Artillerie im 14. und 15. Jahrhundert die Kriegsführung auf den Schlachtfeldern verändert hatte, war auch die Lehre vom gerechten Krieg Wandlungen unterworfen, durch die sie dem Geist und den Bedingungen der Zeit angepasst wurde.[314] War das Hochmittelalter noch von der Idee einer einheitlichen *respublica Christiana* unter der Hoheit von Kaiser und Papst geprägt, traten zu Beginn des 14. Jahrhunderts mit den sich herausbildenden souveränen Staaten neue Autoritäten auf, die sich dem umfassenden weltlichen Herrschaftsanspruch des Kaisers widersetzten.[315] Damit wandelte sich auch die Stellung des Papstes. Hatte er zuvor an der geistlichen Spitze eines als Einheit verstandenen Gemeinwesens gestanden, blieb ihm zwischen den sich als gleichberechtigt betrachtenden Staaten nur die Rolle des Schlichters in der Not.[316] Spätestens aber mit der Reformation endete die allgemeine Akzeptanz der päpstlichen Autorität als Streit schlichtende Instanz zwischen den Fürsten.[317] Daraus ergab sich im Krieg das Dilemma, dass sich beiden Seiten auf die gerechte Sache berufen konnten, ohne dass es eine übergeordnete Instanz zur Entscheidung darüber gab, welche Partei sich im Recht befand.[318] Die den mittelalterlichen Denkern noch fern liegende und von ihnen nie ernsthaft beantwortete Frage des *Quis iudicabit?*, „Wer entscheidet über die gerechte Sache?“, rückte in das Bewusstsein. Sie führte zu Antworten, die die Möglichkeit eines – subjektiv, und später auch objektiv – auf beiden Seiten gerechten Krieges bejahten.[319]

---

314 RENS, Grotius et la doctrine traditionnelle de la «guerre juste», S. 73 f., 78; GREWE, Epochen, S. 240; DRAPER, Legal Ideas about War, S. 186.

315 VON DER HEYDTE, Die Geburtsstunde des souveränen Staates, S. 41 ff.; STUMPF / MELOT DE BEAUREGARD, Der Staat 42 (2003), 459 (459 f.); AMERASINGHE, AVR 39 (2001), 367 (365).

316 Dazu ausführlich VON DER HEYDTE, Die Geburtsstunde des souveränen Staates, S. 128 ff. Auch nach der Glaubensspaltung verstand sich das lateinische Europa jedoch weiterhin als eine durch gemeinsame Rechtstradition verbundene engere Völkerrechtsgemeinschaft, wie die Gleichsetzung von Völkerrechtsgemeinschaft und Christenheit in den Westfälischen Friedensverträgen zeigt, vgl. ZIEGLER, ZHF 30 (2003), 533 (545).

317 ZIEGLER, ZHF 30 (2003), 533 (548); TIEẞLER-MARENDA, Einwanderung und Asyl bei Hugo Grotius, S. 77. Der Papst wurde jedoch bis Ende des 17. Jahrhunderts zur Auslegung von Verträgen angerufen (LESAFFER, BYIL 73 (2002), 103 [113]).

318 MCDOUGAL / FELICIANO, The International Law of War, S. 134; NEUHOLD, Internationale Konflikte, S. 57; LESAFFER, BYIL 73 (2002), 103 (125).

319 GREWE, Epochen, S. 240 f.

Unter den Theologen der spanischen Spätscholastik war es Francisco de Vitoria, der als Erster die Möglichkeit eines *bellum iustum ex utraque parte*, eines auf beiden Seiten gerechten Krieges in Betracht zog. Den Anstoß für seine Überlegungen gaben die Kriege der spanischen Eroberer in der Neuen Welt.[320] Vitoria argumentiert, dass die Eingeborenen vom naturrechtlichen Anspruch der Eroberer auf Aufenthalt und Handel in der neuen Welt (*titulus naturalis societatis et communicationis*[321]) nichts wissen konnten und sich aus ihrer Sicht der Dinge nur gegen Eindringlinge verteidigten. Sie handelten daher zwar rechtswidrig, aber aufgrund ihrer „unüberwindbaren Unwissenheit" nicht schuldhaft. Ein solcher Krieg sei daher zumindest subjektiv auf beiden Seiten gerecht.[322] Für Vitoria steht allerdings fest, dass die objektive Gerechtigkeit stets nur auf einer Seite liegen könne.[323] Seine Lehre vom *bellum iustum ex utraque parte* wurde von den spanischen Juristen und Theologen des 16. Jahrhunderts fast allgemein übernommen.[324] Aber noch zu Beginn des 17. Jahrhunderts äußert sich Francisco Suárez eher ablehnend[325] zu Vitorias These und macht darauf aufmerksam, dass sich das Recht der Irrenden auf die reine Verteidigung beschränken müsse. Sie dürften nicht ihrerseits zum Angriff übergehen, da ihnen von der Seite, auf der die Gerechtigkeit steht, kein Unrecht angetan werde.[326] Den weiterführenden Gedanken, ein Krieg könne auch ohne Irrtum auf beiden Seiten gerecht sein, bezeichnet Suárez als „sinnlos", da die von den Kriegsparteien geltend gemachten, entgegengesetzten Rechte nicht beide gerecht sein könnten.[327]

Den für die weitere Entwicklung wegweisenden Schritt zur Akzeptanz eines auch objektiv auf beiden Seiten gleichermaßen gerechten Krieges unternahm

---

[320] RENS, Grotius et la doctrine traditionnelle de la «guerre juste», S. 68; LESAFFER, BYIL 73 (2002), 103 (125).

[321] DE VITORIA, De Indis relectio prior, III, 1. Vgl. dazu REGOUT, La doctrine de la guerre juste, S. 162 f.

[322] DE VITORIA, De Indis relectio prior, III, 6: „*Nec est inconviniens quod, cum ex una parte est ius et ex altera ignorantia invincibilis, quod sit bellum iustum ex utraque parte.*"; vgl. auch DE VITORIA, De iure belli, § 32.

[323] DE VITORIA, De iure belli, § 32: „*An possit bellum iustum ex utraque parte. [...] Seclusa ignorantia, manifestum est quod non potest contingere, ...*"; REGOUT, La doctrine de la guerre juste, S. 182.

[324] GREWE, Epochen, S. 243.

[325] NUSSBAUM, Geschichte, S. 99; DRAPER, Legal Ideas about War, S. 188.

[326] SUÁREZ, De triplici virtute theologica, III, disp. 13, sec. 7, 19: „*[N]on tamen posse se defendere quasi aggrediendo, id est, pugnando contra iuste pugnantes; quia revera non patiuntur ab illis iniuriam: ...*".

[327] SUÁREZ, De triplici virtute theologica, III, disp. 13, sec. 4, 1: „*[E]rgo esset bellum ex utraque parte iustum per se et sine ignorantia; quod est absurdissimum; duo enim contraria iura non possunt esse iusta.*". Vgl. REGOUT, La doctrine de la guerre juste, S. 224.

Alberico Gentili am Ende des 16. Jahrhunderts.[328] Im Grundsatz folgt auch Gentili der traditionellen Linie, dass nur eine Kriegspartei die gerechte Sache für sich in Anspruch nehmen könne. Aufgrund der Schwäche ihrer Natur seien die Menschen allerdings nicht in der Lage, diese reinste und wahrste Form der Gerechtigkeit zu erkennen.[329] Die traditionellen Bemühungen, die Gerechtigkeit auf einer Seite der Kriegführenden zu verorten, hält Gentili daher für verfehlt. Es gehöre nun einmal zur Natur des Krieges, dass beide Seiten behaupten, die gerechte Sache zu vertreten. Strebten aber beiden Kriegsparteien tatsächlich nach Gerechtigkeit, so könne im Zweifelsfall keine Seite als ungerecht bezeichnet werden.[330] Mit diesem Ansatz trug Gentili bei zur nicht diskriminierenden Anwendung des *ius in bello* auf beide Kriegsparteien[331], er markierte aber auch den Abschied von der Lehre vom gerechten Krieg[332] und ließ den Weg zum Positivismus des 18. bis frühen 20. Jahrhunderts erahnen[333].

4. Die Modifikationen der Lehre vom gerechten Krieg bei Grotius

Bei der Lösung der Frage des *bellum iustum utraque parte* bleibt Grotius hinter der fortschrittlichen Position Gentilis zurück. Zwar bezeichnet er diese Debatte als eine „von vielen behandelte Frage“[334], macht sich dann aber den konservativen, bald ein Jahrhundert zuvor formulierten Standpunkt Vitorias zu Eigen.[335] Auch für Grotius kann die Gerechtigkeit in Bezug auf die Sache, also die materielle Gerechtigkeit, objektiv nur auf einer Seite liegen. Ein subjektiv auf beiden Seiten gerechter Krieg käme nur bei unvermeidlicher Unwissenheit in Betracht. In diesem Fall könne von beiden Seiten mit Recht, also in gutem Glauben ge-

---

328 GREWE, Epochen, S. 249; DRAPER, Legal Ideas about War, S. 190. Schon vor Gentili erkannte Balthazar de Ayala den auf beiden Seiten gerechten Krieg an. Ayala ging dabei allerdings von einem rein formalen Verständnis von „Gerechtigkeit“ aus, was einer grundsätzlichen Abkehr von der traditionellen, auf materielle Gerechtigkeit zielenden Lehre vom gerechten Krieg gleichkommt (s.u. 1. Kap. E I 1).

329 GENTILI, De iure belli libri tres, Buch I, Kap. VI, S. 48 f.: „*Huc ad git nos humanae nostrae conditionis infirmitas: per quam sunt nobis in tenebris omnia et purissimum illud atque verissimum iustum ignoratur* [...].“.

330 GENTILI, De iure belli libri tres, Buch I, Kap. VI, S. 48 f.: „*Haec natura bellorum, ut pars utraque praetendat, se fouere iustam caussam. [...] At vero si dubium sit, a qua parte stet iustitia, hanc si et utraque quaerit pars, iniusta esse neutra potest.*“.

331 GREWE, Epochen, S. 249; DRAPER, Legal Ideas about War, S. 190.

332 VON ELBE, AJIL 33 (1939), 665 (678).

333 GILL, Just War Tradition, S. 28.

334 GROTIUS, IBP, 2. Buch, 23. Kap., XIII, 1: „*[I]lla a multis* [Anm. 7: ...Alb. Gent. l. I, c. 6.] *agitata quaestio, ...*“.

335 GREWE, Epochen, S. 254.

kämpft werden.[336] Auch sonst übernimmt Grotius die Lehre vom gerechten Krieg, so wie sie Thomas von Aquin und die spanischen Spätscholastiker behandelt haben, ohne sie durch eigene Gedanken weiterzuentwickeln.[337] Dabei erwähnt er diese Vorläufer jedoch kaum, sondern sucht seine Belege vorzugsweise in der Geschichtsschreibung und bei den Rednern und Philosophen der Antike. Ohne wesentliche Änderung übernimmt Grotius aus der augustinisch-thomistischen Lehre das Erfordernis der *iusta causa* des Krieges und macht aus ihm das zentrale Thema des 2. Buchs von *De iure belli ac pacis*.[338] Die Frage der *recta intentio* behandelt Grotius demgegenüber nur sehr knapp, und zwar im Anschluss an die Ausführungen zu den gerechten Kriegsgründen im 24. Kapitel des 2. Buchs unter dem Titel *Monita de non temere etiam ex iustis causis suscipiendo bello* („Auch aus gerechten Gründen darf ein Krieg nicht vorschnell unternommen werden").[339] Ziel des Krieges müsse immer das Gute oder die Abwendung eines Übels sein.[340] Die Gewaltanwendung ist also auch in Grotius' Lehre nur soweit zulässig, wie sie diesen Zielen dient, sie mit anderen Worten also verhältnismäßig ist.[341]

Die wichtigste Modifikation der thomistischen Lehre bei Grotius ist der Verzicht auf das Merkmal der *auctoritas principis*. Diese Voraussetzung, die in der Lehre von Augustinus und Thomas von Aquin gerade dazu diente, private Gewaltanwendung auszuschließen[342], ist nicht zu vereinbaren mit Grotius' weitem Kriegsbegriff, der auch den *bellum privatum* einschließt.[343]

II. Die Rechtmäßigkeit des Präventivkrieges im Naturrecht

Die Frage der naturrechtlichen Zulässigkeit eines Präventivkrieges behandelt Grotius im Rahmen der *iusta causa* der Kriegsführung. Ausgangspunkt seiner Überlegungen ist, dass nur eine erlittene Rechtsverletzung gerechter Grund für

---

336 GROTIUS, IBP, 2. Buch, 23. Kap., XIII, 2: „*Speciali et ad rem ipsam relata acceptione bellum utrimque iustum non potest, [...] At vero ut neuter bellantium iniuste agat, fieri sane potest: iniuste enim agit nemo nisi qui et scit se rem iniustam agere: [...]. Sic iuste, id est bona fide litigari potest utrimque.*". Siehe auch GROTIUS, IBP, 2. Buch, 26. Kap., VI, 1 und 2.

337 VON ELBE, AJIL 33 (1939), 665 (678); REGOUT, La doctrine de la guerre juste, S. 277; LAUTERPACHT, BYIL 23 (1946), 1 (37).

338 REGOUT, La doctrine de la guerre juste, S. 275.

339 Grund hierfür ist, dass zwischen den Voraussetzungen der *recta intentio* und der *iusta causa* Überschneidungen bestehen (GILL, Just War Doctrine, S. 29).

340 GROTIUS, IBP, 2. Buch, 24. Kap., V, 1: „*Finis semper est bonum aliquod, aut certe mali declinatio quae vicem boni obtinere possit.*".

341 HAGGENMACHER, Grotius et le droit international, S. 128 f.

342 MCDOUGAL / FELICIANO, The International Law of War, S. 132.

343 S.o., 1. Kap. B I.

einen Krieg sein kann.[344] Ein Angriffskrieg – verstanden als Krieg, dem kein gegnerisches Unrecht vorangegangen ist – könne daher niemals ein gerechter Krieg sein.[345] Zu beachten ist, dass Grotius den Krieg in erster Linie als Instrument der Rechtsdurchsetzung betrachtet („So viele Gründe es für gerichtliche Klagen gibt, so viele gibt es zum Krieg. Wo es an rechtlichen Entscheidungen fehlt, bricht der Krieg aus.").[346] Wie die Klage vor Gericht ist die Kriegsführung daher nur bei Verletzung eines subjektiven Rechts (*facultas*) zulässig.[347]

Die erlaubten Gründe für einen gerechten Krieg beschränkt Grotius zunächst auf drei: Verteidigung, Wiedererlangung von Sachen sowie Strafe.[348] Tatsächlich referiert Grotius an dieser Stelle jedoch nur ältere Positionen[349], die er als zu unpräzise betrachtet[350], denn er fährt mit folgender Bemerkung fort: „Bei dieser Aufzählung ist die Verfolgung dessen, was uns geschuldet wird, übersehen, wenn nicht die Wiedererlangung in einem weiteren Sinne mit darauf bezogen wird."[351] Der Grund „Wiedererlangung von Sachen" berührt das Problem der vorbeugenden Kriegsführung nicht, so dass Grotius die Frage der Rechtmäßigkeit des Präventivkrieges nur bei der Auseinandersetzung mit den Kriegsgründen „Verteidigung"[352] und „Strafe"[353] anspricht.

---

[344] GROTIUS, IBP, 2. Buch, 1. Kap., I, 4: „*Causa iusta belli suscipiendi nulla esse alia potest, nisi iniuria.*". So schon DE VITORIA, De iure belli, § 13: „*Item bellum offensivum est ad vindicandum iniuriam et animaduertendum in hostes, ut dictum est. Sed vindicta esse non potest, ubi non praecessit culpa et iniuria.*" („Ebenso dient der Angriffskrieg zur Ahndung von Unrecht und zur Bestrafung der Feinde, wie ich ausgeführt habe. Man kann aber nicht strafen, wenn Schuld und Unrecht nicht vorausgehen.") und SUÁREZ, De triplici virtute theologica, III, disp. 13, sec. 4, 1: „*Nullum potest esse iustum bellum, nisi subsit causa legitima et necessaria.*".

[345] VAN DER VLUGT, L'Œuvre de Grotius, RdC 7 (1925/II), S. 425.

[346] GROTIUS, IBP, 2. Buch, 1. Kap., II, 1: „*Ac plane quot actionum forensium sunt fontes, totidem sunt belli: nam ubi iudicia deficiunt incipit bellum.*"; vgl. auch GROTIUS, IBP, Prol. 25.

[347] HAGGENMACHER, Droits subjectifs, S. 98; LAUTERPACHT, BYIL 23 (1946), 1 (11).

[348] GROTIUS, IBP, 2. Buch, 1. Kap., II, 2: „*Plerique bellorum tres statuunt causas iustas, defensionem, recuperationem rerum, et punitionem*: ...". GROTIUS (IBP, 2. Buch, 1. Kap., XVI) schränkt später ein, dass im Privatkrieg die Verteidigung der einzige erlaubte Grund sei.

[349] Vgl. DE VITORIA, De iure belli, § 1.

[350] VERZIJL, International Law in Historical Perspective Vol. I, S. 216; HAGGENMACHER, Grotian Heritage, S. 157. Dies übersieht z.B. DRAPER, Legal Ideas about War, S. 195.

[351] GROTIUS, IBP, 2. Buch, 1. Kap., II, 2: „*[I]n qua enumeratione nisi vox recuperandi sumatur laxius, omissa est persecutio eius quod nobis debetur*; ...". Diese Unterscheidung findet auch im Aufbau des 2. Buchs von IBP ihren Niederschlag, da Grotius dort in den Kapiteln 1-10 die Rechte *in rem* und in den Kapiteln 11-19 die Rechte *in personam* behandelt (HAGGENMACHER, Grotius and Gentili, S. 165).

[352] GROTIUS, IBP, 2. Buch, 1. Kap., V, 1 und 2; 2. Buch, 1. Kap., XVII; 2. Buch, 22. Kap., V, 1 und 2.

Gerade in Hinblick auf die vorbeugende Kriegsführung mahnt Grotius vor nur scheinbaren Rechtfertigungsgründen, die sich bei genauerer Prüfung als ungerecht erweisen.[354] Diese seien bloße „Vorwände" (προφάσεις, *próphasis*), wie Polybius sie im Unterschied zu den wahren Gründen, den „Ursachen" (αἰτία, *aitía*), genannt habe.[355] Grotius illustriert dies an der Darstellung der Gründe für den Ausbruch des Peloponnesischen Krieges bei Thukydides, nach dem die Ursache des Krieges die wachsende Macht der Athener gewesen sei, die die Furcht der Lakedämonier geweckt habe.[356] Vorwand sei jedoch der Streit um die Insel Kerkyra (Korfu), die Kolonie Potidäa[357] und anderes gewesen. Hier habe Thukydides allerdings die Namen von Ursache und Vorwand verwechselt.[358] Der Krieg Spartas und seiner Verbündeten gegen Athen ist für Grotius also ein Beispiel für ungerechten Präventivkrieg.

Ist ein gerechter Grund zu einem präventiven Verteidigungs- oder Strafkrieg gegeben, bedeutete dies jedoch noch nicht, dass auch ein gerechter Krieg geführt werden dürfe. Denn selbst dann, wenn das Recht genügend feststehe, müsse nicht gleich ein Krieg unternommen werden. In manchen Fällen sei es sittlicher und besser, von seinem Rechte nachzugeben.[359] Dies entspricht dem weiten, naturrechtlichen Begriff des Rechts im Sinne von Gesetz (*lex*).[360]

Gerecht sei nämlich nur der Krieg, der notwendig ist, wie Grotius in Anschluss an Livius[361] meint.[362] Es werde daher nur selten ein Fall vorkommen, wo der Krieg nicht unterlassen werden könne. Eine Ausnahme gelte allerdings dann, wenn „der Friedenszustand schlimmer ist als der Krieg".[363] Den Beweis für diese Regel des Naturrechts findet Grotius unter anderem in einem Ausspruch des rö-

---

353 GROTIUS, IBP, 2. Buch, 1. Kap., XVI; 2. Buch, 20. Kap., XXXIX, 1 und 4.

354 GROTIUS, IBP, 2. Buch, 22. Kap., IV.

355 GROTIUS, IBP, 2. Buch, 22. Kap., I, 1.

356 Vgl. THUKYDIDES, Der Peloponnesische Krieg, Buch I, §§ 23 ff., §§ 56 ff.

357 Potidäa (Poteidaia), korinthische Kolonie auf der Halbinsel Palene der Chalkidike, Mitglied des attisch-delischen Seebundes.

358 GROTIUS, IBP, 2. Buch, 22. Kap., I, 2: „*Similiter Thucydides belli Peloponnesiaci veram causam censet fuisse vires Atheniensium augescentes et Lacedaemoniis suspectas, obtentum vero controversiam Corcyrensium, Potidaeensium et alia; ubi tamen ille* αἰτίας *et* προφάσεως *nomina permiscet.*". Tatsächlich besteht zwischen *aitía* und *próphasis* kein entscheidender semantischer Unterschied (TSAKMAKIS, Thukydides über die Vergangenheit, S. 66 f.).

359 GROTIUS, IBP, 2. Buch, 24. Kap., I, 1: „*[A]ut suadeant, obiter tamen obviam eundum est errori, ne quis existimet ubi ius satis compertum est, statim aut oportere bellum suscipi, aut semper etiam licere.*".

360 Dazu s.o., 1. Kap. B II.

361 LIVIUS, Ab urbe condita, Buch IX, 1, 10: „*Iustum est bellum* [...] *quibus necessarium, ...*".

362 GROTIUS, IBP, 2. Buch, 24. Kap., VII.

363 GROTIUS, IBP, 2. Buch, 24. Kap., VIII.

mischen Philosophen Lucius Annaeus Seneca d. J. (ca. 0-65 n. Chr.): „Nimm die Gefahr auf dich, wenn dir bei weiterem Abwarten dasselbe oder noch Schlimmeres droht.“[364] Bestätigung findet er bei dem griechischen Philosophen Publius Aelius Aristides (117/129-189 n. Chr.), den er mit den Worten zitiert: „Dann muss man auch die unbekannte und erst kommende Gefahr erwählen, wenn das Ruhigbleiben offenbar noch schlimmer ist.“[365]

1. Verteidigung als gerechter Grund für einen Präventivkrieg

Damit die Verteidigung einen gerechten Grund für einen Präventivkrieg geben kann, verlangt Grotius zum einen eine gegenwärtige Gefahr und zum anderen die Notwendigkeit der Verteidigung, die sich aus der sicheren Angriffsabsicht des Gegners ergibt. Den besonderen Rang des Selbstverteidigungsrechts als elementares Recht der Natur betont Grotius schon zuvor mit den Worten, dass es von selbst und aus dem hervorgehe, was die Natur jedem empfehle, und nicht erst aus dem Unrecht oder der Sünde dessen, von dem die Gefahr ausgehe.[366]

a) Gegenwärtige Gefahr

Vorbeugende Selbstverteidigung erfordert nach Grotius zunächst, dass vom Gegner eine gegenwärtige Gefahr ausgeht, die sich gleichsam in einem Punkt zusammendrängt.[367] Grotius bemüht sich um eine Eingrenzung des Begriffs der gegenwärtigen Gefahr. Eine gegnerische Verschwörung bedeute noch keine gegenwärtige Gefahr, der Griff des Gegners zu den Waffen in der offenkundigen Absicht zu töten hingegen schon.[368] So wie jedoch „im Moralischen wie im Natürlichen [...] jeder Punkt eine gewisse Ausdehnung“ habe, liege es auch im vernünftigen Ermessen des Verteidigers, ob die Gefahr tatsächlich gegenwärtig ist. Es sei daher ein Irrtum zu meinen, es sei bei jeder Gefahr gestattet, ihr durch Tö-

---

364 SENECA, De clementia, Buch I, 12, 5: „*[U]bi quiescenti paria metuuntur, incorrere in pericola ...*“.

365 GROTIUS, IBP, 2. Buch, 24. Kap., VIII.

366 GROTIUS, IBP, 2. Buch, 1. Kap., III: „*Notandum est ius hoc defensionis per se ac primario nasci ex eo quod natura quemque sibi commendat, non ex iniustitia aut peccato alterius unde periculum est.*“. Vgl. auch GROTIUS, IBP, 3. Buch, 1. Kap., II, 1.

367 GROTIUS, IBP, 2. Buch, 1. Kap., V, 1: „*Periculum praesens hic requiritur, et quasi in puncto.*“.

368 GROTIUS, IBP, 2. Buch, 1. Kap., V, 1, 2. In seinen Ausführungen zu der Frage der Gegenwärtigkeit der Gefahr nimmt Grotius nur Bezug auf die Selbstverteidigungssituation des Einzelnen, den Privatkrieg. Diese Ausführungen haben aber wegen Grotius' weitem Kriegsbegriff gleichermaßen Geltung für den öffentlichen Krieg.

tung zuvorzukommen.[369] Den Beweis für diese Pflicht zur Zurückhaltung und gewissenhaften Prüfung findet Grotius unter anderem bei Cicero, der anmerkte, das meiste Unrecht komme von der Furcht dessen, der dem anderen schaden will, dass, wenn er es nicht täte, er selbst einen Nachteil erleiden würde.[370] Bei Cato findet er in der Rede an die Rhodier den Satz: „Wir sagen, jene hätten es tun wollen und so tun wir es wirklich, um ihnen zuvorzukommen."[371] Schließlich zitiert Grotius Livius mit den Worten, die Menschen müssten sich vorsehen, dass sie nicht durch ihre Furcht dem Gegner Furcht einflößen und dass sie nicht, um ein Unrecht abzuwehren, den anderen schädigten, weil angeblich keine Wahl sei, als Unrecht zu tun oder zu leiden.[372]

Die bloße Möglichkeit eines gegnerischen Angriffs begründet für Grotius jedoch noch keine gegenwärtige Gefahr: Es sei ein Irrtum zu meinen, nach dem *ius gentium* sei es gerechtfertigt, einen Krieg zu führen, nur um das Anwachsen einer gegnerischen Macht zu verhindern, die später gefährlich werden könnte.[373] Damit wendet sich Grotius ausdrücklich gegen die Lehre seines Vorläufers Alberico Gentili. Dieser erkennt nämlich neben der „notwendigen Verteidigung" (*defensio necessaria*) eine zweite Kategorie an, die „nützliche Verteidigung" (*defensio utilis*).[374] Am Beispiel des aufstrebenden Spaniens erläutert Gentili in seinem 1598 erschienenen Werk *De iure belli libri tres*, dass ein Präventivkrieg zur Wahrung des Gleichgewichts unter den europäischen Mächten als Maßnahme der „nützlichen Verteidigung" gerechtfertigt sei, sofern der Machtzu-

---

[369] GROTIUS, IBP, 2. Buch, 1. Kap., V, 1: „*Nam in moralibus, ut et in naturalibus punctum non invenitur sine aliqua latitudine: sed multum falluntur et fallunt qui metum qualemcunque ad ius occupandae interfectionis admittunt.*".

[370] CICERO, De officiis, Buch I, 7, 24: „*Atque illae quidem iniuriae quae nocendi causa de industria inferuntur, saepe a metu proficiscuntur, cum is qui nocere alteri cogitat, timet ne, nisi id fecerit, ipse aliquo afficiatur incommodo.*".

[371] CATO bei Gellius, Noctes Atticae, Buch VI, 3, 26: „*Quod illos dicimus voluisse facere, id nos priores facere occupabimus?*".

[372] LIVIUS, Ab urbe condita, Buch III, 65, 11: „*[I]n difficili est, cavendoque ne metuant, homines metuendos ultro se efficiunt, et iniuriam ab nobis repulsam, tamquam aut facere aut pati necesse sit, iniungimus aliis.*".

[373] GROTIUS, IBP, 2. Buch, 1. Kap., XVII: „*Illud vero minime ferendum est quod quidam traderunt* [Anm. 2: „Alb. Gent. Lib. I c. 14"], *iure gentium arma recte sumi ad imminuendam potentiam crescentem, quae nimium aucta nocere posset.*". Grotius spricht hier zwar vom *ius gentium*, nutzt diesen Begriff aber im unscharfen Sinne Gentilis, der seinem Werk einen einheitlichen, undefinierten *ius-gentium*-Begriff zugrunde legt (HAGGENMACHER, Grotius and Gentili, S. 170; SIMMONDS, JIR 8 (1958), 85 [87 f.]). Die Begriffswahl darf daher nicht darüber hinwegtäuschen, dass Grotius die präventive Verteidigung in diesem Abschnitt nach Naturrecht behandelt, wie sich aus seinen weiteren Ausführungen ergibt.

[374] VAN DER MOLEN, Alberico Gentili, S. 125 f.; HAGGENMACHER, Doctrine de la guerre juste, S. 175.

wachs eines Staates nicht auf friedlichen Mitteln beruhe.[375] Nach Ansicht von Gentili ist die Verteidigung daher nicht nur dann gerecht, wenn sie bereits beabsichtigten und vorbereiteten Angriffen zuvorkommt, sondern auch, wenn der Angriff noch nicht beabsichtigt, aber möglich und wahrscheinlich ist.[376] Gentili ist damit der erste völkerrechtliche Autor, der sich in seinem Werk mit dem Prinzip des Gleichgewichts auseinander gesetzt hat.[377]

Grotius steht diesen machtpolitischen Argumenten Gentilis zwiespältig gegenüber. Zwar sieht auch Grotius im Gleichgewicht der Mächte ein für die Staaten bedeutsames Kriegsmotiv, er betrachtet diese Frage aber nicht als eine des Rechts, sondern als eine Frage der Zweckmäßigkeit.[378] Die Zweckmäßigkeit gebe jedoch nicht das gleiche Recht wie die Notwendigkeit, wie er an anderer Stelle anmerkt.[379] Die wachsende Macht des Gegners dürfe daher zwar bei der Entscheidung über die Kriegsführung berücksichtigt werden, aber nur, wenn ein anderer, rechtmäßiger Grund zum Krieg gegeben sei.[380] Grundsätzlich aber widerspreche der Satz, dass die bloße Möglichkeit, Gewalt zu erleiden das Recht gebe, selbst Gewalt zu gebrauchen, jeder Billigkeit. Das menschliche Leben sei eben so, dass es vollkommene Sicherheit nicht gebe. Gegen ungewisse Übel müsse Schutz bei der göttlichen Vorhersehung und durch defensive Vorsichtsmaßnahmen gesucht werden, aber nicht durch Gewalt.[381]

Ein präventiver Verteidigungskrieg kann nach dem Naturrecht also nur im Falle einer konkreten Gefahr ein *bellum iustum* sein. Grotius lehnt damit den Krieg zur Abwehr bloß abstrakter Gefahren – etwa einen Krieg zur Wahrung des Gleichgewichts unter den europäischen Staaten – ab.[382] Machtpolitische Überle-

---

375 GENTILI, De iure belli libri tres, Buch I, Kap. XIV, S. 103 ff.; dazu SIMMONDS, JIR 8 (1958), 85 (89); BROWNLIE, International Law and the Use of Force by States, S. 12.

376 GENTILI, De iure belli libri tres, Buch I, Kap. XIV, S. 106: „*Defensio iusta est, quae prevenit pericula iam meditata, parata: etiam et nec meditata, at verisimilia, possibilia.*".

377 VAGTS / VAGTS, AJIL 73 (1979), 555 (559). Zu Gentilis Lehre s.o. 1. Kap. D II 1 a.

378 GROTIUS, IBP, 2. Buch, 1. Kap., XVII: „*Fateor in consultationem de bello et hoc venire, non sub ratione iusti, sed sub ratione utilis*; [...].".

379 GROTIUS, IBP, 2. Buch, 22. Kap., VI: „*Nec utilitas par ius facit cum necessitate.*".

380 GROTIUS, IBP, 2. Buch, 1. Kap., XVII: „ [...]*; ut si ex alia causa iustum sit bellum, ex hac causa prudenter quoque susceptum indicetur*: [...].". Daher irrt LAUTERPACHT (BYIL 23 (1946), 1 [37]), wenn er meint, Grotius habe machtpolitische Überlegungen in dieser Frage abgelehnt.

381 GROTIUS, IBP, 2. Buch, 1. Kap., XVII: „*Sed ut vim pati posse ad vim inferendam ius tribuat, ab omni aequitatis ratione abhorret. Ita vita humana est, ut plena securitas numquam nobis constet. Adversus incertos metus a divina providentia, et ab innoxia cautione, non a vi praesidium petendum est.*".

382 VAN VOLLENHOVEN, Die drei Stufen des Völkerrechts, S. 20; VEROSTA, History of the Law of Nations: 1648 to 1815, in: Bernhardt, EPIL II, S. 751. Grotius erwähnt den Gleichgewichtsgedanken jedoch in seinem Werk mit keinem Wort (NYS, Les origines du droit international, S. 171 f.; BULL, The Importance of Grotius, S. 91).

gungen sind Grotius zwar nicht fremd; im Gegensatz zu Gentili akzeptiert er solche Argumente jedoch nicht als rechtmäßige Kriegsgründe, sondern erkennt sie nur als „zweckmäßig" an.[383] Mit der naturrechtlichen Ablehnung der präventiven Kriegsführung stellte sich Grotius gegen den herrschenden Geist seiner Zeit.[384] Diesen brachte vielmehr der britische Jurist und Politiker Francis Bacon (1561-1626) in einer im Jahr 1624 – also zeitgleich zu Grotius' Arbeiten an *De iure belli ac pacis* – verfassten Denkschrift zum Ausdruck.[385] Beschwichtigende Positionen wie die von Grotius verhöhnt Bacon, wenn er schreibt:

> "Howsoever some schoolmen (otherwise reverend men, yet fitter to guide penknives than swords) seem precisely to stand upon it, that every offensive war must be *ultio*; a revenge, that presupposeth a precedent assault or injury; yet neither do they descend to this point (which we now handle) of a just fear; neither are they of authority to judge this question against all the precedents of time. For certainly, as long as men are men [...] and as long reason is reason, a just fear will be a just cause of a preventive war."[386]

b) Angriffsabsicht des Gegners

Die vom Gegner ausgehende gegenwärtige Gefahr allein reicht jedoch nicht aus, um einen präventiven Verteidigungskrieg zu rechtfertigen. Erforderlich sei darüber hinaus auch die Absicht des Gegners zum Angriff. Die Verteidigung sei nämlich nur dann gerecht, wenn sie notwendig ist. Notwendig sei sie aber nur, wenn die Angriffsabsicht des Gegners feststeht. An diesen vom Verteidiger zu erbringenden Nachweis stellt Grotius hohe Anforderungen: Die Angriffsabsicht müsse mit solcher Gewissheit feststellbar sein, wie dies in menschlichen Dingen nur möglich sei.[387] Grotius versucht, der Willkür der Kriegführenden bei der Beurteilung dieser Frage Grenzen zu setzen: Dem Gegner solle die Absicht zum Angriff nicht schon dann unterstellt werden, wenn dieser auf seinem Gebiet Verteidigungsanlagen oder Festungen errichtet, sofern er dadurch nicht gegen vertragliche Verpflichtungen verstößt.[388] Lasse sich die Angriffsabsicht jedoch nicht sicher feststellen, so sei nicht der Präventivkrieg, sondern der Ausbau der eigenen Verteidigung – etwa durch Errichtung von Gegenbefestigungen – die richti-

---

[383] VAN DER VLUGT, L'Œuvre de Grotius, RdC 7 (1925/II), S. 470.

[384] GREWE, Epochen, S. 261 f.; VAN DER VLUGT, L'Œuvre de Grotius, RdC 7 (1925/II), S. 470.

[385] KIPP, Pax et securitas, S. 265.

[386] BACON, Considerations Touching a War with Spain, S. 477.

[387] GROTIUS, IBP, 2. Buch, 22. Kap., V, 1: „*Ut enim iusta sit defensio necessariam esse oportet, qualis non est nisi constet, non tantum de potentia, sed et de animo; et quidam ita constet ut certum id sit ea certitudine quae in morali materia locum habet.*".

[388] GROTIUS, IBP, 2. Buch, 22. Kap., V, 2: „*Quare minime est probanda eorum sententia qui iustam belli causam statuunt, si vicinus nulla pactione impeditus in suo arcem faciat, aut munitionem aliam quae damnum aliquando dare possit.*".

ge Antwort.[389] Beweis für die Richtigkeit dieser Mahnung zur Besinnung auf die eigene Stärke findet Grotius bei dem römischen Geschichtsschreiber Tacitus.[390] Dieser lobt den germanischen Stamm der Chatten dafür, dass sie niemals den Krieg von sich aus zu suchten, aber ihren Frieden wahrten, indem sie stets auf ihre militärische Überlegenheit bedacht waren.[391]

2. Strafe als gerechter Grund für einen Präventivkrieg

Anders als im Privatkrieg hat ein Staat nach Grotius in einem öffentlichen Krieg mit dem Recht der Verteidigung auch das – akzessorische – Recht, gegen den Gegner einen Strafkrieg zu führen.[392] Die Bestrafung des Gegners sei jedoch nur dann ein gerechter Grund, wenn der Gegner bereits erkennen lassen habe, dass er eine Rechtsverletzung begehen werde. Bestraft werden könne nämlich nur der Wille, der sich in Handlungen geäußert habe, der innere Wille allein werde von den Menschen nicht bestraft.[393] Zum Beweis dieser Regel beruft sich Grotius unter anderem auf Livius, in dessen Überlieferung der Rede der Rhodier gesagt wurde, dass in keinem Staat eine Sitte oder ein Gesetz bestehe, wonach die bloße Absicht, jemanden zu verderben, mit dem Tode bestraft werde, wenn noch nichts zur Ausführung dieser Absicht unternommen worden sei.[394]

Voraussetzung eines rechtmäßigen präventiven Strafkrieges sei daher zunächst, dass die Gewaltanwendung durch den fremden Staat bereits in dem Sinne gegenwärtig ist, dass sich der Wille des Staates bereits nach außen erkennbar gezeigt habe.[395] Drohe die Gewaltanwendung nur aus der Ferne, dürfe das ver-

---

[389] GROTIUS, IBP, 2. Buch, 22. Kap., V, 2: „*Nam adversus tales metus contrariae in suo munitiones et siqua sunt similia remedia quaerenda sunt, non vis bellica.*".

[390] GROTIUS, IBP, 2. Buch, 22. Kap., V, 2.

[391] TACITUS, Germania, 35: „*Sine cupiditate, sine impotentia, quieti secretique nulla provocant bella, nullis raptibus aut latrociniis populantur. Id praecipuum virtutis ac virium argumentum est, quod, ut superiores agant, non per iniurias adsequuntur; prompta tamen omnibus arma ac, si res poscat, exercitus, plurimum virorum equorumque; et quiescentibus eadem fama.*".

[392] GROTIUS, IBP, 2. Buch, 1. Kap., XVI: „*Praeterea in bello privato ferme defensio mera consideratur. At publicae potestates cum defensione et ulciscendi habent ius*: ...". Vgl. auch GROTIUS, 2. Buch, 20. Kap., XXXVIII.

[393] GROTIUS, IBP, 2. Buch, 20. Kap., XXXIX, 1: „*Nam voluntas quae ad externos actus processit (internos enim ad hominibus non puniri supra diximus) poenis solet esse obnoxia.*"; vgl. Auch GROTIUS, IBP, 2. Buch, 20. Kap., XVIII.

[394] LIVIUS, Ab urbe condita, Buch XLV, 24, 3: „*[N]eque moribu neque legibus ullius civitatis ita conparatum esse, ut, si qui velit inimicum perire, si nihil fecerit, quo id fiat, capitis damnetur.*".

[395] Diese Einschränkung übersieht z.B. DROBNIG, AVR 3 (1951/52), 22 (31).

suchte Vergehen nur mittelbar – das heißt nicht mit Krieg – bestraft werden.[396] Weitere Voraussetzung sei, dass eine sehr große Gefahr entstanden ist, welche die Bestrafung notwendig mache. Denn auch begonnene Vergehen dürften nicht gleich mit dem Schwerte bestraft werden, es sei denn, dass es sich um ein schweres Verbrechen handele oder wenn die Sache schon so weit gediehen sei, dass ein gewisses Übel, wenn auch nicht das beabsichtigte, daraus hervorgegangen sei.[397] Grotius illustriert dieses Problem wiederum anhand der Überlieferungen von Livius[398]: Die Römer wollten Perseus den Krieg erklären, wenn dieser nicht eine Erklärung darüber abgäbe, ob er beabsichtige, einen Krieg gegen das römische Volk zu beginnen. Die Furcht der Römer sei begründet gewesen, da Perseus schon Waffen, Soldaten und eine Flotte beschafft gehabt habe.[399]

III. Zusammenfassung

Für das Recht zur Kriegsführung im Bereich des Naturrechts vertritt Grotius die augustinisch-thomistische Lehre vom gerechten Krieg, passt sie jedoch in Hinblick auf seinen sehr weiten Kriegsbegriff an. So spielt bei ihm das Erfordernis der *auctoritas principis* keine Rolle. Im Rahmen der Frage nach der *iusta causa* des Krieges verortet Grotius das Problem der Zulässigkeit der präventiven Kriegsführung. Einen gerechten Grund zur präventiven Selbstverteidigung hat der Einzelne oder der Staat nur im Falle einer gegenwärtigen Gefahr und bei eindeutiger Angriffsabsicht des Gegners, was jeweils streng und gewissenhaft geprüft werden muss.[400] Grotius beschäftigt sich also schon mit der auch in moderner Zeit problematischen Frage nach der Realisierungsschwelle für die Auslösung des Selbstverteidigungsrechts bei einem erst bevorstehenden Angriff.[401]

Da das Naturrecht nach Grotius den Staaten neben dem Recht zur Verteidigung auch das Recht zur Bestrafung des Gegners einräumt, kann die Bestrafung neben der Verteidigung einen akzessorischen gerechten Grund zur präventiven Kriegsführung geben. Voraussetzung sei jedoch, dass die Schädigungsabsicht des Gegners offenbar geworden und eine große Gefahr entstanden ist. Grotius' Standpunkt gegenüber dem Präventivkrieg schwankt gerade nicht ambivalent

---

396 GROTIUS, IBP, 2. Buch, 1. Kap., XVI: „*Unde illis licet praevenire vim non praesentem, sed quae de longo imminere videatur, non directe (id enim iniustum esse supra docuimus) sed indirecte ulciscendo delictum coeptum iam, sed non consummatum*; …“.

397 GROTIUS, IBP, 2. Buch, 20. Kap., XXXIX, 4.

398 LIVIUS, Ab urbe condita, Buch XLII, 30, 10-11.

399 GROTIUS, IBP, 2. Buch, 20. Kap., XXXIX, 1.

400 So auch ALEXANDROV, Self-Defense, S. 7.

401 BLUMENWITZ, Präventionsstrategie, S. 28.

zwischen „Nachsicht und Milde um jeden Preis und Kriegstreiberei".[402] Die Bestrafung des Gegners darf nämlich nicht zum Selbstzweck eines Präventivkrieges werden.

E. Der Präventivkrieg im gewillkürten Völkerrecht

Die Differenzierung zwischen gerechten und ungerechten Kriegen gilt für Grotius nur im Bereich des Naturrechts.[403] Im gewillkürten Völkerrecht wird sie von der Unterteilung in „feierliche" Kriege (*bellum solenne*) und solche, die „weniger feierlich" (*bellum minus solenne*) sind, überlagert.[404]

I. Die Unterscheidung zwischen *bellum solenne* und *bellum minus solenne* nach dem *ius gentium*

Die Abkehr von der *bellum-iustum*-Doktrin bei der Darlegung des *ius gentium* begründet Grotius mit den Worten, „dass ein Krieg bei rechtlich denkenden Schriftstellern nicht wegen der Ursache, aus der er entsprungen ist, gerecht genannt wird, [...] sondern wegen besonderer rechtlicher Wirkungen."[405] Damit macht er deutlich, dass seine vorangegangenen Ausführungen zur Frage der Gerechtigkeit des Krieges eben nicht rein juristischer Natur waren. Dies erklärt sich schon daraus, dass nicht nur Augustinus und Thomas von Aquin, sondern auch die wichtigsten Vertreter der Lehre vom gerechten Krieg im 16. und 17. Jahrhundert, Francisco de Vitoria und Francisco Suárez, nicht als Juristen, sondern als Theologen gesprochen haben. Ihre Aufgabe war gewissermaßen die eines „Beichtvaters", der sich an das Gewissen der einzelnen Fürsten wendet.[406] Die Lehre vom gerechten Krieg muss daher als theologischer, moralischer und politischer Ratschlag verstanden werden. Als solcher hatte die *bellum-iustum*-Doktrin auch Bedeutung in der völkerrechtlichen Praxis, da dem ohne gerechten Grund kriegführenden Fürsten die Exkommunikation drohte.[407] Die Lehre vom

---

[402] So die Kritik von VAN DER VLUGT, L'Œuvre de Grotius, RdC 7 (1925/II), S. 435.

[403] LESAFFER, BYIL 73 (2002), 103 (137); WEHBERG, Natur- und Völkerrecht, S. 230.

[404] BOURQUIN, Grotius est-il le père du Droit des Gens?, S. 92 f.; LE FUR, Droit naturel, RdC 18 (1927/III), S. 310 f.; NEUHOLD, Internationale Konflikte, S. 58.

[405] GROTIUS, IBP, 3. Buch, 3. Kap., I, 1: *„[I]ustum bellum apud probos auctores dici saepe non ex causa unde oritur, [...], sed ob peculiares quosdam iuris effectus."*.

[406] WEHBERG, Krieg und Eroberung, S. 11; SCHMITT, Nomos der Erde, S. 79 ff.

[407] MCDOUGAL / FELICIANO, The International Law of War, S. 133; STUMPF / MELOT DE BEAUREGARD, Der Staat 42 (2003), 459 (460).

gerechten Krieg war jedoch zu keiner Zeit eine Norm des positiven Völkerrechts.[408]

Die rechtliche Bedeutungslosigkeit der Lehre vom gerechten Krieg trat auch in der Praxis des Dreißigjährigen Krieges deutlich hervor. Entscheidend war nicht die Frage, ob ein Angreifer für eine *iusta causa* kämpfte, sondern vielmehr, ob der Betreffende das Recht zur Kriegsführung besaß. Die großen Feldherren Wallenstein und Herzog Bernhard von Weimar wussten, dass sie als Untertanen des Kaisers ohne Reichsstandschaft nicht zur Kriegsführung im eigenen Namen berechtigt waren. Daher mussten sie sich unter den Befehl einer souveränen Macht wie Schweden oder Frankreich stellen, da sie andernfalls riskierten, als Rebellen angesehen und abgeurteilt zu werden.[409]

1. Die Idee des „förmlichen" Krieges bei Ayala

Balthazar de Ayala war der erste völkerrechtliche Schriftsteller, der diese Staatenpraxis in den Mittelpunkt seiner Überlegungen stellte und damit der scholastischen Lehre des *bellum iustum* die Rechtserheblichkeit offen absprach.[410] In seinem im Jahr 1582 erschienenen Werk *De jure et officiis bellicis et disciplina militari libri III* schließt Ayala aus der Staatenpraxis der Zeit, dass Überlegungen über die gerechten Gründe eines Krieges zwar mit Schicklichkeit und Anstand zu tun haben, nicht aber die rechtliche Tragweite des hervorgebrachten Resultates berühren.[411] Für den Eintritt der besonderen rechtlichen Wirkungen des Krieges, insbesondere die Anwendung des Kriegsrechts, sei es vielmehr ausreichend, wenn der Krieg von Parteien geführt wird, die der Definition des „Feindes" entsprechen und das Recht zur Kriegsführung (*ius belligerandi*) haben.[412] Ein solcher Krieg sei ein *bellum iustum*, da das Wort *iustus* nicht nur „gerecht" im materiellen Sinne bedeute, sondern auch die Bedeutung „formrichtig", „einwandfrei" oder „perfekt" haben könne.[413]

---

[408] KUNZ, Kriegsrecht im allgemeinen, in: Strupp / Schlochauer, WVR II, S. 355; BERBER, Völkerrecht II, S. 31; WEHBERG, Krieg und Eroberung, S. 13 f.; MENG, War, in: Bernhardt, EPIL IV, S. 1335. Ähnlich auch VERZIJL, International Law in Historical Perspective Vol. I, S. 215.

[409] WEHBERG, Krieg und Eroberung, S. 22 f.

[410] WEHBERG, Krieg und Eroberung, S. 23; VON ELBE, AJIL 33 (1939), 665 (676).

[411] AYALA, De jure et officiis bellicis, 1. Buch, 2. Kap., 33: „*Ex superioribus quoque colligere licet, quod quae hactenus de iustis belli causis dicta sunt, magis ad equum et bonum, et viri boni officium, quam ad iuris effectus referri debent.*".

[412] AYALA, De jure et officiis bellicis, 1. Buch, 2. Kap., 34: „*Sufficit itaque, quod ad effectus iuris, et ut iura belli locum habeant, attinet, bellum geri ab iis, qui hostium numero sunt definiti, et belligeradi ius habent.*".

[413] AYALA, De jure et officiis bellicis, 1. Buch, 2. Kap., 34: Ayala folgt hier dem Philologen Guillaume Budé (1467-1540), nach dem der Begriff *iustum* von den römischen Juristen auch synonym für *plenum*, *congruum* oder *idoneum* gebraucht wurde (HAGGENMACHER,

Das Recht zur Kriegsführung haben nach Ayala allein die „Fürsten, die keinen Herrscher über sich haben" (*principes, qui superiorem non habent)*.[414] Die Definition des „Feindes" (*hostis*) im Sinne von „rechtmäßiger Kriegsgegner" findet Ayala bei Ulpian[415] und Pomponius, der die als „Feinde" bezeichnete, „denen wir oder die uns öffentlich den Krieg erklärt haben; alle anderen sind Diebe und Räuber"[416].[417] Entscheidend für die Anerkennung als rechtmäßiger Kriegsgegner ist demnach, dass die Feindseligkeiten nicht ohne Vorankündigung eröffnet werden, sondern dass der Krieg öffentlich erklärt wird. Sind diese beiden – rein formellen – Voraussetzungen erfüllt, ist der Krieg nach Ayala ein *bellum iustum*, und zwar selbst dann, wenn seine Ursache eindeutig „ungerecht" im materiellen Sinn sein sollte.[418] In einem solchen Konflikt, aber auch nur in einem solchen, gilt das *ius in bello*, und zwar gleichermaßen für beide Seiten.

Ayala hat damit das Problem der Gerechtigkeit des Krieges durch den Begriff des *iustus hostis* formalisiert und auf die Ebene eines zweiseitigen, zwischen souveränen Staaten geführten Krieges verlegt.[419] Die Verlagerung der Aufmerksamkeit weg von der Frage der materiellen Gerechtigkeit hin zur formellen Rechtmäßigkeit des Krieges war entscheidend für die Entwicklung des Kriegsrechts in den folgenden Jahrhunderten. Der Verzicht auf die moralische Verdammung des Gegners als ungerecht ermöglichte die nicht diskriminierende Anwendung des *ius in bello*, die wesentlich zur Humanisierung der Kriegsführung beitrug.[420] Der Kern der scholastischen *bellum-iustum*-Lehre, die Frage nach der materiellen Gerechtigkeit des Krieges, ging mit diesem neuen Verständnis allerdings verloren.[421]

Doctrine de la guerre juste, S. 299). Vgl. auch GENTILI, De iure belli libri tres, Buch I, Kap. II, S. 20: „*Sic iustum, nom solum quod a iure est, sed et quod est ex omni parte perfectum, significat.*".

414 AYALA, De jure et officiis bellicis, 1. Buch, 2. Kap., 33.

415 ULPIAN, D 49.15.24: „*Hostes sunt, quibus bellum publice populus Romanus decrevit vel ipsi populo Romano: ceteri latrunculi vel praedones appellantur.*".

416 POMPONIUS, D 50.16.118: „*Hostes hi sunt, qui nobis aut quibus nos publice bellum decrevimus: ceteri latrones aut praedones sunt.* ".

417 AYALA, De jure et officiis bellicis, 1. Buch, 2. Kap., 34. Diese Zitate führen auch GENTILI (De iure belli libri tres, Buch I, Kap. III, S. 22) und GROTIUS (IBP, 3. Buch, 3. Kap., I, 1) an.

418 HAGGENMACHER, Doctrine de la guerre juste, S. 300.

419 SCHMITT, Nomos der Erde, S. 124; HAGGENMACHER, Doctrine de la guerre juste, S. 299.

420 GREWE, Epochen, S. 247; NUSSBAUM, Geschichte, S. 103.

421 WEHBERG, Krieg und Eroberung, S. 21.

2. Die Voraussetzungen des „feierlichen" Krieges bei Grotius

Auch Grotius zeigt sich skeptisch gegenüber der Lehre vom gerechten Krieg. Denn selbst bei einem gerechten Krieg könne aus den äußeren Umständen kaum entnommen werden, welches die rechte Art ist, sich zu schützen, das Seine wiederzuerlangen oder Strafen zu vollstrecken. Deshalb bestehe – so Grotius – die Ansicht, dass dies dem Gewissen der Kriegführenden überlassen bleiben müsse und von keinem Dritten entschieden werden dürfe.[422] Ebenso wie Ayala meint Grotius, dass ein Krieg als gerecht auf beiden Seiten angesehen werden könne, sofern das „gerecht" auf die Rechtswirkungen des Krieges bezogen wird.[423] Diese Gerechtigkeit beruhe auf dem übereinstimmenden Willen der Völker: „Da es unter den Völkern Brauch wurde, dass alle Kriege, welche die Inhaber der Staatsgewalt miteinander führen, wenn sie gehörig angekündigt worden sind, in Bezug auf die äußeren Folgen als gerecht gelten, [...]."[424] Grotius benennt damit zwei Erfordernisse, die nach dem *ius gentium* erfüllt sein müssen, damit die besonderen rechtlichen Wirkungen des *bellum publicum solenne* eintreten: Erstens, dass der Krieg auf beiden Seiten von dem ausgeht, der die höchste Staatsgewalt innehat, und zweitens, dass gewisse Förmlichkeiten eingehalten werden.[425] Ein Krieg, der diese Voraussetzungen nicht erfüllt, ist demgegenüber ein *bellum minus solenne.*[426]

a) Kriegsführung durch eine höchste Staatsgewalt

Erste Voraussetzung des förmlichen Krieges ist, dass der Krieg beiderseits von einer höchsten Staatsgewalt geführt wird. Ein förmlicher Krieg kann demnach bei Grotius nur ein öffentlicher Krieg sein, nicht jedoch ein privater oder ein gemischter Krieg. Höchste Staatsgewalt kommt nach Grotius allein dem Herrscher zu, dessen „Tun und Lassen keines Menschen Recht so unterstellt ist, dass

---

[422] GROTIUS, IBP, 3. Buch, 4. Kap., IV: „*[D]einde quod etiam in bello iusto vix satis cognosci potest ex indiciis externis, quis iustus sit se tuendi, sua recuperandi aut poenas exigendi modus, ita ut omnino praestiterit haec religioni bellantium exigenda relinquere quam ad aliena arbitria vocare.*"

[423] GROTIUS, IBP, 2. Buch, 23. Kap., XIII, 5: „*At iustum si accipimus, quoad effectus quosdam iuris, certum est bellum hoc sensu iustum utrimque dari, ...*".

[424] GROTIUS, IBP, 2. Buch, 17. Kap., XIX: „*At gentium consensu sicut introductum est, ut bella omnia summae potestatis auctoritate utrinque gesta et indicta pro iustis habeantur, quoad effectus externos, ...*".

[425] GROTIUS, IBP, 1. Buch, 3. Kap., IV, 1: „*Ut bellum solenne sit ex iure gentium, duo requiruntur; primum ut geratur utrimque auctore eo qui summam potestatem habeat in civitate: Deinde ut ritus quidam adsint, [...]. Haec quia coniunctim requiruntur, ideo alterum sine altero non sufficit.*".

[426] GROTIUS, IBP, 1. Buch, 3. Kap., IV, 2.

sie nach seinem Willen oder Gutdünken unwirksam gemacht werden könnte".[427] Zum Beweis dieser Regel des *ius gentium* beruft sich Grotius auf Cicero[428], der erklärt hatte, dass nur die höchste Staatsgewalt die Einwilligung und Übereinstimmung der Bürger besitze, und dass mit ihr Frieden und ein Bündnis geschlossen werden könne.[429] Unter Souveränität versteht Grotius also nicht die Staatssouveränität, sondern die Organsouveränität: Die Kriegsparteien eines feierlichen Krieges sind nicht souveräne Staaten als Völkerrechtssubjekte, sondern das Organ „oberster Herr" im Staat.[430]

Ausgeschlossen vom Kriegsführungsrecht seien daher gänzlich abhängige Gebiete, wie es die Provinzen des Römischen Reiches gewesen seien, weil sie nicht souverän im eben dargelegten Sinne seien.[431] Anders lägen die Dinge bei Herrschern, die nur zu einem Teil höchste Staatsgewalt innehaben: Soweit dies möglich sei, könnten sie mit diesem Teil „feierliche" Kriege führen. Das Gleiche gelte für schwache Herrscher, die mit einer stärkeren Macht verbündet sind, weil sie doch über eigene Souveränität verfügten und damit mehr als bloße Untertanen seien.[432]

b) Öffentlicher Beschluss und Ankündigung des Krieges

Die zweite Voraussetzung für den Eintritt der besonderen Rechtswirkungen des Krieges nach dem gewillkürten Völkerrecht ist, dass der Krieg öffentlich beschlossen und dem Gegner angekündigt wird.[433] Grotius beruft sich hier erneut auf Cicero[434] und Livius[435]. Der öffentliche Beschluss des Krieges sei erforderlich, weil nur dadurch der bloße Gegner zum *iustus hostis* werde. Grotius folgt mit diesem Gedanken Ayala und zitiert ebenfalls Pomponius und Ulpian. Anders als im Naturrecht, nach dem die Ankündigung des Krieges in gewissen

---

[427] GROTIUS, IBP, 1. Buch, 3. Kap., VII, 1: „*Summa autem illa dicitur, cuius actus alterius iuri non subsunt, ita ut alterius voluntatis humanae arbitrario irriti possint reddi.*".

[428] GROTIUS, IBP, 3. Buch, 3. Kap., I, 2.

[429] CICERO, Philippica IV, 6, 14: „*Ac maioribus quidem vestris, Quirites, cum eo hoste res erat qui haberet [...] consensum et concordiam civium, rationem aliquam, si ita res tulisset, pacis et foederis: ...*".

[430] HAGGENMACHER, Grotius et le droit international, S. 122.

[431] GROTIUS, IBP, 1. Buch, 3. Kap., VII, 2.

[432] GROTIUS, IBP, 3. Buch, 3. Kap., IV.

[433] GROTIUS, IBP, 3. Buch, 3. Kap., V: „*Sed ut iustum hoc significatu bellum sit, non sufficit inter summas utrinque potestates geri: sed oportet, ut audivimus, ut et publice decretum sit, et quidem ita decretum publice ut eius rei significatio ab altera partium alteri facta sit,* [...].".

[434] CICERO, De officiis, Buch I, 11, 36.

[435] LIVIUS (Ab urbe condita, Buch I, 27, 2) berichtet, der Diktator von Alba habe die Völker der Fidenaten und der Veier dazu benutzt, einen *bellum palam atque ex edicto* (offenen und erklärten Krieg) gegen Rom zu führen, weil sein eigenes Volk des Krieges müde war.

Fällen zwar nicht erforderlich, aber in jedem Falle „lobenswert" sei, sei nach dem gewillkürten Völkerrecht die Kriegserklärung zumindest einer Seite stets unerlässlich, um die besonderen rechtlichen Wirkungen des Krieges eintreten zu lassen.[436] Grund dieser Regel ist nicht, dass der Gegner andernfalls überrumpelt werden könnte, sondern, dass dem Gegner eindeutig zu erkennen gegeben werden müsse, dass der Krieg nicht auf Gefahr Einzelner, sondern auf Beschluss beider Völker oder deren Oberhäupter geführt werde.[437] Die vorherige oder zumindest gleichzeitig[438] mit der Eröffnung der Feindseligkeiten abgegebene Kriegserklärung ist für Grotius daher die *conditio sine qua non* für den Eintritt des Kriegszustandes.[439]

II. Die Rechtmäßigkeit des Präventivkrieges nach dem *ius gentium*

Anders unter dem Regime des Naturrechts, in dem es auf eine gerechte Ursache des Krieges ankommt, gilt im gewillkürten Völkerrecht das Modell des förmlichen Krieges, nach dem jeder Krieg gerechtfertigt ist, der formgerecht geführt wird.[440] In Grotius' Völkerrechtslehre gibt es nach dem gewillkürten Völkerrecht also nur formelle, aber keine materiellen Beschränkungen des Rechts der Staaten zur Kriegsführung.[441] Da sich aber die Frage der Rechtmäßigkeit des Präventivkrieges überhaupt nur dann stellt, wenn das *ius ad bellum* materiellen, nicht im Belieben der Staaten als Rechtsanwender stehenden Beschränkungen unterliegt, folgt daraus zwingend, dass im gewillkürten Völkerrecht die vorbeugende Kriegsführung unbeschränkt zulässig ist. Allerdings nimmt Grotius zu dieser Frage in seinem Werk nicht ausdrücklich Stellung.

---

436 GROTIUS, IBP, 3. Buch, 3. Kap., VI.

437 GROTIUS, IBP, 3. Buch, 3. Kap., XI: „*Sed ut certo constaret non privato ausu sed voluntate utriusque populi, aut populi capitum geri bellum*: ...".

438 GROTIUS, IBP, 3. Buch, 3. Kap., XIII.

439 Die öffentliche Erklärung des Krieges kam zu Grotius' Zeiten langsam außer Gebrauch. TWISS (Law of Nations, S. 62) und NYS (Les origines du droit international, S. 182) datieren die letzte Kriegserklärung dieser Art auf das Jahr 1657, als Schweden zu diesem Zweck bewaffnete Herolde nach Kopenhagen entsandte.

440 WEHBERG, Natur- und Völkerrecht, S. 232.

441 Dies gilt gleichermaßen für das *ius in bello*: Das *ius gentium* gestattet im Gegensatz zum Naturrecht also auch die unverhältnismäßige Schädigung des Gegners (HAGGENMACHER, Grotius et le droit international, S. 132).

F. Die Konsequenz des Vorrangs des gewillkürten Völkerrechts für die Rechtmäßigkeit des Präventivkrieges

Nach dem Naturrecht hat der Staat oder ein Einzelner einen gerechten Grund und damit das Recht, einen präventiven Verteidigungskrieg zu führen, wenn die vom Gegner ausgehende Gefahr gegenwärtig ist und darüber hinaus die Absicht des Gegners zum Angriff feststeht. Das gewillkürte Völkerrecht hingegen fragt nicht nach einem gerechten Grund des Krieges, vielmehr ist in dieser Teilrechtsordnung ein Präventivkrieg zulässig, sofern er zwischen Souveränen ausgetragen wird und der Krieg ordentlich erklärt wurde. Die Rechtmäßigkeit der vorbeugenden Kriegsführung hängt hier also allein von der Erfüllung rein formeller Erfordernisse, dort vom Vorliegen bestimmter materieller Voraussetzungen ab.

Für die Beantwortung der Frage nach der rechtlichen Beurteilung des Präventivkrieges in Grotius' Werk muss die Hierarchie zwischen Naturrecht und gewillkürtem Völkerrecht beachtet werden. In Grotius' Rechtssystem kommt dem *ius gentium* Vorrang vor dem *ius naturae* zu, sofern und soweit sich in Hinblick auf eine konkrete Rechtsfrage eine Regel des gewillkürten Völkerrechts gebildet hat.[442] Das entgegenstehende Naturrecht verliert in diesem Fall nicht seine Rechtsqualität, sondern bleibt für die Menschen in ihrem *forum internum* verbindlich. Für das Recht zur Kriegsführung hat sich im *ius gentium* durch übereinstimmenden Willen der Völker mit dem *bellum solenne* eine vom Naturrecht abweichende Norm entwickelt: Erklärt ein Souverän einem anderen rechtsförmlich den Krieg, so gilt dieser Krieg als gerecht. Keine dritte Partei ist befugt, über die Rechtmäßigkeit des Krieges zu urteilen. Die Frage nach der Rechtmäßigkeit des Kriegsgrundes stellt sich zwar auch in einem *bellum solenne*, unterliegt aber als eine Frage der *interna iustitia* allein dem Gewissen der Kriegführenden.[443]

Dies bedeutet aber nicht, dass Grotius' Ausführungen über den gerechten Krieg Makulatur wären.[444] Denn erstens kommt dem Naturrecht gegenüber dem gewillkürten Recht eine Auffangfunktion zu. Gerade bei der Frage des Rechts zur Kriegsführung wird diese Subsidiarität des *ius naturae* augenfällig: Das *ius gentium* hat nur für den *bellum solenne* eine vom Naturrecht abweichende Regel aufgestellt. Das Recht zur Führung aller anderen von Grotius benannten Kriege – *bellum mixtum*, *bellum privatum* und *bellum minus solenne* – bestimmt sich bis zur Bildung einer Norm des *ius gentium* ausschließlich nach dem Naturrecht. In der Konsequenz bedeutet dies, dass etwa ein Staat, der präventiv gegen Re-

---

442 Zum Vorrang des *ius gentium* s.o., 1. Kap. C III.

443 VON ELBE, AJIL 33 (1939), 665 (680); GREWE, Epochen, S. 258; WEHBERG, Krieg und Eroberung, S. 24.

444 In diesem Sinne aber SCHMITT, Nomos der Erde, S. 133 f.

bellen vorgehen möchte, strengeren Beschränkungen unterworfen wäre als bei einem präventiven Krieg gegen einen souveränen Nachbarstaat.

Das Naturrecht hat zweitens die Funktion einer Richtschnur für die weitere Entwicklung des sich ständig wandelnden *ius gentium*. Daher sind Grotius' naturrechtliche Ausführungen zum Problem des Präventivkrieges auch für den „feierlichen" Krieg von Bedeutung. Nach Grotius' Konzept soll die dem Naturrecht innewohnende Kraft der Vernunft dazu führen, dass sich unter den Völkern allmählich eine dem Naturrecht entsprechende Rechtsüberzeugung bildet, dass also eines Tages auch das gewillkürte Völkerrecht die Frage nach der materiellen Gerechtigkeit des Krieges stellen wird. Für die vorbeugende Kriegsführung bedeutet dies, dass das *ius gentium* in einem höheren Entwicklungsschritt ebenso wie das Naturrecht die Kriegsführung aus der bloßen Furcht vor der wachsenden Macht des Gegners verbieten wird.

G. Grotius' Einfluss auf die Beurteilung des Präventivkrieges im 17. und 18. Jahrhundert

Von einigen Ausnahmen wie dem Grundsatz der Freiheit der Meere, der Lehre von den völkerrechtlichen Verträgen und den Vorarbeiten zum modernen Neutralitätsrecht abgesehen[445], hatte Grotius' Natur- und Völkerrechtslehre nur wenig Gewicht in der Völkerrechtspraxis des 17. und 18. Jahrhunderts.[446] Entgegen manchem Versuch, eine Verbindungslinie zwischen Grotius und dem Westfälischen Frieden aufzuzeigen, ist der Nachweis eines fassbaren Einflusses von Grotius' Werk auf die Friedensverträge von Münster und Osnabrück kaum zu führen.[447] Grund für diesen geringen Einfluss von *De iure belli ac pacis* auf die Staatenpraxis war, dass Grotius auf die drängenden Fragen dieser Zeit, etwa die überragende Bedeutung der staatlichen Souveränität, in seinem Werk nicht vorhergesehen hatte und daher keine Antworten lieferte.[448]

Anders verhielt es sich mit der Aufnahme seines Werkes in der Wissenschaft und dem Unterricht an den Universitäten. Nach dem Urteil seiner Zeitgenossen und nachfolgender Juristengenerationen war Grotius mit *De iure belli ac pacis* die erste systematische Darstellung des „Natur- und Völkerrechts" gelungen. Bis ins 18. Jahrhundert wurden daher Studienbücher und Grundrisse nach dem

---

445 ZIEGLER, ZHF 23 (1996), 355 (366 f.); NUSSBAUM, Geschichte, S. 123 ff.

446 LE FUR, Droit naturel, RdC 18 (1927/III), S. 298; DRAPER, Legal Ideas about War, S. 201; STARKE, The Influence of Grotius, S. 172.

447 VAN VOLLENHOVEN, Grotius and Geneva, S. 17 f.; SCHRÖDER, Der Westfälische Friede, S. 125.

448 STARKE, The Influence of Grotius, S. 173.

grotianischen System verfasst und benutzt.[449] Die große Wertschätzung von *De iure belli ac pacis* in der akademischen Welt nahm jedoch wegen der geringen Akzeptanz in der Politik im Laufe des 18. Jahrhunderts stark ab, bis Grotius schließlich um das Jahr 1775 in Vergessenheit geriet.[450] Zum führenden völkerrechtlichen Werk jener Zeit wurde das Völkerrechtshandbuchs „Le Droit des Gens, ou principes appliqués à la conduite et aux affaires des Nations et des Souveraines" des schweizerischen Diplomaten Émer de Vattel[451] aus dem Jahr 1758.[452] In elegantem Französisch, nicht in Grotius' humanistischem Latein, geschrieben, dokumentierte es zuverlässig die Staatenpraxis in der Mitte des 18. Jahrhunderts[453] und fand auch im angloamerikanischen Rechtskreis begeisterte Aufnahme[454]. Seine „Wiederauferstehung" erlebte Grotius' Werk dann in der Mitte des 19. Jahrhunderts ausgerechnet in England und den Vereinigten Staaten, wo es zuvor nur wenig Anerkennung gefunden hatte.[455] Besondere Verdienste erwarb sich dabei der amerikanische Völkerrechtler Henry Wheaton (1785-1848), dessen Vortrag am 28. Dezember 1820 vor der New Yorker Historical Society erstmals breiteres Interesse an Grotius in den USA weckte.[456]

Bei der Beantwortung dieser Frage, ob Grotius' naturrechtliche Ablehnung der präventiven Kriegsführung in den verschiedenen Phasen seiner Rezeption in diesem spezifischen Bereich Einfluss auf die Staatenpraxis und die Völkerrechtsdoktrin ausgeübt hat, verdienen zwei Aspekte Aufmerksamkeit, die beide

---

[449] ZIEGLER, ZHF 23 (1996), 355 (365); TIEßLER-MARENDA, Einwanderung und Asyl bei Hugo Grotius, S. 93. Zur Bedeutung der grotianischen Naturrechtslehre für die Entwicklung des naturrechtlichen Privatrechts vgl. WIEACKER, Privatrechtsgeschichte der Neuzeit, S. 290 ff.

[450] VAN VOLLENHOVEN, Grotius and Geneva, S. 31 f.

[451] Émer de Vattel (1714-1767), Studium der Philosophie und Theologie in Basel und Genf, ab 1746 sächsischer Gesandter in Bern, ab 1756 Geheimer Rat an der Kurfürstlichen Kanzlei in Dresden.

[452] REEVES, AJIL 19 (1925), 251 (257); STARKE, The Influence of Grotius, S. 163 f. Von *De iure belli ac pacis* erschienen in den hundert Jahren nach 1758 nur eine lateinische Ausgabe und eine englische Übersetzung (VAN VOLLENHOVEN, Die drei Stufen des Völkerrechts, S. 33 f.).

[453] RUDDY, The Acceptance of Vattel, S. 194 f.; REEVES, AJIL 3 (1909), 547 (549).

[454] NUSSBAUM, Geschichte, S. 179 f.; RUDDY, The Acceptance of Vattel, S. 179 f.; STARKE, The Influence of Grotius, S. 164.

[455] VAN VOLLENHOVEN, Grotius and Geneva, S. 34 f. Beispielhaft für das große Interesse an Grotius' Lehren im England des 19. Jahrhundert ist die Tatsache, dass TWISS in seinem Kriegsrechtslehrbuch „The Law of Nations" (2. Aufl., Oxford, London 1875) bei der Behandlung der verschiedenen Institute des Kriegsrechts jeweils von Grotius' Standpunkt ausgeht.

[456] VAN VOLLENHOVEN, Grotius and Geneva, S. 35. Zum Einfluss des Naturrechts auf die US-amerikanische Völkerrechtslehre des 17. und 18. Jahrhunderts REEVES, AJIL 3 (1909), 547 ff.

mit dem Übergang der Völkerrechtsentwicklung vom „Spanischen Zeitalter“ in das „Französische Zeitalter“ nach dem Westfälischen Frieden[457] zusammenhängen. Diese von Frankreich dominierte Epoche war geprägt von der starken Betonung des Souveränitätsgedankens, wie ihn Jean Bodin in seinem Werk erarbeitet hatte[458]. Infolge des Strebens der Staaten nach äußerer Souveränität verlor zum einen die Lehre vom gerechten Krieg als materiell-rechtliche Schranke des Kriegsführungsrechts die letzten Reste ihrer schon zuvor geringen Bedeutung in der Staatenpraxis.[459] Zum anderen wurde das „Gleichgewicht der Mächte“ unter den europäischen Großmächten zur Grundlage des nun so bezeichneten Droit public de l’Europe.[460] Der Präventivkrieg zur Schwächung eines zu mächtig werdenden Staates wurde eine Option zur Aufrechterhaltung dieses Gleichgewichts.[461]

I. Der Bedeutungsverlust der Lehre vom gerechten Krieg

Die Schwächen der Lehre vom gerechten Krieg führten seit dem 17. Jahrhundert dazu, dass die Frage nach der inhaltlichen Bestimmung des *bellum iustum* beiseite geschoben wurde zugunsten der nach formalen Merkmalen klar festlegbaren Kennzeichnung des *iustus hostis*. Diesen Paradigmenwechsel hatte Grotius mit der Trennung zwischen der Anwendung der Lehre vom gerechten Krieg im Naturrecht und dem freien Recht der Staaten zur Führung eines *bellum solenne* nach dem *ius gentium* selbst vorgezeichnet: Sein System war ein Zwischenschritt von der *bellum-iustum*-Doktrin zum freien Kriegsführungsrecht, Grotius selbst hatte also einen gewichtigen Anteil am Niedergang der Lehre vom gerechten Krieg.[462] In der kontinentaleuropäischen Völkerrechtslehre wurde die Lehre vom gerechten Krieg bis weit ins 18. Jahrhundert hinein diskutiert, bevor sie gegen sein Ende vom völkerrechtlichen Positivismus verdrängt wurde, der den Nachweis einer positiven Verpflichtung zur Einschränkung des Rechts zum Kriege verlangte.[463] Die angelsächsische Lehre hielt demgegenüber zwar an naturrechtlichen Vorstellungen und dem Begriff des „gerechten Krieges“ fest, in der Sache bestand jedoch kaum ein Unterschied zum freien Kriegsführungsrecht kontinentaleuropäischer Prägung. Nach beiden Ansichten etablierte jeder Krieg

---

457 Zu diesem Epochenwechsel GREWE, Epochen, S. 163 ff.; PREISER, History of the Law of Nations: Ancient Times to 1648, in: Bernhardt, EPIL II, S. 738 ff.

458 Dazu LEGOHÉREL, JHIL 1 (1999), 38 ff.; ZIEGLER, Völkerrechtsgeschichte, S. 165.

459 GILL, Just War Tradition, S. 26.

460 ZIEGLER, Völkerrechtsgeschichte, S. 177; GREWE, Epochen, S. 339.

461 Zur Präventivkriegslogik des Gleichgewichtsprinzips s.o., Einl. B III.

462 BOURQUIN, Droit de la paix, RdC 35 (1931/I), S. 177; LESAFFER, BYIL 73 (2002), 103 (137); LE FUR, Droit naturel, RdC 18 (1927/III), S. 311; GREWE, Epochen, S. 259.

463 BERBER, Völkerrecht II, S. 30.

zwischen den kriegführenden Parteien ein Rechtsverhältnis mit bestimmten Rechtsfolgen – unabhängig von den jeweils geltend gemachten Kriegsgründen.[464]

Die Frage nach der *iusta causa* des Krieges wurde zwar auch im 18. und 19. Jahrhundert regelmäßig gestellt, ihr wurde jedoch nur politische oder ethisch-moralische, nicht aber rechtliche Bedeutung zuerkannt.[465] So waren die absoluten Monarchen des 18. Jahrhunderts stets bemüht, ihre Kabinettskriege als zur Durchsetzung völkerrechtlicher Ansprüche geführt erscheinen zu lassen und auf diese Weise zu „rechtfertigten". Allerdings waren manche „Rechtsgründe" sehr weit hergeholt, so dass sie die wahren Absichten kaum verbargen.[466] Die Verantwortlichen legten großen Wert auf die Feststellung, dass sie sich keines Verstoßes gegen das Naturrecht oder positives Recht schuldig gemacht hätten, dass das eigene Verhalten aus „gerechtfertigten Motiven" und „rechtmässigen Ursachen"[467] folge, und dass allein der Feind das Recht gebrochen habe.[468] Der Zweck dieser Debatten war die moralische Verurteilung des ohne gerechten, der öffentlichen Meinung im In- und Ausland einleuchtenden Grund unternommenen Krieges, ein Erfolg, den jeder Kriegführende zu Lasten des Gegners anstrebte.[469] Von Vorteil war es bei dieser propagandistischen Kriegsführung, wenn man die Autorität eines Vitoria, Gentili oder Grotius auf seiner Seite hatte, auch wenn es kaum möglich war, deren Lehren mit der Machtpolitik der europäischen Großmächte in Einklang zu bringen.[470]

Für den Positivismus des späten 18. und gesamten 19. Jahrhunderts stellte sich die Frage nach einer besonderen Rechtfertigung des Präventivkrieges daher nicht: Jeder Krieg – und damit auch der Präventivkrieg – war gerechtfertigt, sofern er formgerecht geführt wurde.[471]

---

464 GREWE, Epochen, S. 626 ff.; FASSBENDER, EuGRZ 2004, 241 (243).

465 KUNZ, AJIL 45 (1951), 528 (529); WEHBERG, Krieg und Eroberung, S. 26; DINSTEIN, War, Aggression and Self-Defence, S. 63; REIBSTEIN, AVR 8 (1959/60), 385 (402).

466 VEROSTA, Angriffskrieg, S. 1042. Die zulässigen Gründe für einen gerechtfertigten Krieg wurden daher sehr weit gefasst, bezeichnend hierfür FRIEDRICH DER II. VON PREUßEN, L'Antimachiavel, S. 160: «Toutes les guerres donc qui n'auront pour but que de repousser les usurpateurs, de maintenir les droits légitimes, de garantir la liberté de l'univers, et d'éviter les oppressions et les violences des ambitieux, seront conformes à la justice.».

467 So ein preußisches Reskript im Ersten Schlesischen Krieg vom 20. Januar 1741 (zit. nach Mazura, Kriegspropaganda, S. 62).

468 MAZURA, Kriegspropaganda, S. 62.

469 REIBSTEIN, AVR 8 (1959/60), 385 (399); NEUHOLD, Internationale Konflikte, S. 60.

470 SCHWARZENBERGER, AJIL 37 (1943), 460 (464).

471 JEISMANN, Präventivkrieg, S. 24.

II. Das Gleichgewicht der Mächte als Ordnungsprinzip des Droit public de l'Europe

Aber auch losgelöst von der Fundierung in der Lehre vom gerechten Krieg konnte Grotius' naturrechtliche Ablehnung des Präventivkrieges die Völkerrechtsentwicklung in der Zeit nach ihm nicht beeinflussen. Die wesentliche Ursache hierfür war die Anerkennung des Prinzips des Gleichgewichts der Mächte, das ab dem 18. Jahrhundert das Verhältnis der europäischen Staaten untereinander bestimmte.[472] In seiner Anwendung warf das Gleichgewichtsprinzip zwangsläufig die Frage nach der Zulässigkeit präventiver Kriegsführung gegen übermächtig werdende Staaten auf.[473]

Ob das Gleichgewichtsprinzip im 18. Jahrhundert ein „konstitutiver und positiv gültiger Rechtssatz des Droit public de l'Europe"[474] war oder bloß ein „politisches Prinzip"[475], ist bis heute nicht abschließend beantwortet. In der naturrechtlichen Völkerrechtsdoktrin des 18. Jahrhunderts wurde dieser Unterscheidung, sofern sie überhaupt thematisiert wurde, keine weiterreichende Bedeutung beigemessen.[476] Zumindest die ab dem 19. Jahrhundert vorherrschende positivistische Völkerrechtstheorie betrachtete wegen ihres sehr engen Rechtsbegriffs das Gleichgewichtsprinzip nicht als eigenständigen Völkerrechtssatz, sondern als politisch-soziologische Grundlage, die die vorgefundene Völkerrechtsordnung erst ermöglicht.[477]

Émer de Vattel beschrieb das Gleichgewicht im Jahr 1758 als eine Ordnung, in der kein Staat in der Lage ist, absolute Überlegenheit zu erlangen und über andere zu herrschen.[478] Das Konzept des Gleichgewichts der Mächte meint also ein Kräftegleichheit zwischen den Staaten oder Staatengruppen innerhalb eines Systems.[479] Dieses Gleichgewicht sollte durch den Abschluss wechselnder Bündnisse und im äußersten Fall durch vorbeugende Kriege aufrechterhalten werden, um so die Hegemonie einer einzelnen Macht zu verhindern.[480] Voraussetzung für die Schaffung eines Zustands des Gleichgewichts ist die Existenz

---

472 MOHNHAUPT, Europa und ius publicum, S. 230; BULL, The Imporance of Grotius, S. 90.

473 NYS, Les origines du droit international, S. 165; REIBSTEIN, AVR 8 (1959/60), 385 (400).

474 So GREWE, Epochen, S. 393 ff im Anschluss an VON ELBE, ZaöRV 4 (1934), 226 (228 ff.) unter Hinweis auf die zeitgenössische Staatenpraxis.

475 So VEROSTA, Europäisches Gleichgewicht, in: Strupp / Schlochauer, WVR I, S. 488.

476 VAGTS / VAGTS, AJIL 73 (1979), 555 (568).

477 VAGTS / VAGTS, AJIL 73 (1979), 555 (568 ff.); EYFFINGER, NILR 45 (1998), 161 (179).

478 VATTEL, Le Droit des Gens, Buch III, Kap. III, § 47: «... une dispostion des choses, au moyen de laquelle aucune Puissance ne se trouve en état de prédominer absolument, et de faire la loi aux autres.».

479 VAGTS / VAGTS, Balance of Power, in: Bernhardt, EPIL I, S. 313.

480 Die Doktrin vom Gleichgewicht der Mächte hatte daher keine kriegsverhütende Wirkung, vgl. die Analyse von BURKHARDT, ZHF 24 (1997), 509 ff.

mehrerer, sich gegenseitig als souverän anerkennender Staaten.[481] Da sich das mittelalterliche Europa als einheitliche *respublica Christiana* unter der gemeinsamen Autorität von Kaiser und Papst verstand, fehlte bis zur Herausbildung des neuzeitlichen Systems souveräner Staaten seit dem 15. Jahrhundert sowohl das Bedürfnis als auch die Voraussetzung für ein Gleichgewicht der Mächte.[482] Eine erste, lokal begrenzte Bedeutung fand das Gleichgewichtskonzept im Italien des 15. Jahrhunderts. Dort konkurrierten die Städte Venedig, Florenz, Mailand, Neapel sowie der Kirchenstaat als autonome Machtträger um die Vorherrschaft auf der Apenninhalbinsel und begrenzten ihre Macht untereinander durch den Abschluss ständig wechselnder Bündnisse.[483]

Die Zeit für ein gesamteuropäisches Gleichgewichtssystem kam ab der Mitte des 17. Jahrhunderts. Zwar verbündeten sich die Großmächte Österreich und Frankreich in ihrem seit 1494 andauernden Kampf um die Vorherrschaft auf dem europäischen Festland abwechselnd mit England.[484] Bis zum Ende des Dreißigjährigen Krieges verhinderte jedoch die Glaubensspaltung die Verankerung des Gleichgewichtsgedankens im *ius publicum europaeum*, da die religiösen Verwerfungen zwischen den Herrschern es nicht erlaubten, wechselnde, von der Konfession unabhängige Bündnisse gegen den jeweils Stärksten einzugehen.[485] Auch die Westfälischen Friedensverträge enthielten noch keinen Bezug auf den Gedanken vom Gleichgewicht der Mächte, als bestimmendes Prinzip gesamteuropäischer Politik setzte es sich erst in der zweiten Hälfte des 17. Jahrhunderts durch.[486]

Im Folgenden lassen sich drei Phasen des Europäischen Gleichgewichts unterscheiden: Bis zum Ende des Spanischen Erbfolgekrieges (1702-1713) durch den Frieden von Utrecht standen sich auf dem europäischen Festland mit Frankreich und den Habsburger Monarchien Österreich und Spanien zwei Mächte gegenüber, die abwechselnd von England unterstützt wurden. Dieses bipolare System wurde nach 1713 durch das mulipolare System zwischen Frankreich, England und Österreich sowie den zu Großmächten aufgestiegenen Preußen und Russland abgelöst.

Trotz seiner überragenden Bedeutung für die Beziehungen der Staaten Europas untereinander fand das „Gleichgewicht der Mächte“ im 18. Jahrhundert nur vereinzelt ausdrückliche Erwähnung in den völkerrechtlichen Verträgen.[487] Die

---

481 VAGTS / VAGTS, Balance of Power, in: Bernhardt, EPIL I, S. 313.

482 VAGTS / VAGTS, AJIL 73 (1979), 555 (557 f.); VEROSTA, Europäisches Gleichgewicht, in: Strupp / Schlochauer, WVR I, S. 487 f.; GREWE, Epochen, S. 38.

483 NYS, Les origines du droit international, S. 167; KIPP, Pax et securitas, S. 265; GREWE, Epochen, S. 38 f; LESAFFER, BYIL 73 (2002), 103 (121).

484 VAN DER VLUGT, L'Œuvre de Grotius, RdC 7 (1925/II), S. 470; GREWE, Epochen, S. 39.

485 VAGTS / VAGTS, AJIL 73 (1979), 555 (559).

486 DUCHHARDT, JHIL 2 (2000), 67 (69); LESAFFER, BYIL 73 (2002), 103 (129 f.).

487 DUCHHARDT, JHIL 2 (2000), 67 (72).

ersten ausdrücklichen Bezugnahmen auf das Gleichgewicht in völkerrechtlichen Verträgen überhaupt – und zugleich zwei der wenigen Beispiele – finden sich im britisch-spanischen[488] und im spanisch-savoyischen Friedensvertrag, jeweils abgeschlossen am 13. Juli 1713 auf dem Utrechter Friedenskongress.[489] Die stets bilateral geschlossenen Allianz- und Friedensverträge des 18. Jahrhunderts waren nicht der geeignete Rahmen für Vereinbarungen, die über das zweiseitige Verhältnis hinausreichten und auch die Interessen anderer Herrscher berührten.[490]

Die Französische Revolution und die anschließende Expansion des republikanischen Frankreichs auf dem europäischen Kontinent erschütterte das Gleichgewicht bis ins Mark.[491] Nach dem Sieg über Napoléon und der Restauration der bourbonischen Herrschaft entstand mit der Aufnahme Frankreichs in die 1815 gegründete „Heilige Allianz" der europäischen Monarchen im Jahr 1818 die Pentarchie der europäischen Großmächte, das „Europäische Konzert".[492] Ab 1890 standen sich dann mit der Triple Entente (England, Frankreich, Russland) und dem Dreibund (Deutsches Reich, Österreich-Ungarn, Italien) wieder nur zwei Machtblöcke gegenüber.[493] Zu dieser Zeit war das Gleichgewichtssystem jedoch schon in eine tiefe Krise geraten, für die mehrere Faktoren ausschlaggebend waren. So war mit der Gründung des Deutschen Reichs im Jahr 1871 in der Mitte Europas ein Staat entstanden, der zu stark war, um auf Dauer in das System eingebunden zu werden.[494] Weiterhin führte die Technologisierung des Krieges im späten 19. Jahrhundert dazu, dass Kriege, die zur Wahrung des Gleichgewichts unerlässlich waren, mit unkalkulierbaren Folgen verbunden waren. Schließlich ließ auch der aufkeimende Nationalismus der europäischen Völker wechselnde Koalitionen, die zur Wahrung der Balance erforderlich waren, nicht mehr zu.[495] Der Ausbruch des Ersten Weltkrieges ließ das Scheitern

---

[488] Art. 2 des britisch-spanischen Friedensvertrags vom 11. Juli 1713 (Grewe, FHIG II, S. 230 ff.): „*[E]t ad firmandam stabiliendamque Pacem et Tranquillitatem Christiani Orbis, justo Potentiae Aequilibrio (quod optimum et maxime solidum mutuae Amicitiae et duraturae undiquaque Concordiae fundamentum est)* …".

[489] Duchhardt, JHIL 2 (2000), 67 (69 f.); Lesaffer, BYIL 73 (2002), 103 (134). Im englisch-französischen Friedensvertrag vom 11. April 1713 (Grewe, FHIG II, S. 217 ff.) kam das Gleichgewichtsprinzip nur indirekt in Art. 6 zum Ausdruck, der die Vereinigung von französischer und spanischer Krone auf einem Haupt im Namen „der Sicherheit und der Freiheit Europas" für immer untersagte.

[490] Duchhardt, JHIL 2 (2000), 67 (72).

[491] Vagts / Vagts, AJIL 73 (1979), 555 (564).

[492] Verdross, Völkerrecht, S. 36; Rie, Europäisches Konzert, in: Strupp / Schlochauer, WVR I, S. 491 ff.

[493] Eyffinger, NILR 45 (1998), 161 (177).

[494] Grewe, Epochen, S. 510.

[495] Cooper, The Breaking of Nations, S. 10 f.

des Gleichgewichtsprinzips als Instrument zur Sicherung des Friedens in Europa offenbar werden, er war mithin der letzte Krieg des europäischen Gleichgewichts.[496] Im Jahr 1919 wurde das Gleichgewicht der Mächte, das als Friedensgarant für Europa versagt hatte, durch das System kollektiver Sicherheit des Völkerbundes abgelöst.[497]

Das Gleichgewichtssystem diente jedoch stets nur zur Wahrung der Balance auf europäischem Boden. Außerhalb Europas bestimmte die Hegemonie der Kolonialmächte und anderer starker Regionalmächte das Bild.[498] Sinnbild für die von den USA schon bald nach ihrer Gründung angestrebte Hegemonie über den amerikanischen Doppelkontinent ist die Monroe-Doktrin von 1828, mit der sich die Vereinigten Staaten gegen jede Einmischung der europäischen Staaten auf dem amerikanischen Kontinent wandten.[499]

III. Der Präventivkrieg in der Völkerrechtslehre des 17. und 18. Jahrhunderts

Nach Grotius spaltete sich die Völkerrechtstheorie in einen vernunftrechtlichen und einen positivistischen Zweig.[500] Der in Grotius' Werk angelegte Dualismus von naturrechtlicher Fundierung des Völkerrechts durch das *ius naturae* und des auf die Staatenpraxis abstellenden, positivistischen *ius gentium* setzte sich damit fort, weil beide Lager ihre Konzeption auf je eine der Quellen des grotianischen *ius naturae et gentium* gründeten.[501] Grotius ist mithin der „Ahnherr" beider Völkerrechtsschulen.[502] Dem Drang des frühmodernen Staates nach Souveränität, Entscheidungsfreiheit, Unabhängigkeit von allen übergeordneten Autoritäten und Geboten folgend, setzte sich im Laufe des 18. Jahrhunderts das positivisti-

---

496 LANGE, Doctrine pacifique, RdC 13 (1926/III), S. 222; MORGENTHAU, Politics among Nations, S. 203.

497 VAGTS / VAGTS, AJIL 73 (1979), 555 (577); DIES., Balance of Power, in: Bernhardt, EPIL I, S. 315.

498 COOPER, The Breaking of Nations, S. 11.

499 Dazu MALANCZUK, Monroe Doctrine, in: Bernhardt, EPIL III, S. 460.

500 Bei näherer Betrachtung können sogar drei verschiedene Richtungen identifiziert werden: Die historische (mit den Vertretern Zouche, Rachel und Bynkershoek), die naturrechtliche (Pufendorf, Leibnitz) und die vermittelnde, beide Elemente vereinigende „grotianische" Schule (Vattel). Die genaue Zuordnung einiger Autoren ist jedoch umstritten, vgl. LANGE, Doctrine pacifique, RdC 13 (1926/III), S. 316 ff. und OPPENHEIM / LAUTERPACHT, International Law Vol. I, S. 98.

501 VERDROSS / SIMMA, Universelles Völkerrecht, § 13.

502 VON MARTENS, Völkerrecht, S. 157; LE FUR, Droit naturel, RdC 18 (1927/III), S. 325. LANGE, Doctrine pacifique, RdC 13 (1926/III), S. 317, hebt demgegenüber die Bedeutung von Gentili und Zouche als Wegbereiter der positivistischen Doktrin hervor.

sche Verständnis des Völkerrechts gegen die vernunftrechtliche Begründung von Völkerrechtsregeln allmählich durch.[503]

1. Die Naturrechtsschule: Samuel Pufendorf

Der Deutsche Samuel Pufendorf[504] war unter Grotius' unmittelbaren Nachfolgern der profilierteste Vertreter der naturrechtlichen Völkerrechtsschule. In seinem Werk *De Jure Naturae et Gentium Libri Octo*, erschienen 1672, bestreitet Pufendorf die Existenz eines rechtsverbindlichen, auf dem Willen der Staaten beruhenden positiven *ius gentium*[505] und entwickelt eine allein auf dem Naturrecht basierende Rechtslehre.[506] Dieses aus der Vernunft deduzierte Naturrecht binde in erster Linie den einzelnen Menschen, Pufendorf erklärt es aber auch im Verhältnis der Staaten untereinander für anwendbar.[507] Das Recht des Krieges, des privaten und des öffentlichen, richtete sich in Pufendorfs Lehre also allein nach dem Naturrecht.[508]

Im Anschluss an Grotius beschäftigt sich Pufendorf mit dem Selbstverteidigungsrecht derer, die miteinander im Naturzustand, das heißt ohne gemeinsamen Richter leben. Er stellt zunächst fest, dass das Naturrecht nicht gebiete, den ersten Schlag des Gegners abzuwarten, damit die Verteidigung gerechtfertigt sei. Der vorbeugende Schlag gegen den Gegner, der einen Angriff plane, sei gleichfalls vom Recht auf Selbstverteidigung erlaubt.[509] Wie Grotius meint aber auch Pufendorf, dass ein präventiver Verteidigungskrieg nur dann gerechtfertigt sei, wenn die Angriffsabsicht des Gegners offensichtlich ist.[510] Sonst müsse davon

---

503 GREWE, Der Staat 23 (1984), 161 (167).

504 Samuel Pufendorf (1632-1694), ab 1661 Inhaber des ersten Lehrstuhls für Natur- und Völkerrecht in Heidelberg, seit 1670 Professor in Lund, später Hofhistoriograph in Stockholm (1677) und Berlin (1688).

505 PUFENDORF, De Jure Naturae et Gentium, Buch II, Kap. III, § 23.

506 Dazu LE FUR, Droit naturel, RdC 18 (1927/III), S. 326 ff.; LANGE, Doctrine pacifique, RdC 13 (1926/III), S. 320 ff.; GREWE, Epochen, S. 412 ff.

507 LANGE, Doctrine pacifique, RdC 13 (1926/III), S. 320; VEROSTA, History of the Law of Nations: 1648 to 1815, in: Bernhardt, EPIL II, S. 762. Daher ist *De Jure Naturae et Gentium* ein Lehrbuch des allgemeinen Naturrechts, das Recht der zwischenstaatlichen Beziehungen erläutert Pufendorf auf nur ca. 50 der 928 Seiten seines Werks (ONUMA, Conclusion, S. 363).

508 HAGGENMACHER, Doctrine de la guerre juste, S. 605.

509 PUFENDORF, De Jure Naturae et Gentium, Buch II, Kap. V, § 6: „*Neque enim ad defensionem requiritur primum ictum excipere, aut ictus qui intentantur, eludere duntaxat, et repellere; sed ille quoque defensionis gaudet favore, qui injurias adhuc adparentem praevenit.*".

510 PUFENDORF, De Jure Naturae et Gentium, Buch VIII, Kap. VI, § 5: „*Qui solus tamen ad justa belli causam non sufficit, nisi de animo nos laedendi certitudine moraliter evidenti constet.*".

ausgegangen werden, dass dieser Staat seiner Pflicht, die Rechte der anderen Staaten nicht zu verletzen, auch in Zukunft nachkommen werde. Einschränkend bemerkt Pufendorf jedoch im Anschluss, dass die wachsende Macht eines Staates dessen Nachbarn einen gerechten Kriegsgrund geben könne, da bekannt sei, dass wachsende Macht den Wunsch nach Herrschaft über andere wecke.[511] Im Vergleich zu Grotius, der einen solchen Kriegsgrund als zweckmäßig, aber unrechtmäßig betrachtete[512], lässt sich bei Pufendorf also eine vorsichtige Akzeptanz der Präventivkriegslogik des Gleichgewichts der Mächte feststellen.

2. Der Völkerrechtspositivismus: Cornelius van Bynkershoek

Der niederländische Richter Cornelius van Bynkershoek[513] gilt als einer der prominentesten Vertreter der frühen positivistischen Völkerrechtsschule.[514] In der Manier eines Rechtspraktikers errichtet Bynkershoek in seinem 1737 veröffentlichten Hauptwerk *Quaestonum Juris Publici* kein System des Völkerrechts, sondern behandelt nur wichtige Einzelfragen des „öffentlichen Rechts". Dabei stützt er seine Untersuchung auf die Staatenpraxis seiner Heimat und Staatsverträge, zieht daneben aber auch das gemeine römische Recht zu Rate.[515] Nach Bynkershoek berechtigen nur die Verteidigung und die Wiedererlangung des Genommenen die Staaten zur Kriegsführung.[516] Dritte dürften dabei jedoch nicht darüber entscheiden, welche Kriegspartei das Recht auf ihrer Seite habe, sondern seien zu „gleicher Freundschaft beiden Seiten gegenüber" (*aequalitas amicitiae*) verpflichtet.[517] Durch diese Trennung der Frage nach der *iusta causa* von den Rechten und Pflichten der am Krieg Unbeteiligten wurde Bynkershoek zu einem der Wegbereiter des klassischen Neutralitätsrechts.[518]

---

511 PUFENDORF, De Jure Naturae et Gentium, Buch VIII, Kap. VI, § 5: „*Caeterum posita justa bellandi causa, gliscens nimium vicini potentia in deliberationibus super bello magnum habet momentum: cum experientia compertum sit, plerisque una cum viribus etiam dominandi libidinem crescere.*".

512 GROTIUS, IBP, 2. Buch, 1. Kap., XVII.

513 Cornelius van Bynkershoek (1673-1743), Studium an der friesischen Universität Franeker, Rechtsanwalt in Den Haag, ab 1703 Richter am höchsten Appellationsgericht der Provinzen Holland, Seeland und Ostfriesland, seit 1724 Präsident des Gerichts.

514 NUSSBAUM, Geschichte, S. 186.

515 ZIEGLER, Völkerrechtsgeschichte, S. 201; PILLET, La Guerre et le Droit, S. 36 f.; LE FUR, Droit naturel, RdC 18 (1927/III), S. 335; GREWE, Epochen, S. 417.

516 BYNKERSHOEK, Questionum Juris Publici, Buch I, Kap. I: „*Scilicet nostri defendendi vel recuperandi causa, sola belli ratio est, ...*".

517 BYNKERSHOEK, Questionum Juris Publici, Buch I, Kap. IX.

518 NUSSBAUM, Geschichte, S. 188; SCHMITT, Nomos der Erde, S. 136 f.; GREWE, Epochen, S. 435 ff.

Das Problem der präventiven Kriegsführung selbst behandelt Bynkershoek in *Quaestonum Juris Publici* nicht, er bringt jedoch kurze Ausführungen zur Praxis des Europäischen Gleichgewichts und den wechselnden Bündnissen seiner niederländischen Heimat mit den Großmächten. Die Logik der ständig wechselnden Allianzen zur Bewahrung des Gleichgewichts lehnt er ab, da es ebenso unrecht sei, einem Fürsten gegen seinen Willen einen Krieg aufzudrängen wie ihn zum Friedensschluss zu zwingen.[519] Seiner Ansicht nach dienten Bündnisse zur „Bewahrung des Friedens" zudem häufig nur als Vorwand für Aggressionen und der willkürlichen Verfügung über die Besitztümer anderer Fürsten.[520] Bynkershoek lehnt also den Präventivkrieg zur Wahrung des Gleichgewichts ab.

3. Die „grotianische" Schule: Christian Wolff und Émer de Vattel

a) Christian Wolff

Die Zuordnung des Deutschen Christian Wolff[521], dessen völkerrechtliches Hauptwerk *Jus Gentium Methodo Scientifica Pertractatum* im Jahr 1749 erschien, in die Strömungen der nachgrotianischen Völkerrechtstheorie ist umstritten. Manche sehen in ihm unter Hinweis auf seine Nähe zu den Lehren von Pufendorf und Leibnitz einen Vertreter des naturalistischen Zweigs der Völkerrechtstheorie[522], andere betrachten ihn wegen der Bedeutung seines Werks für den nachfolgenden Vattel als wichtigen Exponenten der „grotianischen" oder „synthetischen" Völkerrechtsschule[523]. Die Einordnung Wolffs ist deswegen schwierig, weil er im Gegensatz zu Pufendorf das Naturrecht nicht mit dem Völkerrecht gleichsetzt. Im Anschluss an Grotius hat das Völkerrecht (*jus*

---

519 BYNKERSHOEK, Questionum Juris Publici, Buch I, Kap. XXV, § X: „*Ut iniquum est, Principem invitum ad bellum cogere, ita et ad pacem.*".

520 BYNKERSHOEK, Questionum Juris Publici, Buch I, Kap. XXV, § X. Skepsis gegenüber dem Gleichgewichtsprinzip findet sich auch bei Johann Jakob Moser (1701-1785), der als Begründer des allein die Staatenpraxis betrachtenden Völkerrechtspositivismus gilt (dazu VERDROSS, J. J. Mosers Programm einer Völkerrechtswissenschaft der Erfahrung, S. 685 ff.). Vgl. MOSER, Grundsätze des Völkerrechts, S. 15: „Übrigens kann man gar nicht leugnen, daß diese angebliche Erhaltung des Gleichgewichts von Europa gar oft ein bloßer Deckmantel ist, um seine Privatinteressen zu verbergen oder zu erreichen.".

521 Christian Wolff (1679-1754), Studium der Theologie, Philosophie und Mathematik in Jena, Professor für Mathematik an den Universitäten Halle (1707) und Marburg (1723), ab 1741 Professor für Natur- und Völkerrecht, Geheimrat und Vizekanzler der Universität Halle.

522 LE FUR, Droit naturel, RdC 18 (1927/III), S. 328; LANGE, Doctrine pacifique, RdC 13 (1926/III), S. 322.

523 GREWE, Epochen, S. 417; ONUMA, Conclusion, S. 363.

gentium[524]) bei Wolff neben dem Naturrecht (*jus gentium naturale* oder *jus gentium necessarium*[525]) mit dem positiven Völkerrecht eine zweite Quelle.[526] Anders als Grotius unterteilt Wolff jedoch dieses positive Völkerrecht weiter in das Völkervertragsrecht (*jus gentium pacticium*), das auf einer tatsächlichen Staatenpraxis beruhende Völkergewohnheitsrecht (*jus gentium consuetudinarium*) und das auf einer nur vermuteten Übereinstimmung der Völker beruhende *jus gentium voluntarium.*[527]

Für Wolff ist nach dem Naturrecht der einzig rechtmäßige Grund für einen Krieg ein erlittenes oder wahrscheinlich eintretendes Unrecht.[528] Das positive Völkerrecht schaffe hiervon keine abweichende Regel. Anders als das Naturrecht kenne es aber den hinsichtlich der Wirkungen des Krieges auf beiden Seiten rechtmäßigen Krieg. Die am Krieg unbeteiligten Staaten hätten jedoch nicht das Recht, über die Rechtmäßigkeit des Krieges zu urteilen.[529] Das Recht der Kriegsführung zur Wahrung des Gleichgewichts behandelt Wolff anders als Gentili, Bacon oder Bynkershoek nicht anhand von Beispielen aus der Geschichte und der Staatenpraxis der Zeit, sondern der deduzierenden Methode der Naturrechtsschule entsprechend auf einem abstrakt-philosophischen Niveau.[530]

Wolff beschäftigt sich mit dem Gleichgewicht der Mächte und der präventiven Kriegsführung zur Bewahrung des Gleichgewichts ausführlicher als die zuvor genannten Autoren.[531] Dies weist darauf hin, dass mit der Akzeptanz des Gleichgewichts der Mächte als bestimmendes Prinzip europäischer Politik im 18. Jahrhundert das Bedürfnis nach einer juristischen Auseinandersetzung mit dieser Frage drängender als zuvor empfunden wurde. Der Krieg gegen einen Nachbarstaat, allein aus der Furcht vor dessen wachsender Macht, oder weil er seine Verteidigungsanlagen verstärkt, ist nach Wolff ohne rechtmäßigen Grund.[532] Ebenso wenig sei die bloße Nützlichkeit ein gerechter Kriegsgrund.[533] Nur ein besonderer Ausdruck der Furcht vor der Macht des Nachbarn und von Nützlichkeitserwägungen sei der Krieg zur Erhaltung des Gleichgewichts, dieser

---

524 WOLFF, Jus Gentium, Prol., § 1: *„Per Jus Gentium intellegimus scientiam juris, quo Gentes, sive populi inter se utuntur, et obligationum eidem respondentium.*".

525 WOLFF, Jus Gentium, Prol., §§ 4-6.

526 GREWE, Epochen, S. 417 f.; HAGGENMACHER, Doctrine de la guerre juste, S. 607.

527 WOLFF, Jus Gentium, Prol., §§ 22-24. Dazu HAGGENMACHER, Doctrine de la guerre juste, S. 607 und LE FUR, Droit naturel, RdC 18 (1927/III), S. 328 f.

528 WOLFF, Jus Gentium, Kap. VI, § 617: *„Justa inter Gentes belli cuasa non est nisi iniuria facta, vel facienda.*".

529 WOLFF, Jus gentium, Kap. VII, § 888.

530 NUSSBAUM, Geschichte, S. 169.

531 WOLFF, Jus Gentium, Kap. VI, §§ 640-651

532 WOLFF, Jus Gentium, Kap. VI, §§ 640 f.

533 WOLFF, Jus Gentium, Kap. VI, § 645.

habe daher auch keinen rechtmäßigen Grund.[534] Anders sei es allerdings, wenn der mächtiger werdende Staat seine Aggressionsabsichten offen zu erkennen gebe und auch nur einer anderen Nation das leichteste Unrecht antue. Dann seien alle anderen Staaten berechtigt, diesen Staat mit kriegerischer Gewalt niederzuwerfen, um das Gleichgewicht zu bewahren.[535] Wolff akzeptiert damit das Prinzip des Präventivkrieges zur Wahrung des Gleichgewichts unter den europäischen Staaten.[536]

b) Émer de Vattel

Mit einer allgemein verständlichen Wiedergabe der Wolff'schen Völkerrechtskonzeption wurde sein Schüler Émer de Vattel zum einflussreichsten Völkerrechtsautor des 18. Jahrhunderts.[537] Anders als Wolffs *Jus Gentium Methodo Scientifica Pertractatum* ist Vattels „Le Droit des Gens" nicht das methodenstrenge Werk eines Hochschullehrers, sondern ein an den Bedürfnissen von Politikern und Diplomaten orientiertes Handbuch des praktizierten Völkerrechts. Unbelastet vom Bemühen um philosophische Tiefgründigkeit und der juristischen Durchdringung der zwischenstaatlichen Beziehungen, dokumentiert Vattel die ihm aus seiner diplomatischen Tätigkeit geläufige Staatenpraxis der Mitte des 18. Jahrhunderts. Durch die Verbindung von praktischer Relevanz, Aktualität und Verständlichkeit gelang es ihm, erstmals auch außerhalb der akademischen Welt Interesse am Völkerrecht zu wecken.[538]

Aus der Wolff'schen Rechtstheorie übernimmt Vattel die Unterscheidung zwischen dem nur im Gewissen bindenden natürlichen Völkerrecht (Droit des Gens Naturel oder Droit des Gens Necessaire[539]) und dem auf dem Willen der

---

[534] WOLFF, Jus gentium, Kap. VI, § 646: „*Quod si ergo conservandi aequilibri inter Gentes causa belli inferatur, causa alia non est, quam metus ex vicina potentia et utilitas propria [...]. Quamobrem cum nec metus ex potentia vicina (§ 640), nec sola utilitas justa causa belli sit (§ 645), conservatio aequilibrum inter Gentes justa belli causa esse nequit.*".

[535] WOLFF, Jus gentium, Kap. VI, § 651: „*Si qua Gens manifesta consilia de aliis Gentibus sibi subjiciendis agitet, et vel levissimam injuram uni cuidam inferat, Gentibus ceteris jus est conservandi aequilibrii causa potentiam crescentem vi armata labefactandi.*".

[536] LESAFFER, BYIL 73 (2002), 103 (133 f.); VAGTS / VAGTS, AJIL 73 (1979), 555 (562).

[537] Genau diese Absicht kündigt VATTEL, Le Droit des Gens, Préface, S. XIV, im Vorwort an: «Convaincu moi-même de l'utilité d'un pareil Ouvrage, j'attendois avec impatience celui de M. Wolf; et dès qu'il parut, je formai le dessein de faciliter à un plus grand nombre de Lecteurs la connaissance des idées lumineuses qu'il présente.» Vgl. NUSSBAUM, Geschichte, S. 174; LANGE, Doctrine Pacifique, RdC 13 (1926/III), S. 325.

[538] LANGE, Doctrine pacifique, RdC 13 (1926/III), S. 326. Zum Einfluss Vattels auf Völkerrechtsdoktrin und -praxis des 18. und 19. Jahrhunderts umfassend MANZ, Emer de Vattel, S. 162 ff.

[539] VATTEL, Le Droit des Gens, Préliminaires, §§ 7 ff.

Staaten beruhenden positiven Völkerrecht (Droit des Gens Positif[540]).[541] Seinem Lehrer folgend unterteilt Vattel das positive Völkerrecht entsprechend seinem jeweiligen Geltungsgrund weiter in das Völkervertragsrecht, das Völkergewohnheitsrecht und das auf dem mutmaßlichen Übereinstimmen der Völker beruhende gewillkürte Völkerrecht (Droit des Gens Volontaire).

Für Vattel haben die Staaten ebenso wie der einzelne Mensch nach dem Naturrecht nur dann ein Recht zur Gewaltanwendung und Kriegsführung, wenn sie sich verteidigen oder ihre Rechte wahren. Ein rechtmäßiger Kriegsgrund könne daher nur ein bereits verübtes oder aber ein zumindest drohendes Unrecht sein.[542] Wie vor ihm Grotius warnt Vattel vor der präventiven Kriegsführung aus bloßem Verdacht, da dabei die Gefahr bestehe, selbst ein ungerechter Angreifer zu werden.[543] Anders ist es nach Vattel jedoch in einem förmlichen Krieg nach dem gewillkürten Völkerrecht, der – formgerecht eröffnet und geführt – legitime Rechtsfolgen nach sich ziehe; auf einen rechtmäßigen Grund komme es dann in keiner Weise an.[544] Sofern der Präventivkrieg formgerecht geführt wird, ist er nach Vattel also nach dem Droit des Gens Positif rechtmäßig. Wird er jedoch aus unberechtigter Furcht vor dem Gegner begonnen, so ist er nach den nur im *forum internum* geltenden Regeln des Naturrechts unrechtmäßig. Vattel kommt bei dieser Frage mithin zu Ergebnissen, die sich mit denen von Grotius decken.

Das Gleichgewicht unter den europäischen Mächten behandelt Vattel ebenso ausführlich wie Wolff[545], sieht dabei jedoch klarer als sein Vorbild den Charakter „Europas“ als ein politisches System, dessen inneres Gleichgewicht die Ordnung des Ganzen und die Freiheit der einzelnen Staaten garantiert.[546] Den präventiven Krieg gegen den mächtiger werdenden, das Gleichgewicht bedrohenden Staat lehnt Vattel zunächst ebenso wie Wolff ab, da der Machtzuwachs als solcher noch kein Unrecht gegenüber einem anderen Staat bedeute; die Er-

---

540 VATTEL, Le Droit des gens, Préliminaires, § 27.

541 MANZ, Emer de Vattel, S. 34; REMEC, Position of the Individual, S. 127 f.

542 VATTEL, Le Droit des gens, Buch III, Kap. III, § 26: «Le droit d'user de force, ou de faire la Guerre n'appartient aux Nations que pour leur défense et pour le maintien de leurs droits (§ 3). Or si quelqu'un attaque une Nation ou viole ses droits parfaits, il lui fait injure. […] Disons donc en général, que le fondement, ou la Cause de toute Guerre juste est l'injure, ou déjà fait, ou dont on se voit menacé.».

543 VATTEL, Le Droit des Gens, Buch II, Kap. IV, § 50: «Le plus sûr est de prévenir le mal, quand on le peut. Une Nation est en droit de résister au mal qu'on veut lui faire, d'opposer la force, […], en observant toutefois de ne point attaquer sur des soupçons vagues et incertains, pour ne pas s'exposer à devenir elle-même un injuste agresseur.».

544 VATTEL, Le Droit des Gens, Buch III, Kap. XII, § 190: « La première règle [...] est que la Guerre en forme, quant à ses effets, doit être regardée comme juste de part et d'autre. [...] Ainsi les Droits fondés sur l'état de Guerre, la légitimité de ses effets, […], ne dépendent point, […], de la justice de la Cause, mais de la légitimité des moyens en eux-mêmes.».

545 VATTEL, Le Droit des Gens, Buch III, Kap. III, §§ 47 ff.

546 VAGTS / VAGTS, AJIL 73 (1979), 555 (562).

fahrung zeige allerdings, dass wachsende Macht zur Unterdrückung schwächerer Staaten verführen könne.[547] Daher sei schon das geringste Unrecht des Starken gegen einen Schwächeren für alle anderen ein Grund, sich bedroht zu fühlen, was ihnen das Recht gebe, den mächtigen Staat anzugreifen.[548] Schließlich empfiehlt Vattel jedoch, Schutz vor der wachsenden Macht in einer Defensivallianz mit anderen Staaten zu suchen.[549] Vattel verurteilt also zunächst den Präventivkrieg zur Wahrung des Gleichgewichts, zieht sich dann aber von dieser klaren Position zurück, macht einige Winkelzüge, um dann genau das gutzuheißen, was er am Anfang verurteilt hatte.[550]

IV. Zusammenfassung

Grotius' Plädoyer zur Beschränkung der präventiven Kriegsführung hatte keinen fassbaren Einfluss auf die Staatenpraxis und die völkerrechtliche Literatur des 17. und 18. Jahrhunderts. Grund hierfür war zum einen die schwindende Akzeptanz materiell-rechtlicher Schranken des Kriegsführungsrechts der Staaten, wie sie die Lehre vom gerechten Krieg aufgestellt hatte. Allerdings hatte Grotius mit der Anerkennung des *bellum solenne* im *ius gentium* selbst den Boden für die bloß formell-rechtlichen Beschränkungen des Kriegsführungsrechts bereitet.[551] Zum anderen bestärkte die Anerkennung des Konzepts des Gleichgewichts der Mächte die Neigung der Staaten zur präventiven Kriegsführung. War für Grotius der Krieg zur Sicherstellung des politischen Gleichgewichts Unrecht, repräsentierte gerade dieses Modell in der Wirklichkeit des 17. und 18. Jahrhunderts den „gerechten Krieg".[552] In Hinblick auf das Europäische Gleichgewicht zeigt sich daher auch die größte Differenz zwischen Grotius und den Autoren, die ihm nachgefolgt sind.[553] Näherte sich Pufendorf diesem Konzept noch sehr vorsichtig, fand es dann bei Wolff und Vattel volle Anerkennung. Der Präventivkrieg zur Aufrechterhaltung dieses Gleichgewichts galt diesen Autoren unbedingt als rechtmäßig.

---

547 VATTEL, Le Droit des Gens, Buch III, Kap. III, § 42.

548 VATTEL, Le Droit des Gens, Buch III, Kap. III, § 45.

549 VATTEL, Le Droit des Gens, Buch III, Kap. III, § 46.

550 So treffend PILLET, La Guerre et le Droit, S. 34.

551 Entgegen Grotius' Konzept des *bellum solenne* zögerten allerdings die meisten Staaten – vor allem Preußen und England – in der zweiten Hälfte des 17. und des gesamten 18. Jahrhunderts nicht, den Krieg auch ohne förmliche Kriegserklärung zu eröffnen (LE FUR, Droit naturel, RdC 18 (1927/III), S. 312).

552 VAN VOLLENHOVEN, Die drei Stufen des Völkerrechts, S. 20; BLUMENWITZ, ZfP 2003, 301 (315).

553 VAN DER VLUGT, L'Œuvre de Grotius, RdC 7 (1925/II), S. 469; BULL, The Importance of Grotius, S. 90 f.

2. Kapitel: Präventive Kriegsführung unter der Satzung der Vereinten Nationen

A. Die Vorläufer des universellen Gewaltverbots

Bis zur Gründung des Völkerbundes im Jahr 1919 gab es im allgemeinen Völkerrecht keine Beschränkung des freien Kriegsführungsrechts der Staaten.[1] Der amerikanische Völkerrechtler Herbert W. Briggs charakterisierte die Rechtslage recht lakonisch als „the traditional right of a State to resort to war for a good reason, for a bad reason or no reason at all“[2]. Innerhalb des darauf folgenden Jahrzehnts änderte sich allerdings die indifferente Haltung der Staaten zur Frage der Schranken des *ius ad bellum* grundlegend. Mit Abschluss des Briand-Kellogg-Pakts von 1928 verzichtete die Völkerrechtsgemeinschaft auf den Krieg als Mittel der nationalen Politik und vollendete damit den epochalen Wandel vom *liberum ius ad bellum* zum *ius contra bellum*.[3]

I. Erste Kriegsbeschränkungen in bilateralen und multilateralen Verträgen

Die Anfänge zur Einschränkung des unbeschränkten Kriegsführungsrechts der Staaten durch das positive Völkerrecht lassen sich auf bilaterale Schiedsverträge zurückverfolgen.[4] Der erste moderne, nach dem Niedergang der neuzeitlichen Schiedsgerichtsbarkeit geschlossene Vertrag dieser Art war der Jay-Vertrag[5] (1793) zwischen den Vereinigten Staaten und Großbritannien, benannt nach dem amerikanischen Verhandlungsführer und vormaligen Außenminister John Jay.[6] Anlass war der auch nach Ende des Unabhängigkeitskrieges und Abschluss des Pariser Friedensvertrags (1783) weiter schwelende Streit um den Grenzverlauf

---

1 RANDELZHOFER, in: Simma, Charter, Art. 2 (4), Rn. 4; VERZIJL, International Law in Historical Perspective Vol. I, S. 215; WEHBERG, Krieg und Eroberung, S. 28. Nach RUTGERS (La mise en harmonie du Pacte de la Société des Nations avec le Pacte de Paris, RdC 38 (1931/IV), S. 21) war die Lehre vom gerechten Krieg zu dieser Zeit hingegen vollgültiges Völkerrecht.

2 BRIGGS, The Law of Nations, S. 976.

3 NEUHOLD, Internationale Konflikte, S. 66; DINSTEIN, War, Aggression and Self-Defence, S. 78. Der Ausdruck „*ius contra bellum*“ stammt wohl von KOTZSCH, Concept of War, S. 96.

4 VERZIJL, International Law in Historical Perspective Vol. I, S. 217.

5 Auszugsweise in Grewe, FHIG II, S. 586 ff.

6 LINGENS, Internationale Schiedsgerichtsbarkeit und Jus Publicum Europaeum, S. 155; BERBER, Völkerrecht III, S. 47.

zwischen dem amerikanischen Bundesstaat Maine und Kanada am St. Croix River.[7] Nach Art. 5 des Vertrags sollte eine dreiköpfige Kommission – davon ein unabhängiger Schiedsmann – den genauen Grenzverlauf festlegen. Deren Urteil sollte als endgültig gelten, von keiner Seite mehr angezweifelt oder gar mit kriegerischen Maßnahmen revidiert werden.[8] Über seinen aktuellen Anlass hinaus erlangte der Jay-Vertrag Bedeutung, da er in den folgenden Jahrzehnten zum Vorbild für weitere Verträge zur friedlichen Klärung von Grenzstreitigkeiten zwischen den Vereinigten Staaten und Großbritannien war.[9] Er wurde damit wegweisend für den Wiederaufstieg der internationalen Schiedsgerichtsbarkeit im 19. Jahrhundert.[10]

Den nächsten bedeutenden Schritt in der bilateralen Beschränkung des freien Kriegsführungsrechts brachte der französisch-englische Schiedsvertrag[11] von 1903, der erstmals die Einrichtung eines ständigen Schiedsgerichts vorsah.[12] Allerdings galt die Pflicht, vor dem Griff zu den Waffen einen Schiedsspruch einzuholen, nur für Rechtsstreitigkeiten. Die stets brisanten Konflikte über politische Fragen berührte dieser Vertrag hingegen bewusst nicht.[13]

Die ersten Beschränkungen, auf die sich die gesamte Staatengemeinschaft zur Eindämmung des freien Kriegsführungsrechts einigte, enthielten die auf den beiden Haager Friedenskonferenzen der Jahre 1899 und 1907 verabschiedeten Abkommen zur friedlichen Erledigung internationaler Streitfälle[14].[15] Die Vertragsparteien erklärten in dem jeweiligen Art. 1, „alle ihre Bemühungen aufwenden zu wollen, um die friedliche Erledigung der internationalen Streitfragen" zu sichern. Die Verpflichtung zur friedlichen Streitbeilegung wurde allerdings nicht durch ein absolutes Verbot der Gewaltanwendung ergänzt; der Gedanke der generellen Illegalisierung des Krieges hatte auf den Haager Friedenskonferenzen noch keine Chance.[16] Bezeichnend für den noch gering ausgeprägten Willen, auf den Krieg als Mittel der Politik zu verzichten, war vielmehr der

---

7 SCHLOCHAUER, Jay Treaty (1794), in: Bernhardt, EPIL III, S. 4; GREWE, Epochen, S. 426.

8 Art. 5 Jay-Vertrag: "And both parties agree to consider such decision as final and conclusive, so as that the same shall never thereafter be called into question, or made the subject of dispute or difference between them.".

9 SCHLOCHAUER, Jay Treaty (1794), in: Bernhardt, EPIL III, S. 6.

10 GREWE, Epochen, S. 426.

11 Descamps / Renault, Recueil international des traités du XXe siècle, S. 192.

12 GREWE, Epochen, S. 612.

13 WEHBERG, Krieg und Eroberung, S. 29; KOTZSCH, Concept of War, S. 96.

14 RGBl. 1901, 393; 1910, 5.

15 DINSTEIN, War, Aggression and Self-Defence, S. 74; FISCHER, in: Ipsen, Völkerrecht, § 59 Rn. 2.

16 FISCHER, in: Ipsen, Völkerrecht, § 59 Rn. 2; DELBRÜCK, FW 74 (1999), 139 (141); SEIDEL, AVR 38 (2000), 23.

gemeinsame Art. 7[17]: „Die Annahme der Vermittlung kann, unbeschadet weiterer Vereinbarung, nicht die Wirkung haben, die Mobilmachung und andere den Krieg vorbereitende Maßnahmen zu unterbrechen, zu verzögern oder zu hemmen."

Erst das II. Haager Abkommen von 1907[18] brachte ein erstes, wenn auch noch sehr beschränktes vertragliches Kriegsverbot. Der nach dem argentinischen Außenminister Luis M. Drago und dem US-amerikanischen Verhandlungsführer in Den Haag, Horace Porter, auch Drago-Porter-Konvention genannte Pakt verbot die Eintreibung bestimmter Vertragsschulden mit Waffengewalt[19] (Art. I Abs. 1), außer wenn sich der Schuldnerstaat weigerte, den Streit einem Schiedsgericht vorzulegen oder dessen Spruch zu erfüllen (Art. I Abs. 2).[20] Sowohl die lateinamerikanischen Staaten als auch die USA drängten auf dieses Verbot, da ihrer Meinung nach die häufig zur Eintreibung von Schulden in Südamerika geübte „gun-boat-diplomacy" der europäischen Mächte weder mit der souveränen Gleichheit der Staaten noch mit der Monroe-Doktrin vereinbar war.[21]

Aber auch der Ansatz der Beschränkung des freien *ius ad bellum* durch bilaterale Verträge wurde weiterverfolgt. Ein Fortschritt wurde durch die von dem damaligen US-amerikanischen Außenminister William Jennings Bryan initiierten „Bryan-Verträge" erreicht, die die USA zwischen 1913 und 1914 mit 27 Staaten – unter ihnen Frankreich, Großbritannien und Russland – schlossen.[22] In diesen Abkommen, die in allen wesentlichen Aspekten identisch waren, verpflichteten sich die Vertragsparteien, künftige Streitigkeiten gleich welcher Art, die sich nicht auf diplomatischem oder schiedsgerichtlichem Wege haben lösen lassen, einer internationalen Kommission „for investigation and report" vorzulegen und nicht eher zum Krieg zu schreiten, als der Bericht der Kommission vorliegt.[23] Sinn dieses Kriegsmoratoriums war es, eine „Abkühlungsfrist" („cooling-off-periode") zu schaffen, um den übereilten Griff zu den Waffen zu verhindern.[24]

---

17 GREWE, Epochen, S. 637.

18 RGBl. 1910, 59.

19 Die Vertragsparteien leisteten für diesen Fall also nicht nur einen Kriegsverzicht, sondern verzichteten auf Waffengewalt schlechthin, somit auch auf die so genannten „measures short of war" (NEUHOLD, Internationale Konflikte, S. 62).

20 VERDROSS / SIMMA, Universelles Völkerrecht, § 1337.

21 BENEDEK, Drago-Porter Convention, in: Bernhardt, EPIL I, S. 1102; VERZIJL, International Law in Historical Perspective Vol. I, S. 217.

22 SCHLOCHAUER, Bryan Treaties (1913/1914), in: Bernhardt, EPIL I, S. 509 f.; VAN VOLLENHOVEN, Die drei Stufen des Völkerrechts, S. 59. Eine Zusammenstellung von 19 Bryan-Verträgen findet sich in AJIL 10 (1916), Supp., 263 ff.

23 SCHLOCHAUER, Bryan Treaties (1913/1914), in: Bernhardt, EPIL I, S. 510; GREWE, Epochen, S. 720; DINSTEIN, War, Aggression and Self-Defence, S. 74.

24 WEHBERG, Krieg und Eroberung, S. 30; NEUHOLD, Internationale Konflikte, S. 63.

II. Die Völkerbundsatzung

Der Wunsch der kriegsmüden Völker, einen weiteren Großkrieg zu verhindern, führte am Ende des Ersten Weltkrieges zu einigen Vorschlägen und Plänen zur gegenseitigen Versicherung gegen einen Angriff, die im Sicherheitssystem des Völkerbundes gipfelten.[25] Den Anstoß für die Gründung des Völkerbundes gab eine Rede des US-Präsidenten Woodrow Wilson vor dem amerikanischen Kongress am 8. Januar 1918, die in „Vierzehn Punkten" die amerikanischen Kriegsziele formulierte.[26] Unter Punkt XIV erklärte Wilson: "A general association of nations must be formed under specific covenants for the purpose of affording mutual guarantees of political independence and territorial integrity to great and small states alike." Die mit Teil I des Versailler Vertrags identische Völkerbundsatzung[27] (VBS) wurde am 28. April 1919 unterzeichnet und trat am 10. Januar 1920 in Kraft. Ursprüngliche Mitglieder waren die 32 Siegermächte des Krieges und 15 neutrale Staaten. Das Deutsche Reich war von 1926 bis 1933 Mitglied. Der Völkerbund war allerdings von Beginn an dadurch geschwächt, dass die USA ihm niemals beitraten, obwohl sie seine Gründung wesentlich vorangetrieben hatten.[28] Durch den Austritt vieler Staaten schon zu Beginn des Zweiten Weltkrieges handlungsunfähig, wurde der Völkerbund von den verbliebenen Mitgliedern zum 19. April 1946 auch offiziell aufgelöst.[29]

1. Die Beschränkung des *ius ad bellum* durch die Völkerbundsatzung

Die Satzung des Völkerbundes enthielt mehrere Bestimmungen, die Kriege unter seinen Mitgliedern verhindern sollten. Zum einen bestimmte Art. 10 VBS die Pflicht der Staaten, die Unversehrtheit des Gebiets und die politische Unabhängigkeit aller Bundesmitglieder zu achten und gegen äußere Angriffe zu wahren. Eroberung und Unterdrückung als offene Kriegsziele waren damit verboten.[30] Zum anderen verpflichtete Art. 12 Abs. 1 VBS die Mitglieder zur friedlichen Streitbeilegung. Dabei hatten die Streitparteien die Wahl zwischen einem schiedsgerichtlichen Verfahren (Art. 13 VBS) und der Prüfung des Falles durch den Völkerbundrat (Art. 15 VBS). Mit der Novelle der VBS im Jahr 1921 wurde

---

25 BERBER, Völkerrecht II, S. 32; WALTERS, A History of the League of Nations, S. 17 ff.

26 SCHÜCKING / WEHBERG, Die Satzung des Völkerbundes, S. 12; FASSBENDER, EuGRZ 2004, 241 (244). Die Rede ist wiedergegeben in Grewe, FHIG III/1, S. 670 ff.

27 RGBl. 1919, 716.

28 WALTERS, A History of the League of Nations, S. 72 ff.; BERBER, Völkerrecht II, S. 32 f.

29 WALTERS, A History of the League of Nations, S. 815; VERDROSS / SIMMA, Universelles Völkerrecht, § 87.

30 SCHÜCKING / WEHBERG, Die Satzung des Völkerbundes, S. 273 f.; VERDROSS / SIMMA, Universelles Völkerrecht, § 1337.

auch die Möglichkeit einer gerichtlichen Klärung durch den in Den Haag errichteten Ständigen Internationalen Gerichtshof geschaffen.[31]

Als Schiedsgericht wurde nach Art. 13 Abs. 3 VBS das Gericht tätig, das die Parteien durch vorheriges Abkommen oder *ad hoc* bestimmt hatten. Gegenüber der Partei, die sich dem Schiedsspruch fügte, bestand ein dauerndes Kriegsverbot, Art. 13 Abs. 4 S. 1 VBS. Sonst gewonnen beide Parteien gemäß Art. 12 Abs. 1 S. 2 VBS nach Ablauf von drei Monaten nach dem Schiedsspruch das volle Kriegsrecht zurück. Vorbild für dieses Kriegsmoratorium nach Art. 12 VBS waren die entsprechenden Regelungen in den Bryan-Verträgen.[32] Art. 15 VBS sah hingegen ein zweistufiges Verfahren vor. Einem Schlichtungsversuch durch den Völkerbundrat (Abs. 3) folgte erforderlichenfalls ein Berichtsverfahren, in dem der Rat Empfehlungen zur Lösung der Streitfrage gab (Abs. 4).[33] Entschied der Rat einstimmig – was so gut wie nie geschah[34] – und fügte sich der beklagte Staat diesem Vorschlag, war die Kriegseröffnung gegen diesen Staat verboten (Abs. 5). Anderenfalls stand es den Streitparteien nach Ablauf einer Wartefrist von drei Monaten nach dem Schiedsspruch offen, zum Krieg zu schreiten, Art. 15 Abs. 6 in Verbindung mit Art. 12 Abs. 1 S. 2 VBS. Verboten waren den Völkerbundmitgliedern folglich die gewaltsame Veränderung des *status quo* und die Eröffnung des Krieges ohne vorherige Ausschöpfung der von der Satzung bereitgestellten Verfahren der friedlichen Streitbeilegung.[35] Ein solcher Krieg galt gemäß Art. 16 VBS als Kriegshandlung gegen alle Bundesmitglieder, die dann im Wege der Bundesexekution gegen den Friedensbrecher zum Krieg schreiten durften.[36]

Nicht nur der Selbstverteidigungskrieg blieb erlaubt – dies war unter den Staaten unstreitig –, sondern auch solche Angriffskriege, die von den ausdrücklichen und begrenzten Kriegsverboten der Satzung nicht erfasst wurden.[37] Ver-

---

31 VON BÜLOW, Der Versailler Völkerbund, S. 246.

32 GREWE, Epochen, S. 250; BOURQUIN, Sécurité international, RdC 49 (1934/III), S. 478; HERTZ, Das Problem des völkerrechtlichen Angriffs, S. 13; VON BÜLOW, Der Versailler Völkerbund, S. 179 (mit Anm. 35); GÖPPERT, Der Völkerbund, S. 472.

33 Die Verfahrensabschnitte wurden allerdings nicht scharf getrennt (GÖPPERT, Der Völkerbund, S. 389).

34 RANDELZHOFER, in: Simma, Charter, Art. 2 (4), Rn. 8; STEIN / VON BUTTLAR, Völkerrecht, Rn. 770.

35 GREWE, Epochen, S. 729; BERBER, Völkerrecht II, S. 33; VIRAILLY, in: Cot / Pellet, Charte, Art. 2 § 4, S. 115.

36 Tatsächlich kam es nie zu einer Bundesexekution nach Art. 16 Abs. 2 VBS (FROWEIN / KRISCH, in: Simma, Charter, Art. 42, Rn. 1).

37 GREWE, Epochen, S. 729; WEHBERG, Krieg und Eroberung, S. 32; VON DER HEYDTE, Wesen und Funktion des Krieges, S. 84. Detailliert zu diesen Konstellationen VON BÜLOW, Der Versailler Völkerbund, S. 177 f.; DINSTEIN, War, Aggression and Self-Defence, S. 76 f.

boten waren also nur bestimmte Kriege, wobei die Art. 12 bis 15 VBS nicht auf das Recht oder das Unrecht in bezug auf die Berechtigung des Anspruches abstellten, sondern auf die Einhaltung bestimmter Verfahrensnormen. Die Völkerbundsatzung ächtete somit nicht den ungerechten, sondern den illegalen Krieg.[38] Wegen der damals herrschenden subjektiven Kriegstheorie, die für den Eintritt in den Kriegszustand den *animus belli gerendi* wenigstens einer der Konfliktparteien forderte, wurden schließlich auch solche Gewaltmaßnahmen von der VBS nicht erfasst, die keine Seite als „Krieg“ bezeichnete.[39] Die Völkerbundsatzung enthielt somit nur verfahrensrechtliche Beschränkungen des *ius ad bellum*.[40] Dies zeigt, dass die Staaten nach dem Ersten Weltkrieg noch nicht gewillt waren, auf die Gewaltanwendung als *ultima ratio* zur Durchsetzung ihrer Rechte oder Interessen zu verzichten.[41] Der Krieg blieb damit in der Völkerbund-Ära zunächst als Mittel der Politik anerkannt.[42] Dennoch war die Beschränkung des freien Kriegsführungsrechts der Staaten durch die Völkerbundsatzung als Einbruch in eine entscheidende Position des bis dahin geltenden Völkerrechts von großem Wert.[43]

2. Spätere Bestrebungen zur Schließung der Satzungslücken

Spätere Bestrebungen des Völkerbundes zur Schließung der Satzungslücken, die legale Kriege ermöglichten, hatten keinen Erfolg. Die Verankerung eines Verbots des Angriffskrieges in der Völkerbundsatzung durch das „Genfer Protokoll über die friedliche Beilegung von Streitigkeiten“[44] von 1924 scheiterte am Widerstand Großbritanniens.[45] Auch spätere Versuche, die Satzung des Völkerbundes mit dem Genfer Prototoll und dem Kriegsverbot des Briand-Kellogg-Pakts in Einklang zu bringen, schlugen fehl.[46] Allerdings gelang es, in einigen

---

[38] KUNZ, Statisches und dynamisches Völkerrecht, S. 238 f.; VERZIJL, International Law in Historical Perspective Vol. I, S. 217; ALEXANDROV, Self-Defense, S. 34.

[39] GENONI, Die Notwehr im Völkerrecht, S. 66 f.; NEUHOLD, Internationale Konflikte, S. 65; ALEXANDROV, Self-Defense, S. 34. Zur Existenz eines *status mixtus* zwischen Krieg und Frieden SCHWARZENBERGER, AJIL 37 (1943), 460 (474 ff.).

[40] BOTHE, in: Vitzthum, Völkerrecht, S. 593; GENONI, Die Notwehr im Völkerrecht, S. 66.

[41] GENONI, Die Notwehr im Völkerrecht, S. 66; NEUHOLD, Internationale Konflikte, S. 63.

[42] VON BÜLOW, Der Versailler Völkerbund, S. 179; ALEXANDROV, Self-Defense, S. 30 f.

[43] WEHBERG, Krieg und Eroberung, S. 33; GILL, Just War Doctrine, S. 38.

[44] Text wiedergegeben in Grewe, FHIG III/2, S. 941 ff. Ausführlich WEHBERG, Le protocole de Genève, RdC 7 (1925/II), S. 1 ff.

[45] BERBER, Völkerrecht II, S. 34; GÖPPERT, Der Völkerbund, S. 473. Zum britischen Standpunkt SCHMITT, Nomos der Erde, S. 250.

[46] WEHBERG, Kriegsverbot, in: Strupp / Schlochauer, WVR II, S. 370 (371); WALLACE, Kellogg-Briand Pact (1928), in: Bernhardt, EPIL III, S. 78. Zu diesen Bemühungen ausführlich RUTGERS, La mise en harmonie du Pacte de la Société des Nations avec le Pacte de Paris, RdC 38 (1931/IV), S. 1 ff.

regionalen Vereinbarungen, gegenüber der Völkerbundsatzung weiterreichende Kriegsverbote durchzusetzen.[47] Ein Beispiel hierfür ist der außerhalb des Völkerbundes zwischen Belgien, Deutschland, Frankreich, Großbritannien und Italien geschlossene Locarno-Pakt[48] vom 16. Oktober 1925. In dessen Art. 2 Abs. 1 verpflichteten sich Deutschland und Frankreich sowie Deutschland und Belgien gegenseitig, in keinem Fall zu einem Angriff oder zu einem Einfall oder zum Krieg gegeneinander zu schreiten. Davon war nicht nur die kriegerische Waffengewalt, sondern auch die an sich völkerrechtskonforme gewaltsame Repressalie.[49] Der Vertrag enthielt in seinem Art. 4 Abs. 1 weiterhin eine revolutionäre Bestimmung über das Selbstverteidigungsrecht, nach der nicht der einzelne Staat, sondern der Völkerbundrat entscheidet, welche Seite Angreifer ist.[50] Wann genau der Locarno-Pakt außer Kraft trat, ist ungewiss; die deutsche Regierung erklärte am 7. März 1936, dass sie sich nicht länger an den Vertrag gebunden fühle.[51]

III. Der Briand-Kellogg-Pakt

Auch nach dem Scheitern des Genfer Protokolls ließen einige Staaten unter Führung Frankreichs in ihren Bemühungen zur Verbesserung der Kriegsverhütungsregeln nicht nach. Dabei wurden sie von den USA unterstützt, die in der zweiten Hälfte der 1920er Jahre neues Interesse an der Zusammenarbeit mit dem Völkerbund und den europäischen Staaten zeigten.[52] Nach längeren Verhandlungen kam es am 27. August 1928 zur Unterzeichnung des Briand-Kellogg-Pakts[53], so benannt nach seinen Initiatoren, dem französischen Außenminister Aristide Briand und dem US-amerikanischen Außenminister Frank B. Kellogg. Mit diesem Pakt verzichteten die Unterzeichnerstaaten auf den Krieg als Mittel der nationalen Politik (Art. I) und verpflichteten sich, internationale Streitigkeiten nur mit friedlichen Mitteln zu lösen (Art. II). Dem ursprünglich von fünfzehn Par-

---

47 WEHBERG, Kriegsverbot, in: Strupp / Schlochauer, WVR II, S. 370 (371); RANDELZHOFER, in: Simma, Charter, Art. 2 (4), Rn. 9.

48 LNTS 54, 290, 354 und 360; RGBl. 1925 II, 975; RGBl. 1926 II, 583.

49 NEUHOLD, Internationale Konflikte, S. 65; FASSBENDER, EuGRZ 2004, 241 (246).

50 ALEXANDROV, Self-Defense, S. 46; FASSBENDER, EuGRZ 2004, 241 (246).

51 NUSSBAUM, Geschichte, S. 281; MORVAY, Locarno Treaties (1925), in: Bernhardt, EPIL III, S. 244.

52 ALEXANDROV, Self-Defense, S. 51.

53 Die offizielle Bezeichnung lautet „Treaty Providing for the Renunciation of War as an Instrument of National Policy (Pact of Paris)" (LNTS 94, 57), das deutsche Ratifikationsgesetz (RGBl. 1929 II, 97) spricht vom „Vertrage zur Ächtung des Krieges". Der Pakt ist nach wie vor in Kraft (vgl. Fundstellennachweis B zum BGBl., abgeschl. am 31.12.2003, 271) und wirkt für die Vertragsparteien als Bekräftigung der entsprechenden Verpflichtung aus der UN-Charta (FASSBENDER, EuGRZ 2004, 241 (246).

teien unterzeichneten Vertrag traten bis 1938 weitere 48 Staaten bei, so dass bis auf wenige Ausnahmen alle damaligen Mitgliedstaaten des Völkerbundes Vertragspartei waren.[54] Wegen dieser fast universellen Geltung des Briand-Kellogg-Pakts, seiner Unkündbarkeit sowie der Intensivierung desselben Rechtsgedankens durch die Satzung der Vereinten Nationen wird allgemein angenommen, dass sein Inhalt zwingendes Völkergewohnheitsrecht darstellt, das auch ohne formellen Beitritt für später neu entstandene Staaten verbindlich ist.[55]

1. Das Kriegsverbot des Briand-Kellogg-Pakts

Der Briand-Kellogg-Pakt bedeutete insofern eine Revolution im Völkerrecht, als die Vertragsparteien mit ihm auf das souveräne Recht der freien Kriegsführung verzichteten[56]:

> **Art. I.** Die Hohen Vertragschließenden Parteien erklären feierlich im Namen ihrer Völker, dass sie den Krieg als Mittel für die Lösung internationaler Streitfälle verurteilen und auf ihn als Werkzeug nationaler Politik in ihren gegenseitigen Beziehungen verzichten.

Der Briand-Kellogg-Pakt enthält damit anders als die VBS ein absolutes Kriegsverbot.[57] Dieses gilt zwar nur für die Beziehungen der Vertragsparteien untereinander[58], wegen der fast universellen Geltung des Pakts hat diese Beschränkung jedoch keine praktische Bedeutung.[59] Eine wichtige Einschränkung ergibt sich jedoch aus dem 3. Erwägungsgrund der Präambel, wonach die Vertragspartei, die ihre Verpflichtungen aus dem Pakt verletzt, ihrerseits nicht mehr vom Pakt geschützt wird. Der Grundsatz *inadimplenti non est adimplendum* galt allerdings bereits nach universellem Völkerrecht, seine Aufnahme in der Präambel hatte

---

54 WEHBERG, Briand-Kellogg-Pakt, in: Strupp / Schlochauer, WVR I, 249 (250). Argentinien, Bolivien, Salvador und Uruguay traten dem Briand-Kellogg-Pakt nicht bei, unterwarfen sich aber mit dem am 10. Oktober 1933 unterzeichneten Saavedra-Lamas-Pakt (LNTS 162, 393) einem noch weitergehenden Kriegsverbot (WALLACE, Kellogg-Briand Pact (1928), in: Bernhardt, EPIL III, S. 77). Nicht an ein Kriegsverbot gebunden waren mit Liechtenstein, Monaco, San Marino und dem Vatikanstaat nur vier europäische Kleinststaaten sowie einige asiatische Territorien mit zweifelhafter Staatsqualität (ROSCHER, JHIL 4 (2002), 293 [297]).

55 WOLFRUM, in: Dahm / Delbrück / Wolfrum, Völkerrecht I/3, S. 821; BERBER, Völkerrecht II, S. 35; GENONI, Die Notwehr im Völkerrecht, S. 74; SHAW, International Law, S. 1017.

56 WEHBERG, Kriegsverbot, in: Strupp / Schlochauer, WVR II, S. 370; BERBER, Völkerrecht II, S. 36; VIRALLY, in: Cot / Pellet, Charte, Art. 2 § 4, S. 115.

57 KUNZ, Statisches und dynamisches Völkerrecht, S. 240.

58 GÖPPERT, Der Völkerbund, S. 475; WOLFRUM, in: Dahm / Delbrück / Wolfrum, Völkerrecht I/3, S. 820.

59 BERBER, Völkerrecht II, S. 38; DOEHRING, Völkerrecht, Rn. 568.

daher nur deklaratorische Bedeutung.[60] Aus dieser Bestimmung folgt, dass der Verteidigungskrieg vom Kriegsverbot des Pakts schon nicht erfasst wird.[61] Viele der ursprünglichen Signatarmächte stellten überdies während den Verhandlungen ausdrücklich klar, dass das Selbstverteidigungsrecht vom Pakt in keiner Weise eingeschränkt werde und jeder Staat für sich über das Vorliegen einer Verteidigungssituation entscheiden könne.[62] Exemplarisch für diesen Standpunkt ist ein Zitat aus der Note Kelloggs vom 23. April 1928:

> "There is nothing in the American draft of an anti-war treaty which restricts or impairs in any way the right of self-defense. That right is inherent in every sovereign state and is implicit in every treaty. Every nation is free at all times and regardless of treaty provisions to defend its territory from attack or invasion and it alone is competent to decide whether circumstances require recourse to war in self-defense."[63]

Der Verlust der Vorteile des Pakts führt außerdem dazu, dass dritte Staaten – auch unabhängig von einer Hilfesabsicht für den sich verteidigenden Staat – ihrerseits den Paktverletzer angreifen dürfen.[64] Die Bestimmung stellt damit eine abschreckende Sanktion dar, denn der Paktverletzer geht das Risiko ein, nicht nur den von ihm angegriffenen Staat und gegebenenfalls dessen Bündnisgenossen, sondern jeden Paktstaat gegen sich aufzubringen. Der Paktbruch machte ihn also rechtlich „vogelfrei".[65]

2. Die grundsätzlichen Mängel des Briand-Kellogg-Pakts

Auch wenn das Kriegsverbot des Briand-Kellogg-Pakts als großer Fortschritt gegenüber den bloßen Beschränkungen des Kriegsführungsrechts der Staaten durch die Völkerbundsatzung zu werten ist, hafteten auch ihm einige grundsätzliche Mängel an. Zum einen entwickelte der Pakt die bestehenden Regeln der friedlichen Streitbeilegung nicht fort, was angesichts des Verzichts der Staaten auf den Krieg als Mittel der Rechtsänderung und -durchsetzung dringend erforderlich gewesen wäre.[66] Zum anderen hatte das Kriegsverbot selbst erhebliche Konstruktionsschwächen, die im Laufe der 1930er Jahre offenbar wurden.

---

60 NEUHOLD, Internationale Konflikte, S. 68. Für völkervertragliche Verpflichtungen gilt der Grundsatz der gegenseitigen Vertragstreue heute nach Art. 60 WVRK.

61 BERBER, Völkerrecht II, S. 36 f.; GENONI, Die Notwehr im Völkerrecht, S. 72.

62 GREWE, Epochen, S. 729; WALLACE, Kellogg-Briand Pact (1928), in: Bernhardt, EPIL III, S. 78.

63 Note vom 23. April 1928, Foreign Relations 1928-I, S. 36 f. Einen Überblick über die Positionen der anderen an den Verhandlungen beteiligten Staaten bietet ALEXANDROV, Self-Defense, S. 52 ff.

64 BERBER, Völkerrecht II, S. 36 f.; ROSCHER, JHIL 4 (2002), 293 (299).

65 VON DER HEYDTE, Völkerrecht II, S. 144.

66 KUNZ, Statisches und dynamisches Völkerrecht, S. 246; GÖPPERT, Der Völkerbund, S. 479; WEHBERG, Briand-Kellogg-Pakt, in: Strupp / Schlochauer, WVR I, S. 250.

a) Die Lücken des Kriegsverbots

Der erste schwerwiegende Mangel des Briand-Kellogg-Pakts war die Lückenhaftigkeit seines Kriegsverbots. Es erfasste dem Wortlaut des Art. I nach nur den Krieg im formellen Sinne, nicht jedoch die Gewaltanwendung unterhalb der Kriegsschwelle.[67] Militärische Repressalien und andere „measures short of war" waren ebenso wenig erfasst wie von der Völkerbundsatzung.[68] Die Staaten konnten also das Kriegsverbot umgehen, indem sie militärische Konflikte bewusst unterhalb der Kriegsschwelle hielten.[69] Voraussetzung dafür war jedoch, dass keine der beteiligten Parteien ihren *animus belli gerendi* offen oder konkludent zum Ausdruck brachte, den Konflikt also tatsächlich als „Krieg" verstanden wissen wollte.[70]

Wegen dieser Beschränkung auf einen subjektiven Kriegsbegriff traten an die Stelle erklärter Kriege häufig so genannte „wars in disguise".[71] So bezeichnete Japan seinen Einmarsch die Mandschurei im Jahr 1931 und andere kriegerische Auseinandersetzungen erheblichen Ausmaßes mit China in den Jahren 1937 bis 1939 unter anderem als Friedensrepressalie, um bei seinen Aktionen nicht an die entgegenstehenden Normen der Völkerbundsatzung und des Briand-Kellogg-Pakts gebunden zu sein. Aber auch China hielt es bis 1941 für zweckmäßig, die Auseinandersetzungen nicht förmlich als „Krieg" zu klassifizieren, um den militärischen Konflikt räumlich zu begrenzen.[72] Eine ähnliche Situation bestand im Leticia-Konflikt von 1932 bis 1933 zwischen Peru und Kolumbien.[73] Die intensiven Verhandlungen in den 1930er Jahren über die Ausweitung des Kriegsverbots des Briand-Kellogg-Pakts auf ein Verbot jeglicher zwischenstaatlicher Gewaltanwendung blieben jedoch ohne Erfolg.[74]

---

[67] BERBER, Völkerrecht II, S. 38; BOTHE, in: Vitzthum, Völkerrecht, S. 594.

[68] KUNZ, Kriegsrecht und Neutralitätsrecht, S. 8 (mit Anm. 37); WALDOCK, Use of Force, RdC 81 (1952/II), S. 473 f.; VERDROSS / SIMMA, Universelles Völkerrecht, § 1337.

[69] BLECKMANN, Völkerrecht, Rn. 1126; GREWE, Epochen, S. 731.

[70] BERBER, Völkerrecht II, S. 90; KUNZ, Kriegsrecht und Neutralitätsrecht, S. 6.

[71] KUNZ, AJIL 45 (1951), 528 (533); RANDELZHOFER, in: Simma, Charter, Art. 2 (4), Rn. 11.

[72] BRIGGS, The Law of Nations, S. 973; WEHBERG, Kriegsverbot, in: Strupp / Schlochauer, WVR II, S. 370 (371); GREWE, Epochen, S. 735; ALEXANDROV, Self-Defense, S. 68 ff. Nach BRIGGS (The Law of Nations, S. 975 f.) lässt sich in der Staatenpraxis der Zwischenkriegszeit auch die Beurteilung nach dem objektiven Kriegsbegriff, der auf den Umfang der Gewaltanwendung abstellt, nachweisen, dieser habe sich aber gegenüber dem subjektiven Kriegsbegriff nicht durchsetzen können.

[73] BERBER, Völkerrecht II, S. 38; KOTZSCH, Concept of War, S. 186.

[74] WEHBERG, Krieg und Eroberung, S. 53 ff. Einige Paktstaaten interpretierten jedoch bereits den Art. 2 des Briand-Kellogg-Pakts als ein Verbot der zwischenstaatlichen Gewaltanwendung (ALEXANDROV, Self-Defense, S. 64; WEHBERG, Krieg und Eroberung, S. 55).

b) Das Fehlen einer Angriffsdefinition

Ein zweiter Fehler des Briand-Kellogg-Pakts war, dass er keine Definition des Angriffs enthielt.[75] Der amerikanische Außenminister Kellogg erklärte hierzu während den Verhandlungen, dass nicht nur jeder Staat selbst darüber entscheiden können müsse, wann Selbstverteidigung geboten sei, sondern auch, dass daher eine Definition der Selbstverteidigung ebenso wie eine Definition des Angriffs nicht möglich und sinnvoll wäre:

> "Express recognition by treaty of this inalienable right [*i.e. self defense*], however, gives rise to the same difficulty encountered in any effort to define aggression. It is the identical question approached from the other side. Inasmuch as no treaty provision can add to the natural right of self-defense, it is not in the interest of peace that a treaty should stipulate a juristic conception of self-defense [...]."[76]

Damit traf er auf Zustimmung der übrigen Signatarstaaten.[77] Die Entwertung des Kriegsverbots durch dieses Verständnis wurde offenbar, als sich Japan bei seinem Einfall in die Mandschurei auch auf das Selbstverteidigungsrecht und seine alleinige Beurteilungskompetenz berief. Schon damals rückten die USA und andere Mitgliedstaaten von diesem „self-judging aspect of self-defense“[78] ab, eine Sicht, die später vom Internationalen Militärtribunal in Nürnberg[79] geteilt wurde.[80] Allerdings war damit immer noch nicht die Frage beantwortet, wer an Stelle des einzelnen Staates über das Vorliegen der Voraussetzungen der Selbstverteidigung zu entscheiden habe.

Schon das gescheiterte Genfer Protokoll enthielt in Art. 10 eine an das System verbotener und erlaubter Kriege der Völkerbundsatzung angepasste Angreiferdefinition.[81] Die erste erfolgreiche Positivierung einer Definition der Aggression gelang jedoch erst knapp zehn Jahre später auf Betreiben der UdSSR.[82] Am 3.

---

75 BRIGGS, The Law of Nations, S. 976.

76 Note vom 23. April 1928, Foreign Relations 1928-I, 36 f. (Ergänzung vom Verf.).

77 Dazu ALEXANDROV, Self-Defense, S. 54 ff.

78 ALEXANDROV, Self-Defense, S. 62.

79 Der Prozess gegen die Hauptkriegsverbrecher vor dem Internationalen Militärgerichtshof, Amtlicher Wortlaut in deutscher Sprache, Band I, S. 232: „Ob jedoch die Maßnahmen, die unter dem Vorwand der Selbstverteidigung unternommen wurden, tatsächlich Angriffs- oder Verteidigungsmaßnahmen waren, muß letzten Endes einer Nachprüfung und einem Urteilsspruch unterliegen, wenn das Völkerrecht überhaupt je zur Geltung gebracht werden soll.“.

80 KRISCH, Selbstverteidigung und kollektive Sicherheit, S. 30; ALEXANDROV, Self-Defense, S. 69; WEHBERG, Krieg und Eroberung, S. 46 f.; WALDOCK, Use of Force, RdC 81 (1952/II), S. 478.

81 WEHBERG, Le protocole de Genève, RdC 7 (1925/II), S. 94; VERZIJL, International Law in Historical Perspective Vol. I, S. 219.

82 LE FUR, RDI 11 (1933), 179 (182).

und 4. Juli 1933 unterzeichnete die UdSSR am Rande einer Weltwirtschaftskonferenz in London zwei gleichlautende Konventionen über die Definition der Aggression[83], eine offen nur für die Nachbarstaaten der Sowjetunion, die andere mit universellem Anspruch.[84] Der jeweilige Art. 2 der Konventionen definierte enumerativ verschiedene bewaffnete Handlungsweisen gegen einen anderen Staat als Aggression, Art. 3 postulierte, dass keine Überlegungen gleich welcher Art dazu berechtigen, selbst den ersten Schuss abzufeuern, mithin ein Verbot jeder präventiven Verteidigung.[85] Diese Aggressionsdefinition stieß bei vielen Staaten auf Ablehnung. Sie kritisierten, dass die enumerative Benennung von Aggressionstatbeständen zwangsläufig Lücken lasse, die sich skrupellose Staaten zunutze machen könnten. Die Definition werde außerdem der Situation der präventiven Selbstverteidigung nicht gerecht werde, da sie stets den Staat als Angreifer brandmarkt, der den ersten Schuss abgibt.[86] Beide Konventionen wurden daher nur von insgesamt zehn anderen Staaten ratifiziert.[87]

IV. Zusammenfassung und Deutung der Entwicklung

Die ersten Beschränkungen des freien Kriegsführungsrechts der Staaten lassen sich auf zunächst bilaterale, später auch multilaterale Schiedsverträge zurückverfolgen, die die Staaten vom Ende des 18. bis zum Beginn des 20. Jahrhunderts geschlossen hatten. Vor dem Ersten Weltkrieg waren die Staaten noch nicht bereit, auf ihr souveränes *liberum ius ad bellum* zu verzichten. Ein Umdenken setzte erst unter dem Eindruck des Massentods in den Schützengräben Flanderns und Nordfrankreichs ein.[88] Die Völkerbundsatzung von 1919 läutete den Bruch mit dem hergebrachten Europäischen Völkerrecht ein, ohne ihn jedoch schon vollständig zu vollziehen. Mit den Kriegsbeschränkungsregeln der Völkerbundsatzung setzte die von Carl Schmitt im Titel eines Essays von

---

83 LNTS 147, 69; 148, 211.

84 LE FUR, RDI 11 (1933), 179 (182); HERTZ, Das Problem des völkerrechtlichen Angriffs, S. 160.

85 Art. 3 der Konventionen: „Keine politische, militärische, wirtschaftliche oder andere Überlegung kann als Entschuldigung oder Rechtfertigung einer Aggression im Sinne des Artikel 2 dienen.“; LE FUR, RDI 11 (1933), 179; AL CHALABI, La légitime défense, S. 80.

86 BOURQUIN, Sécurité international, RdC 49 (1934/III), S. 509 f.; SCHWEBEL, Aggression, RdC 136 (1972/II), 411 (442); ALEXANDROV, Self-Defense, S. 73.

87 Signatarstaaten waren neben der UdSSR auch Afghanistan, Estland, Finnland, Lettland, Persien, Polen, die Türkei sowie die „Kleinen Entente“, Jugoslawien, Rumänien und die Tschechoslowakei. SCHWEBEL (Aggression, RdC 136 (1972/II), 411 [443]) weist darauf hin, dass neun der zehn Staaten nach 1933 Opfer einer sowjetischen Aggression im Sinne dieser Konventionen wurden.

88 FRANCK, Recourse to Force, S. 10.

1938 benannte „Wendung zum diskriminierenden Kriegsbegriff" ein.[89] Fortan nahm das Völkerrecht den Krieg nicht mehr bloß „als geschichtliche Tatsache hin, ohne die Rechte der Belligerenten nach Recht oder Unrecht zur Kriegführung zu differenzieren"[90]. Das Recht des Völkerbundes unterschied vielmehr zwischen rechtmäßigen, in Einklang mit der Völkerbundsatzung begonnenen Kriegen und solchen, die ohne Einhaltung der prozeduralen Normen eröffnet wurden. Bei rechtmäßig eröffneten Kriegen urteilte der Völkerbund über keinen der Kriegführenden: Wie im klassischen Völkerrecht wurden die Parteien als *iusti hostes* in einem kontradiktorischen Rechtsverfahren betrachtet.[91] Ein satzungswidrig eröffneter Krieg galt hingegen als Kriegshandlung gegen alle Bundesmitglieder, die diese berechtigte, ihrerseits gegen den Satzungsbrecher zum Exekutionskrieg zu schreiten.

Die Hinwendung zu einem diskriminierenden Kriegsbegriff kann jedoch nicht als ideengeschichtliche Rückkehr zur Lehre vom gerechten Krieg[92] und damit als „Grotian tradition in international law"[93] gedeutet werden.[94] Anknüpfend an die Ausführungen zum Naturrecht in Grotius' *De iure belli ac pacis* zeigt sich ein entscheidender Unterschied zwischen den beiden Konzepten: Nach der *bellum-iustum*-Doktrin entscheidet allein die materielle Gerechtigkeit des Kriegsgrundes darüber, welcher Partei das Recht zur Kriegsführung zusteht, wohingegen das Recht des Völkerbundes nur nach der formellen Rechtmäßigkeit der Kriegseröffnung fragt. Die Frage, auf welcher Seite die materielle Gerechtigkeit zu verorten ist, hat im System der verbotenen und erlaubten Kriege der Art. 12 bis 15 VBS keine Bedeutung.[95] Die Völkerbundsatzung setzte dem Konzept des *bellum iustum* ihr Konzept des *bellum legale* entgegen.[96]

Den endgültigen Bruch mit dem freien Kriegsführungsrecht der Staaten, als Mittel der nationalen Politik über Jahrhunderte das herausragende Merkmal

---

89 GREWE, Epochen, S. 254.

90 So noch im Jahr 1917 LAMMASCH, Das Völkerrecht nach dem Kriege, S. 178.

91 WEHBERG, Krieg und Eroberung, S. 44; KUNZ, Art. XI des Völkerbundpaktes, S. 45 f. TREIDEL, Grundanschauungen, S. 19, bezeichnet das *ius ad bellum* daher als eine „transjuristische Frage".

92 So SCHMITT, Die Wendung zum diskriminierenden Kriegsbegriff, S. 38; LE FUR, Droit naturel, RdC 18 (1927/III), S. 313.

93 So die zentrale These im gleichnamigen Aufsatzes von LAUTERPACHT, BYIL 23 (1946), 1 (39). In diesem Sinne auch VAN VOLLENHOVEN, Grotius and Geneva, S. 41 f. und DRAPER, Legal Ideas about War, S. 207.

94 GREWE, Epochen, S. 729.

95 VERZIJL, International Law in Historical Perspective Vol. I, S. 217; GREWE, Der Staat 23 (1984), 161 (172); VON ELBE, AJIL 33 (1939), 665 (687).

96 So KUNZ, AJIL 45 (1951), 528 (532). Zustimmend VERDROSS / SIMMA, Universelles Völkerrecht, § 1337; ALEXANDROV, Self-Defense, S. 9.

ihrer Souveränität[97], markierte erst der Briand-Kellogg-Pakt.[98] Mit der Beschränkung des rechtmäßigen Krieges auf den Verteidigungskrieg und den Sanktionskrieg gegen den Paktbrecher[99] war der *bellum legale* der Völkerbundsatzung nur noch als *bellum contra bellum* denkbar.[100] Ein Krieg konnte damit nicht mehr von beiden Seiten gleichermaßen rechtmäßig geführt werden, die traditionelle Vorstellung einer Auseinandersetzung zwischen *iusti hostes* war hinfällig geworden.[101] Der Briand-Kellogg-Pakt setzte also die durch die Völkerbundsatzung begonnene „Moralisierung" des Kriegsbegriffs fort.[102]

Die Schwächen von Völkerbundsatzung und Briand-Kellogg-Pakt, die letztlich zu ihrem Scheitern führte, lagen in einem materiell unzureichenden Kriegsbegriff und dem Fehlen von wirksamen Mechanismen zur friedlichen Streitbeilegung, die den Staaten einen Ausgleich für die genommene Möglichkeit der gewaltsamen Rechtsdurchsetzung geboten hätte.[103] Ein weiterer Mangel war das Fehlen einer Angriffsdefinition, wodurch dem Missbrauch des Selbstverteidigungsrechts Tür und Tor geöffnet waren.

B. Das universelle Gewaltverbot als Zentrum des Friedenssicherungsrechts der Vereinten Nationen

Auch wenn das Scheitern des Völkerbundes Zweifel an der Idee der kollektiven Friedenssicherung geweckt hatte, wurde noch während des Krieges die Gründung eines verbesserten Systems kollektiver Sicherheit ins Auge gefasst.[104] So forderten der amerikanische Präsident Roosevelt und der britische Premiermi-

97 Zur Debatte über die Möglichkeit eines so weitgehenden Souveränitätsverzichts und damit über den Rechtscharakter des Briand-Kellogg-Pakts in den 1930er Jahren vgl. ROSCHER, JHIL 4 (2002), 293 (299 f.).

98 BERBER, Völkerrecht II, S. 36; WEHBERG, Krieg und Eroberung, S. 44; RANDELZHOFER, in: Simma, Charter, Art. 2 (4), Rn. 10. DINSTEIN (War, Aggression and Self-Defence, S. 78) bezeichnet den Briand-Kellogg-Pakt daher treffend als „watershed date in the history of the legal regulation of the use of inter-State force".

99 Sowie den Exekutionskrieg nach Art. 16 VBS, der nicht als Mittel der nationalen, sondern der internationalen Politik betrachtet wurde.

100 NEUHOLD, Internationale Konflikte, S. 66; DINSTEIN, War, Aggression and Self-Defence, S. 78.

101 WEHBERG, Krieg und Eroberung, S. 44; KUNZ, Art. XI des Völkerbundpaktes, S. 114.

102 KADELBACH, Staatenverantwortlichkeit, S. 66; SEIDEL, AVR 38 (2000), 23 (24).

103 BOURQUIN, Sécurité international, RdC 49 (1934/III), S. 479; DONNER, AVR 33 (1995), 168 (172); RANDELZHOFER, in: Simma, Charter, Art. 2 (4), Rn. 11.

104 VERDROSS / SIMMA, Universelles Völkerrecht, § 89; RIFAAT, International Aggression, S. 101 f.

nister Churchill unter Punkt 8 ihrer „Atlantik-Charta“[105] vom 14. August 1941 „the establishment of a wider and permanent system of general security“.[106] In der „Declaration by United Nations“[107] vom 1. Januar 1942 bekannten sich 26 Staaten, die gegen die Achsenmächte im Krieg lagen, zu den Zielen der Atlantik-Charta.[108] Wesentlich für die Gestalt des geplanten Weltbundes waren die Verhandlungen Chinas, Großbritanniens, der UdSSR und der USA vom 21. August bis 7. Oktober 1944 in Dumbarton Oaks (Washington D. C.).[109] Die für die Machtverhältnisse in der neuen Organisation entscheidende Frage der Stimmrechtsverteilung konnte allerdings erst auf der Konferenz von Jalta im Februar 1945 ohne die Beteiligung Chinas geklärt werden.[110] Nur um den Preis eines ständigen Sitzes mit Vetorecht im Sicherheitsrat (die so genannte „Yalta-Voting-Rule“) waren die Großmächte bereit, sich in die angestrebte Friedensordnung einzuordnen.[111] Die Gründung der Organisation erfolgte am 26. Juni 1945 mit der Unterzeichnung der UN-Charta durch 50 Staaten in San Francisco. Diese Stadt und Dumbarton Oaks sind gewissermaßen der „Geburtsort“ der Vereinten Nationen, was den starken amerikanischen Einfluss auf die Gründung der Vereinten Nationen versinnbildlicht.[112] Anders als bei der Gründung des Völkerbundes verharrten die USA nicht in Isolationismus, sondern waren von Beginn an Mitglied des neuen Weltbundes. Nach dem Beitritt der Schweiz und Ost-Timors im Jahr 2002 vertreten die UN mit nun 191 Mitgliedern nahezu alle Staaten der Welt. Die UN werden ihrem universellen Anspruch als Weltgemeinschaft also voll gerecht.[113]

Das Zentrum des Friedenssicherungsrechts der vereinten Nationen, der „corner stone of peace in the Charter“[114], ist das universelle Gewaltverbot in Art. 2 Nr. 4 UN-Charta[115]. Die Mitgliedstaaten sind danach verpflichtet, in ihren

---

105 Knipping u.a., Das System der Vereinten Nationen und seine Vorläufer, Bd. I/1, Dok. 1.

106 SCHLOCHAUER, Atlantic Charter (1941), in: Bernhardt, EPIL I, S. 288; EPPING, in: Ipsen, Völkerrecht, § 32 Rn. 8.

107 Knipping u.a., Das System der Vereinten Nationen und seine Vorläufer, Bd. I/1, Dok. 2.

108 GREWE / KHAN, in: Simma, Charter, Drafting History, Rn. 30; EPPING, in: Ipsen, Völkerrecht, § 32 Rn. 8; VERDROSS / SIMMA, Universelles Völkerrecht, § 89.

109 Dazu SCHLOCHAUER, Dumbarton Oaks Conference (1944), in: Bernhardt, EPIL I, S. 1115 ff.

110 GREWE / KHAN, in: Simma, Charter, Drafting History, Rn. 33; SCHLOCHAUER, Yalta Conference (1945), in: Bernhardt, EPIL IV, S. 1557.

111 VERDROSS / SIMMA, Universelles Völkerrecht, § 156; BLUMENWITZ, Souveränität, S. 28.

112 GREWE, Epochen, S. 756.

113 Keine Mitglieder der UN sind die Chinesische Republik Taiwan, der Vatikanstaat und die West-Sahara (vgl. STEIN / VON BUTTLAR, Völkerrecht, Rn. 389).

114 So WALDOCK, Use of Force, RdC 81 (1952/II), S. 492.

115 In der vorliegenden Arbeit werden zur Auslegung der UN-Charta der authentische englische sowie gegebenenfalls auch der französische Wortlaut herangezogen. Der „wahre“ In-

internationalen Beziehungen jede gegen die territoriale Unversehrtheit oder politische Unabhängigkeit eines Staates gerichtete oder sonst mit den Zielen der Organisation nicht vereinbare Androhung oder Anwendung von Gewalt zu unterlassen. Die militärische Gewaltanwendung zwischen den Staaten ist damit prinzipiell verboten, das Völkerrecht ächtet den Krieg. Das Verbot der Gewaltanwendung schließt aber auch den Rückgriff der Staaten auf den nichtkriegerischen Einsatz von Gewalt – etwa in Form der Friedensrepressalie – als Kriegsersatz aus und behebt damit einen der gravierenden Mängel des Kriegsverhütungsrechts des Völkerbundes und des Briand-Kellogg-Pakts.[116] Der weitgehende Verlust des *ius ad bellum* des Einzelstaates hat das Problem der Kriegsverhütung allerdings nicht gelöst, sondern es nur auf die höhere Ebene der Staatengemeinschaft verlagert.[117]

I. Der Schutzbereich des universellen Gewaltverbots

Für die Auslegung der in Art. 2 Nr. 4 UN-Charta formulierten Tatbestandsmerkmale des Gewaltverbots sind neben dem Wortlaut, der Staatenpraxis und den Resolutionen des Sicherheitsrats insbesondere die „Declaration on Principles of International Law concerning Friendly Relations and Co-operation among States in Accordance with the Charter of the United Nations"[118] („Friendly Relations"-Deklaration) der Generalversammlung von Bedeutung. Diese im Konsensverfahren verabschiedete Resolution, die dem Gewaltverbot schärfere Konturen verleihen sollte, hat zwar nach Art. 11 UN-Charta nur empfehlenden Charakter, sie jedoch starker Ausdruck einer entsprechenden Rechtsüberzeugung der Staatengemeinschaft.[119]

---

halt der Charta kann jedoch nur bei Beachtung aller authentischen Fassungen, also auch des chinesischen, russischen und spanischen Textes, ermittelt werden (HILF, in: Simma, Charter, Art. 111, Rn. 5). Bei der Interpretation der UN-Charta sind die Auslegungsregeln der Art. 31 ff. WVRK (RESS, in: Simma, Charter, Interpretation of the Charter, Rn. 8) anwendbar.

[116] VIRAILLY, in: Cot / Pellet, Charte, Art. 2 § 4, S. 116; BERBER, Völkerrecht II, S. 41; BLECKMANN, Völkerrecht, Rn. 1126. Mit der Verpflichtung der Staaten zur friedlichen Streitbeilegung (Art. 2 Nr. 3 UN-Charta) und der Bereitstellung von Verfahrensvorschriften im VI. Kapitel sollte ein zweiter Webfehler des Kriegsverhütungsrechts der Zwischenkriegszeit behoben werden.

[117] VON DER HEYDTE, Wesen und Funktion des Krieges, S. 85.

[118] Anlage zu GA/Res. 2625 (1970). Die „Declaration on the Enhancement of the Effectiveness of the Principle of Refraining from the Threat or Use of Force in International Relations" (GA/Res. 42/22 [1987]) brachte trotz zehnjähriger Diskussion keinen Fortschritt gegenüber der „Friendly Relations"-Deklaration (GRAY, International Law, S. 9).

[119] ICJ Rep. 1986, 14 (101), Ziff. 191 – Military and Paramilitary Activities (Merits); VIRAILLY, in: Cot / Pellet, Charte, Art. 2 § 4, S. 119; FISCHER, in: Ipsen, Völkerrecht, § 59 Rn. 10.

1. Beschränkung auf grenzüberschreitende Gewaltanwendung

Der Wortlaut des Art. 2 Nr. 4 UN-Charta beschränkt den Schutzbereich des Gewaltverbots auf die Gewaltanwendung der Mitgliedstaaten „in ihren international Beziehungen". Nur interne Konflikte ohne grenzüberschreitenden Bezug – wie etwa Bürgerkriege – unterliegen daher nicht dem völkerrechtlichen Verbot der Gewaltanwendung.[120] Nichtmitglieder der UN sind vom völkervertraglichen Gewaltverbot des Art. 2 Nr. 4 UN-Charta zwar geschützt, aber nicht daran gebunden.[121]

2. Beschränkung auf bewaffnete Gewalt

Nach Inkrafttreten der UN-Charta gab es Bestrebungen der Entwicklungsländer und der ehemals sozialistischen Staaten, den Begriff der „Gewalt" in Art. 2 Nr. 4 UN-Charta weit auszulegen. Heute ist jedoch so gut wie unbestritten, dass dieses Verbot nur die Anwendung von Waffengewalt erfasst, nicht aber andere Formen der Gewaltanwendung, wie etwa wirtschaftliche oder politische Zwangsmaßnahmen.[122] Diese Interpretation steht nicht nur in Einklang mit den travaux préparatoires der UN-Charta[123], sondern auch mit der Präambel, nach der „Waffengewalt nur im gemeinsamen Interesse angewendet wird" („that armed force shall not be used, save in the common interest").[124] Die zwischenstaatliche Ausübung wirtschaftlichen oder politischen Drucks kann jedoch eine Verletzung des völkergewohnheitsrechtlichen Interventionsverbots darstellen.[125]

---

[120] VERDROSS / SIMMA, Universelles Völkerrecht, § 468; STEIN / VON BUTTLAR, Völkerrecht, Rn. 777; FISCHER, in: Ipsen, Völkerrecht, § 59 Rn. 16. Sobald Aufständische ein stabilisiertes *De-facto*-Regime errichtet haben, sind sie dem Gewaltverbot verpflichtet und davon geschützt (RANDELZHOFER, in: Simma, Charter, Art. 2 (4), Rn. 28 f. m.w.N.).

[121] RANDELZHOFER, in: Simma, Charter, Art. 2 (4), Rn. 28.

[122] BROWNLIE, International Law and the Use of Force by States, S. 362; DINSTEIN, War, Aggression and Self-Defence, S. 81; RANDELZHOFER, in: Simma, Charter, Art. 2 (4), Rn. 16. Bei der „Friendly Relations"-Deklaration wurde diese Frage bewusst ausgeklammert (VERDROSS / SIMMA, Universelles Völkerrecht, § 476).

[123] Der brasilianische Antrag auf die Einbeziehung der „Drohung oder des Gebrauchs wirtschaftlicher Maßnahmen" in das Gewaltverbot fand während der Vorarbeiten keine Mehrheit (VIRAILLY, in: Cot / Pellet, Charte, Art. 2 § 4, S. 122).

[124] SCHACHTER, International Law in Theory and Practice, RdC 178 (1982/V), S. 138; VIRAILLY, in: Cot / Pellet, Charte, Art. 2 § 4, S. 122.

[125] VERDROSS / SIMMA, Universelles Völkerrecht, § 476; FISCHER, in: Ipsen, Völkerrecht, § 59 Rn. 14.

3. Einschluss der Androhung von Gewalt

Art. 2 Nr. 4 UN-Charta untersagt neben der Anwendung auch die Androhung von Gewalt. Damit ist gemeint, dass die Gewaltandrohung immer dann verboten ist, wenn die in Aussicht gestellte Gewaltanwendung selbst – aus welchen Gründen auch immer – illegal wäre.[126] Im Umkehrschluss folgt daraus, dass die Androhung rechtmäßiger Gewaltanwendung, etwa die Ankündigung eigener Verteidigungsmaßnahmen im Einklang mit Art. 51 UN-Charta, nicht von diesem Verbot erfasst ist.[127] Umstritten ist jedoch, ob die Androhung widerrechtlicher Gewalt schon als solche rechtswidrig ist[128], oder ob die Drohung darauf abzielen muss, den anderen Staat zu einem bestimmten Verhalten zu nötigen[129].

4. Keine Restriktion des Schutzbereichs auf das Verbot gewaltsamer Annexion

Art. 2 Nr. 4 UN-Charta erfasst auf den ersten Blick nur die Gewaltanwendung, die sich gegen die territoriale Unversehrtheit oder politische Unabhängigkeit eines Staates richtet oder sonst mit den Zielen der UN unvereinbar ist. Daher gibt es in der Staatenpraxis und im Schrifttum Ansätze zu einer restriktiven Interpretation des Schutzbereichs.[130] Nicht verboten soll demnach die begrenzte Anwendung militärischer Gewalt sein, die weder die politische Unabhängigkeit noch die territoriale Integrität verletzt und auch sonst mit den Zielen der UN vereinbar ist.

Mit dieser Argumentation wurde im Schrifttum der israelische Luftangriff auf den irakischen Atomreaktor Osiraq vom 7. Juni 1981 als mit dem Gewaltverbot vereinbar begründet. Die irakische Souveränität und Unabhängigkeit sei durch den gezielten Angriff auf den Reaktor im übrigen unberührt geblieben, Israel habe nur die Nutzung des irakischen Territoriums zu einem bestimmten Zweck – der befürchteten Entwicklung von Atomwaffen – unterbunden. Mit der Atta-

---

[126] ICJ Rep. 1996-I, 226 (246), Ziff. 47 – Threat or Use of Nuclear Weapons (Advisory Opinion); DINSTEIN, War, Aggression and Self-Defence, S. 81.

[127] STEIN / VON BUTTLAR, Völkerrecht, Rn. 780.

[128] DINSTEIN, War, Aggression and Self-Defence, S. 81.

[129] RANDELZHOFER, in: Simma, Charter, Art. 2 (4), Rn. 38. Für ein finales Element der Androhung wohl auch ICJ Rep. 1996-I, 226 (246), Ziff. 47 – Threat or Use of Nuclear Weapons (Advisory Opinion): "Thus it would be illegal for a State to threaten force to secure territory from another State, or to cause it to follow or not follow certain political or economic paths.".

[130] So etwa WALDOCK, Use of Force, RdC 81 (1952/II), S. 493; D'AMATO, AJIL 77 (1983), 584 (584 ff.); FRANCK, Fairness in International Law, S. 259; SOFAER, EJIL 13 (2003), 209 (223); GRZESZICK, AVR 41 (2003), 484 (500). Zur Staatenpraxis in Hinblick auf die „Zurückgewinnung eigenen Territoriums" vgl. WOLFRUM, in: Dahm / Delbrück / Wolfrum, Völkerrecht I/3, S. 823.

cke habe Israel vielmehr die Sache der UN befördert, da die weltweite Abrüstung ein Ziel der UN sei.[131] Auf derselben Linie wurde in jüngerer Zeit in Hinblick auf die Entwaffnung des irakischen Diktators Saddam Hussein argumentiert:

> "The use of force to disarm an established aggressor, without altering the territory of that member state, or depriving it of its sovereign status, is an end that is consistent with the 'Purposes' of the United Nations."[132]

Mit dieser Argumentation wird jedoch das Gewaltverbot zur Illusion, da jede begrenzte gewaltsame Aktion zum Schutz rechtlich geschützter Interessen nicht von ihm erfasst wäre.[133] Nach Art. 1 Nr. 1 UN-Charta obliegt es allein den Vereinten Nationen, den Weltfrieden und die internationale Sicherheit durch wirksame Maßnahmen des Kollektivs zu wahren. Die Anmaßung einzelner Staaten, diese Ziele im Alleingang gewaltsam durchzusetzen, ist mit dem Friedenssicherungssystem der Vereinten Nationen nicht zu vereinbaren. In Einklang mit den travaux préparatoires sind die Zusätze „gegen die territoriale Unversehrtheit" und „politische Unabhängigkeit" daher nach ganz herrschender Meinung[134] nicht als Einschränkung des Gewaltverbots, sondern als Bekräftigung der Garantie der territorialen Unverletzlichkeit zu verstehen.[135]

II. Gewohnheitsrechtliche Derogation des Gewaltverbots durch *desuetudo*?

In der Staatenpraxis, der Rechtsprechung des IGH und nach heute fast einhelliger Meinung im Schrifttum gilt das universelle Gewaltverbot auch als Norm des Völkergewohnheitsrechts.[136] Die exakte Reichweite des völkergewohnheits-

---

[131] D'AMATO, AJIL 77 (1983), 584 (584 ff.).

[132] SOFAER, EJIL 13 (2003), 209 (223).

[133] SCHINDLER, Das völkerrechtliche Gewaltverbot, S. 14; BLUMENWITZ, BayVBl. 1986, 737 (738).

[134] Vgl. nur OPPENHEIM / LAUTERPACHT, International Law Vol. II, § 52a, S. 154; VIRAILLY, in: Cot / Pellet, Charte, Art. 2 § 4, S. 125; SCHACHTER, International Law in Theory and Practice, RdC 178 (1982/V), S. 140; WOLFRUM, in: Dahm / Delbrück / Wolfrum, Völkerrecht I/3, S. 823.

[135] Eine schutzbereichsbegrenzende Wirkung des Wortlaut von Art. 2 Nr. 4 UN-Charta ist nur in Hinblick auf die gewaltsame Ausübung der Befugnisse auf der Hohen See (Art. 105-111 SRÜ) anerkannt (RANDELZHOFER, in: Simma, Charter, Art. 2 (4), Rn. 37; BRUHA, AVR 40 (2002), 383 [399]).

[136] ICJ Rep. 1986, 14 (100), Ziff. 190 – Military and Paramilitary Activities (Merits); DINSTEIN, War, Aggression and Self-Defence, S. 86 ff.; BROWNLIE, International Law and the Use of Force by States, S. 113; GRAY, International Law, S. 29; FISCHER, in: Ipsen, Völkerrecht, § 59 Rn. 27; BOTHE, in: Vitzthum, Völkerrecht, S. 594; KADELBACH, Zwingendes Völkerrecht, S. 229.

rechtlichen Gewaltverbots ist allerdings umstritten.[137] Zumindest in seinem Kernbereich, dem Verbot des bewaffneten Angriffs, zählt das Gewaltverbot darüber hinaus heute nach ebenfalls fast einhelliger Meinung zu den wenigen Normen des völkerrechtlichen *ius cogens*.[138] Da das Gewaltverbot jedoch seit 1945 in zahlreichen Fällen gebrochen wurde[139], werden an seiner gewohnheitsrechtlichen Geltung immer wieder Zweifel angemeldet.[140]

In jüngster Zeit hat der amerikanische Völkerrechtler Michael J. Glennon in mehreren Veröffentlichungen die Auffassung vertreten, dass das universelle Gewaltverbot als gültige Norm des Völkerrechts nicht mehr existiere, da es seit 1945 vielfach und offenkundig verletzt worden sei.[141] Diese Praxis zeige, dass das Gewaltverbot von den Staaten nicht mehr als rechtsverbindlich anerkannt werde:

> "The application of customary international law thus requires at least minimal deference to what states have actually done, as a means of determining precisely what, in the real world, states regard as law. [...] So many states have used force with such regularity in so wide a variety of situations that it can no longer be said that any customary norm of state practice constrains the use of force."[142]

Es sei folglich durch *desuetudo*[143] aufgegeben oder aber im Wege abändernder nachfolgender Staatenpraxis durch neues Gewohnheitsrecht abgelöst worden. Zumindest aber bestehe eine *non-liquet*-Situation, in der zwischenstaatliche Gewaltanwendung nicht mehr mit Sicherheit als recht- oder unrechtmäßig quali-

---

137 Dazu RANDELZHOFER, in: Simma, Charter, Art. 2 (4), Rn. 65 f.

138 Vgl. nur CASSESE, in: Cot / Pellet, Charte, Art. 51, S. 790; GRAY, International Law, S. 29; HANNIKAINEN, Peremptory Norms, S. 356; JIMÉNEZ DE ARÉCHAGA, International Law in the Past Third of a Century, RdC 159 (1978/I), S. 64; KADELBACH, Zwingendes Völkerrecht, S. 234 ff.; FISCHER, in: Ipsen, Völkerrecht, § 59 Rn. 27. Anders etwa D'AMATO, AJIL 81 (1987), 101 (103 ff.). Der IGH nahm zu dieser Frage in seinem Urteil von 1986 nicht Stellung, merkte jedoch an, dass sowohl Nicaragua als auch die USA das Gewaltverbot im Laufe des Verfahrens als *ius cogens* hätten (ICJ Rep. 1986, 14 (100 f.), Ziff. 190 – Military and Paramilitary Activities [Merits]).

139 In der Zeit zwischen 1945 und 1999 gab es mindestens 291 zwischenstaatliche bewaffnete Konflikte mit ca. 22 Millionen Toten (GLENNON, Harv. J. Law & Publ. Pol. 25 (2002), 539 [540]).

140 Die Diskussion um die Derogation des Gewaltverbots wurde schon zu Beginn der 1970er Jahre geführt, vgl. dafür FRANCK (AJIL 64 (1970), 809 ff.) und dagegen HENKIN (AJIL 65 (1971), 544 ff.).

141 GLENNON, Harv. J. Law & Publ. Pol. 25 (2002), 539 (540); DERS., Foreign Affairs 82 (2003), No. 3, 16 (22). Dabei trennt Glennon nicht klar zwischen der völkervertraglichen und der völkergewohnheitsrechtlichen Geltung des Gewaltverbots.

142 GLENNON, Harv. J. Law & Publ. Pol. 25 (2002), 539 (554).

143 *Desuetudo* meint die schlichte Aufhebung einer Völkerrechtsregel ohne Begründung einer neuen Norm (VERDROSS / SIMMA, Universelles Völkerrecht, § 573; HEINTSCHEL VON HEINEGG, in: Ipsen, Völkerrecht, § 15 Rn. 112).

fiziert werden könne. Wenn aber kein – oder zumindest kein eindeutiges – Gewaltverbot bestehe, dann sei nach traditionellem Völkerrecht jeder Staat frei in seinem Handeln.[144] In der Konsequenz bedeute dies, dass

> „...the United States did indeed have all the authority to attack Iraq – not because the Security Council authorized it, but because there was no international law forbidding it. It was therefore impossible to act unlawfully."[145]

Diese Absage an das Verbot der Gewaltanwendung hat im Schrifttum kaum Zustimmung gefunden.[146] Grund hierfür ist zum einen, dass die *desuetudo* des Gewaltverbots als Norm des Völkervertrags- und des Völkergewohnheitsrechts nur angenommen werden könnte, wenn der Wegfall der Übung jeweils mit einer korrespondierenden Rechtsüberzeugung (*opinio iuris sive necessitate*) der Staaten einherginge.[147] Seit der Gründung der UN haben sich die Staaten beim Einsatz militärischer Gewalt in den allermeisten Fällen auf das Selbstverteidigungsrecht oder eine andere Ausnahme berufen, das Gewaltverbot als solches dabei aber nie in Frage gestellt.[148] Handelt ein Staat jedoch gegen eine anerkannte Regel des Völkerrechts und rechtfertigt er sein Verhalten zugleich mit einer Ausnahme von dieser Regel, so ist hierin eher die grundsätzliche Bestätigung dieser Regel als ihre Schwächung zu sehen.[149] Sofern man also die von den Staaten postulierten Rechtsüberzeugungen nicht für vorgeschoben und damit irrelevant hält, kann von einem Untergang des Gewaltverbots durch *desuetudo* nicht die Rede sein.[150] Gleiches gilt für die Entstehung neuen abändernden Völkerge-

---

[144] GLENNON, Foreign Affairs 82 (2003), No. 3, 16 (23).

[145] GLENNON, Foreign Affairs 82 (2003), No. 3, 16 (24).

[146] Zustimmung bei RIVKIN / CASEY, The National Interest 78 (Fall 2003), 57 ff.; AREND (The Washington Quarterly 26 (2003), No. 2, 89 [100 f.]), der Art. 2 Nr. 4 UN-Charta nur als Schutz vor gewaltsamer Annexion (sog. „Stimson-Doktrin") gewohnheitsrechtlich bestätigt sieht. Eine gewisse Sympathie für Glennons Thesen zeigen im deutschsprachigen Schrifttum GRZESZICK, AVR 41 (2003), 484 (499) und SCHNEIDER, Liquidiert Präsident Bush das Völkerrecht?, S. 15.

[147] HEINTSCHEL VON HEINEGG, in: Ipsen, Völkerrecht, § 16 Rn. 48; STEIN / VON BUTTLAR, Völkerrecht, Rn. 145. Nach KARL (Vertrag und spätere Praxis im Völkerrecht, S. 260 f.) ist hingegen für die *desuetudo* einer Norm des Völkergewohnheitsrechts schon der schlichte Wegfall der Übung ausreichend.

[148] FISCHER, in: Ipsen, Völkerrecht, § 59 Rn. 27; DONNER, AVR 33 (1995), 168 (218); FROWEIN, GYIL 46 (2003), 9 (10). Dies gilt insbesondere auch für die Erklärungen der USA und ihrer Verbündeten im Zuge des Irak-Konflikts in den Jahren 2002 und 2003 (PAULUS, GLJ 4 (2003), 871 (876); BRUHA, AVR 41 (2003), 295 [300]).

[149] ICJ Rep. 1986, 14 (98), Ziff. 186 – Military and Paramilitary Activities (Merits); O'CONNELL, The Myth of Preemptive Self-Defense, S. 14; BYERS, Journal of Political Philosophy 11 (2003), 171 (187).

[150] STREINZ, JöR 52 n.F. (2004), 219 (233); RANDELZHOFER, in: Simma, Charter, Art. 2 (4), Rn. 71.

wohnheitsrechts: Selbst wenn man in der Gewaltbilanz der letzten sechzig Jahre eine entsprechende *consuetudo* erblicken möchte, ist die Herausbildung einer sie tragenden *opinio iuris* unter den Staaten nicht ersichtlich.[151]

Zum anderen lassen Glennons Überlegungen außer Acht, dass die Derogation des universellen Gewaltverbots durch die Staatenpraxis nur angenommen werden könnte, wenn dem Kernbereich des Gewaltverbots entgegen der heute ganz herrschenden Meinung der zwingende Charakter abgesprochen wird. Als universelles *ius cogens* könnte das Gewaltverbot nicht durch einfaches Völkergewohnheitsrecht, sondern entsprechend Art. 53 S. 2 WVRK nur durch eine „subsequent norm having the same character", also nur durch eine neue Norm mit ebenfalls zwingendem Charakter (*ius cogens superveniens*) abgeändert werden.[152] Da sich eine neue völkergewohnheitsrechtliche Norm gewöhnlich erst nach einem längeren Zeitraum entwickelt, stände eine entgegengesetzte neue Staatenpraxis bis dahin im Widerspruch zu zwingendem Recht. Ein Verstoß gegen *ius cogens* kann aber nicht zugleich Ausgangspunkt einer neuen Übung sein.[153] Die schlichte Aufgabe einer zwingenden Norm durch *desuetudo* käme demgegenüber nur in Betracht, wenn sie tatsächlich von der gesamten Staatengemeinschaft getragen wird.[154] Dass aber tatsächlich die gesamte Staatengemeinschaft das Gewaltverbot heute für obsolet hält, kann kaum angenommen werden.

Glennons „neuer hegemonialer Realismus"[155] beruht mithin auf der irrigen Annahme, allein die in der politischen Realität, gewissermaßen von außen beobachtete Staatenpraxis sei für die Identifizierung des geltenden Völkerrechts maßgeblich. In der Konsequenz führt das Außerachtlassen der *opinio iuris* als zweites konstitutives Element des Völkergewohnheitsrechts zur Negation des normativen Charakters der Völkerrechtsordnung.[156]

III. Die Ausnahmen vom universellen Gewaltverbot

Angesichts der Bedeutung einer Entscheidung über Krieg oder Frieden ist das Verhältnis zwischen Gewaltverbot und seinen Ausnahmen einer der umstrittensten Bereiche des universellen Völkerrechts.[157] Wegen des in Art. 2 Nr. 4

[151] VERDROSS / SIMMA, Universelles Völkerrecht, § 576; O'CONNELL, AFDI 49 (2003), 3 (4); DÖRR, Das völkerrechtliche Gewaltverbot, S. 36.

[152] KADELBACH, Zwingendes Völkerrecht, S. 206 f.; JIMÉNEZ DE ARÉCHAGA, International Law in the Past Third of a Century, RdC 159 (1978/I), S. 67; VERDROSS / SIMMA, Universelles Völkerrecht, § 526.

[153] HANNIKAINEN, Peremptory Norms, S. 266; KADELBACH, Zwingendes Völkerrecht, S. 207 f.; LI, Jus cogens and international law, S. 517.

[154] KADELBACH, Zwingendes Völkerrecht, S. 207; HANNIKAINEN, Peremptory Norms, S. 268.

[155] So BRUHA, AVR 41 (2003), 295 (299).

[156] PAULUS, GLJ 4 (2003), 871 (876); BRUHA, AVR 41 (2003), 295 (300).

[157] STEIN / VON BUTTLAR, Völkerrecht, Rn. 799.

UN-Charta formulierten umfassenden Anspruchs des Gewaltverbots bedarf militärische Gewalt gegen einen anderen Staat stets einer besonderen Rechtfertigung.[158] Gewaltverbot und erlaubte Gewalt stehen zueinander also in einem Regel-Ausnahme-Verhältnis: Die Anwendung und Androhung von Gewalt ist illegal, sofern sie nicht ausdrücklich erlaubt ist.[159] Bei der Untersuchung der Ausnahmen vom Gewaltverbot muss zwischen den in der UN-Charta positivierten Ausnahmen und möglichen gewohnheitsrechtlichen Ausnahmen unterschieden werden.[160]

1. Die ausdrücklichen Ausnahmen vom Gewaltverbot in der UN-Charta

Die UN-Charta kennt mit den kollektiven Zwangsmaßnahmen des Sicherheitsrats (Art. 42 UN-Charta), dem Recht auf individuelle und kollektive Selbstverteidigung (Art. 51 UN-Charta) und den so genannten „Feindstaatenklauseln" (Art. 53, 107 UN-Charta) drei Ausnahmen vom universellen Gewaltverbot.[161]

a) Kollektive Zwangsmaßnahmen

Nach Art. 42 UN-Charta kann der Sicherheitsrat, wenn er der Auffassung ist, dass die in Art. 41 UN-Charta vorgesehenen Maßnahmen unzulänglich sein würden oder sich als unzulänglich erwiesen haben, mit Luft, See- oder Landstreitkräften die zur Wahrung oder Wiederherstellung des Weltfriedens und der internationalen Sicherheit erforderlichen Maßnahmen durchführen. Art. 42 UN-Charta ist damit die Rechtsgrundlage für militärische Zwangsmaßnahmen der kollektiven Sicherheit. Wegen der andauernden gegenseitigen Blockade der ständigen Mitglieder des Sicherheitsrats erlangte das VII. Kapitel der UN-Charta erst seit Ende des Ost-West-Konflikts praktische Bedeutung.[162] In Voraussicht dieser Lähmung des Sicherheitsrats hatte die Generalversammlung mit der Resolution „Uniting for Peace"[163] bereits 1950 versucht, eine eigene, subsidiäre Zu-

---

[158] MURSWIEK, NJW 2003, 1014 (1015); HOFMANN, GYIL 45 (2002), 9 (11 f.).

[159] OPPERMANN, Gewaltanwendung, S. 128; DEISEROTH, Deutschland im US-Irak-Krieg, S. 141.

[160] Die Begriffe „Ausnahmen" und „Rechtfertigungsgründe" werden synonym gebraucht, vgl. nur OPPERMANN, Gewaltanwendung, S. 127 f. und STEIN / VON BUTTLAR, Völkerrecht, Rn. 799 f. In Übereinstimmung mit der englischsprachigen Literatur, die einheitlich von „exception" spricht, soll im Folgenden der Begriff der „Ausnahme" verwendet werden.

[161] BERBER, Völkerrecht II, S. 41; RANDELZHOFER, in: Simma, Charter, Art. 2 (4), Rn. 39.

[162] FROWEIN / KRISCH, in: Simma, Charter, Art. 42, Rn. 4 f.; DINSTEIN, War, Aggression and Self-Defence, S. 258. Zum Problem des „unilateral enforcement of the collective will" bei einer Blockade im Sicherheitsrat z.B. STAHN, AJIL 97 (2003), 804 (815 ff.).

[163] GA/Res. 377 (1950).

ständigkeit für Maßnahmen der kollektiven Sicherheit zu schaffen.[164] Bindende Kraft können Beschlüsse der Generalversammlung zur Anwendung von Zwangsmaßnahmen auf Grundlage der „Uniting for Peace"-Resolution wegen Art. 11 UN-Charta jedoch nicht für sich beanspruchen.

Voraussetzung für militärische Zwangsmaßnahmen nach Art. 42 UN-Charta ist zunächst die „Eröffnung" des VII. Kapitels der UN-Charta durch die Feststellung des Sicherheitsrats gemäß Art. 39 UN-Charta, dass eine Bedrohung oder ein Bruch des Friedens oder eine Angriffshandlung vorliegt.[165] Der Begriff der Angriffhandlung (act of aggression) meint die Verletzung des Gewaltverbots durch eine militärische Aggression, die eindeutig einem Staat zugeordnet werden kann.[166] Ein Bruch des Friedens (breach of peace) liegt vor bei einer bewaffneten zwischenstaatlichen Auseinandersetzung, ohne dass der Sicherheitsrat den Aggressor benennt. Der weiteste Begriff der Friedensbedrohung (threat to peace) bezeichnet schließlich die Gefährdungslage im Vorfeld eines Friedensbruchs.[167] Die Begriffe „Angriffhandlung", „Friedensbruch" und „Friedensbedrohung" sind unbestimmte Rechtsbegriffe, die der Auslegung durch den Sicherheitsrat bedürfen.[168] Bei der Beurteilung einer Situation nach Art. 39 UN-Charta hat den Sicherheitsrat als politisches Organ ein sehr weites, aber nicht unbeschränktes Ermessen.[169] Das ICTY hat hierzu entschieden, dass

> "the determination that there exists such a threat is not a totally unfettered discretion, as it has to remain, at the very least, within the Purposes and Principles of the Charter."[170]

In seiner Praxis beschränkt sich der Sicherheitsrat regelmäßig auf die Beurteilung einer Situation als „Friedensbedrohung", um nicht den Konflikt durch eine Parteinahme anzuheizen.[171] Die Qualifikation nach Art. 39 UN-Charta präjudi-

---

164 Dazu ausführlich STEIN / MORRISSEY, Uniting for Peace Resolution, in: Bernhardt, EPIL IV, S. 1232 ff.; DINSTEIN, War, Aggression and Self-Defence, S. 273 ff.

165 BOTHE, in: Vitzthum, Völkerrecht, S. 619; GILL, NYIL 26 (1995), 33 (51).

166 Der Begriff der Angriffshandlung wird durch die nach jahrzehntelanger Diskussion von der Generalversammlung angenommene Aggressionsdefinition (Anlage zu GA/Res. 3314) vom 14. Dezember 1974 konkretisiert. Zu diesen Bemühungen RÖLING, Die Definition der Aggression, S. 387 ff.

167 STEIN / VON BUTTLAR, Völkerrecht, Rn. 856 f.; FISCHER, in: Ipsen, Völkerrecht, § 60 Rn. 8 ff.

168 STEIN / VON BUTTLAR, Völkerrecht, Rn. 856; BRUHA, AVR 41 (2003), 295 (301).

169 FROWEIN / KRISCH, in: Simma, Charter, Art. 39, Rn. 4 f.; BOTHE, in: Vitzthum, Völkerrecht, S. 620. DINSTEIN, War, Aggression and Self-Defence, S. 251, verneint demgegenüber die rechtliche Bindung des Sicherheitsrats bei der Entscheidung nach Art. 39 UN-Charta wegen seiner Funktion als politisches Organ.

170 ICTY Appeals Chamber, Prosecutor / Dusko Tadić, ILM 35 (1996), 35 (43).

171 GRAY, International Law, S. 197. Zu den wenigen Fällen, in denen der Sicherheitsrat eine Situation als Friedensbruch oder Angriffshandlung qualifiziert hat FISCHER, in: Ipsen, Völkerrecht, § 60 Rn. 9 f.

ziert jedoch in keiner Weise die Maßnahmen, die der Sicherheitsrat im weiteren Verlauf ergreifen darf.[172]

Auch wenn der Wortlaut des Art. 39 UN-Charta nahelegt, dass eine „Bedrohung des Friedens" nur bei einer Gefährdung der „internationalen Sicherheit" anzunehmen ist, ging der Sicherheitsrat Anfang der 1990er Jahre angesichts genozidartiger Ereignisse im Innern des Iraks und des zerfallenden Jugoslawiens zu einer flexiblen Interpretation von Art. 39 UN-Charta über. Nach dieser Praxis hat er etwa die innerstaatliche Verletzung der grundlegenden Menschenrechte als Friedensbedrohung qualifiziert.[173] Damit hat der Sicherheitsrat einen Weg gefunden, im Falle eines drohenden Völkermordes innerhalb eines Staates militärisch einzugreifen und so den Konflikt zwischen Gewaltverbot und dem Schutz der grundlegenden Menschenrechte, der auch der Debatte um die Zulässigkeit von „humanitären Interventionen"[174] zugrunde liegt, *intra chartam* zu lösen.[175]

Die zweite Voraussetzung für die Anwendung von militärischen Zwangsmaßnahmen ist, dass nichtmilitärische Maßnahmen nach Art. 41 UN-Charta keinen Erfolg gehabt haben oder dem Sicherheitsrat von vornherein als unzureichend erscheinen. Typische Maßnahmen des Sicherheitsrats unter Art. 41 UN-Charta sind diplomatische oder wirtschaftliche Sanktionen. Unter Ausschluss militärischer Gewalt sind aber auch andere geeignete Maßnahmen zulässig, der Katalog des Art. 41 UN-Charta ist nicht abschließend.[176] Bei der Entscheidung über den Adressaten und den Grad des Gewalteinsatzes lässt die UN-Charta dem Sicherheitsrat ein weites Ermessen.[177] Die Maßnahmen müssen jedoch gemäß Art. 24 Abs. 2 UN-Charta mit den in Art. 1 UN-Charta niedergelegten Zielen und den Grundsätzen der Vereinten Nationen sowie den auch den Sicherheitsrat bindenden Normen des völkerrechtlichen *ius cogens* vereinbar sein.[178] Darüber

---

[172] DINSTEIN, War, Aggression and Self-Defence, S. 250; zurückhaltend jedoch FISCHER, Ipsen, Völkerrecht, § 60 Rn. 11 f.

[173] RANDELZHOFER, Use of Force, in: Bernhardt, EPIL IV, S. 1258; STEIN / VON BUTTLAR, Völkerrecht, Rn. 859. Vgl. dazu SC/Res. 688 (1991), SC/Res. 794 (1992) und SC/Res. 929 (1994).

[174] Dazu s.u., 2. Kap. B III 2 a bb.

[175] FISCHER, in: Ipsen, Völkerrecht, § 60 Rn. 8.

[176] FROWEIN / KRISCH, in: Simma, Charter, Art. 41, Rn. 14; DINSTEIN, War, Aggression and Self-Defence, S. 249; HERDEGEN, Völkerrecht, § 41 Rn. 4.

[177] FROWEIN / KRISCH, in: Simma, Charter, Art. 42, Rn. 10; GILL, NYIL 26 (1995), 33 (52). Zur Frage der Rechtskontrolle von Entscheidungen des Sicherheitsrats nach dem VII. Kapitel der UN-Charta durch den IGH siehe GILL, NYIL 26 (1995), 33 (116 ff.).

[178] DINSTEIN, War, Aggression and Self-Defence, S. 281 f.; FROWEIN / KRISCH, in: Simma, Charter, Introduction to Chapter VII, Rn. 26 ff. Einschränkend in Hinblick auf die Bindung des Sicherheitsrats an das völkerrechtliche *ius cogens* KRISCH, Selbstverteidigung und kollektive Sicherheit, S. 305 ff.

hinaus verpflichtet der Wortlaut des Art. 42 UN-Charta den Sicherheitsrat zur Beachtung des Verhältnismäßigkeitsgrundsatzes.[179]

Nach der Konzeption des Systems kollektiver Sicherheit in der UN-Charta soll der Sicherheitsrat über eigene, ihm von den Mitgliedstaaten gestellte Truppen verfügen. Da jedoch bis heute kein einziges Abkommen nach Art. 43 UN-Charta geschlossen wurde, ermächtigt der Sicherheitsrat in seiner von Art. 48 UN-Charta gedeckten Praxis einen oder mehrere Mitgliedstaaten der UN mit der Ausführung der Maßnahmen in seinem Namen.[180] Bei den oft formelkompromisshaft abgefassten Resolutionen des Sicherheitsrats kann manchmal – auch bewusst – unklar bleiben, ob sie eine Ermächtigung zu militärischem Handeln enthalten oder aber nur eine Friedensbedrohung oder einen Friedensbruch feststellen.[181] Die Ermächtigung eines Staates oder einer Staatengruppe zur Ausübung von militärischer Gewalt darf jedoch keinesfalls so weit gefasst sein, dass der Sicherheitsrat seine Kontrollfunktion nicht mehr wahrnehmen kann.[182]

Neben der Kompetenz des Sicherheitsrats zur Anwendung militärischer Gewalt im Rahmen des VII. Kapitels der UN-Charta sieht das VIII. Kapitel in den Art. 53 Abs. 1 S. 1 und S. 2 1. HS UN-Charta auch die Möglichkeit militärischer Zwangsmaßnahmen von Regionalorganisationen im Auftrag oder mit Ermächtigung des Sicherheitsrats vor.[183]

b) Das Recht zur individuellen und kollektiven Selbstverteidigung

Nach Art. 51 UN-Charta hat jeder Staat im Falle eines bewaffneten Angriffs „das naturgegebene Recht zur individuellen oder kollektiven Selbstverteidigung“. Dieses Recht zur unilateralen Gewaltanwendung ist zwar subsidiär gegenüber Maßnahmen der kollektiven Sicherheit, da Selbstverteidigung nur zulässig ist, „bis der Sicherheitsrat die zur Wahrung des Weltfriedens und der internationalen Sicherheit erforderlichen Maßnahmen getroffen hat“.[184] Wegen

---

179 GARDAM, Necessity, Proportionality and the Use of Force by States, S. 201 ff.; FROWEIN / KRISCH, in: Simma, Charter, Introduction to Chapter VII, Rn. 30.

180 RANDELZHOFER, in: Simma, Charter, Art. 2 (4), Rn. 44; BOTHE, in: Vitzthum, Völkerrecht, S. 622 f.

181 STEIN / VON BUTTLAR, Völkerrecht, Rn. 863 f. Zu der Debatte um die bewusst unklar formulierte SC/Res. 1441 (2002) vgl. GRAY, International Law, S. 271 ff. und HERDEGEN, Völkerrecht, § 41 Rn. 7.

182 FROWEIN / KRISCH, in: Simma, Charter, Art. 42, Rn. 25 ff.; FISCHER, in: Ipsen, Völkerrecht, § 59 Rn. 20.

183 Dazu ausführlich RESS / BRÖHMER, in: Simma, Charter, Art. 53, Rn. 3 ff.; FROWEIN, Zwangsmaßnahmen von Regionalorganisationen, S. 57 ff.; GRAY, International Law, S. 299 ff.

184 TALMON, Grenzen der „Grenzenlosen Gerechtigkeit“, S. 181. Das Selbstverteidigungsrecht wird allerdings nur dann suspendiert, wenn die Maßnahmen des Sicherheitsrats tatsächlich effektiven Schutz bieten (FRANCK, AJIL 95 (2001), 839 [841 f.]; DOEHRING,

der Blockade des Sicherheitsrats während des Ost-West-Konflikts entfaltete die Subsidiaritätsklausel jedoch keine praktische Wirkung, das Selbstverteidigungsrecht entwickelte vielmehr zur einzig relevanten Ausnahme vom Gewaltverbot.[185] Seine im Einzelnen stark umstrittenen Tatbestandsmerkmale ließen Art. 51 UN-Charta dabei zugleich zur weidlich ausgenutzten „escape clause" vom allgemeinen Gewaltverbot degenerieren.

aa) Selbstverteidigung als „naturgegebenes" Recht

Mit der Bezeichnung des Selbstverteidigungsrechts als „naturgegebenes Recht" („inherent right"/„droit naturel") erinnert Art. 51 UN-Charta an den naturrechtlichen Ursprung des Selbstverteidigungsrechts.[186] Der IGH interpretierte diese Formulierung in seinem „Nicaragua"-Urteil aber auch als Anerkenntnis, dass das Selbstverteidigungsrecht von der Satzung nicht geschaffen, sondern von ihr als Bestandteil des Völkergewohnheitsrechts vorausgesetzt werde:

> "The Court therefore finds that Art. 51 of the Charter is only meaningful on the basis that there is a "natural" or "inherent" right of self-defence, and it is hard to see how this can be other than of a customary nature, even if its present content has been confirmed and influenced by the Charter."[187]

Mit eben diesem Argument wurde vor allem im anglo-amerikanischen Schrifttum der 1950er Jahre die Meinung vertreten, dass neben dem auf die Abwehr eines bewaffneten Angriffs beschränkten Selbstverteidigungsrechts des Art. 51 UN-Charta das frühere, gewohnheitsrechtliche Selbstverteidigungsrecht in seiner Gesamtheit inhaltlich unverändert fortbesteht.[188] Dieses Recht erlaube auch Gewaltmaßnahmen, die der Abwehr gewaltsamer Angriffe auf wichtige Interessen des Staates, Leben und Eigentum der eigenen Staatsangehörigen im Ausland oder die wirtschaftliche Unabhängigkeit dienen.[189] Allgemein gesprochen sei es

---

Völkerrecht, Rn. 578. Anders Krisch (Selbstverteidigung und kollektive Sicherheit, S. 204), nach dem die Maßnahmen nur Erfolg versprechend sein müssten.

185 Randelzhofer, in: Simma, Charter, Art. 2 (4), Rn. 3; Donner, AVR 33 (1995), 168 (179).

186 Schachter, AJIL 83 (1989), 259 (259 f.); Dinstein, War, Aggression and Self-Defence, S. 163.

187 ICJ Rep. 1986, 14 (94), Ziff. 176 – Military and Paramilitary Activities (Merits). Die völkergewohnheitsrechtliche Anerkennung des kollektiven Selbstverteidigungsrechts vor 1945 ist allerdings zweifelhaft, vgl. ICJ Rep. 1986, 212 (253 ff.), Ziff. 90 ff. – Military and Paramilitary Activities (Diss. op. Oda); Krisch, Selbstverteidigung und kollektive Sicherheit, S. 235.

188 Waldock, Use of Force, RdC 81 (1952/II), S. 496 f.; Bowett, Self-Defence, S. 184 ff.; Stone, Aggression and World Order, S. 97 ff.

189 Bowett, Self-Defence, S. 185.

ein „general right of self-protection against a forcible threat to a State's legal rights"[190].

Die Gegenansicht interpretiert die Formulierung „inherent right"/„droit naturel" hingegen als bloße Reminiszenz an das im Naturrecht wurzelnde Grundrecht aller Staaten auf Selbstverteidigung, nicht aber als Bekräftigung seines gewohnheitsrechtlichen Charakters.[191] Diese Auslegung fußt auf der systematischen Überlegung, dass es nicht nachvollziehbar wäre, wenn Art. 51 UN-Charta als die gegenüber dem gewohnheitsrechtlichen Selbstverteidigungsrecht engere, das heißt speziellere Norm nur in den Vertragstext aufgenommen worden wäre, um das Selbstverständliche – eben das Völkergewohnheitsrecht – zu bestätigen.[192] Dieser Ansicht nach wird das gewohnheitsrechtliche Selbstverteidigungsrecht zumindest für die Mitgliedstaaten der UN von Art. 51 UN-Charta überlagert oder verdrängt.[193]

Der IGH entwickelte im „Nicaragua"-Urteil eine überzeugende Synthese dieser beiden Ansätze, die auch in der Literatur[194] weithin Zustimmung gefunden hat. Danach meint die Bezeichnung des Selbstverteidigungsrechts als „naturgegebenes Recht", dass das gewohnheitsrechtliche Selbstverteidigungsrecht selbständig und gleichrangig neben der völkervertraglichen Norm fortbesteht. Aus ihrer eigenständigen Existenz folgt, dass beide Normen nicht zwingend den gleichen Inhalt und Anwendungsbereich haben müssen. Dies schließt zwar nicht aus, dass der gegenwärtige Inhalt des gewohnheitsrechtlichen Selbstverteidigungsrechts von Art. 51 UN-Charta beeinflusst wird; im Gegenzug liefert aber erst das Gewohnheitsrecht das erforderliche Vorverständnis für die in Art. 51 UN-Charta nur unzureichend kodifizierte Selbstverteidigung.[195] Für die Auslegung und Fortentwicklung des Selbstverteidigungsrechts bedeutet die doppelte

---

190 WALDOCK, Use of Force, RdC 81 (1952/II), S. 496. Allerdings zeigten sich bereits in der Staatenpraxis der 1930er Jahre Tendenzen, das Selbstverteidigungsrecht auf den Fall eines bewaffneten Angriffs zu beschränken. Selbst bei Annahme eines im Jahr 1945 noch sehr weiten gewohnheitsrechtlichen Selbstverteidigungsrechts müsste der inzwischen eingetretene Wandel der Rechtsüberzeugung der Staaten, die ein Recht auf gewaltsame Selbsthilfe gegen jede Rechtsverletzung nicht mehr kennt, beachtet werden (BROWNLIE, International Law and the Use of Force by States, S. 247 ff.; BRYDE, Self-Defence, in: Bernhardt, EPIL IV, S. 363).

191 RANDELZHOFER, Use of Force, in: Bernhardt, EPIL IV, S. 1253; SCHINDLER, Die Grenzen des völkerrechtlichen Gewaltverbots, S. 17.

192 BROWNLIE, International Law and the Use of Force by States, S. 273; KREß, Gewaltverbot und Selbstverteidigungsrecht, S. 175 f.

193 RANDELZHOFER, in: Simma, Charter, Art. 51, Rn. 45; GENONI, Die Notwehr im Völkerrecht, S. 157.

194 JENNINGS / WATTS, Oppenheim's International Law Vol. I/1, § 127, S. 418; SHAW, International Law, S. 1026; GREENWOOD, San Diego ILJ 4 (2003), 7 (12); BRYDE, Self-Defense, in: Bernhardt, EPIL IV, S. 364.

195 ICJ Rep. 1986, 14 (94), Ziff. 176 – Military and Paramilitary Activities (Merits).

Verankerung im Völkervertrags- und im Völkergewohnheitsrecht jedenfalls, dass neben dem Wortlaut des Art. 51 UN-Charta und der Systematik der UN-Charta die Analyse der Staatenpraxis von herausragender Bedeutung ist.[196]

bb) Selbstverteidigung nur „im Falle eines bewaffneten Angriffs"

Art. 51 UN-Charta erkennt das Recht der Staaten zur Selbstverteidigung „im Falle eines bewaffneten Angriffs" („if an armed attack occurs"/„dans le cas d'une agression armée") an.[197] Damit ist nicht nur die gewaltsame Selbsthilfe zur allgemeinen Rechtsdurchsetzung ausgeschlossen, sondern auch die Selbstverteidigung gegen militärische Gewalt, die noch nicht als „bewaffneter Angriff" qualifiziert werden kann.[198] Der Begriff des „bewaffneten Angriffs" in Art. 51 UN-Charta ist also enger als der Gewaltbegriff des Art. 2 Nr. 4 UN-Charta. Gegen militärische Gewalt unterhalb der Schwelle zum „bewaffneten Angriff" bleibt dem betroffenen Staat nur die Möglichkeit, den Sicherheitsrat um geeignete Maßnahmen zur Wiederherstellung des Friedens und der internationalen Sicherheit zu ersuchen.[199]

Der „bewaffneter Angriff" kann als massiver, koordinierter Ersteinsatz militärischer Gewalt gegen einen anderen Staat definiert werden.[200] Art. 3 der Aggressionsdefinition, der einen nicht abschließenden Katalog von direkten oder indirekten Angriffshandlungen aufzählt, hat den Begriff des „bewaffneten Angriffs" jedoch nicht präjudiziert. Diese Resolution erging ausschließlich zur Konkretisierung der „Angriffshandlung" (act of aggression) in Art. 39 UN-Charta, nicht zur Definition des „bewaffneten Angriffs" im Sinne von Art. 51 UN-Charta.[201] Der Begriff „bewaffneter Angriff" in Art. 51 UN-Charta ist gegenüber der „An-

[196] Noch weitergehend BOTHE, AVR 41 (2003), 255 (256), der an die Fortentwicklung des Selbstverteidigungsrechts nur völkergewohnheitsrechtliche Maßstäbe anlegen will.

[197] Zur Diskussion um die Realisierungsschwelle des „bewaffneten Angriffs" s.u., 2. Kap. C III 3 a.

[198] ICJ Rep. 1986, 14 (101), Ziff. 191 – Military and Paramilitary Activities (Merits); RANDELZHOFER, in: Simma, Charter, Art. 2 (4), Rn. 13 f.; STREINZ, JöR 52 n.F. (2004), 219 (224). Anders FISCHER, in: Ipsen, Völkerrecht, § 59 Rn. 28, und BRYDE, Self-Defence, in: Bernhardt, EPIL IV, S. 363, die die Frage der Abwehr geringfügiger militärischer Gewalt im Rahmen der Verhältnismäßigkeit lösen wollen.

[199] Gegen nichtmilitärische Gewalt (z.B. Zwischenfälle zwischen Grenzorganen, verbotene Einflüge fremder Flugzeuge) sind militärische Abwehrmaßnahmen im Rahmen strikter Erforderlichkeit und Verhältnismäßigkeit ohne Verstoß gegen das Gewaltverbot zulässig („kleine Gewalt") (VERDROSS / SIMMA, Universelles Völkerrecht, § 472).

[200] HERDEGEN, Völkerrecht, § 34 Rn. 12; STREINZ, JöR 52 n.F. (2004), 219 (224).

[201] S.o., 2. Kap. B III 1 a. Nach ihrem Art. 6 enthält die Aggressionsdefinition gerade keine Regelung in Hinblick auf das Selbstverteidigungsrecht.

griffshandlung“ im Sinne von Art. 39 UN-Charta der engere Begriff.[202] Die Hierarchie zwischen „bewaffneter Angriff“ und „Angriffshandlung“ ist zwar nicht unbestritten[203], sie folgt aber zwingend aus der Subsidiarität des Selbstverteidigungsrechts gegenüber Kollektivmaßnahmen des Sicherheitsrats. Der „bewaffnete Angriff“ ist somit als besonders schwerwiegender Unterfall der „Angriffshandlung“ zu qualifizieren. Unter Beachtung dieser Prämisse kann die Aggressionsdefinition bei der Beurteilung eines Geschehens als „bewaffneter Angriff“ zumindest als Auslegungshilfe wertvolle Hinweise geben.[204] Die Beweislast für das tatsächliche Vorliegen eines bewaffneten Angriffs trägt der sich verteidigende Staat.[205]

Im Zuge der Terroranschläge des 11. September 2001 hat sich eine erweiterte Interpretation des Selbstverteidigungsrechts[206] gegen indirekte Aggressionen in der Staatenpraxis durchgesetzt.[207] Als Reaktion auf die Attentate bekräftigte der Sicherheitsrat in zwei Resolutionen vom 12. und 28. September 2001[208] einstimmig das Recht der USA auf Selbstverteidigung und wertete damit erstmals nichtstaatliche Gewaltanwendung zumindest implizit als „bewaffneten Angriff“ i.S.v. Art. 51 UN-Charta.[209]

Diese Entscheidung wirft insofern Fragen auf, als nach hergebrachtem Verständnis nur ein Staat, mangels eigener Völkerrechtssubjektivität nicht aber eine terroristische Gruppe, Adressat von militärischen Selbstverteidigungsmaßnahmen sein kann.[210] Dem sthet nicht entgegen, dass einem Staat die Gewaltanwendung durch Terrorgruppen unter gewissen Voraussetzungen als eigene Tat zugerechnet werden kann. Der IGH hat unter Hinweis auf Art. 3 lit. g der Aggres-

---

202 WENGLER, Das völkerrechtliche Gewaltverbot, S. 7; RANDELZHOFER, in: Simma, Charter, Art. 2 (4), Rn. 17; BLUMENWITZ, BayVBl. 1986, 737 (739); STEIN / VON BUTTLAR, Völkerrecht, Rn. 784.

203 Vgl. FISCHER, in: Ipsen, Völkerrecht, § 59 Rn. 10 sowie die Nachweise bei RANDELZHOFER, a.a.O., Fn. 52.

204 BLUMENWITZ, BayVBl. 1986, 737 (739); STEIN / VON BUTTLAR, Völkerrecht, Rn. 784.

205 IGH, Urteil vom 6. November 2003, S. 29, Ziff. 57 – Oil Platforms (Merits).

206 Nach MEESSEN, Selbstverteidigung als werdendes Völkergewohnheitsrecht, NZZ, 18. Februar 2003, S. 5, handelt es sich hingegen um entstehendes Völkergewohnheitsrecht, da bei Schaffung der UN-Charta kein Mensch an terroristische Akte Privater gedacht habe.

207 NOLTE, FW 78 (2003), 119 (131). Ausführlich dazu TALMON, Grenzen der „Grenzenlosen Gerechtigkeit“, S. 158 ff.

208 SC/Res. 1368 (2001) und 1373 (2001).

209 GRAY, International Law, S. 159; MURPHY, Harvard ILJ 43 (2003), 41 (48); FISCHER, in: Ipsen, Völkerrecht, § 59 Rn. 28; differenzierend RANDELZHOFER, in: Simma, Charter, Art. 51, Rn. 34.

210 BLUMENWITZ, BayVBl. 1986, 737 (738); GRAY, International Law, S. 165. Zum Meinungsstand in der Literatur ausführlich KREß, Gewaltverbot und Selbstverteidigungsrecht, S. 143 ff.

sionsdefinition entschieden, dass private Gewaltanwendung einem Staat als eigener „bewaffneter Angriff" zugerechnet werden kann, wenn sie ein

> „,sending by or on behalf of a State of armed bands, groups, irregulars or mercenaries, which carry out acts of armed force against another State of such gravity as to amount to' (*inter alia*) an actual armed attack conducted by regular forces, ,or its substantial involvement therein'"[211]

darstellt. Angesichts der neuen Bedrohung durch einen globalisierten, in keine staatlichen Strukturen eingebundenen Terrorismus hat sich in der Staatenpraxis wohl eine erweiterte Zurechnung terroristischer Handlungen durchgesetzt: Als ausreichendes Kriterium wird nunmehr bereits die logistische Unterstützung oder die willentliche Gewährung eines sicheren Rückzugsgebiets für Attentäter betrachtet.[212]

Einer weitergehenden Ansicht nach soll aber auch eine private Terrorgruppe selbst Adressat der Selbstverteidigungsmaßnahme sein können, da der Wortlaut des Art. 51 UN-Charta das Selbstverteidigungsrecht zumindest nicht ausdrücklich nur im Falle eines „bewaffneten Angriffs" durch einen Staat anerkennt.[213] Diese Position haben sich die USA und Großbritannien in ihren Briefen an den Sicherheitsrat vom 7. Oktober 2001[214], in denen sie ihre Angriffe auf Stellungen „Al Qaidas" und der Taliban in Afghanistan als Selbstverteidigung rechtfertigten, zu Eigen gemacht.[215] Der IGH hat demgegenüber in seinem Gutachten zum Mauerbau im Westjordanland aus dem Jahr 2004 bekräftigt, dass das Selbstverteidigungsrecht nur bei einem bewaffneten Angriff durch einen anderen Staat ausgelöst wird.[216] Es bleibt daher abzuwarten, ob sich die Erweiterung des Adressatenkreises auf Private in der Staatenpraxis durchsetzen können wird. Dem steht zumindest entgegen, dass außerhalb der hohen See solche Selbstverteidigungsmaßnahmen zwangsläufig das Territorium eines anderen Staates treffen. Sofern auch eine flexible Handhabung des Zurechnungskriteriums keine Zurechnung eines terroristischen Akts zu einem bestimmten Staat begründen

---

211 ICJ Rep. 1986, 14 (103), Ziff. 195 – Military and Paramilitary Activities (Merits).

212 RANDELZHOFER, in: Simma, Charter, Art. 51, Rn. 33; STEIN / VON BUTTLAR, Völkerrecht, Rn. 846; kritisch BLUMENWITZ, ZfP 2003, 301 (313).

213 FRANCK, AJIL 95 (2001), 839 (840); MURPHY, Harvard ILJ 43 (2002), 41 (50); HERDEGEN, Völkerrecht, § 34 Rn. 16; BRUHA, AVR 40 (2002), 383 (390). Für eine Ausweitung auf private Terrorgruppen in entsprechender Anwendung des Neutralitätsrechts STEIN / VON BUTTLAR, Völkerrecht, Rn. 845 f.

214 UN Doc. S/2001/946 bzw. UN Doc. S/2001/947.

215 GRAY, International Law, S. 166; TALMON, Grenzen der „Grenzenlosen Gerechtigkeit", S. 161.

216 IGH, Gutachten vom 9 Juli 2004, Ziff. 139 – Conséquences juridiques de l'édification d'um mur dans le Territoire palestinien occupé: « L'article 51 de la Charte reconnaît ainsi l'existence d'un droit naturel de légitime défense en cas d'agression armée par un Etat contre un autre Etat. ».

kann, steht dieser Staat zu Recht unter dem grundsätzlichen Schutz des Gewaltverbots.

cc) Erforderlichkeit und Verhältnismäßigkeit als Schranken des Selbstverteidigungsrechts

Im Begriff der Selbstverteidigung – verstanden als Ausnahme von einem grundsätzlichen Verbot der Gewaltanwendung – ist ihre strikte Beschränkung auf das Notwendigste enthalten. Daher waren die Prinzipien der Erforderlichkeit und Verhältnismäßigkeit bereits im klassischen Völkerrecht als inhärente Schranken des friedensvölkerrechtlichen Selbstverteidigungsrechts anerkannt, auch wenn es den Staaten damals freistand, ihre Rechte durch die Eröffnung des förmlichen Kriegszustands unbeschränkt durchzusetzen.[217] Diese Grundsätze gelten für das heute sehr viel engere gewohnheitsrechtliche Selbstverteidigungsrecht und das völkervertragliche Selbstverteidigungsrecht nach Art. 51 UN-Charta fort.[218]

Erforderlichkeit und Verhältnismäßigkeit beziehen sich sowohl auf das Ziel als auch auf die Mittel der Selbstverteidigung. In Hinblick auf das Ziel beschränken die Grundsätze der Erforderlichkeit und der Verhältnismäßigkeit die Selbstverteidigung auf die Erhaltung oder Wiederherstellung des *status quo ante*.[219] Abschreckung oder Bestrafung des Gegners scheiden als Ziele aus, die Selbstverteidigung darf nicht den Charakter einer gewaltsamen Repressalie annehmen.[220] Aus diesem Grund müssen Selbstverteidigungsmaßnahmen gegen einen isolierten bewaffneten Angriff unmittelbar ergriffen werden.[221] Einen länger zurückliegenden bewaffneten Angriff darf der angegriffene Staat nicht als Vorwand für eine vermeintliche „Selbstverteidigung" missbrauchen. Dies schließt jedoch nicht aus, dass zunächst friedliche Mittel der Streitbeilegung ge-

---

217 BRYDE, Self-Defence, in: Bernhardt, EPIL IV, S. 362; WALDOCK, Use of Force, RdC 81 (1952/II), S. 468.

218 ICJ Rep. 1996-I, 226 (245), Ziff. 41 – Threat or Use of Nuclear Weapons (Advisory Opinion); IGH, Urteil vom 6. November 2003, S. 35, Ziff. 74 – Oil Platforms (Merits); GRAY, International Law, S. 121; ELARABY, Art. 2 (4) Revisited, S. 51. Dabei ist zu beachten, dass das Verhältnismäßigkeitsprinzip nur für das friedensvölkerrechtliche Selbstverteidigungsrecht gilt. Während eines förmlichen Kriegszustands ist im Rahmen des *ius in bello* auch die unverhältnismäßige Schädigung des Gegners erlaubt (BLUMENWITZ, BayVBl. 1986, 737 [740]).

219 BRYDE, Self-Defence, in: Bernhardt, EPIL IV, S. 362 f.; AKANDE, BYIL 68 (1997), 165 (191).

220 GRAY, International Law, S. 121; RANDELZHOFER, in: Simma, Charter, Art. 51, Rn. 42.

221 DINSTEIN, War, Aggression and Self-Defence, S. 184 und 212. Auch der IGH, ICJ Rep. 1986, 14 (122), Ziff. 237 – Military and Paramilitary Activities (Merits), behandelt diese Frage im Zusammenhang mit der Erforderlichkeit der Selbstverteidigung.

sucht werden. Dem Verteidigerstaat wird ebenfalls die für eine effektive militärische Verteidigung erforderliche Vorlaufzeit gewährt.[222]

In Hinblick auf die Mittel und den Umfang der Selbstverteidigung beschränken diese Grundsätze das Selbstverteidigungsrecht auf den zur endgültigen Abwehr erforderlichen und gegenüber den Mitteln des Angriffs verhältnismäßigen Gewalteinsatz.[223] Die einzelnen Aspekte, die in die Abwägung der Verhältnismäßigkeit der Mittel einzustellen sind, variieren und lassen sich kaum verallgemeinern.[224] Diese Prinzipien verpflichten den Verteidiger jedenfalls nicht zwangsläufig dazu, den Angriff mit den gleichen Mitteln zurückzuschlagen.[225] Im Extremfall kann auch der Erstgebrauch von Nuklearwaffen gegen einen massiven Angriff mit konventionellen Waffen erforderlich und verhältnismäßig sein.[226]

dd) Besonderheiten bei der kollektiven Selbstverteidigung

Das von Art. 51 UN-Charta ebenfalls anerkannte Recht der kollektiven Selbstverteidigung erlaubt es jedem Staat, einem anderen Staat in einer Selbstverteidigungssituation Nothilfe zu leisten.[227] Wie bei der individuellen Selbstverteidigung müssen sich auch Maßnahmen der kollektiven Selbstverteidigung im Rahmen der Erforderlichkeit und Verhältnismäßigkeit halten.[228] Art. 51 UN-Charta verlangt allerdings nicht, dass der angegriffene und der Hilfe leistende Staat eine gemeinsame, koordinierte Aktion ergreifen.[229] Ebenso wenig müssen das Opfer des bewaffneten Angriffs und seine Unterstützer Mitglieder der UN oder Partner in einer Regionalorganisation oder einem gemeinsamen Verteidigungsbündnis sein, auch wenn die Gründungsverträge einiger dieser

---

222 DINSTEIN, War, Aggression and Self-Defence, S. 184 und 212; GARDAM, Necessity, Proportionality and the Use of Force by States, S. 150 f.; FISCHER, in: Ipsen, Völkerrecht, § 59 Rn. 38.

223 BRYDE, Self-Defence, in: Bernhardt, EPIL IV, S. 363; RANDELZHOFER, in: Simma, Charter, Art. 51, Rn. 42.

224 Ausführlich GARDAM, Necessity, Proportionality and the Use of Force by States, S. 162 ff.

225 RANDELZHOFER, in: Simma, Charter, Art. 51, Rn. 42; AKANDE, BYIL 68 (1997), 165 (191).

226 ICJ Rep. 1996-I, 226 (245), Ziff. 42 – Threat or Use of Nuclear Weapons (Advisory Opinion). Der IGH weist in diesem Zusammenhang jedoch darauf hin, dass der Einsatz von Atomwaffen auch am humanitären Völkerrecht zu messen ist.

227 Zu den verschiedenen Konstellationen der kollektiven Selbstverteidigung DINSTEIN, War, Aggression and Self-Defence, S. 223 f.

228 DELBRÜCK, Collective Self-Defence, in: Bernhardt, EPIL I, S. 658; BROWNLIE, International Law and the Use of Force by States, S. 331.

229 BERBER, Völkerrecht II, S. 47, meint daher, dass die „kollektive Selbstverteidigung" i.S.v. Art. 51 UN-Charta „definitorisch gar keine Selbstverteidigung" sei. Vgl. dazu die Analyse der Wortlautdifferenz zwischen der englischen und der französischen Textfassung bei DELIVANIS, La légitime défense, S. 155 f.

Bündnisse[230] ausdrücklich auf das Recht zur kollektiven Selbstverteidigung oder Art. 51 UN-Charta Bezug nehmen.[231] Notwendig, aber auch ausreichend ist nach der Rechtsprechung des IGH das Hilfeersuchen eines Staates, der sich einem bewaffneten Angriff ausgesetzt sieht.[232] Ein Beispiel für kollektive Selbstverteidigung aus der jüngeren Staatenpraxis ist die Befreiung Kuwaits von der irakischen Besetzung im Jahr 1991.[233]

c) Die Feindstaatenklauseln

Die so genannten „Feindstaatenklauseln" der Art. 53 Abs. 1 S. 2 2. HS und 107 UN-Charta nehmen Gewaltmaßnahmen gegen Staaten, die im Zweiten Weltkrieg Gegner eines der ursprünglichen Unterzeichnerstaaten der UN-Charta waren, ausdrücklich vom Gewaltverbot aus. Art. 107 UN-Charta stellt die Regierungen, die für Maßnahmen als Folge des Zweiten Weltkriegs in Bezug auf einen Feindstaat verantwortlich sind, in dieser Hinsicht von den Verpflichtungen der UN-Charta frei. Art. 53 Abs. 1 S. 2 2. HS UN-Charta erlaubt außerdem die Durchführung von Zwangsmaßnahmen gegen die Wiederaufnahme der Angriffspolitik der Feindstaaten auch ohne Ermächtigung des Sicherheitsrats.[234]

Die Feindstaatenklauseln werden heute ganz überwiegend als obsolet angesehen.[235] Diesen Standpunkt hat auch die Generalversammlung der UN in einer Resolution aus dem Jahr 1995 eingenommen.[236] Ein Grund hierfür ist, dass mittlerweile alle früheren Feindstaaten – neben Deutschland und Japan auch Bulgarien, Finnland, Italien, Rumänien, Thailand und Ungarn[237] – den Vereinten

230 Vgl. z.B. Art. V WEU-Vertrag (UNTS 19, 53), Art. 5 NATO-Vertrag (UNTS 34, 243) und Art. 4 Warschauer Pakt (UNTS 219, 3).

231 So die ganz h.M., vgl. nur Delbrück, Collective Self-Defence, in: Bernhardt, EPIL I, S. 656; RANDELZHOFER, in: Simma, Charter, Art. 51, Rn. 37; CASSESE, in: Cot / Pellet, Charte, Art. 51, S. 787; BROWNLIE, International Law and the Use of Force by States, S. 329 ff.; WILDHABER, Gewaltverbot und Selbstverteidigung, S. 167. Anders jedoch BOWETT, Self-Defence, S. 207 und DELIVANIS, La légitime défense, S. 156.

232 ICJ Rep. 1986, 14 (105), Ziff. 199 – Military and Paramilitary Activities (Merits); IGH, Urteil vom 6. November 2003, S. 27, Ziff. 51 – Oil Platforms (Merits). In Hinblick auf das Hilfeersuchen einschränkend WENGLER, NJW 1986, 2994 (2996) und RANDELZHOFER, in: Simma, Charter, Art. 2 (4), Rn. 38.

233 DINSTEIN, War, Aggression and Self-Defence, S. 242 ff.; BOTHE, in: Vitzthum, Völkerrecht, S. 608. Anders RANDELZHOFER, in: Simma, Charter, Art. 2 (4), Rn. 44, der kollektive Zwangsmaßnahmen nach Art. 42 UN-Charta annimmt.

234 Wegen der Fortgeltung des Briand-Kellogg-Pakts wären jedoch nur so genannte „measures short of war" zulässig (VON DER HEYDTE, Feindstaatenklausel, S. 251).

235 RANDELZHOFER, in: Simma, Charter, Art. 2 (4), Rn. 40 m.w.N.; DONNER, AVR 33 (1995), 168 (179); FISCHER, in: Ipsen, Völkerrecht, § 59 Rn. 10.

236 GA/Res. 50/52 (1995).

237 EPPING, in: Ipsen, Völkerrecht, § 32 Rn. 35; BLUMENWITZ, Enemy State Clause in the United Nations Charter, in: Bernhardt, EPIL II, S. 91.

Nationen beigetreten sind. Die Mitgliedschaft in den Vereinten Nationen steht jedoch nach Art. 4 Abs. 1 UN-Charta nur „peace-loving states" offen. Wären die „Feindstaatenklauseln" nicht hinfällig, würden sich die UN selbst in Widerspruch setzen, denn die Bezeichnungen als „friedliebend" und gleichzeitig als „Feindstaat" schließen sich gegenseitig aus.[238] Diskriminierende Sonderregelungen in Hinblick auf einzelne Mitgliedstaaten der UN wären aber auch unvereinbar mit dem Prinzip der souveränen Gleichheit der Staaten aus Art. 2 Nr. 1 UN-Charta und damit einem tragenden Grundsatz der Völkerrechtsgemeinschaft.[239] Schließlich hat Art. 7 Abs. 1 des „Zwei-plus-Vier-Vertrags" vom 12. September 1990 das Ende alliierter Sonderrechte gegenüber Deutschland gebracht.[240] Die Vier Mächte können damit also nicht mehr als „Governments having responsibility for such action" im Sinne von Art. 107 UN-Charta betrachtet werden.[241] Bemerkenswert ist in diesem Zusammenhang, dass auch der IGH die Feindstaatenklauseln als Ausnahme vom Gewaltverbot mit keiner Silbe mehr erwähnt.[242]

2. Gewohnheitsrechtliche Ausnahmen vom Gewaltverbot in der Diskussion

Neben diesen drei positivierten Ausnahmen vom Gewaltverbot werden verschiedene Fallgruppen von gewohnheitsrechtlichen Instituten der unilateralen – das heißt vom Sicherheitsrat nicht autorisierten – Anwendung zwischenstaatlicher Gewalt diskutiert.[243] Die Herausbildung gewohnheitsrechtlicher Ausnahmetatbestände ist grundsätzlich möglich, da die UN-Charta das Völkergewohnheitsrecht nicht auf dem Stand von 1945 festschreiben kann.[244] Allerdings gefährdet die Durchbrechung des *numerus clausus* der Ausnahmen vom Ge-

---

238 BLUMENWITZ, Enemy State Clause in the United Nations Charter, in: Bernhardt, EPIL II, S. 93; GHEBALI, in: Cot / Pellet, Charte, Art. 107, S. 1420.

239 BLUMENWITZ, Enemy State Clause in the United Nations Charter, in: Bernhardt, EPIL II, S. 93; GREWE, Gesamtcharakter, S. 785.

240 EPPING, in: Ipsen, Völkerrecht, § 32 Rn. 36. Die russische Duma begründete jedoch noch 1998 das „Gesetz über Kulturschätze, die als ein Ergebnis des Zweiten Weltkrieges in die UdSSR verbracht wurden und sich auf dem Territorium der russischen Föderation befinden" in dessen Art. 2 unter Hinweis auf Art. 107 UN-Charta (STUMPF, Kulturgüterschutz, S. 243 f., 271 f.).

241 BLUMENWITZ, Enemy State Clause in the United Nations Charter, in: Bernhardt, EPIL II, S. 95.

242 ICJ Rep. 1996-I, 226 (244), Ziff. 38 – Threat or Use of Nuclear Weapons (Advisory Opinion).

243 Zum von der UN-Charta anerkannten gewohnheitsrechtlichen Selbstverteidigungsrecht bereits oben, 2. Kap. B III 1 b aa.

244 KEWENIG, Gewaltverbot und noch zulässige Machteinwirkung und Interventionsmittel, S. 201 ff.; D'AMATO, AJIL 81 (1987), 101 (104); BOTHE, Kosovo, S. 15.

waltverbot zumindest potentiell dessen Effektivität.[245] Es gibt daher Stimmen, die die Anerkennung von Ausnahmen außerhalb der UN-Charta als Aufweichung des Gewaltverbots strikt ablehnen.[246]

a) Humanitäre Intervention

Bei der Diskussion um die humanitäre Intervention werden zwei verschiedene Konstellationen unterschieden: die Rettung eigener Staatsangehöriger im Ausland (humanitäre Intervention i.e.S.) und die Intervention in einem anderen Staat zum Schutz der dortigen Bevölkerung vor schwersten Menschenrechtsverletzungen (humanitäre Intervention i.w.S.).[247]

aa) Die Rettung eigener Staatsangehöriger im Ausland

Es kommt immer wieder vor, dass Staaten eigene Staatsangehörige mit militärischer Gewalt schützen, wenn deren Leben im Ausland massiv bedroht und der Aufenthaltsstaat zum Schutz nicht willens oder fähig ist. Diese im klassischen Völkerrecht anerkannte „humanitäre Intervention" im engeren Sinne geriet in Misskredit, weil sie im 19. und beginnenden 20. Jahrhundert von den Großmächten oft bei nur geringfügigen Bedrohungen von Leben oder Vermögen ihrer Bürger als Vorwand zur Rechtfertigung politischer Interventionen diente.[248] Beispiele für humanitäre Interventionen i.e.S. aus der jüngeren Staatenpraxis sind die israelische Geiselbefreiung in Entebbe (Uganda) im Jahr 1976, der gescheiterte Versuch der Befreiung von Geiseln aus der Teheraner Botschaft der USA (1980) sowie die Rettungsaktion der Bundeswehr in Albanien (1997).[249] Ob es sich bei dieser Art der gewaltsamen Selbsthilfe um eine gewohnheitsrechtlich anerkannte Ausnahme vom Gewaltverbot handelt, wird nicht einheitlich beurteilt.[250] In der Staatenpraxis seit 1945 konnte in einzelnen Fällen eine

---

245 TOMUSCHAT, EuGRZ 2001, 535 (539).

246 Z.B. DINSTEIN, Harv. J. Law & Publ. Pol. 27 (2004), 877 (879); GENONI, Die Notwehr im Völkerrecht, S. 106 f.

247 BEYERLIN, Humanitarian Intervention, in: Bernhardt, EPIL II, S. 926 ff.; HERDEGEN, Völkerrecht, § 34 Rn. 4; BLUMENWITZ, Souveränität, S. 31. Ausführlich zum Begriff der „humanitären Intervention" WODARZ, Kosovo-Konflikt, S. 64 ff.

248 BLUMENWITZ, BayVBl. 1986, 737 (740). Auf den früheren Missbrauch der humanitären Intervention durch die Großmächte weist auch der IGH (ICJ Rep. 1949, 4 (35) – Corfu Channel) hin.

249 BLUMENWITZ, BayVBl. 1986, 737 (740); BEYERLIN, Humanitarian Intervention, in: Bernhardt, EPIL II, S. 928; BOTHE, in: Vitzthum, Völkerrecht, S. 604 f.

250 Dafür z.B. JENNINGS / WATTS, Oppenheim's International Law Vol. I/1, § 131, S. 441 f.; HAILBRONNER, Die Grenzen des völkerrechtlichen Gewaltverbots, S. 107; DOEHRING, Völkerrecht, Rn. 579; STEIN / VON BUTTLAR, Völkerrecht, Rn. 805. Dagegen etwa WOLFRUM, in: Dahm / Delbrück / Wolfrum, Völkerrecht I/3, S. 831; BOTHE, in: Vitzthum, Völkerrecht, S. 605; BEYERLIN, Humanitarian Intervention, in: Bernhardt, EPIL II, S. 932.

zumindest stillschweigende Akzeptanz beobachtet werden.[251] Eine Rechtfertigung militärischer Gewalt zum Schutz des Lebens eigener Staatsangehöriger im Ausland kommt jedenfalls nur dann in Betracht, wenn der Schutz nicht auf andere Weise verwirklichen werden kann und die Intervention auf den geringst möglichen Eingriff in die territoriale Integrität des anderen Staates beschränkt bleibt.[252]

bb) Humanitäre Intervention i.w.S.

Die Luftangriffe der NATO gegen Jugoslawien im Frühjahr 1999[253] haben die Diskussion um das militärische Eingreifen zum Schutz von Personen, die nicht die Staatsangehörigkeit des eingreifenden Staates besitzen, als Rechtfertigung für die Verletzung des Gewaltverbots neu entfacht.[254] Im Mittelpunkt der Debatte steht die Suche nach der praktischen Konkordanz zwischen zwei zwingenden Völkerrechtsnormen, dem *erga omnes* wirkenden Kernbereich der Menschenrechte und dem Schutz der territorialen Integrität der Staaten durch das universelle Gewaltverbot.[255] Ein Teil der Literatur geht davon aus, dass im Zuge der Aufwertung der grundlegenden Menschenrechte zu Normen des *ius cogens* in der Zeit seit 1945 der Schutz eben dieser Rechte durch eine humanitäre Intervention im Begriff ist, zu einem Satz des Gewohnheitsrechts zu erstarken.[256]

In den letzten Jahrzehnte gab es einige Fälle, in denen Staaten zum Schutz der Menschenrechte fremder Staatsangehöriger vor schwersten Verletzungen durch den Heimatstaat zu militärischer Gewalt geschritten sind.[257] Diese Beispiele sind jedoch nicht so zahlreich, als dass eine allgemeine Übung (*consuetudo*) in der Staatenpraxis angenommen werden könnte.[258] Der Annahme der Herausbildung einer neuen Norm des Völkergewohnheitsrechts im Zuge des Kosovo-Einsatzes der NATO steht außerdem entgegen, dass sich die handelnden Bündnisstaaten im völkerrechtlichen Verkehr niemals explizit auf ein Recht zur humanitären

---

RANDELZHOFER (in: Simma, Charter, Art. 2 (4), Rn. 60) bezeichnet das Recht zur Rettung eigener Staatsangehöriger im Ausland als Völkergewohnheitsrecht in *statu nascendi*.

251 BEYERLIN, Humanitarian Intervention, in: Bernhardt, EPIL II, S. 929; RANDELZHOFER, in: Simma, Charter, Art. 2 (4), Rn. 59; GRAY, International Law, S. 129.

252 BLUMENWITZ, BayVBl. 1986, 737 (741); STEIN / VON BUTTLAR, Völkerrecht, Rn. 805; DÖRR, Das völkerrechtliche Gewaltverbot, S. 46 f.

253 Zu den Ereignissen vgl. GRAY, NATO's military action in Kosovo, S. 241 ff.

254 Siehe dazu eingehend WODARZ, Kosovo-Konflikt, S. 63 ff.

255 BLUMENWITZ, Souveränität, S. 30; WOLFRUM, in: Dahm / Delbrück / Wolfrum, Völkerrecht, I/3, S. 828 f.

256 Vgl. etwa REISMAN, EJIL 11 (2000), 3 (15); CASSESE, EJIL 10 (1999), 23 (27 ff.); KRITSIOTIS, ICLQ 49 (2000), 330 (358 f.); BETHLEHEM, International law and the use of force, Ziff. 14; HERDEGEN, Völkerrecht, § 34 Rn. 28 ff.; LANGE, EuGRZ 1999, 313 (316).

257 Beispiele bei WOLFRUM, in: Dahm / Delbrück / Wolfrum, Völkerrecht, I/3, S. 828.

258 FISCHER, in: Ipsen, Völkerrecht, § 59 Rn. 21; BOTHE, Kosovo, S. 16.

Intervention berufen – also keine entsprechende *opinio iuris sive necessitatis* geäußert – haben.[259] Aber selbst wenn man die Rechtsüberzeugung der NATO-Staaten unterstellen wollte, müsste auch berücksichtigt werden, dass mit China und Russland[260] zwei ständige Mitglieder des Sicherheitsrats die NATO-Aktion unmissverständlich als rechtswidrig abgelehnt haben.[261] Ebenso haben die „Blockfreien Staaten“[262] und die „Gruppe der 77“ in mehreren Stellungnahmen das vermeintliche „Recht auf humanitäre Intervention“ für unvereinbar mit der UN-Charta und dem Völkerrecht erklärt.[263] Eine durch allgemeine Rechtsüberzeugung getragene Staatenpraxis eines Rechts zur humanitären Intervention kann derzeit also nicht festgestellt werden.[264]

Ein anderer, vorwiegend in der deutschsprachigen Literatur diskutierter Ansatz zur Rechtfertigung einseitiger humanitärer Interventionen stützt sich auf ein sehr weit verstandenes Nothilferecht.[265] Nach dieser Argumentation steht den als partielle Völkerrechtssubjekte anerkannten Individuen bei Verletzung ihrer grundlegenden Menschenrechte ein eigenes völkerrechtliches Selbstverteidigungsrecht zu.[266] Subsidiär zu geeigneten Maßnahmen des Sicherheitsrats seien andere Staaten daher in Analogie zu Art. 51 UN-Charta zur Nothilfe zugunsten der gefährdeten Menschen berechtigt.[267] Dieser Ansatz, der die massive Verletzung der Menschenrechte im Innern der gewaltsamen Verletzung der territorialen Integrität eines Staates gleichstellt, ist jedoch weder mit dem Wortlaut von Art. 51 UN-Charta noch mit der Systematik von Gewaltverbot und Selbstverteidigungsrecht zu vereinbaren.[268] So lassen sich Menschenrechtsverletzungen im

---

259 CHARNEY, AJIL 93 (1999), 834 (836); BOTHE, in: Vitzthum, Völkerrecht, S. 606; JOYNER, EJIL 13 (2002), 597 (603). Ausführlich zur Rechtsposition der NATO-Staaten WODARZ, Kosovo-Konflikt, S. 82 ff.

260 Siehe den russischen Entwurf für eine Resolution des Sicherheitsrats vom 26. März 1999, UN Doc. S/1999/328.

261 KRISCH, EJIL 13 (2002), 323 (335); BOTHE, Kosovo, S. 18; LANGE, EuGRZ 1999, 313 (315).

262 Abschlusserklärung der XIII. Konferenz der Staats- und Regierungschef der Nichtpaktgebundenen Staaten in Kuala Lumpur (24./25. Februar 2003), Ziff. 16 (URL: www.nam.gov.za/media/030227e.htm, 14. Oktober 2005).

263 WOLFRUM, in: Dahm / Delbrück / Wolfrum, Völkerrecht I/3, S. 829; STREINZ, JöR 52 n.F. (2004), 219 (230); KRISCH, EJIL 13 (2002), 323 (335).

264 CHESTERMAN, Just War, S. 87; WOLFRUM, in: Dahm / Delbrück / Wolfrum, Völkerrecht I/3, S. 829; BOTHE, in: Vitzthum, Völkerrecht, S. 606.

265 Zu diesem Ansatz ausführlich SCHILLING, AVR 35 (1997), 430 (438 ff.).

266 Differenzierend SCHILLING, AVR 35 (1997), 430 (443 f.).

267 DOEHRING, Völkerrecht, Rn. 1015; ihm folgend HERDEGEN, Völkerrecht, § 34 Rn. 28 und DELBRÜCK, FW 78 (1999), 139 (152 f.). Siehe aber auch WEDGEWOOD, AJIL 93 (1999), 828 (833).

268 Nach IPSEN, Relativierung des „absoluten“ Gewaltverbots, S. 117, lassen sich diese Interpretation von Art. 51 UN-Charta zumindest „intra chartam nicht begründen“.

Innern eines Staates unter keinem denkbaren Gesichtspunkt mit einem „bewaffneten Angriff" gegen eben jenen Staat vergleichen. Außerdem verdreht dieses Verständnis vom Nothilferecht dessen Sinn in sein Gegenteil: Das Recht anderer Staaten, einem angegriffenen Staat zur Hilfe zu eilen, wird in ein Recht, eben jenen Staat anzugreifen, umgedeutet. Aus denselben Gründen muss auch der Versuch scheitern, unter Hinweis auf die Wirkung *erga omnes* der grundlegenden Menschenrechte ein gegenüber den Maßnahmen des Sicherheitsrats nachrangiges Selbstverteidigungsrecht aller Staaten gegen den Verletzer-Staat[269] herzuleiten.[270]

Als Ergebnis ist daher festzuhalten, dass das Institut der „humanitären Intervention" auch nach dem Kosovo-Einsatz von 1999 weder in der Staatenpraxis noch in der Literatur allgemeine Akzeptanz gefunden hat.[271] Die gewohnheitsrechtliche Sanktionierung unilateraler militärischer Gewalt im Namen der Menschlichkeit würde im übrigen das kaum lösbare Folgeproblem mit sich bringen, wer die Schwelle bestimmt, ab der ein Eingreifen aus humanitären Gründen gerechtfertigt ist.[272] Die humanitäre Intervention könnte sich dann als „Geist aus der Flasche, der – einmal freigelassen – mangels präziser Bestimmbarkeit ihrer Tatbestandsmerkmale nicht mehr beherrschbar ist"[273], erweisen.[274]

b) Intervention auf Einladung

Eine zweite diskutierte Ausnahme vom Verbot der Gewaltanwendung ist der Einsatz bewaffneter Streitkräfte auf fremdem Territorium – etwa in einem Bürgerkrieg zur Hilfe gegen Aufständische[275] – auf Bitte der Regierung dieses Staates.[276] Hintergrund der Debatte um die so genannte „Intervention auf Einladung" – die ihre frühere Bedeutung als Instrument zur Stützung politisch genehmer Regime mit Ende des Ost-West-Konflikts weitgehend verloren hat[277] – ist das

---

269 So aber DOEHRING, Völkerrecht, Rn. 1017.

270 BOTHE, in: Vitzthum, Völkerrecht, S. 606.

271 CHESTERMAN, Just War, S. 87; WOLFRUM, in: Dahm / Delbrück / Wolfrum, Völkerrecht I/3, S. 825 ff.; CHARNEY, AJIL 93 (1999), 834 (837); STREINZ, JöR 52 n.F. (2004), 219 (229 f.); BOTHE, Kosovo, S. 15 ff.; RANDELZHOFER, in: Simma, Charter, Art. 2 (4), Rn. 55.

272 BRUNNÉE / TOOPE, NILR 51 (2004), 363 (382 ff.); BOTHE, Kosovo, S. 19 ff.

273 HAILBRONNER, Die Grenzen des völkerrechtlichen Gewaltverbots, S. 100.

274 Vgl. zur gesamten Debatte den Bericht „The Responsibility to Protect" der von der kanadischen Regierung berufenen „International Commission on Intervention and State Sovereignty" (ICISS) aus dem Jahr 2001 (URL: www.iciss.ca/pdf/Commission-Report.pdf).

275 Zum umgekehrten Fall der Hilfe für Aufständische gegen die Regierung GRAY, International Law, S. 87 ff. und FISCHER, in: Ipsen, Völkerrecht, § 59 Rn. 18.

276 BOTHE, in: Vitzthum, Völkerrecht, S. 607; DOSWALD-BECK, BYIL 56 (1985), 189 ff.; NOLTE, Eingreifen auf Einladung, S. 208 ff.

277 Dazu GRAY, International Law, S. 92 ff.

Spannungsverhältnis zwischen dem grundsätzlich unrechtsausschließenden Einverständnis der Regierung des betreffenden Staates einerseits und dem zwingenden Charakter des Kernbereichs von Art. 2 Nr. 4 UN-Charta andererseits.[278]

Literaturstimmen, die sich für die Gleichstellung von Bürgerkriegsparteien aussprechen und daher in Einsätzen eines anderen Staates auf Seiten der Regierung grundsätzlich eine unzulässige Gewaltanwendung sehen[279], haben sich bisher nicht durchsetzen können.[280] Ernste Bedenken gegen die Intervention auf Einladung bestehen jedoch wegen der Zwangswirkung auf die Regierung, die vom Einsatz militärischer Mittel und insbesondere der Besetzung ausgeht. Sie kann den Einsatz zwischenstaatlicher Gewalt daher nur unter einschränkenden Voraussetzungen rechtfertigen: Zum einen muss gewährleistet sein, dass die Einladung nicht erst auf Druck des entsendenden Staates und auch vor Beginn des Einsatzes ausgesprochen wurde.[281] Zum anderen darf in Hinblick auf Art. 2 Nr. 4 UN-Charta das Eingreifen fremder Truppen nicht die „politische Unabhängigkeit" des einladenden Staates bedrohen oder „sonst mit den Zielen der Vereinten Nationen unvereinbar" sein.[282] Ein militärischer Einsatz, der das Selbstbestimmungsrecht des einladenden Staates verletzt, stellt daher einen Verstoß gegen das Gewaltverbot dar.[283]

c) Notstandsrecht

Die International Law Commission (ILC) legte im November 2001 nach jahrzehntelangen Diskussionen ihre „Artikelentwürfe über die Verantwortlichkeit der Staaten für völkerrechtswidrige Handlungen"[284] (im Folgenden: ILC-Entwurf) vor, die umgehend in eine Resolution der Generalversammlung der UN aufgenommen wurden.[285] Diese Regelungen stellen daher nur insofern bindendes Völkerrecht dar, als sie das vorgefundene Völkergewohnheitsrecht kodifizie-

---

278 STREINZ, JöR 52 n.F. (2004), 219 (231 f.); BOTHE, in: Vitzthum, Völkerrecht, S. 607.

279 So z.B. DOSWALD-BECK, BYIL 56 (1985), 189 (251); BOTHE, in: Vitzthum, Völkerrecht, S. 607.

280 FISCHER, in: Ipsen, Völkerrecht, § 59 Rn. 18; NOLTE, Eingreifen auf Einladung, S. 219; SCHINDLER, Die Grenzen des völkerrechtlichen Gewaltverbots, S. 15.

281 Zu diesen Fällen DOSWALD-BECK, BYIL 56 (1985), 189 (222 ff.).

282 NOLTE, Eingreifen auf Einladung, S. 209.

283 NOLTE, Eingreifen auf Einladung, S. 219.

284 The International Law Commission's Draft Articles on Responsibility of States for Internationally Wrongful Acts (Report of the International Law Commission of its 53rd Session, GAOR, 56th Sess., Supp. No. 10, 43 ff., UN Doc. A/56/10 und Corrigendum 1).

285 GA/Res. 56/83 (2001).

ren.[286] In ihrem Kommentar zum Entwurf umschreibt die ILC den Begriff des Notstands („necessity") als jene

> „... exceptional cases where the only way a State can safeguard an essential interest threatened by a grave and imminent peril is, for the time being, not to perform some other international obligation of lesser weight or urgency."[287]

Nach Art. 25 Abs. 1 ILC-Entwurf ist ein Verstoß gegen internationales Recht im Falle eines solchen Notstands ausgeschlossen, wenn die Handlung die einzige Möglichkeit für den Staat ist, ein wesentliches Interesse vor einer schweren und unmittelbar bevorstehenden Gefahr zu schützen, und kein wesentliches Interesse des Staates oder der Staaten, gegenüber denen die Verpflichtung besteht, oder der gesamten internationalen Gemeinschaft ernsthaft beeinträchtigt.[288] Der IGH stellte hierzu schon 1997 fest, dass diese Voraussetzungen Völkergewohnheitsrecht darstellten.[289] Die Verletzung von universellem zwingendem Völkerrecht kann jedoch gemäß Art. 26 ILC-Entwurf unter keinen Umständen als Notstandsmaßnahme im Sinne von Art. 25 ILC-Entwurf gerechtfertigt werden.[290] Da das Gewaltverbot zumindest in seinem Kernbereich, dem Verbot des bewaffneten Angriffs, nach fast einhelliger Meinung als universelles *ius cogens* gilt, scheitert eine Rechtfertigung der Verletzung von Art. 2 Nr. 4 UN-Charta insoweit an Art. 26 ILC-Entwurf.[291] Die Rechtsfigur des Notstands, so wie sie in

---

[286] SCHRÖDER, in: Vitzthum, Völkerrecht, S. 542; WOLFRUM, in: Dahm / Delbrück / Wolfrum, Völkerrecht I/3, S. 873; STEIN / VON BUTTLAR, Völkerrecht, Rn. 1105. Der ILC-Entwurf kann gleichwohl als Rechtserkenntnisquelle i.S.v. Art. 38 Abs. 1 lit. d IGH-Statut herangezogen werden (JOHNSTONE, Columbia JTL 43 (2005), 337 [341]).

[287] Kommentar (1) zu Art. 25 ILC-Entwurf, in: Crawford, The ILC's Draft Articles on State Responsibility, S. 178.

[288] Art. 25 Abs. 1 ILC-Entwurf: „Necessity may not be invoked by a State as a ground for precluding the wrongfulness of an act not in conformity with an international obligation of that State unless the act:

(a) is the only means for the State to safeguard an essential interest against a grave and imminent peril; and

(b) does not seriously impair an essential interest of the State or States towards the obligation exists, or of the international community as a whole.".

Umstritten ist, ob der Notstand ein Rechtfertigungs- oder nur ein Entschuldigungsgrund ist (dazu näher JOHNSTONE, Columbia JTL 43 (2005), 337 [352 ff.]).

[289] ICJ Rep. 1997, 7 (40 f.), Ziff. 51 f. – Gabčíkovo-Nagymaros Project (Merits).

[290] Art. 26 ILC-Entwurf: „Nothing in this Chapter precludes the wrongfulness of any act of a State which is not in conformity with an obligation arising under a peremptory norm of general international law." Diese Bestimmung geht insofern noch über Art. 53 WVRK hinaus, als sie auch für einseitige Handlungen gilt (MERON, International Law in the Age of Human Rights, RdC 301 (2003), S. 258).

[291] BLUMENWITZ, Präventionsstrategie, S. 35; KRISCH, Selbstverteidigung und kollektive Sicherheit, S. 329; MERON, International Law in the Age of Human Rights, RdC 301 (2003), S. 258. Anders DOEHRING, Völkerrecht, Rn. 774 und VON BUTTLAR, Präventive Selbst-

Art. 25, 26 ILC-Entwurf ausgeformt ist, kann einen bewaffneten Angriff also nicht rechtfertigen.[292]

C. Präventive Kriegsführung innerhalb der Ausnahmetatbestände

Die Illegalisierung des Krieges durch das universelle Gewaltverbot ändert jedoch nichts daran, dass präventives Handeln auch weiterhin eine Rolle in den strategischen Überlegungen der Staaten spielt. Fraglich ist daher, unter welchen Bedingungen die präventive Kriegsführung unter Geltung der UN-Charta zulässig ist. Da keiner der in der Staatenpraxis und der Literatur diskutierten Ausnahmen vom Gewaltverbot mit letzter Sicherheit als völkergewohnheitsrechtlich anerkannt bezeichnet werden kann[293], beschränkt sich die Untersuchung auf die ausdrücklichen Ausnahmen der UN-Charta. Der Schwerpunkt liegt dabei auf dem Selbstverteidigungsrecht, das wegen des Scheiterns des Friedenssicherungssystems der UN-Charta während des Ost-West-Konflikts die einzig praktisch bedeutsame Ausnahme vom Gewaltverbot war, mangels anerkannter Definitionen seiner Voraussetzungen aber auch zum Vorwand für den Missbrauch einzelstaatlicher Gewalt degenerierte.[294]

I. Die Feindstaatenklauseln als Erlaubnis zu präventiver Gewaltanwendung

Mit der Aufnahme aller ehemaligen Feindstaaten in die UN sind die Feindstaatenklauseln der Art. 53 Abs. 1 S. 2 2. HS und 107 UN-Charta nach ganz herrschender Meinung obsolet geworden.[295] Jedoch wurden die Feindstaatenartikel bis in die Mitte der 1970er Jahre insbesondere von der UdSSR als maßgeblich für ihre Beziehungen zur Bundesrepublik Deutschland betrachtet.[296] In der Diskussion über die rechtliche Zulässigkeit präventiver Gewaltanwendung gegen die Feindstaaten galt das Interesse der Bestimmung des Art. 53 Abs. 1 S. 2 2. HS UN-Charta. Danach dürfen „Maßnahmen gegen einen Feindstaat im Sinne

verteidigung, S. 19 f., der Art. 25 ILC-Entwurf „als (implizite) Bestätigung des präventiven Selbstverteidigungsrechts“ betrachtet.

292 Dieses Ergebnis ist im Einzelnen nicht unumstritten, vgl. dazu JOHNSTONE, Columbia JTL 43 (2005), 337 (340 ff.).

293 So auch STREINZ, JöR 52 n.F. (2004), 219 (228).

294 DONNER, AVR 33 (1995), 168 (179); KRISCH, Selbstverteidigung und kollektive Sicherheit, S. 30.

295 S.o., 2. Kap. B III 1 c.

296 Siehe dazu HACKER, in: Frenzke / Hacker / Uschakow, Feindstaatenartikel, S. 27 ff.; BLUMENWITZ, Feindstaatenklauseln, S. 101 ff.

des Absatzes 2, soweit sie in Art. 107 oder in regionalen, gegen die Wiederaufnahme der Angriffspolitik eines solchen Staates gerichteten Abmachungen vorgesehen sind", auch ohne Ermächtigung des Sicherheitsrats ergriffen werden.

Berechtigt sind also nicht nur der Kreis der Staaten i.S.v. Art. 107 UN-Charta[297], sondern alle Staaten, die Mitglied eines gegen die Wiederaufnahme der Angriffspolitik seitens eines ehemaligen Feindstaates gerichteten Regionalabkommens sind.[298] Damit ist der Begriff des „Regionalabkommens" in Art. 53 Abs. 1 S. 2 2. HS UN-Charta nicht deckungsgleich mit seinem Regelbegriff im VIII. Kapitel der UN-Charta.[299] Erfasst sind nur gegen einen oder mehrere Feindstaaten gerichtete Organisationen, deren Zielsetzung es gerade ist, unter Einschluss des Einsatzes von bewaffneter Gewalt repressiv gegen Aggressionen und auch präventiv gegen die „Wiederaufnahme der Angriffspolitik" seitens der Feindstaaten vorzugehen.[300] Dabei liegt die Entscheidung, ob ein Feindstaat die Angriffspolitik wieder aufnimmt, ob er also eine Aggression vorbereitet[301], nicht beim Sicherheitsrat, sondern bei der jeweiligen Regionalorganisation selbst.[302] Sie allein entscheidet, ob sie der Umsetzung dieser Angriffspolitik durch militärische Gewaltanwendung zuvorkommt. Art. 53 Abs. 1 S. 2 2. HS UN-Charta eröffnete somit das einseitige, vom Sicherheitsrat nicht kontrollierbare Recht zu Zwangsmaßnahmen gegen die Feindstaaten, einschließlich des Rechts zur Führung eines Präventivkrieges.[303]

Dieses Recht galt jedoch nicht uneingeschränkt, da die Art. 53 Abs. 1 S. 2 2. HS und 107 UN-Charta nur von der Verpflichtung zur Beachtung der UN-Charta befreiten und als *res inter alios acta* auch nur befreien konnten.[304] Der Zweck der Feindstaatenklauseln von vornherein darauf beschränkt, Maß-

---

[297] Die Bestimmung der von Art. 107 UN-Charta berechtigten Staaten ist umstritten, vgl. dazu BLUMENWITZ, Feindstaatenklauseln, S. 25 ff. und TRÜTZSCHLER VON FALKENSTEIN, Feindstaatenartikel, S. 17 ff.

[298] BROWNLIE, International Law and the Use of Force by States, S. 336; USCHAKOW, in: Frenzke / Hacker / Uschakow, Feindstaatenartikel, S. 106.

[299] TRÜTZSCHLER VON FALKENSTEIN, Feindstaatenartikel, S. 22 f.; so auch RESS / BRÖHMER, in: Simma, Charter, Art. 53, Rn. 71.

[300] TRÜTZSCHLER VON FALKENSTEIN, Feindstaatenartikel, S. 23; ausführlich HEBERLEIN, AVR 29 (1991), 85 (92 ff.).

[301] USCHAKOW, in: Frenzke / Hacker / Uschakow, Feindstaatenartikel, S. 107.

[302] VON DER HEYDTE, Feindstaatenklausel, S. 254; KODJO, in: Cot / Pellet, Charte, Art. 53, S. 829; TRÜTZSCHLER VON FALKENSTEIN, Feindstaatenartikel, S. 24; andere Ansicht RESS / BRÖHMER, in: Simma, Charter, Art. 53, Rn. 49.

[303] So ausdrücklich BLUMENWITZ, Feindstaatenklauseln, S. 56 f., 79. Vgl. auch VERDROSS, Völkerrecht, S. 547 und USCHAKOW, in: Frenzke / Hacker / Uschakow, Feindstaatenartikel, S. 107.

[304] BLUMENWITZ, Feindstaatenklauseln, S. 78; TRÜTZSCHLER VON FALKENSTEIN, Feindstaatenartikel, S. 29.

nahmen zu erlauben, die die UN-Charta verbietet, das allgemeine Völkerrecht jedoch gestattet.[305] Militärische Maßnahmen gegen die Feindstaaten waren daher allen Beschränkungen unterworfen, die das Völkergewohnheitsrecht und andere Verträge gegen den Krieg und die Gewaltanwendung zwischen den Staaten vorsahen.[306] Das völkergewohnheitsrechtliche Gewaltverbot stellte dabei allerdings keine Schranke dar, da es sich erst nach dem Zweiten Weltkrieg aus dem vertraglichen Gewaltverbot des Art. 2 Nr. 4 UN-Charta herausentwickelt hatte.[307] Das Kriegsverbot des Briand-Kellogg-Pakts, der als Völkervertrags- als auch als Völkergewohnheitsrecht den Zweiten Weltkrieg überdauert hatte[308], wäre jedoch zu beachten gewesen.[309] Da sich die völkervertragliche und mit ihr auch die völkergewohnheitsrechtliche Entwicklung des Kriegsverhütungsrechts nach dem Zweiten Weltkrieg weitgehend im Rahmen der UN bewegt hat, wirkten die Feindstaatenklauseln in ihrem Anwendungsbereich wie eine Art „Zeitblase", in der das Kriegsverhütungsrecht auf dem Stand von 1945 erstarrte.

II. Präventive militärische Zwangsmaßnahmen der kollektiven Sicherheit

Art. 42 UN-Charta gestattet dem Sicherheitsrat, „die zur Wahrung oder Wiederherstellung des Weltfriedens und der internationalen Sicherheit erforderlichen Maßnahmen" durchzuführen.[310] Der Sicherheitsrat kann damit militärische Gewalt sowohl repressiv zur Wiederherstellung als auch präventiv zur Wahrung des Weltfriedens und der internationalen Sicherheit einsetzen.[311] Diese umfassende Kompetenz betont auch eine vom UN-Generalsekretär eingesetzte Expertenkommission in ihrem Abschlussbericht aus dem Jahr 2004:

---

305 TRÜTZSCHLER VON FALKENSTEIN, Feindstaatenartikel, S. 30.

306 USCHAKOW, in: Frenzke / Hacker / Uschakow, Feindstaatenartikel, S. 108.

307 VON DER HEYDTE, Feindstaatenklausel, S. 256; andere Ansicht wohl RESS / BRÖHMER, in: Simma, Charter, Art. 53, Rn. 42. Zu den Divergenzen zwischen dem Gewaltverbot nach Art. 2 Nr. 4 UN-Charta und dem völkergewohnheitsrechtlichen Gewaltverbot auf dem Stand von 1945 TRÜTZSCHLER VON FALKENSTEIN, Feindstaatenartikel, S. 31 ff.

308 S.o., 2. Kap. A III.

309 VON DER HEYDTE, Feindstaatenklausel, S. 251; RESS / BRÖHMER, in: Simma, Charter, Art. 53, Rn. 42; BLUMENWITZ, Enemy State Clause in the United Nations Charter, in: Bernhardt, EPIL II, S. 91.

310 Art. 42 S. 1 UN-Charta: "[...] the Security Council [...] may take such action as may be necessary to m a i n t a i n   o r   r e s t o r e   i n t e r n a t i o n a l   p e a c e   a n d   s e c u r i t y." (Hervorhebung vom Verf.).

311 VERDROSS, Völkerrecht, S. 548; ROSENNE, The Perplexities of Modern International Law, RdC 291 (2001), S. 151 f. Diese Auslegung wird durch Art. 1 Nr. 1 UN-Charta bestätigt, nach dem die UN „effective collective measures for the prevention and removal of threats to the peace" ergreifen werden.

"In the case of a State posing a threat to other States, people outside its borders or to international order more generally, the language of Chapter VII is inherently broad enough, and has been interpreted broadly enough, to allow the Security Council to approve any coercive action at all, including military action, against a State when it deems this 'necessary to maintain or restore international peace and security'. That is the case whether the threat is occurring now, in the imminent future or more distant future; [...]."[312]

Voraussetzung für militärische Zwangsmaßnahmen ist zunächst die Feststellung des Sicherheitsrats nach Art. 39 UN-Charta, dass eine Bedrohung oder ein Bruch des Friedens oder aber eine Angriffshandlung vorliegt.[313] Die Qualifikation einer Lage als Friedensbruch oder Angriffshandlung ermöglicht repressive Reaktionen, wohingegen die Einstufung einer Situation als Friedensbedrohung Raum für eine präventive Gefahrenabwehr durch den Sicherheitsrat schafft.[314] Diese Vorverlagerung der Eingriffsschwelle vor eine aktuelle Konfrontation hat zur Folge, dass Maßnahmen nach Kapitel VII der UN-Charta auch gegenüber einem sich völkerrechtsgemäß verhaltenden Staat zulässig sind, soweit dieser durch sein Verhalten eine Friedensbedrohung – möglicherweise unbeabsichtigt – verursacht hat und die Maßnahme zur Beseitigung dieser Bedrohung geeignet ist.[315] Die Feststellung einer Friedensbedrohung durch den Sicherheitsrat gibt interessierten Staaten jedoch nicht das Recht, einseitig militärische Gewalt anzuwenden. Die Entscheidung über die Konsequenzen im konkreten Fall und andere Schutzmaßnahmen im Allgemeinen ist ausschließlich dem Sicherheitsrat vorbehalten.[316]

Die militärische Prävention von Gefahren für den Weltfrieden durch den Sicherheitsrat setzt weiterhin voraus, dass nichtmilitärische Maßnahmen nach Art. 41 UN-Charta gescheitert sind oder aber von vornherein vom Sicherheitsrat als unzureichend angesehen werden. Kommt der Sicherheitsrat zu diesem Ergebnis, stehen ihm in Ausübung seiner Kompetenzen die gesamte Bandbreite gewaltsamer Zwangsmaßnahmen zur Verfügung, der Katalog des Art. 42 UN-Charta ist nicht abschließend.[317] In Hinblick auf Mittel und Umfang der Gewaltanwendung hat der Sicherheitsrat das Verhältnismäßigkeitsprinzip zu beachten,

312 Report of the Secretary-General's High-level Panel on Threats, Challenges and Change (UN Doc. A/59/565), Ziff. 193.

313 Gill, NYIL 26 (1995), 33 (51); Bothe, in: Vitzthum, Völkerrecht, S. 619. Zu den Definitionen der Tatbestandsvarianten des Art. 39 UN-Charta s.o., 2. Kap. B III 1 a.

314 Frowein / Krisch, in: Simma, Charter, Art. 39, Rn. 16; Greenwood, San Diego ILJ 4 (2003), 7 (19); Tomuschat, VN 2003, 41 (44).

315 Lailach, Wahrung des Weltfriedens, S. 194; Bauer, Effektivität und Legitimität, S. 61 f.

316 Frowein / Krisch, in: Simma, Charter, Introduction to Chapter VII, Rn. 36; Blumenwitz, ZfP 2003, 301 (321).

317 Frowein / Krisch, in: Simma, Charter, Art. 42, Rn. 16; Dinstein, War, Aggression and Self-Defence, S. 250.

da er nur solche Gewaltmaßnahmen einsetzen darf, die zur Wahrung des Weltfriedens und der internationalen Sicherheit „erforderlich" sind („as may be necessary"/„qu'il juge necessaires").[318] Gerade der französische Wortlaut bringt jedoch deutlich zum Ausdruck, dass die UN-Charta dem Sicherheitsrat einen weiten Ermessensspielraum lässt.[319] Denkbare militärische Präventivmaßnahmen sind zunächst solche Aktionen, die der Sicherheitsrat schon bisher während oder nach einem bewaffneten Konflikt auf Grundlage des VII. Kapitels angewendet hat, wie zum Beispiel „robuste" Peace-keeping-Operationen[320] oder die militärisch abgesicherte Einrichtung und Überwachung von Flugverbots- oder Schutzzonen.[321] Im äußersten Fall kann der Sicherheitsrat aber auch zu massiven Militärschlägen greifen, um der Gefahr für den Weltfrieden Herr zu werden.[322] Kollektive Zwangsmaßnahmen nach Art. 42 UN-Charta können daher die Gestalt eines Präventivkrieges der Staatengemeinschaft annehmen:

> "Since the Charter seems to give it a *carte blanche* in evaluating any given situation, the Council may initiate a preventive war in anticipation of a future breach of peace (figuring only as a threat to the peace at the time of action), a privilege that the Charter withholds from any individual State or group of States acting alone."[323]

III. Präventive Selbstverteidigung

Die einzige Rechtfertigung für die unilaterale Gewaltanwendung – also ohne Zustimmung des Sicherheitsrats – bietet das Selbstverteidigungsrecht des Art. 51 UN-Charta.[324] Wenn ein einzelner Staat oder eine Staatengruppe also überhaupt einen legalen Präventivkrieg führen kann, so ist dies nur im Rahmen des individuellen oder kollektiven Selbstverteidigungsrechts denkbar.

---

318 GARDAM, Necessity, Proportionality and the Use of Force by States, S. 201 ff.; FROWEIN / KRISCH, in: Simma, Charter, Art. 42, Rn. 8.

319 FROWEIN / KRISCH, in: Simma, Charter, Introduction to Chapter VII, Rn. 30; BAUER, Effektivität und Legitimität, S. 230.

320 „Robuste" Peace-keeping-Operationen sind solche, die ohne Zustimmung der Konfliktparteien durchgeführt werden und daher als Zwangsmaßnahmen auf Kapitel VII gestützt werden müssen (FISCHER, in: Ipsen, Völkerrecht, § 60 Rn. 27; STEIN / VON BUTTLAR, Völkerrecht, Rn. 869).

321 PAJUNK, Prävention gewaltsamer Konflikte, S. 272 f.

322 DINSTEIN, War, Aggression and Self-Defence, S. 250; GILL, NYIL 26 (1995), 33 (51).

323 DINSTEIN, War, Aggression and Self-Defence, S. 250. So auch BERBER, Völkerrecht II, S. 56; VON DER HEYDTE, Völkerrecht II, S. 114, 162 f.; GREENWOOD, San Diego ILJ 4 (2003), 7 (19); CORTEN, Le retour des guerres préventives, S. 30 ff.

324 DINSTEIN, Harv. J. Law & Publ. Pol. 27 (2004), 877 (882); BLUMENWITZ, ZfP 2003, 301 (319).

1. Prinzipielle Schwierigkeiten der Untersuchung

Die Untersuchung der präventiven Selbstverteidigung im Völkerrecht wird zum einen dadurch erschwert, dass die Debatte über deren Zulässigkeit vor allem im völkerrechtlichen Schrifttum geführt wird. In der Staatenpraxis gab es bisher nur wenige Fälle, in denen sich die Beteiligten in ihren offiziellen Stellungnahmen ausdrücklich oder zumindest implizit auf ein präventives Selbstverteidigungsrecht berufen haben. Die empirische Basis für eine Untersuchung der Staatenpraxis ist also sehr schmal. Außerdem haben gerade die Staaten, die für sich ein Recht zur vorbeugenden Selbstverteidigung in Anspruch genommen haben, bei den Diskussionen in der Generalversammlung und der ILC über die Kodifikation dieses Rechts die Entwicklung einer genauen Definition zu verhindern gewusst.[325] Auch der IGH hat zu der Frage der präventiven Selbstverteidigung in seinem für die Auslegung von Gewaltverbot und Selbstverteidigungsrecht bedeutsamen „Nicaragua"-Urteil mangels Entscheidungserheblichkeit ausdrücklich keine Stellung genommen.

> "In view of the circumstances in which the dispute has arisen, reliance is placed by the Parties only on the right of self-defence in the case of an armed attack which has already occurred, and the issue of the lawfulness of a response to the imminent threat of an armed attack has not been raised. Accordingly the Court expresses no view on this issue."[326]

Zum anderen leidet jede Diskussion über die präventive Selbstverteidigung an der Begriffsverwirrung, die um diesen Ausdruck herrscht. Bis zum heutigen Tag hat sich weder in der englisch- noch in der deutschsprachigen Literatur eine einheitliche Terminologie durchsetzen können, der Debatte fehlt daher oft die gemeinsame Verständigungsbasis.[327] So werden in der englischsprachigen Literatur für identische Sachverhalte verschiedene Wortpaare gegenübergestellt, um die jeweils für zulässig beziehungsweise unzulässig erachteten Szenarien der vorbeugenden Selbstverteidigung zu bezeichnen: Einige unterscheiden zwischen der unzulässigen „preventive self-defence" und der zulässigen „pre-emptive self-defence"[328], andere stellen der verbotenen „pre-emptive self-defence" die er-

---

[325] GRAY, International Law, S. 130; FRANCK, Recourse to Force, S. 99; CASSESE, in: Cot / Pellet, Charte, Art. 51, S. 779 f.

[326] ICJ Rep. 1986, 14 (103), Ziff. 194 – Military and Paramilitary Activities (Merits).

[327] Die Begriffsverwirrung beklagen auch HEISBOURG, The Washington Quarterly 26 (2003), No. 2, 75 (77); GREENWOOD, San Diego ILJ 4 (2003), 7 (9); BLUMENWITZ, Präventionsstrategie, S. 35.

[328] So z.B. der Report of the Secretary-General's High-level Panel on Threats, Challenges and Change (UN Doc. A/59/565), Ziff. 189; HARRINGTON, The International Lawyer 38 (2004), 391 (402).

laubte „anticipatory self-defence“[329] (antizipatorische Selbstverteidigung) gegenüber. Diese terminologische Konfusion findet sich gleichermaßen im deutschsprachigen Schrifttum.[330]

Aufgrund seiner speziellen, nur vor dem Hintergrund der US-amerikanischen Rechtsgeschichte verständlichen Herkunft[331] hat der englische Ausdruck „preemption“ einschließlich seines Adjektivs „pre-emptive“ in der deutschen Sprache keine sinngetreue Entsprechung.[332] Außerdem besteht der Verdacht, dass Begriffe wie „preemptive strike“ und „preemptive self-defense“ gezielt eingesetzt werden, um die negative Konnotation, die mit dem Wort „präventiv“ verbunden ist, zu vermeiden.[333] Im Einklang mit der oben entwickelten, nicht wertenden Definition des Präventivkrieges[334] soll daher im Folgenden der Ausdruck „präventive Selbstverteidigung“ als Oberbegriff für Selbstverteidigungsmaßnahmen ohne vorangegangenen „bewaffneten Angriff“ im Sinne des Art. 51 UN-Charta stehen.[335] Der engere Begriff „antizipatorische Selbstverteidigung“ wird für diejenigen Situationen reserviert, in denen die Selbstverteidigung der Abwehr eines noch nicht ausgeführten, jedoch unmittelbar bevorstehenden Angriffs dient.[336]

2. Der Ausschluss präventiver Selbstverteidigung durch Art. 51 UN-Charta

Die militärische Prävention bloß abstrakter Gefahren ist vom Selbstverteidigungsrecht nicht gedeckt.[337] Dies ergibt sich zum einen aus dem Wortlaut des Art. 51 UN-Charta, nach dem die Charta das Selbstverteidigungsrecht „im Falle eines bewaffneten Angriffs“ nicht berührt. Es folgt zum anderen bereits aus dem Begriff der „Verteidigung“ selbst, der sinngemäß nicht mehr als das Aufhalten oder Zurückschlagen eines Angriffs bedeuten kann.[338] Dem widersprechen selbst

---

329 D'AMATO, AJIL 77 (1983), 584 (588); O'CONNELL, The Myth of Preemptive Self-Defense, S. 2; REISMAN, AJIL 97 (2003), 82 (87).

330 Vgl. nur STEIN / VON BUTTLAR, Völkerrecht, Rn. 825.

331 Dazu s.o., Einl. B I.

332 Dennoch wird vereinzelt mit Begriffen wie „Präemptivmaßnahme“ oder „Präemption“ der Versuch einer Eindeutschung unternommen, z.B. WITTIG, Aggressionsbegriff, S. 51; EICK, ZRP 2004, 200 (201); HILPOLD, VN 2005, 81 (84).

333 BLUMENWITZ, Präventionsstrategie, S. 26.

334 S.o., Einl. B III.

335 Die Selbstverteidigung in Reaktion auf einen bewaffneten Angriff kann demgemäß als „reaktive Selbstverteidigung“ bezeichnet werden.

336 So auch WOLFRUM, Max Planck UNYB 7 (2003), 1 (30 f.); MURSWIEK, NJW 2003, 1014 (1017); SCHWEISFURTH, Aggression, FAZ, 28. April 2003, S. 10.

337 ALEXANDROV, Self-Defense, S. 165; HILLGRUBER, ZfP 2003, 245 (249); DONNER, AVR 33 (1995), 168 (180).

338 DONNER, AVR 33 (1995), 168 (182); BLUMENWITZ, Präventionsstrategie, S. 34.

jene nicht, die das gewohnheitsrechtliche Selbstverteidigungsrecht auf dem Stand von 1945 neben Art. 51 UN-Charta unverändert fortbestehen sehen.[339] Auch nach diesem Verständnis ist präventive Selbstverteidigung nur gegen die aktuelle, unmittelbare Bedrohung eines Rechts zulässig.[340] Zwar gestattete das klassische Völkerrecht die militärische Prävention abstrakter Gefahren, dazu war jedoch die Eröffnung des förmlichen Kriegszustandes erforderlich. Das friedensvölkerrechtliche Institut der Selbstverteidigung gab demgegenüber gerade kein allgemeines Recht zur militärischen Prävention.[341]

Die sich aus dieser Restriktion der unilateralen Gewaltanwendung ergebende Schutzlücke wird durch VII. Kapitel der UN-Charta, das die militärische Prävention nur abstrakter Gefahren in die Hände des Sicherheitsrats legt, geschlossen.[342]

3. Die Ausnahme der antizipatorischen Selbstverteidigung

Damit ist jedoch noch nicht geklärt, ob ein Staat der konkreten Gefahr eines militärischen Angriffs mit Gewalt vorbeugen darf. Da Selbstverteidigung dem Wortlaut des Art. 51 UN-Charta nach einen „bewaffneten Angriff" voraussetzt, konzentriert sich das Problem der einzelstaatlichen Anwendung präventiver Gewalt unter Herrschaft der UN-Charta auf die Frage der „Realisierungsschwelle" eines „bewaffneten Angriffs".[343] Daher ist es nicht erstaunlich, dass ein wesentlicher Teil der Rechtfertigungsstrategien der Staaten bei einzelstaatlichen Gewaltakten bei dem Begriff des „bewaffneten Angriffs" ansetzt.[344]

---

339 WALDOCK, Use of Force, RdC 81 (1952/II), S. 496 f; BOWETT, Self-Defence, S. 185 f.; GREEN, AVR 6 (1956/57), 387 (432 ff.); MCDOUGAL, AJIL 57 (1963), 597 (600); FRANZKE, ÖstZöffR 16 (1966), 128 (146).

340 WALDOCK, Use of Force, RdC 81 (1952/II), S. 497 f.

341 Zum friedensvölkerrechtlichen Selbstverteidigungsrecht im klassischen Völkerrecht FRANZKE, ÖstZöffR 16 (1966), 128 (134 ff.) und BROWNLIE, International Law and the Use of Force by States, S. 257 ff.

342 GREENWOOD, San Diego ILJ 4 (2003), 7 (19); TOMUSCHAT, VN 2003, 41 (44); KRUGMANN, Der Grundsatz der Verhältnismäßigkeit, S. 24. So auch der Report of the Secretary-General's High-level Panel on Threats, Challenges and Change (UN Doc. A/59/565), Ziff. 194.

343 BLUMENWITZ, Präventionsstrategie, S. 34.

344 GRAY, International Law, S. 130; BOTHE, in: Vitzthum, Völkerrecht, S. 601.

a) Die divergierenden Auslegungen des Tatbestandsmerkmals „im Falle eines bewaffneten Angriffs"

Seit Inkrafttreten der UN-Charta konkurrieren im Schrifttum und in der Staatenpraxis[345] zwei divergierende Auslegungen des Tatbestandsmerkmals „im Falle eines bewaffneten Angriffs". Die Streitfrage ist, ob ein verteidigungsbereiter Staat gemäß Art. 51 UN-Charta abwarten muss, bis ein bewaffneter Angriff auf sein Territorium tatsächlich erfolgt ist, mithin, ob Angriff und Verteidigung nach dem „Prinzip des ersten Schusses" voneinander abgegrenzt werden können. Auch wenn die Frage der Zulässigkeit von präventiver Selbstverteidigung von entscheidender Bedeutung für die internationalen Beziehungen ist, sollte nicht erwartet werden, dass die eine, endgültige Antwort jemals gefunden werden könnte. Die über sechzig Jahre anhaltende Debatte hat gezeigt, dass es sich „mehr um eine Glaubensfrage zwischen Politik, Moral und Völkerrecht handelt, als um ein reines Rechtsproblem."[346]. Jedenfalls räumen selbst hartnäckige Anhänger der einen Auslegung ein, dass ihr Verständnis nicht das allein Vertretbare ist.[347]

aa) Die wortlautorientierte Auslegung von Art. 51 UN-Charta

Nach der strengen, dem Grundsatz *singularia non sunt extendenda* folgenden Auslegung kann der Wortlaut des Art. 51 UN-Charta nur so verstanden werden, dass Selbstverteidigungsmaßnahmen erst ergriffen werden dürfen, wenn das Territorium des Staates bereits mit massiver Waffengewalt angegriffen worden sei.[348] Erst dieses Kriterium erlaube es demnach, die Notwehrsituation objektiv nachvollziehbar zu bestimmen. Bei einer Öffnung des Selbstverteidigungsrechts für subjektive Gefahrenprognosen drohe Missbrauch, da die Ausweitung auf unmittelbar bevorstehende Angriffe automatisch eine Grauzone zwischen absolut verbotener und zulässiger Gewaltanwendung entstehen lasse: Klare Akte

---

[345] Zu den kontroversen Diskussionen in der Generalversammlung bei den Arbeiten an der „Friendly Relations"-Deklaration vgl. DOHNA, Grundprinzipien des Völkerrechts, S. 87 f.

[346] VON BUTTLAR, Präventive Selbstverteidigung, S. 22.

[347] ICJ Rep. 1986, 259 (348), Ziff. 173 – Military and Paramilitary Activities (Diss. op. SCHWEBEL): "While I recognize that the issue is controversial and open to more than one substantial view, […].".

[348] Aus dem älteren Schrifttum AL CHALABI, La légitime défense, S. 79; BROWNLIE, International Law and the Use of Force by States, S. 278; DOHNA, Grundprinzipien des Völkerrechts, S. 90; OPPENHEIM / LAUTERPACHT, International Law Vol. II, § 52aa, S. 156; ŽOUREK, AIDI 56 (1975), 1 (63). Aus dem aktuellen Schrifttum CASSESE, in: Cot / Pellet, Charte, Art. 51, S. 777 f.; DEISEROTH, Deutschland im US-Irak-Krieg, S. 139 ff.; ELARABY, Art. 2 (4) Revisited, S. 47; HOFMANN, GYIL 45 (2002), 9 (30); MCCOUBREY / WHITE, International Law and Armed Conflict, S. 91 ff.; RANDELZHOFER, in: Simma, Charter, Art. 2 (4), Rn. 39. So auch der 2. Wehrdienstsenat des BVerwG, Urteil vom 21. Juni 2005 (Az. 2 WD 12.04), S. 78.

verbotener gewaltsamer Selbsthilfe könnten so als erlaubte präventive Selbstverteidigung gerechtfertigt werden.[349] Da die Abwehr von Friedensbedrohungen nach der UN-Charta in der alleinigen Verantwortung des Sicherheitsrats sei, dürften gegnerische Vorbereitungen zu einem Angriff nur mit Vorkehrungen für die eigene Verteidigung beantwortet werden.[350] Zumindest für die Großmächte sei selbst im Falle eines unmittelbar bevorstehenden Angriffs mit Kernwaffen wegen ihrer Fähigkeit zum atomaren Zweitschlag eine präventive Selbstverteidigung auch nicht erforderlich.[351]

Der israelische Jurist Yoram Dinstein hat diese strenge Interpretation des Art. 51 UN-Charta dahingehend abgeschwächt, dass Selbstverteidigungsmaßnahmen bereits dann zulässig seien, wenn der Angriff des Gegners unwiderruflich angelaufen ist, das Territorium des verteidigungswilligen Staates jedoch noch nicht erreicht hat.[352] In einer solchen Situation sei der betroffene Staat zu „interceptive self-defence" (abfangender Selbstverteidigung) – die Dinstein von der antizipatorischen Selbstverteidigung abgrenzt –, berechtigt:

> "an armed attack may precede the firing of the first shot. The crucial question is who embarks upon an irreversible course of action, thereby crossing the Rubicon. This, rather than the actual opening of fire, is what casts the die and forms what may be categorized as an incipient armed attack. [...] Interceptive, unlike anticipatory, self-defence takes place after the other side has committed itself to an armed attack in an ostensibly irrevocable way."[353]

Andere Autoren versuchen, das im äußersten Fall denkbare Dilemma zwischen der drohenden Vernichtung und dem Völkerrechtsbruch dadurch aufzulösen, dass sie den Erstgebrauch von Waffengewalt im Falle eines unmittelbar bevorstehenden, massiven Angriffs zwar als völkerrechtswidrig, aber möglicherweise entschuldigt betrachten.[354]

bb) Die teleologische Auslegung von Art. 51 UN-Charta

Nach der überzeugenderen Ansicht im Schrifttum ist die Formulierung „im Falle eines bewaffneten Angriffs" in Art. 51 UN-Charta hingegen so auszulegen, dass

---

349 McCoubrey / White, International Law and Armed Conflict, S. 95; Fischer, in: Ipsen, Völkerrecht, § 59 Rn. 30; Randelzhofer, in: Simma, Charter, Art. 51, Rn. 39.

350 Genoni, Die Notwehr im Völkerrecht, S. 145; Žourek, AIDI 56 (1975), 1 (64).

351 Randelzhofer, in: Simma, Charter, Art. 51, Rn. 40; Žourek, AIDI 56 (1975), 1 (64). Zur anderen Beurteilung bei verwundbaren Kernwaffenpotentialen Neuhold, Internationale Konflikte, S. 254 ff.

352 Dinstein, War, Aggression and Self-Defence, S. 172. Ihm folgend Shaw, International Law, S. 1030 und Kolb, ZÖR 59 (2004), 111 (123).

353 Dinstein, War, Aggression and Self-Defence, S. 172.

354 Franck, Fairness in International Law, S. 267; Cassese, International Law, S. 362.

sie auch unmittelbar bevorstehende Angriffe umfasst.[355] Der Wortlaut der Norm steht dieser Auslegung zumindest nicht entgegen, da „im Falle eines bewaffneten Angriffs" nicht zwangsläufig „nur im Falle eines bewaffneten Angriffs" bedeuten muss.[356] Für diese Interpretation spricht zum einen ihre Realitätsnähe, denn es wäre keinem Staat zumutbar, gegnerischen Angriffsvorbereitungen wie eine „sitting duck"[357] tatenlos zuzusehen und abzuwarten, wenn dann eine effektive Verteidigung gefährdet wäre oder aber der Angriff angekündigt ist.[358] Diese Überlegung hat auch der IGH in seinem Atomwaffen-Gutachten angestellt. Dort entschied der Gerichtshof, dass in Extremsituationen, in denen die Existenz des Staates auf dem Spiel steht, die Anwendung atomarer Waffen zur Selbstverteidigung – obwohl mit dem humanitären Völkerrecht nicht vereinbar – nicht mit Bestimmtheit als rechtmäßig oder unrechtmäßig beurteilt werden könne.[359] Das führt zu dem allgemeinen Schluss, dass keine Rechtsnorm – auch nicht Art. 51 UN-Charta – so interpretiert werden kann, dass sie einen Staat in einer die Existenz bedrohenden Situation verpflichtet, den ersten, vielleicht entscheidenden Schlag abzuwarten, bevor er sich verteidigen darf.[360]

Für die Vorverlagerung der Realisierungsschwelle des „bewaffneten Angriffs" spricht zum anderen, dass sich Angriff und Verteidigung nicht starr nach

[355] Aus dem älteren Schrifttum: SCHWEBEL, Aggression, RdC 136 (1972/II), S. 479 ff.; NEUHOLD, Internationale Konflikte, S. 136 ff.; WILDHABER, Gewaltverbot und Selbstverteidigung, S. 153 f.; DELIVANIS, La légitime défense, S. 142. Aus dem neueren Schrifttum: BLUMENWITZ, Präventionsstrategie, S. 34 f.; BOTHE, EJIL 14 (2003), 227 (231); HAILBRONNER, Die Grenzen des völkerrechtlichen Gewaltverbots, S. 80 f.; HILLGRUBER, ZfP 2003, 245 (248 f.); JENNINGS / WATTS, Oppenheim's International Law Vol. I/1, § 127, S. 421 f.; MURSWIEK, NJW 2003, 1014 (1017); O'CONNELL, The Myth of Preemptive Self-Defense, S. 8 f.

[356] SCHWEBEL, Aggression, RdC 136 (1972/II), S. 480.

[357] Dieses Bild stammt von MCDOUGAL, AJIL 57 (1963), 597 (601).

[358] JENNINGS / WATTS, Oppenheim's International Law, § 127, S. 422; MAOGOTO, NILR 51 (2004), 1 (30); MURSWIEK, NJW 2003, 1014 (1016); BOTHE, in: Vitzthum, Völkerrecht, S. 602; HILLGRUBER, ZfP 2003, 245 (248 f.); DONNER, AVR 33 (1995), 168 (180).

[359] ICJ Rep. 1996-I, 226 (266), Ziff. 105 – Threat or Use of Nuclear Weapons (Advisory Opinion): "However, in view of the current state of international law, and of the elements of fact at its disposal, the Court cannot conclude definitively whether the threat or use of nuclear weapons would be lawful or unlawful in an extreme circumstance of self-defence, in which the very survival of a State would be at stake.".

[360] FRANCK, Recourse to Force, S. 98; ROSENNE, The Perplexities of Modern International Law, RdC 291 (2001), S. 147. Bereits im Jahr 1946 wies die Atomenergie-Kommission der UN in ihrem ersten Bericht an den Sicherheitsrat darauf hin, dass angesichts des Fortschritts in der Nukleartechnologie bereits die Verletzung eines Nuklearwaffen-Kontrollvertrags eine so schwere Gefahr bedeuten könne, dass dagegen das Selbstverteidigungsrecht nach Art. 51 UN-Charta ausgeübt werden dürfe (UN Doc. AEC/18/Rev.1, S. 24).

dem Prioritätskriterium abgrenzen lassen.[361] Dieser Schwierigkeit trägt die Aggressionsdefinition der Generalversammlung Rechnung, indem sie in Art. 3 lit. a-g bestimmte Handlungen nur *prima facie* als Angriffshandlung gelten lässt. Sieht der Sicherheitsrat einen „anderen bedeutsamen Umstand", kann er gemäß Art. 2 entgegen dem ersten Anschein nicht den Erstanwender der Waffengewalt, sondern die andere Seite zum Aggressor erklären. Die Aggressionsdefinition schließt die präventive Selbstverteidigung also nicht ausdrücklich aus.[362]

Zu dem Ergebnis, dass unter bestimmten Voraussetzungen auch die präventive Selbstverteidigung gegen unmittelbar bevorstehende bewaffnete Angriffe zulässig ist, kommen auch jene, die das unabhängige Fortbestehen des völkergewohnheitsrechtlichen Selbstverteidigungsrechts neben Art. 51 UN-Charta betonen.[363] Die Grenze zwischen einer teleologischen und einer vom Gewohnheitsrecht geprägten Auslegung der Formulierung „im Falle eines bewaffneten Angriffs" in Art. 51 UN-Charta ist fließend.[364]

b) Das gewohnheitsrechtliche Recht auf antizipatorische Selbstverteidigung

Ausgangspunkt bei der Frage, ab wann nach Völkergewohnheitsrecht vorbeugende Selbstverteidigung geübt werden darf, ist regelmäßig der so genannte „Caroline"-Fall aus dem Jahr 1837. Zwar erscheint es sonderbar, dass bei der aktuellen Diskussion über die Grenzen der zeitlichen Vorverlagerung des Selbstverteidigungsrechts ein mehr als 150 Jahre zurückliegender Fall in Erinnerung gerufen wird.[365] Dies erklärt sich damit, dass die aus dem „Caroline"-Fall

[361] Die UdSSR drängte in der Zwischenkriegszeit auf eine Angriffsdefinition, die ohne Ausnahme den „ersten Schuss" als Aggression wertet, konnte sich damit aber gegenüber den westlichen Staaten nicht durchsetzen (s.o., 2. Kap A III 2 b).

[362] HAILBRONNER, Die Grenzen des völkerrechtlichen Gewaltverbots, S. 80; STEIN / VON BUTTLAR, Völkerrecht, Rn. 836.

[363] Vgl. die Stellungnahme des Kronanwalts und Rechtsberaters der britischen Regierung, Attorney-General Lord Goldsmith, gegenüber dem House of Lords (Lords Hansard, 21 April 2004, column 370): "Art. 51 recognises the inherent right of self-defence that states enjoy under international law. The charter did not therefore affect the scope of the right of self-defence existing at that time in customary international law, which included the right to use force in anticipation of an imminent attack.".

[364] MURSWIEK, NJW 2003, 1014 (1017); MENG, The Caroline, in: Bernhardt, EPIL I, S. 538; EICK, ZRP 2004, 200 (201). Auch der IGH hat darauf hingewiesen, dass Art. 51 UN-Charta den Begriff des „bewaffneten Angriffs" nicht definiert und insofern das völkergewohnheitsrechtliche Selbstverteidigungsrecht relevant bleibt (ICJ Rep. 1986, 14 (94), Ziff. 176 – Military and Paramilitary Activities [Merits]).

[365] Kritisch zu diesem Ansatz daher BROWNLIE, International Law, S. 702; KRAJEWSKI, Baltic YBIL 5 (2005), 1 (10).

abgeleitete Rechtsregel vor 1945 die einzig anerkannte Formulierung der Schranken des friedensvölkerrechtlichen Selbstverteidigungsrechts war.[366]

aa) Der „Caroline"-Fall als Präzedenzfall der antizipatorischen Selbstverteidigung

Dem „Caroline"-Fall lag folgender Sachverhalt zugrunde[367]: Im Jahr 1837 rebellierten der Untertanen in der Provinz Upper Canada gegen die britische Herrschaft.[368] Nach der Niederschlagung des Aufstands flüchteten zwei ihrer Anführer in das grenznahe Buffalo (New York), um dort unter den sympathisierenden US-Amerikanern neue Truppen zu sammeln. Der Regierung in Washington waren die revolutionären Umtriebe bekannt, sie konnte die Einmischung amerikanischer Bürger in die britischen Angelegenheiten jedoch nicht unterbinden. Am 13. Dezember 1837 besetzte eine bewaffnete, hauptsächlich aus Bürgern der USA bestehende Gruppe die auf der kanadischen Seite des Niagara River liegende Insel Navy Island. Dort errichteten sie gemeinsam mit den kanadischen Rebellen eine provisorische Regierung für Kanada. Wiederholt wurden das kanadische Ufer und britische Schiffe von der Insel aus unter Feuer genommen. Mit dem Flussdampfer „Caroline" organisierten die Aufständischen über den Hafen Fort Schlosser (New York) Verstärkung und Nachschub an Kriegswaffen.

Nachdem der Gouverneur von New York auf die Beschwerde der Provinzregierung vom 13. Dezember nicht reagiert hatte, befahl der britische Befehlshaber die Zerstörung der „Caroline", um den Aufständischen den Nachschub abzuschneiden und ihnen die Möglichkeit zu nehmen, das kanadische Festland zu erreichen. In der Nacht vom 29. zum 30. Dezember 1837 erstürmte eine britische Einheit die im Hafen von Fort Schlosser liegende „Caroline", setzte das Schiff in Brand und schickte es die nahen Niagarafälle hinunter. Zwei an Bord der „Caroline" schlafende US-Bürger wurden bei der Aktion erschossen.

Die Zerstörung der „Caroline" sorgte für diplomatische Unstimmigkeiten zwischen den USA und Großbritannien.[369] Die USA beklagten die völkerrechtswidrige Verletzung ihrer territorialen Souveränität durch das eigenmächtige britische Vorgehen. Halbherzig rechtfertigte der britische Botschafter in Washington, Henry Stephen Fox, daraufhin die nächtliche Aktion insbesondere mit der

---

366 HARRIS, Cases and Materials on International Law, S. 849; STEIN / VON BUTTLAR, Völkerrecht, Rn. 829. Der Briand-Kellogg-Pakt ließ das Selbstverteidigungsrecht unberührt und definierte daher auch nicht dessen Voraussetzungen (s.o., 2. Kap. A III 2 b).

367 Ausführlich STEVENS, Border Diplomacy, S. 9 ff.; MOORE, A Digest of International Law Vol. II, S. 409 f.; JENNINGS, AJIL 32 (1938), 82 (82 ff.).

368 Zum politischen Hintergrund der Rebellion vgl. ROUILLARD, Miskolc JIL 1 (2004), 104 (106 mit Anm. 7).

369 Zu der diplomatischen Auseinandersetzung und den rechtlichen Argumenten beider Seiten vgl. JENNINGS, AJIL 32 (1938), 82 (85 ff.) und ROUILLARD, Miskolc JIL 1 (2004), 104 (108 ff.).

Untätigkeit der amerikanischen Behörden und der sich daraus ergebenden „necessity of self-defence and self-preservation“[370]. Der Streit flammte auf, als der Kanadier Alexander McLeod 1840 wegen seiner Beteiligung an der Zerstörung der „Caroline“ im Staat New York des Mordes angeklagt wurde. Zur Verärgerung Großbritanniens ließ die Regierung in Washington die Justizbehörden des Bundesstaates trotz der außenpolitischen Implikationen der Sache gewähren.

Endgültig beigelegt wurde die Affäre um die „Caroline“ und McLeod erst im Jahr 1842 durch eine Korrespondenz zwischen dem amerikanischen Außenminister Daniel Webster und Alexander Baring, 1st Baron Ashburton, dem britischen Sonderbotschafter in der Angelegenheit. In einer Note vom 27. Juli 1842[371] forderte Webster von der britischen Regierung, in Hinblick auf die Verletzung der amerikanischen Souveränität den detaillierten Beweis der

> „...necessity of self-defence, instant, overwhelming, leaving no choice of means, and no moment for deliberation.“.

Darüber müsse die Londoner Regierung auch belegen, dass die Aktion in ihrer Ausführung strikt verhältnismäßig gewesen sei:

> "It will be for it to show, also, that the local authorities of Canada, even supposing the necessity of the moment authorized them to enter the territories of the United States at all, did nothing unreasonable or excessive; since the act, justified by self-defence, must be limited by that necessity, and kept clearly within it."[372]

Die erneute, ausführlichere Rechtfertigung Großbritanniens in Lord Ashburtons Antwortnote vom darauf folgenden Tag akzeptierte Webster in der Sache zwar nicht, die gleichzeitige Entschuldigung für den Vorfall nahm er jedoch mit Genugtuung zur Kenntnis.

bb) Die rechtliche Würdigung des „Caroline“-Falls

Die rechtliche Würdigung des „Caroline“-Falls beginnt mit der Überlegung, dass es sich bei dem britischen Übergriff um eine bewaffnete Intervention in Friedenszeiten handelte.[373] Hätte Großbritannien den USA zuvor oder zugleich mit dem Einsatz im Hafen von Fort Schlosser den Krieg erklärt, wären dem bri-

---

370 Henry Stephen Fox, Note vom 6. Februar 1838 (zit. nach Jennings, AJIL 32 (1938), 82 [87]).

371 Die folgenden Zitate entstammten ursprünglich einer Note Websters an Henry Stephen Fox vom 24. April 1841, die Webster in die spätere Note an Lord Ashburton inkorporierte.

372 Zitiert nach Shewmaker, The Papers of Daniel Webster: Diplomatic Papers, Vol. I (1841-1843), S. 67.

373 Im Repräsentantenhaus wurde allerdings die Ansicht geäußert, dass sich die USA wegen der Einmischung seiner Bürger in die kanadische Rebellion im Krieg mit der Krone befunden hätten, vgl. die Stellungnahme des Abgeordneten und vormaligen US-Präsidenten (1825-1829), John Quincy Adams (wiedergegeben bei Moore, A Digest of International Law Vol. II, S. 413).

tischen Vorgehen nach dem klassischen Völkerrecht allein durch das *ius in bello* rechtliche Schranken gesetzt gewesen.[374] In Friedenszeiten waren der gewaltsamen Verletzung fremder Souveränität demgegenüber engere rechtliche Grenzen gesetzt.[375] Die Bedeutung des Friedenszustands zwischen Großbritannien und den USA für die rechtliche Beurteilung der britischen Intervention hob Daniel Webster besonders hervor:

> "It is admitted that a just right of self-defence attaches always to nations, as well as to individuals, and is equally necessary for the preservation of both. But the extent of this right is a question to be judged of by the circumstances of each particular case; and when its alleged exercise has led to the commission of hostile acts, within the territory of a power at peace, nothing less than a clear and absolute necessity can afford ground of justification."[376]

Schon zu Beginn der diplomatischen Krise um die „Caroline" waren sich die USA und Großbritannien einig, dass die Zerstörung der „Caroline" einer Rechtfertigung bedurfte, streitig war allein die faktische Beurteilung der Situation.[377] Allerdings wollte sich Webster nicht mit der von den Briten floskelhaft gelieferten Rechtfertigung der „self-preservation" (Selbsterhaltung) zufrieden geben. Seine Forderung nach dem Beweis der „necessity of self-defence, instant, overwhelming, leaving no choice of means, and no moment for deliberation" und der Beschränkung auf verhältnismäßige Maßnahmen („nothing unreasonable or excessive") zielte darauf ab, dem willkürlich gebrauchten Rechtfertigungsgrund der Selbsterhaltung rechtliche Konturen zu verschaffen und ihn so einzugrenzen.[378] Dies entsprach dem Interesse der USA als dem gegenüber der damaligen Weltmacht Großbritannien schwächeren Staat.[379]

---

374 Wegen des Streits um die Nordostgrenze der USA (dazu s.o., 2. Kap A I) drohte zu Beginn der 1840er Jahren ein Krieg mit Großbritannien auszubrechen. Im Washingtoner Kongress gab es daher Überlegungen, wie der Konflikt in Kanada dazu genutzt werden könnte, um die britische Regierung zum Einlenken zu bewegen (JENNINGS, AJIL 32 (1938), 82 [88]).

375 Die Paradoxie dieser Rechtslage betont WALDOCK, Use of Force, RdC 81 (1952/II), S. 468: "Finally, although resort to forcible self-help short of war was regulated in customary law by defined principles, these principles were gravely weakened by the fact that conversion of the forcible measures into war itself at once put the case outside any legal principles.".

376 Note an Henry Stephen Fox vom 24. April 1841, enthalten in der Note vom 27. Juli 1842 (zit. nach Shewmaker, The Papers of Daniel Webster: Diplomatic Papers, Vol. I (1841-1843), S. 62).

377 WALDOCK, Use of Force, RdC 81 (1952/II), S. 463; ROUILLARD, Miskolc JIL 1 (2004), 104 (111).

378 JENNINGS, AJIL 32 (1938), 82 (89). Dabei hatte Webster allerdings noch keinen von der Selbsterhaltung scharf abgegrenzten Begriff der Selbstverteidigung im Sinn (JENNINGS, a.a.O., 91 f.; BROWNLIE, Principles, S. 702).

379 BYERS, Der Irak und der Fall Caroline, S. 237; MAOGOTO, NILR 51 (2004), 1 (18).

Es spricht einiges dafür, dass Websters Formulierung nicht zufällig an die Beurteilung der präventiven Selbstverteidigung bei Hugo Grotius, Samuel Pufendorf und dem in den Vereinigten Staaten besonders geschätzten Émer de Vattel erinnern.[380] Bereits in einer Protestnote an den britischen Außenminister Lord Palmerston vom 22. Mai 1838 hatte Andrew Stevenson, der amerikanische Botschafter bei der Krone, die Forderung nach Wiedergutmachung mit den Schriften Grotius', Pufendorfs und Vattels begründet: Diese Völkerrechtsautoritäten würden darüber übereinstimmen, dass „the necessity must be imminent, and extreme, and involving impending destruction", um die gewaltsame Verletzung fremden Territoriums rechtfertigen zu können.[381] Nachdem Webster das Amt des Außenministers von John Forsyth übernommen hatte, griff er in seiner ersten Note an Fox vom 21. April 1841 auf diese Argumentation zurück, ohne jedoch dabei ausdrücklich auf Grotius, Pufendorf oder Vattel Bezug zu nehmen.[382] Es kann jedoch angenommen werden, dass Webster seine Formulierung bewusst in Anschluss an diese Völkerrechtsklassiker wählte, da er mit deren Schriften durch seine juristische Ausbildung und Erfahrungen als Anwalt in Seerechtsfällen wohlvertraut war.[383]

Ein Beispiel für die Vertrautheit Websters mit Grotius' Werk bietet ein anderer Brief an Lord Ashburton, den er am 1. August 1842, also wenige Tage nach der Note im „Caroline"-Fall, verfasste. In diesem Brief protestiert Webster offiziell gegen die Praxis der britischen Kolonialbehörden auf den Bahamas, an Bord amerikanischer Schiffe transportierte Sklaven im Hafen von Nassau einfach freizulassen. Diese Praxis widerspreche eklatant der anerkannten Völkerrechtsregel, nach der Schiffe auf hoher See oder in fremden Häfen allein dem Recht des Heimatstaates unterlägen. Großbritannien sei daher völkerrechtlich verpflichtet, das in den Südstaaten anerkannte Rechtsverhältnis zwischen Herrn und Sklaven zu achten. Wer auch immer dies bestreite, fordere die gesamten Autoritäten des öffentlichen Rechts zurück bis Grotius heraus: "Whoever so reasons encounters the authority of the whole body of public law, from Grotius down."[384]

Lord Ashburton akzeptierte die von Webster formulierten Begrenzungen des Selbsterhaltungsrechts und orientierte sich in der neuerlichen Rechtfertigung des nächtlichen Vorfalls an dessen inhaltlichen Vorgaben:

---

[380] S.o., 1. Kap. D II (Grotius), G III 1 (Pufendorf) und G III 3 b (Vattel). Auf die Ähnlichkeiten zwischen der Webster-Formel und Grotius' Standpunkt weisen auch JENNINGS / WATTS (Oppenheim's International Law Vol. I/1, § 127, S. 420) hin.

[381] Note von Stevenson an Lord Palmerston vom 22. Mai 1838, wiedergegeben in einem Memorandum an Forsyth vom 24. Mai 1838 (zit. nach Stevens, Border Diplomacy, S. 35).

[382] SOFAER, EJIL 14 (2003), 209 (216).

[383] STEVENS, Border Diplomacy, S. 104.

[384] Note von Webster an Lord Ashburton vom 1. August 1842 (zit. nach Shewmaker, The Papers of Daniel Webster: Diplomatic Papers, Vol. I (1841-1843), S. 658 ff. [662]). Webster bezieht sich wohl auf die Stelle IBP, 2. Buch, 2. Kap., XIII-XV.

> "Agreeing therefore on the general principle and on the possible exception to which it is liable, the only question between us is whether this occurrence came within the limits fairly to be assigned to such exception, whether, to use your words, there was "that necessity of self-defence, instant, overwhelming, leaving no choice of means" which preceded the destruction of the Caroline, while moored to the shore of the United States."[385]

Von ihrem eigentlichen Kontext lösgelöst wurde Websters Formulierung aus dem „Caroline"-Fall im Laufe des 19. Jahrhunderts zu einer anerkannten Regel des Völkergewohnheitsrechts.[386] In Abgrenzung zu naturalistisch geprägten Vorstellungen eines prinzipiell schrankenlosen Selbsterhaltungsrechts führte Webster mit ihr ein juristisches Konzept der „Selbstverteidigung" in das Völkerrecht ein und unterstellte es mit der Forderung „nothing unreasonable or excessive" dem Proportionalitätsprinzip.[387] Zugleich war es Webster damit gelungen, die strikte Begrenzung der präventiven Selbstverteidigung in der Lehre von Hugo Grotius und dessen Nachfolgern Pufendorf und Vattel im Völkerrecht des 19. Jahrhunderts zu verankern.[388]

cc) Die Bestätigung der Webster-Formel durch die Urteile von Nürnberg und Tokio

Nach dem Zweiten Weltkrieg wurde die Existenz des gewohnheitsrechtlichen Rechts auf antizipatorische Selbstverteidigung von den alliierten Militärtribunalen von Nürnberg und Tokio anerkannt. Beide Gerichte bestätigten in ihren Urteilen die Rechtsregel, nach der Selbstverteidigung auch gegen unmittelbar bevorstehende Angriffe zulässig ist.[389]

Der Internationale Militärgerichtshof von Nürnberg beschäftigte sich mit der Frage der antizipatorischen Selbstverteidigung in Zusammenhang mit dem Krieg in Skandinavien. Entgegen einer ausdrücklichen Versicherung der Reichsregierung vom 2. September 1939 überfiel die Wehrmacht am 9. April 1940 das bis

---

385 Note von Lord Ashburton an Webster vom 28. Juli 1842 (zit. nach Shewmaker, The Papers of Daniel Webster: Diplomatic Papers, Vol. I (1841-1843), S. 652).

386 DINSTEIN, War, Aggression and Self-Defence, S. 219; BOTHE, EJIL 14 (2003), 227 (231). Als Präzedenzfall der antizipatorischen Selbstverteidigung kann der „Caroline"-Fall in der aktuellen Debatte allerdings nur bedingt herangezogen werden, da die USA den Aufständischen keine aktive staatliche Unterstützung geleistet hatten. Nach heutiger Terminologie war die britische Intervention daher eine Maßnahme der gewaltsamen Selbsthilfe (Kommentar (5) zu Art. 25 ILC-Entwurf, in: Crawford, The ILC's Draft Articles on State Responsibility, S. 179 f.).

387 JENNINGS, AJIL 32 (1938), 82 (92); JENNINGS / WATTS, Oppenheim's International Law Vol. I/1, § 127, S. 420; DUPUY, L'unité de l'ordre juridique international, RdC 297 (2002), S. 348.

388 STEVENS, Border Diplomacy, S. 166 f.

389 HAILBRONNER, Die Grenzen des völkerrechtlichen Gewaltverbots, S. 80; WALDOCK, Use of Force, RdC 81 (1952/II), S. 478; WALKER, Cornell ILJ 31 (1998), 321 (357 f.).

dahin am Krieg unbeteiligte Norwegen.[390] Nach Darstellung der Nürnberger Verteidigung sei die deutsche Führung zu diesem Schritt gezwungen gewesen, um einer unmittelbar bevorstehenden Invasion des Landes durch die Alliierten zuvorzukommen.[391] Unter ausdrücklicher Bezugnahme auf die Webster-Formel entschied der Gerichtshof in seinem Urteil vom 1. Oktober 1946, dass

> „Präventivhandlungen auf fremdem Gebiet nur im Falle einer „unaufschiebbaren und unabwendbaren Notwendigkeit der Selbstverteidigung, die keine Wahl der Mittel und keinen Augenblick Zeit zur Überlegung läßt" (The Caroline Case, Moore's Digest of International Law, II, 412), gerechtfertigt sind."[392]

Das Gericht sah diese Voraussetzungen im Falle der Besetzung Norwegens nicht erfüllt. Die schon seit 1939 ausgearbeiteten Pläne für einen Angriff auf Norwegen seien nicht gemacht worden, um einer bevorstehenden Landung der Alliierten zuvorzukommen, sondern höchstens, um eine mögliche alliierte Besetzung des Landes für die Zukunft auszuschließen. Es habe sich mithin nicht um Maßnahmen der präventiven Verteidigung, sondern um Angriffshandlungen gehandelt.[393] Die von der Verteidigung vorgebrachte, in der Vorkriegszeit herrschende Rechtsauffassung, dass die alleinige Entscheidungshoheit über die Notwendigkeit von Vorbeugemaßnahmen beim handelnden Staat liege[394], wies der Gerichtshof ausdrücklich zurück.[395]

Demgegenüber beurteilte der Internationale Militärgerichtshof für den Fernen Osten (IMTFE) die präventive Kriegserklärung der Niederlande an Japan vom 8. Dezember 1941 nicht als Aggression.[396] In seinem Urteil vom November 1948 stellte das Gericht fest, dass die japanische Entscheidung zum Angriff auf Niederländisch-Ostindien bereits am 1. Dezember 1941 endgültig gefallen, zum Zeitpunkt der niederländischen Kriegserklärung nur noch nicht ausgeführt wor-

---

[390] Der Prozess gegen die Hauptkriegsverbrecher vor dem Internationalen Militärgerichtshof, Amtlicher Wortlaut in deutscher Sprache, Band I, S. 228 ff.

[391] Da sich der deutsche Einmarsch in Norwegen sich nicht gegen einen vermeintlichen Angreifer, sondern gegen eine unbeteiligte dritte Partei richtete, handelte es sich um eine Notstandsmaßnahme. Der Nürnberger Gerichtshof setzte sich mit der Argumentation der Verteidigung also fälschlich unter dem Gesichtspunkt der präventiven Selbstverteidigung auseinander (SCHWARZENBERGER, The Principle of Self-Defence, S. 214 f.).

[392] Der Prozess gegen die Hauptkriegsverbrecher vor dem Internationalen Militärgerichtshof, Amtlicher Wortlaut in deutscher Sprache, Band I, S. 230.

[393] Der Prozess gegen die Hauptkriegsverbrecher vor dem Internationalen Militärgerichtshof, Amtlicher Wortlaut in deutscher Sprache, Band I, S. 231.

[394] S.o., 2. Kap. A III 2 b.

[395] Der Prozess gegen die Hauptkriegsverbrecher vor dem Internationalen Militärgerichtshof, Amtlicher Wortlaut in deutscher Sprache, Band I, S. 232.

[396] Dazu MCDOUGAL / FELICIANO, The International Law of War, S. 231 f.; BROWNLIE, International Law and the Use of Force by States, S. 258; WALKER, Cornell ILJ 31 (1998), 321 (358).

den sei. Weil der niederländischen Exilregierung aber bekannt gewesen sei, dass der japanische Angriff unmittelbar bevorstehe, und sie in diesem Bewusstsein gehandelt habe, sei die präventive Kriegserklärung als Selbstverteidigung gerechtfertigt gewesen:

> "In these circumstances we find in fact that orders declaring the existence of a state of war and for the execution of a war of aggression by Japan against the Netherlands were in effect from the early morning of 7th December 1941. The fact that the Netherlands, being fully apprised of the imminence of the attack, in self defense declared war against Japan on 8th December and thus officially recognized the existence of a state of war which had been begun by Japan cannot change that war from a war of aggression on the part of Japan into something other than that."[397]

Die Urteile der beiden Militärtribunale zeigen, dass und mit welchem Inhalt das Recht auf antizipatorische Selbstverteidigung Teil des Gewohnheitsrechts war, das Art. 51 UN-Charta im Jahr 1945 als „inherent right" anerkannte.[398] Beide Gerichte präzisierten die von Daniel Webster geprägte Formel allerdings insofern, als sie die Rechtfertigung von Präventivmaßnahmen ausdrücklich von der subjektiven Kenntnis der Unmittelbarkeit der Bedrohung abhängig machten.[399] Die Rechtmäßigkeit der antizipatorischen Selbstverteidigung hängt also davon ab, was die Entscheidungsträger des Staates gewusst haben oder zumindest vernünftigerweise haben vermuten dürfen.[400] Eine präventive Verteidigungsmaßnahme kann mithin nicht dadurch nachträglich gerechtfertigt werden, dass sich später, unter Umständen erst Jahre danach, die hochgradige Gefährlichkeit der früheren Situation erweist.

c) Antizipatorische Selbstverteidigung in der Völkerrechtspraxis nach 1945

Der rasche Fortschritt der Nukleartechnik nach dem Zweiten Weltkrieg balancierte bald ein atomares Gleichgewicht zwischen den Blöcken aus, das einen

[397] Urteil des Internationalen Militärtribunals für den Fernen Osten (IMTFE), 4.-12. November 1948, S. 994 (Hervorhebung vom Verf.). Bemerkenswert ist in diesem Zusammenhang eine Äußerung des Präsidenten des IMTFE, Sir William Webb: "We will deliver an impressive judgement and base the verdict on the teachings of Hugo Grotius." (zit. nach Röling, Jus ad bellum and the Grotian Heritage, S. 111).

[398] GREENWOOD, San Diego ILJ 4 (2003), 7 (13). Nach BROWNLIE, International Law and the Use of Force by States, S. 258, und MCCOUBREY / WHITE, International Law and Armed Conflict, S. 92, kann das Urteil des IMTFE nur bedingt als Bestätigung des gewohnheitsrechtlichen Rechts auf antizipatorische Selbstverteidigung herangezogen werden, da das Gericht die präventive niederländische Kriegserklärung an Japan nur inzident behandelt habe, um über die Rechtmäßigkeit des japanischen Angriffs zu urteilen.

[399] WALKER, Cornell ILJ 31 (1998), 321 (370 ff.).

[400] DINSTEIN, War, Aggression and Self-Defence, S. 173; WALKER, Cornell ILJ 31 (1998), 321 (374).

sorgsamen Umgang mit der gewaltsamen Prävention gebot.[401] Daher ist die empirische Basis für eine Untersuchung der Staatenpraxis in Hinblick auf die antizipatorische Selbstverteidigung sehr schmal. Als die in dieser Hinsicht aussagekräftigsten Fälle gelten die Kuba-Krise von 1962, der Sechs-Tage-Krieg im Jahr 1967 und der israelische Luftangriff auf einen irakischen Atomreaktor von 1981. In den Zusammenhang der antizipatorischen Selbstverteidigung gehört schließlich auch die von Israel in den 1950er Jahren entwickelte Akkumulationstheorie.[402]

aa) Die Kuba-Krise (1962)

Auslöser der Kuba-Krise im Jahr 1962 war das sowjetisch-kubanische Geheimvorhaben, auf der Karibikinsel mit Atomsprengköpfen ausgerüstete Mittelstreckenraketen zu stationieren.[403] Nachdem die USA von diesen Plänen erfahren hatten, verhängte Präsident Kennedy am 23. Oktober 1962 eine „Quarantäne“[404] gegen alle nach Kuba bestimmten Schiffe, um die Ankunft der sowjetischen Raketen zu verhindern.[405] Gleichzeitig befassten die USA den Sicherheitsrat und die Organisation Amerikanischer Staaten (OAS) mit der Angelegenheit.[406] Kennedy begründete die Entscheidung für die Blockade damit, dass bereits die Stationierung der sowjetischen Nuklearwaffen unmittelbar vor der amerikanischen Küste eine Bedrohung des Friedens bedeute. Gleichwohl war jedoch klar, dass wegen des zeitweiligen Rüstungsvorsprungs der USA keine unmittelbare Gefahr eines sowjetischen Atomangriffs bestand.[407] Während der Kuba-Krise kam es nur zu einem physischen Zwischenfall, als am 26. Oktober 1962 ein von der Sowjetunion gechartertes libanesisches Schiff ohne Waffeneinsatz aufgebracht wurde.[408] Der Konflikt wurde schließlich durch ein gemeinsames Schreiben der USA und der UdSSR an den UN-Generalsekretär U Thant vom 7. Januar 1963,

---

[401] BLUMENWITZ, Präventionsstrategie, S. 33.

[402] HAILBRONNER, Die Grenzen des völkerrechtlichen Gewaltverbots, S. 83; BOWETT, AJIL 66 (1972), 1 (5).

[403] Zu den Ereignissen ausführlich ALEXANDROV, Self-Defense, S. 154 ff.

[404] Der Begriff „Quarantäne“ ist dem Seevölkerrecht unbekannt. Dort wird zwischen der Blockade der Küsten und Häfen eines Staates im Krieg (belligerent blockade) bzw. im Frieden (pacific blockade) unterschieden (WEBER, Blockade, in: Bernhardt, EPIL I, S. 408 ff. und DERS., Pacific Blockade, a.a.O., S. 412 ff.). Die militärische Blockade der Häfen oder Küsten eines Staats gilt nach Art. 3 lit. c der allerdings erst später verabschiedeten Aggressionsdefinition als Angriffshandlung.

[405] Presidential Proclamation 3504 of October 23, 1962, AJIL 57 (1963), 512.

[406] Zu den Stellungnahmen der USA, der UdSSR und Kubas im Sicherheitsrat vgl. UNYB 1962, 104 ff. und FRANCK, Recourse to Force, S. 99 ff.

[407] ALEXANDROV, Self-Defense, S. 158 f.

[408] FRANCK, Recourse to Force, S. 99; HARRIS, Cases and Materials on International Law, S. 853.

in dem die beiden Staaten ihr Übereinkommen erklärten, gelöst. Im Gegenzug zum Abbau amerikanischer Atomkapazitäten in der Osttürkei verpflichtete sich die Sowjetunion zum Rückzug der Raketen von Kuba.[409]

Entgegen der damals vorherrschenden Argumentation im amerikanischen Schrifttum[410] vermied es die Kennedy-Regierung in ihren offiziellen Verlautbarungen sorgsam, die Seeblockade als Selbstverteidigungsmaßnahme nach Art. 51 UN-Charta zu rechtfertigen. Die Rechtsberater des State Departements wollten es offensichtlich vermeiden, einen Präzedenzfall der antizipierten Selbstverteidigung zu schaffen.[411] Die Regierung rechtfertigte die „Quarantäne" vielmehr als ein gemeinsames Handeln nach Art. 6 des Interamerikanischen Vertrags über gegenseitige Hilfeleistungen[412] (Rio-Vertrag) vom 2. September 1947, also als Maßnahme einer Regionalorganisation nach Art. 52 UN-Charta.[413] Gleichwohl zeigen die Stellungnahmen verschiedener Vertreter während der Debatte im Sicherheitsrat, dass diese Staaten von der Weitergeltung des gewohnheitsrechtlichen Rechts auf antizipatorische Selbstverteidigung ausgingen.[414] So nahm der Vertreter Ghanas im Sicherheitsrat, Alex Quaison-Sackey, ausdrücklich auf den „Caroline"-Fall Bezug, indem er fragte:

> "Can it be contended, that there was, in the words of a former American Secretary of State whose reputation as a jurist in this field is widely accepted, 'a necessity of self-defense, instant, overwhelming, leaving no choice of means, and no moment of deliberation'?"[415]

Entgegen der Erwartung der USA konzentrierte sich die Diskussion im Sicherheitsrat dennoch auf die Frage nach der unmittelbaren Bedrohung im Sinne der Webster-Formel durch die sowjetischen Raketen, die mehrheitlich verneint wurde.[416]

---

409 FRANCK, Recourse to Force, S. 108. Die Blockade war mit der Presidential Proclamation 3507 (Departement of State Bulletin 47 (1962), 918) bereits zum 20. November 1962 aufgehoben worden.

410 Vgl. dazu die Beiträge zahlreicher namhafter amerikanischer Völkerrechtler in AJIL 57 (1963), 515 ff.

411 WILDHABER, Gewaltverbot und Selbstverteidigung, S. 152 f.; HAILBRONNER, Die Grenzen des völkerrechtlichen Gewaltverbots, S. 82 f. GRAY, International Law, S. 131, meint daher, dass die Kuba-Krise gerade nicht für eine Untersuchung der Staatenpraxis in Hinblick auf antizipierte Selbstverteidigung herangezogen werden könne.

412 UNTS 21, 77. Nach Art. I des Änderungsprotokolls von San José (ILM 14 (1975), 1122 ff.) nunmehr Art. 5 Rio-Vertrag.

413 Diese Argumentation ist allerdings auch nicht über alle Zweifel erhaben, vgl. AKEHURST, BYIL 42 (1967), 175 (199 ff., 216 ff.).

414 FRANCK, Recourse to Force, S. 101; VON BUTTLAR, Präventive Selbstverteidigung, S. 18.

415 SCOR, 17th Sess., 1024th Meeting, UN Doc. S/PV.1024, S. 51 (Ziff. 106 ff.).

416 AREND, The Washington Quarterly 26 (2003), No. 2, 89 (94); FRANCK, Recourse to Force, S. 107.

bb) Der Sechs-Tage-Krieg (1967)

Am 18. Mai 1967 forderte Ägypten[417] den Generalsekretär der UN zum sofortigen Abzug der seit dem Konflikt von 1956 zwischen Israel und Ägypten stationierten UN-Truppen auf. Unmittelbar danach besetzte Ägypten die zuvor als Pufferzone dienende Sinai-Halbinsel und sperrte die Straße von Tiran im Roten Meer für israelische Schiffe. Der Konflikt eskalierte, als es zu ersten kleineren Zusammenstößen zwischen Verbänden beider Länder auf dem Sinai und gleichzeitig zu Zwischenfällen an der israelischen Nordgrenze zu Syrien kam. Israel beklagte vor dem Sicherheitsrat, dass eine konzertierte Aktion der arabischen Nachbarstaaten gegen den jüdischen Staat bevorstehe, zumal Ägypten auch ein Militärbündnis mit Jordanien geschlossen hatte. Ägypten warf Israel demgegenüber vor, einen Angriff auf Syrien zu planen. Am frühen Morgen des 5. Juni 1967 griff Israel Flughäfen und andere militärische Ziele in Ägypten, Syrien, Jordanien und dem Irak an und zerstörte handstreichartig deren Luftwaffe. Noch am selben Morgen unterrichteten sowohl Israel als auch Ägypten den Präsidenten des Sicherheitsrats davon, dass gegen sie von der jeweils anderen Seite ein bewaffneter Angriff verübt wurde.[418]

Gegenüber dem Sicherheitsrat rechtfertigte Israel den Angriff auf die Luftwaffenstützpunkte seiner Nachbarstaaten als Selbstverteidigung gegen den – nicht bewiesenen – Beschuss israelischer Dörfer aus dem Gaza-Streifen und gegen einen unmittelbar bevorstehenden, massiven Militärschlag Ägyptens.[419] Israel berief sich mithin nicht ausschließlich, aber zumindest unterstützend auf antizipatorische Selbstverteidigung.[420] Die näher liegende Rechtfertigung, die andauernde Blockade des Hafens Elat durch die Sperrung der Straße von Tiran, brachte Israel jedoch nicht vor[421], obwohl die israelische Regierung diese bereits im Mai 1967 als Aggression bezeichnet hatte[422]. Die Vertreter der arabischen und sozialistischen Mitglieder des Sicherheitsrats brandmarkten Israel erwar-

---

417 Ägypten firmierte bis 1971 als Vereinigte Arabische Republik, dem offiziellen Namen des im Jahr 1958 mit Syrien geschlossenen Staatenbundes. Syrien hatte sich allerdings schon 1961 wieder von der Verbindung gelöst (vgl. UNYB 1958, 510; 1961, 684; 1973, 975).

418 Zum Sachverhalt ausführlich die Dokumentation in UNYB 1967, 162 ff. sowie FRANCK, Recourse to Force, S. 101 ff. und ALEXANDROV, Self-Defense, S. 153 f.

419 UNYB 1967, 175. Rückblickend ist so gut wie unbestritten, dass Ägypten im Juni 1967 nicht unmittelbar vor einem Angriff auf Israel stand (GRAY, International Law, S. 131; DINSTEIN, War, Aggression and Self-Defence, S. 173). Israel blieb auch jeden Nachweis der Angriffsbereitschaft und -absicht der drei anderen Nachbarstaaten schuldig (MCCOUBREY / WHITE, International Law and Armed Conflict, S. 94).

420 GRAY (International Law, S. 131) meint hingegen, dass die israelische Rechtfertigung allein auf vorangegangenen Angriffen Ägyptens beruht habe. Der Sechs-Tage-Krieg sei daher kein Beispiel für antizipatorische Selbstverteidigung.

421 DELIVANIS, La légitime défense, S. 144; FRANCK, Recourse to Force, S. 103.

422 UNYB 1967, 167; PARTSCH, Israel and the Arab States, in: Bernhardt, EPIL II, S. 1462.

tungsgemäß als alleinigen Aggressor[423], und selbst die Staaten, die die israelische Position unterstützten, machten sich das Argument der antizipatorischen Selbstverteidigung nicht zu Eigen.[424]

Für die Frage der Äußerung einer *opinio iuris* der Staatengemeinschaft zur antizipierten Selbstverteidigung bleibt festzuhalten, dass die vier vom Sicherheitsrat einstimmig verabschiedeten Waffenstillstands-Resolutionen[425] zwar keine ausdrückliche Erklärung zur Zulässigkeit der antizipatorischen Selbstverteidigung enthielten.[426] Israel wurde jedoch weder vom Sicherheitsrat noch von der auf Initiative der UdSSR mit der Krise befassten Generalversammlung der UN[427] einseitig der Aggression beschuldig. Diese Entscheidungen können so gedeutet werden, dass viele Staaten den israelischen Anspruch auf antizipatorische Selbstverteidigung angesichts der vorangegangenen Provokationen Ägyptens zumindest stillschweigend akzeptierten.[428] Nach anderer Ansicht spiegelten diese Resolutionen jedoch nur die ideologische Spaltung von Sicherheitsrat und Generalversammlung in einen sozialistisch-arabischen und einen westlichen, Israel freundschaftlich gesinnten Block wider, so dass ihnen keine weitergehende völkerrechtliche Aussagekraft zukomme.[429]

cc) Der israelische Angriff auf den irakischen Reaktor Osiraq (1981)

Am 7. Juni 1981 griffen israelische Kampfjets den Forschungskomplex Tuwaitha in der Nähe von Bagdad an und zerstörten den im Bau befindlichen Atomreaktor Osiraq (auch Tamuz-I).[430] Gegenüber dem Generalsekretär der UN rechtfertigte Israel die Aktion später als Selbstverteidigung, da der Irak andernfalls ab dem Jahr 1985 zu einem Angriff mit Nuklearwaffen auf israelisches Territorium in der Lage gewesen wäre.[431] In der mehrtägigen Debatte des

423 UNYB 1967, 176 f.

424 ALEXANDROV, Self-Defense, S. 154; AREND, The Washington Quarterly 26 (2003), No. 2, 89 (95).

425 SC/Res. 233 (6. Juni 1967); SC/Res. 234 (7. Juni 1967); SC/Res. 235 (9. Juni 1967); SC/Res. 236 (11. Juni 1967).

426 VON BUTTLAR, Präventive Selbstverteidigung, S. 18 f.

427 In der GA/Res. 2253 vom 4. Juli 1967 verurteilte die Generalversammlung Israel nur dazu, den Status der Stadt Jerusalem zu achten. Zur Diskussion in der Generalversammlung vgl. UNYB 1967, 194 ff.

428 SCHWEBEL, Aggression, RdC 136 (1972/II), S. 481; FRANCK, Recourse to Force, S. 104 f.; DELIVANIS, La légitime défense, S. 144; SHAW, International Law, S. 1029; MAOGOTO, NILR 51 (2004), 1 (31).

429 CASSESE, in: Cot / Pellet, Charte, Art. 51, S. 778; ALEXANDROV, Self-Defense, S. 154.

430 Zum Sachverhalt UN Chronicle 18, No. 8 (August 1981), 5 ff.; FRANCK, Recourse to Force, S. 105; ALEXANDROV, Self-Defense, S. 159 ff.

431 UN Doc. A/36/610 bzw. S/14732.

Sicherheitsrats[432] erklärte der Irak, dass er im Gegensatz zu Israel Mitglied des Atomwaffen-Sperrvertrags sei und daher den Kontrollen der Internationalen Atomenergiebehörde (IAEA) unterläge. Israel konterte mit dem Vorwurf, dass der Irak die Kontrollen der IAEA umgangen und mehr Uran erworben habe, als zu einer friedlichen Nutzung erforderlich seien. Der israelische Vertreter präsentierte eine Vielzahl von Indizien, die einen geplanten irakischen Atomschlag gegen Israel zumindest plausibel machten, und untermauerte dies mit Zeitungsberichten sowie detaillierten technischen und naturwissenschaftlichen Analysen auch ausländischer Fachleute.[433] Israel räumte zwar ein, dass der Irak noch auf Jahre nicht zu einem Nuklearangriff in der Lage gewesen wäre. Der Reaktor habe aber dennoch vor der Fertigstellung zerstört werden müssen, um die Gefahren für die irakische Bevölkerung zu minimieren.

Israel berief sich damit auf ein präventives Selbstverteidigungsrecht gegen eine nicht unmittelbare, sondern zeitlich entfernt liegende Gefahr.[434] Der Sicherheitsrat akzeptierte diese Argumentation nicht und verurteilte den Angriff einstimmig – also auch mit der Stimme der USA[435] – als „in clear violation of the Charter of the United Nations and the norms of international conduct“[436] stehend.[437]

Die Debatte im Sicherheitsrat aus dem Jahr 1981 ist aus zwei Gründen für die Untersuchung der zeitlichen Vorverlagerung des Selbstverteidigungsrechts von besonderem Interesse: Zum einen ist es der einzige Fall in der Staatenpraxis seit 1945, in der ein Staat für sich das Selbstverteidigungsrecht gegen eine bloß potentielle, in der Ferne liegende Gefahr in Anspruch nahm. Dieses weite Ver-

---

432 SCOR, 36th Sess., 2280th-2288th Meeting (12.-19. Juni 1981).

433 UN Doc. S/PV.2280, Ziff. 57 ff.; UN Doc. S/PV.2288, Ziff. 38 ff. Die Art der israelischen Beweisführung kann insofern als vorbildlich gelten (FROWEIN, ZaöRV 62 (2002), 879 [891]).

434 DINSTEIN (Harv. J. Law & Publ. Pol. 27 (2004), 877 [888]) meint hingegen, dass das israelische Vorgehen nicht als verbotene präventive Selbstverteidigung zu qualifizieren sei, sondern als rechtmäßige Kriegshandlung, da zwischen Israel und dem Irak von 1948 bis 2003 der Kriegszustand geherrscht habe. Allerdings hat der Sicherheitsrat das Argument des andauernden Kriegszustandes zwischen Israel und seinen Nachbarstaaten niemals akzeptiert und israelische Militäraktionen stets am Maßstab des friedensvölkerrechtlichen Selbstverteidigungsrechts beurteilt (BOTHE, EJIL 14 (2003), 227 [235]).

435 Die Vertreterin der USA im Sicherheitsrat, Jeane Kirkpatrick, betonte allerdings, dass die USA der SC/Res. 487 nur zugestimmt hätten, da Israel keine ausreichenden Bemühungen zur friedlichen Lösung des Konflikts unternommen habe (UN Doc. S/PV.2288, Ziff. 157).

436 SC/Res. 487 (1981). Die Generalversammlung verurteilte die israelische Aktion in der GA/Res. 36/27 vom 13. November 1981 noch schärfer.

437 Die irakischen Raketenangriffe auf Israel im Zuge des Kuwait-Konflikts von 1990/91 rechtfertigen im Nachhinein keine andere Beurteilung der israelischen Aktion von 1981, da der Sach- und Kenntnisstand im Moment der Selbstverteidigungssituation entscheidend ist (DINSTEIN, War, Aggression and Self-Defence, S. 173).

ständnis von rechtmäßiger präventiver Selbstverteidigung wurde vom Sicherheitsrat mit Nachdruck zurückgewiesen.[438] Zum anderen handelt es sich aber auch um die bisher einzige Debatte im Sicherheitsrat, in der die beteiligten Staaten offen über das Konzept der antizipierten Selbstverteidigung als solches diskutierten.[439] Dabei nahmen nur Ägypten[440] und Mexiko[441] eine prinzipiell ablehnende Haltung ein, die Mehrzahl der Mitglieder des Sicherheitsrats äußerte sich vorsichtig differenzierend.[442] Der britische Vertreter im Sicherheitsrat und der Repräsentant Sierra Leones argumentierten ausdrücklich mit der Webster-Formel, hielten allerdings die Gefahr eines unmittelbaren Angriffs für nicht bewiesen.[443] Daraus kann geschlossen werden, dass Israels Anspruch auf antizipierte Selbstverteidigung vom Sicherheitsrat akzeptiert worden wäre, wenn nachvollziehbar dargelegt worden wäre, dass die im „Caroline"-Fall formulierten Voraussetzungen vorlagen, insbesondere, dass ein irakischer Angriff unmittelbar bevorstand.[444]

dd) Die „accumulations of events"-Theorie

In den Zusammenhang der antizipatorischen Selbstverteidigung gehört auch die Gewaltanwendung, die ein Staat gegen wiederholte Angriffe auf sein Territorium unternimmt.[445] So hat Israel seit den 1950er Jahren in mehreren Fällen militärische Inkursionen im Libanon[446] und gegen andere Ziele mit der Unzumut-

---

438 ALEXANDROV, Self-Defense, S. 162; HAILBRONNER, Die Grenzen des völkerrechtlichen Gewaltverbots, S. 81 f.; MAOGOTO, NILR 51 (2004), 1 (31).

439 AREND, The Washington Quarterly 26 (2003), No. 2, 89 (96).

440 UN Doc. S/PV.2283, S. 31 ff.

441 Der mexikanische Präsident des Sicherheitsrats, Porfirio Muñoz Ledo, sagte: "It is inadmissible to invoke a right of self-defence, when no armed attack has taken place. The concept of preventive war, which for many years served as a justification for the abuse of powerful states, since it left it to their own discretion to define what constitutes a threat to them, was definitively abolished by the Charter." (UN Doc. S/PV.2288, Ziff. 115).

442 STEIN / VON BUTTLAR, Völkerrecht, Rn. 836.

443 Sir Anthony Parsons (GB), UN Doc. S/PV.2282, Ziff. 106: "It has been argued, that the Israeli attack was an act of self-defence. But it was not a response to an armed attack on Israel by Iraq. There was no instant and overwhelming necessity for self-defence.". Abdul G. Koroma (Sierra Leone), UN Doc. S/PV.2283, Ziff. 147: "The plea of self-defence is untenable where no armed attack has taken place or is imminent." (Hervorhebungen vom Verf.).

444 SCHACHTER, International Law in Theory and Practice, RdC 178 (1982/V), S. 152; FRANCK, Recourse to Force, S. 108; AREND, The Washington Quarterly 26 (2003), No. 2, 89 (96). Vgl. aber auch die entgegengesetzte Deutung der Debatte von CASSESE, in: Cot / Pellet, Charte, Art. 51, S. 779.

445 Zur „accumulation of events"-Theorie ausführlich KREß, Gewaltverbot und Selbstverteidigungsrecht, S. 196 ff.

446 Dazu ausführlich ALEXANDROV, Self-Defense, S. 172 ff.

barkeit begründet, eine Wiederholung der Angriffe von fremdem Staatsgebiet aus abzuwarten. Solche Aktionen müssten vielmehr als andauernder bewaffneter Angriff gewertet werden, gegen den einem Staat das Selbstverteidigungsrecht zusteht.[447] Ein Beispiel für die Anwendung dieser „accumulations of events"-Theorie ist die Rechtfertigung der israelischen Regierung für massive Militärangriffe gegen den Libanon im Zuge der Operation „Peace for Galiliee" im Jahr 1982:

> "The Peace of Galilee operation was ordered because of the intolerable situation created by the presence in Lebanon of a large number of terrorists operating from this country, equipped with modern, long-range weaponry, threatening the lives of the civilian population of Galilee."[448]

Problematisch an der Akkumulationstheorie ist, dass sich derartige Präventivmaßnahmen zur Abwehr weiterer, in einer Reihe mit früheren Angriffen stehenden Attacken nicht deutlich von der verbotenen gewaltsamen Repressalie abgrenzen lassen.[449] Um zu verhindern, dass das Selbstverteidigungsrecht als Vorwand für gewaltsame Repressalien missbraucht wird, müssen Selbstverteidigungsmaßnahmen nach der Rechtsprechung des IGH zeitlich unmittelbar auf den bewaffneten Angriff folgen; andernfalls verliert der Staat sein Verteidigungsrecht.[450] Die Akkumulationstheorie, nach der ein Staat mehrere Gewaltakte, die einzeln betrachtet möglicherweise nicht die Schwelle zum bewaffneten Angriff im Sinne von Art. 51 UN-Charta überschritten haben, zu einem fortdauernden bewaffneten Angriff addieren darf, ist mit dem Erfordernis der unmittelbaren Ergreifung der Selbstverteidigung kaum zu vereinbaren.[451]

Entgegen manchen Stimmen im völkerrechtlichen Schrifttum ist der IGH im „Ölplattformen"-Urteil aus dem Jahr 2003 von dieser Rechtsprechung nicht abgerückt. Zwar erkannte der Gerichtshof dort in einer „series of unlawful armed attacks by Iranian forces"[452] die von den USA gegenüber dem Sicherheitsrat vorgebrachte Rechtfertigung für eigene Selbstverteidigungsmaßnahmen, er urteilte dann aber, dass „even taken cumulatively, [...] these incident do not seem to the

---

[447] HAILBRONNER, Die Grenzen des völkerrechtlichen Gewaltverbots, S. 83; MCCOUBREY / WHITE, International Law and Armed Conflict, S. 95.

[448] UN Doc. S/15178 (1982). Der Sicherheitsrat akzeptierte diese Begründung nicht und forderte Israel in der SC/Res. 509 (1982) zum sofortigen Rückzug aus dem Libanon auf.

[449] BOWETT, AJIL 66 (1972), 1 (4); HAILBRONNER, Die Grenzen des völkerrechtlichen Gewaltverbots, S. 83.

[450] ICJ Rep. 1986, 14 (122), Ziff. 237 – Military and Paramilitary Activities (Merits); DINSTEIN, War, Aggression and Self-Defence, S. 184 und 212

[451] MCCOUBREY / WHITE, International Law and Armed Conflict, S. 96; OCHOA-RUIZ / SALAMANCA-AGUADO, EJIL 16 (2005), 499 (519). DINSTEIN, War, Aggression and Self-Defence, S. 203, weist richtigerweise darauf hin, dass stets die genaue Analyse des Einzelfalls entscheidend ist.

[452] IGH, Urteil vom 6. November 2003, S. 27, Ziff. 50 – Oil Platforms (Merits).

Court to constitute an armed attack on the United States“[453]. Diese Ausführungen können zwar so verstanden werden, dass der IGH bei einer anderen Sach- oder Beweislage die Rechtfertigung der USA möglicherweise akzeptiert hätte. Es erscheint jedoch mehr als gewagt, in diese Worte die implizite Anerkennung der Akkumulationstheorie durch den Gerichtshof zu lesen.[454]

d) Kriterien für die Ausübung des antizipatorischen Selbstverteidigungsrechts

Als Ergebnis kann festgehalten werden, dass die Staatenpraxis in den Schranken, die Webster im „Caroline“-Fall formuliert hat, ein gewohnheitsrechtliches Recht auf antizipatorische Selbstverteidigung akzeptiert.[455] In einer Situation, „in which the necessity of self-defense is instant, overwhelming and leaving no choice of means, and no moment for deliberation“, gilt die präventive Selbstverteidigung als ausnahmsweise zulässig. Diese Auslegung von Art. 51 UN-Charta wird in dem UNO-Expertenbericht vom 2. Dezember 2004 als Gewohnheitsrecht bezeichnet:

> “However, a threatened State, according to long established international law, can take military action as long as the threatened attack is *imminent*, no other means would deflect it and the action is proportionate.”[456]

Nach Ansicht der Expertengruppe besteht daher keine Notwendigkeit einer Neufassung oder Neuinterpretation von Art. 51 UN-Charta.[457] Aus der Staatenpraxis und der Literatur können somit folgende materiell-rechtliche Voraussetzungen für die Ausübung des Rechts auf antizipatorische Selbstverteidigung identifiziert werden:

---

[453] IGH, Urteil vom 6. November 2003, S. 31 f., Ziff. 64 – Oil Platforms (Merits).

[454] So aber JOHNSTONE, Columbia JTL 43 (2005), 337 (374) und OELLERS-FRAHM, The ICJ and Art. 51 of the UN Charter, S. 510. Wie hier dagegen BETHLEHEM, International law and the use of force, Ziff. 17, und OCHOA-RUIZ / SALAMANCA-AGUADO, EJIL 16, 499 (523).

[455] DELIVANIS, La légitime défense, S. 145; WILDHABER, Gewaltverbot und Selbstverteidigung, S. 154; AREND, The Washington Quarterly 26 (2003), No. 2, 89 (96); VON BUTTLAR, Präventive Selbstverteidigung, S. 18.

[456] Report of the Secretary-General’s High-level Panel on Threats, Challenges and Change (UN Doc. A/59/565), Ziff. 188 (Hervorhebung im Original). Dazu kritisch LI, CJIL 4 (2005), 303 (306), und HILPOLD, VN 2005, 81 (85), der dem High-level Panel vorwirft, mit dieser Formulierung die engen Grenzen des gewohnheitsrechtlich anerkannten antizipatorischen Selbstverteidigungsrechts nach der Webster-Formel auszuweiten.

[457] Report of the Secretary-General’s High-level Panel on Threats, Challenges and Change (UN Doc. A/59/565), Ziff. 192. Demgegenüber befürworten CASSESE, International Law, S. 362, und MENK, Gewalt für den Frieden, S. 210, *de lege ferenda* die normative Präzisierung des Art. 51 UN-Charta durch Einbeziehung der antizipatorischen Selbstverteidigung.

- Ein bewaffneter Angriff muss unmittelbar („imminent“[458]) bevorstehen. Es ist jedoch nicht möglich, bestimmte Fallgestaltungen schematisch als unmittelbar bevorstehenden Angriff zu qualifizieren, allein maßgeblich sind jeweils die Umstände des Einzelfalls.[459] Das von Webster geforderte Kriterium des „no moment of deliberation“ schließt allerdings nicht aus, dass der verteidigungswillige Staat seine Verteidigung organisiert und gegebenenfalls die Unterstützung von dritten Staaten sucht.[460]

- Der verteidigungswillige Staat muss subjektive Kenntnis von der Unmittelbarkeit der Bedrohung haben.[461]

- Es darf keine andere Möglichkeit der Abwehr des Angriffs bestehen („leaving no choice of means“). Soweit es die Zeit erlaubt, müssen alle Mittel der friedlichen Streitbeilegung und der kollektiven Sicherheit ausgeschöpft werden.[462]

- Wegen des Ausnahmecharakters des antizipatorischen Selbstverteidigungsrechts ist die strikte Beachtung des Verhältnismäßigkeitsprinzips bei der Wahl der Verteidigungsmittel erforderlich.[463]

- Um dem Missbrauch des Rechts auf antizipatorische Selbstverteidigung vorzubeugen, obliegt schließlich demjenigen Staat, der sich auf sein Selbstverteidigungsrecht beruft, die umfassende Darlegungs- und Beweislast für die Unmittelbarkeit eines bevorstehenden Angriffs.[464]

---

[458] Der Ausdruck „imminent“ wurde in der Korrespondenz zwischen Webster und Lord Ashburton nicht benutzt, sein Sinn steckt aber in der Forderung, dass die Gefahr „instant“ sein müsse und „no moment of deliberation“ lassen dürfe (TAYLOR, The Washington Quarterly 27 (2004), No. 4, 57 [60 f.]).

[459] HAILBRONNER, Die Grenzen des völkerrechtlichen Gewaltverbots, S. 81; STEIN / VON BUTTLAR, Völkerrecht, Rn. 837.

[460] WALKER, Cornell ILJ 31 (1998), 321 (375). Zur Frage der kollektiven antizipatorischen Selbstverteidigung s.u., 2. Kap. C III 4.

[461] DINSTEIN, War, Aggression and Self-Defence, S. 173; WALKER, Cornell ILJ 31 (1998), 321 (374); GREENWOOD, San Diego ILJ 4 (2003), 7 (16).

[462] JENNINGS / WATTS, Oppenheim's International Law Vol. I/1, § 127, S. 421 f.; GARDAM, Necessity, Proportionality and the Use of Force by States, S. 153 f.

[463] JENNINGS / WATTS, Oppenheim's International Law Vol. I/1, § 127, S. 421 f.; GARDAM, Necessity, Proportionality and the Use of Force by States, S. 179 f.; MAOGOTO, NILR 51 (2004), 1 (33); KRUGMANN, Der Grundsatz der Verhältnismäßigkeit, S. 25.

[464] HAILBRONNER, Die Grenzen des völkerrechtlichen Gewaltverbots, S. 81; SCHALLER, ZaöRV 62 (2002), 641 (660); HOFMANN, GYIL 45 (2002), 9 (31).

In verfahrensrechtlicher Hinsicht ist außerdem die Verpflichtung nach Art. 51 UN-Charta zu beachten, dem Sicherheitsrat die ergriffenen Selbstverteidigungsmaßnahmen unverzüglich anzuzeigen.[465] Dabei muss die zeitliche Nähe, das Ausmaß und die Intensität des befürchteten Angriffs nachvollziehbar dargelegt und anhand von Tatsachen belegt werden, damit der Sicherheitsrat seiner Aufgabe der Sicherung und Wahrung des Weltfriedens nachkommen kann.[466]

4. Besonderheiten bei der kollektiven antizipatorischen Selbstverteidigung?

Fraglich ist, ob die kollektive Ausübung der antizipatorischen Selbstverteidigung abweichend beurteilt werden muss.[467] Angesprochen sind hier Konstellationen, in denen dritte Staaten einem sich der unmittelbaren Gefahr eines bewaffneten Angriffs ausgesetzt sehenden Staat bei der antizipatorischen Abwehr der Gefahr helfen. Im Schrifttum wird hierzu die Ansicht vertreten, die antizipatorische kollektive Selbstverteidigung sei unzulässig, da dritte Staaten nicht die Einschätzungsprärogative über den Grad der einem anderen Staat drohenden Gefahr für sich in Anspruch nehmen könnten.[468] Aber auch für den Fall, dass ein Staat andere um Hilfe bittet, bliebe eine unakzeptable Missbrauchsgefahr: Ein interessierter Staat könne sich einen Kriegsvorwand schaffen, indem er politischen Druck auf einen schwächeren Staat ausübt, damit dieser ein entsprechendes Hilfegesuch an ihn richtet.[469]

Gegen diese These spricht zunächst schon die ausdrückliche oder zumindest stillschweigende Anerkennung dieses Rechts in vielen völkerrechtlichen Verträgen des klassischen Völkerrechts, der Zwischenkriegszeit und der Zeit nach 1945.[470] Aber auch die vorgebrachten Argumente gegen die kollektive antizipatorische Selbstverteidigung lassen sich entkräften.

Der erste Einwand verkennt, dass *conditio sine qua non* jeder kollektiven Selbstverteidigung ein vorangegangenes Hilfeersuchen des angegriffenen Staa-

---

[465] Da die Anzeigepflicht nur verfahrensrechtlichen Charakter hat, lässt die Nichtanzeige die materielle Rechtmäßigkeit der Selbstverteidigungsmaßnahmen im übrigen unberührt (DONNER, AVR 33 (1995), 168 [180]). Das gewohnheitsrechtliche Selbstverteidigungsrecht unterliegt demgegenüber nicht der Pflicht zur Benachrichtigung des Sicherheitsrats (ICJ Rep. 1986, 14 (121 f.), Ziff. 235 – Military and Paramilitary Activities [Merits]).

[466] STEIN / VON BUTTLAR, Völkerrecht, Rn. 838.

[467] Der Beschuss des jemenitischen Forts Harib durch britische Truppen im Jahr 1964 ist wohl der einzige Fall in der Völkerrechtspraxis nach 1945, der unter dem Aspekt der antizipatorischen kollektiven Selbstverteidigung diskutiert wurde (GRAY, International Law, S. 139). Der Sicherheitsrat verurteilte den Gewalteinsatz in der SC/Res. 188 (1964) als unrechtmäßige Repressalie.

[468] So etwa LUBAN, Phil. & Publ. Affairs 32 (2004), 207 (221 ff.).

[469] LUBAN, Phil. & Publ. Affairs 32 (2004), 207 (223).

[470] Vgl. dazu die Untersuchung von WALKER, Cornell ILJ 31 (1998), 321 ff.

tes ist.[471] Hier liegt ein wesentlicher Unterschied zum Kriegsverhütungsrecht des Briand-Kellogg-Pakts, das den unrechtmäßigen Angreifer automatisch gegenüber der gesamten Staatengemeinschaft rechtlos stellte.[472] Das Erfordernis des vorangegangenen Hilfeersuchens schließt aus, dass ein Staat das Recht auf kollektive Selbstverteidigung nur aufgrund seiner eigenen Evaluation der Lage ausüben kann.[473] Im Falle der antizipatorischen kollektiven Selbstverteidigung liegt die Einschätzungsprärogative über den Grad der Gefahr also nicht bei Dritten, sondern allein bei dem sich einer Bedrohung ausgesetzt sehenden Staat.[474]

Der zweite Einwand berührt einen Punkt, der auch bei der so genannten „Intervention auf Einladung" problematisch ist.[475] Um die missbräuchliche Berufung auf kollektive Selbstverteidigung – sei sie repressiv oder antizipatorisch – durch mächtige Staaten auszuschließen, muss daher feststehen, dass ein schwächerer Staat nicht erst auf Druck eines starken Verbündeten um Hilfe bittet, dass das Bedrohungsszenario mithin nicht gelenkt von fremder Hand konstruiert wird. Sind diese Voraussetzungen erfüllt, greifen die Bedenken gegen die kollektive Ausübung des antizipatorischen Selbstverteidigungsrechts nicht durch.

D. Zusammenfassung

Das erste Drittel des 20. Jahrhundert brachte mit der Völkerbundsatzung zunächst ein partielles, dann mit dem Briand-Kellogg-Pakt von 1928 ein umfassendes Kriegsverbot. Die verbliebenen Lücken, die die Beschränkung auf einen formellen Kriegsbegriff und ein weit verstandenes Selbstverteidigungsrecht ließen, wurden nach dem Zweiten Weltkrieg durch das universelle Gewaltverbot der UN-Charta geschlossen. Die zwischenstaatliche Anwendung militärischer Gewalt ist seitdem nur noch im Rahmen der kollektiven Sicherheit durch den Sicherheitsrat und sehr eingeschränkt in Ausübung des Selbstverteidigungsrechts zulässig. Von Grotius' Standpunkt aus betrachtet hat das positive Völkerrecht mit dieser Friedensordnung den Idealzustand erreicht, da mit ihr die Annäherung

[471] ICJ Rep. 1986, 14 (105), Ziff. 199 – Military and Paramilitary Activities (Merits). Vgl. oben, 2. Kap. B III 1 b dd.

[472] S.o., 2. Kap. A III 1.

[473] ICJ Rep. 1986, 14 (104), Ziff. 195 – Military and Paramilitary Activities (Merits): "There is no rule in customary international law permitting another State to exercise the right of collective self-defence on the basis of its own assessment of the situation. Where collective self-defence is invoked, it is to be expected that the State for whose benefit this right is used will have declared itself to be the victim of an armed attack."; DINSTEIN, War, Aggression and Self-Defence, S. 238.

[474] BOTHE, EJIL 14 (2003), 227 (234); BLANCK, Die Europäische Sicherheits- und Verteidigungspolitik, S. 94.

[475] S.o., 2. Kap. B III 2 b.

bis zur vollständigen Übereinstimmung mit dem Naturrecht erreicht wurde.[476] Die sukzessive Beschränkung des freien Kriegsführungsrechts bis hin zum allgemeinen Gewaltverbot der UN-Charta bedeutet aus ideengeschichtlicher Sicht jedoch keine Rückkehr zur Lehre vom gerechten Krieg in neuer Gestalt. Die frühere Antithese von gerechtem und ungerechtem Krieg wurde im 20. Jahrhundert durch den Gegensatz von legalem (im Sinne eines Krieges gegen den Krieg) und illegalem Krieg abgelöst. Diese Rückbesinnung des Völkerrechts auf einen diskriminierenden Kriegsbegriff kann daher nicht als naturrechtliche „Grotian tradition in international law" gedeutet werden.

Das gegenwärtige Völkerrecht erlaubt die präventive Anwendung militärischer Gewalt nur noch in der Form von kollektiven Zwangsmaßnahmen des Sicherheitsrats nach Art. 42 UN-Charta sowie sehr eingeschränkt im Rahmen des Rechts auf individuelle und kollektive Selbstverteidigung nach Art. 51 UN-Charta beziehungsweise dem parallel dazu existierenden Völkergewohnheitsrecht. Die Befugnis eines einzelnen Staates oder einer Staatengruppe zur präventiven Kriegsführung ist damit auf Situationen der antizipatorischen Selbstverteidigung beschränkt: Ein Erstschlag in Selbstverteidigung ist nur dann zulässig, wenn ein bewaffneter Angriff des Gegners zeitlich unmittelbar bevorsteht, der Verteidiger Kenntnis von der Angriffsabsicht des Gegners hat und keine andere Möglichkeit zur Abwehr des Angriffs besteht.

Damit entspricht die gegenwärtige Rechtslage nahezu Grotius' Lehre vom präventiven Selbstverteidigungsrecht unter dem Regime des Naturrechts.[477] Nach Grotius hat der Staat oder ein Einzelner nur dann das Recht zu einem präventiven Verteidigungskrieg, wenn die vom Gegner ausgehende Gefahr gegenwärtig ist und die Angriffsabsicht des Gegners feststeht.[478] Die entscheidende Gemeinsamkeit zwischen beiden Konzepten ist, dass sie jeweils ein temporales Verständnis vom Begriff der „Unmittelbarkeit" beziehungsweise der „Gegenwärtigkeit" der Gefahr zugrunde legen. Die Kontinuität in der rechtlichen Beurteilung der präventiven Selbstverteidigung von Hugo Grotius bis in die heutige Zeit ist jedoch keineswegs zufällig. Der amerikanische Außenminister Daniel Webster, der im „Caroline"-Fall die „necessity of self-defence, instant, overwhelming, leaving no choice of means, and no moment deliberation" die bis heute gewohnheitsrechtlich anerkannten Schranken der zeitlichen Vorverlagerung des Selbstverteidigungsrechts formuliert hatte, ließ sich seinerseits von Grotius beeinflussen.

---

476 So auch ABI-SAAB, Grotius as a System-Builder, S. 86: "Theoretically this is an ideal situation from a Grotian point of view, where the law of nations approximates the law of nature to the point of almost total absorption or identification (in fact, present day international law is even more restrictive than Grotius' case of just war).".

477 Übereinstimmend GILL, Just War Doctrine, S. 54 und BRUNNÉE / TOOPE, NILR 51 (2004), 363 (373).

478 S.o., 1. Kap. D II 1 a, b.

3. Kapitel: Das Konzept der „preemptive self-defense" nach der Bush-Doktrin

Am 17. September 2002 veröffentlichte die Regierung der Vereinigten Staaten ihre neue Nationale Sicherheitsstrategie[1] (NSS 2002), die die verschiedenen Elemente der so genannten Bush-Doktrin in einem Dokument zusammenfasst.[2] Sofern im Weiteren von der Bush-Doktrin die Rede ist, steht dieser Begriff synonym für die NSS 2002. Demgegenüber kursieren in der Literatur sowohl ein weiterer, das gesamte Paket der außen- und innenpolitischen Sicherheitsmaßnahmen nach den Terroranschlägen vom 11. September 2001 umfassender[3], als auch ein engerer, nur die Aussagen der NSS 2002 zum Konzept der „preemptive self-defense"[4] umfassender Begriff der Bush-Doktrin.

Der Begriff der „Doktrin" bezeichnet die programmatische Festlegung eines Staates seiner rechtlichen oder politischen Überzeugungen. Als einseitige Erklärung vermag die Doktrin zunächst keine völkerrechtlichen Pflichten oder Rechte für den erklärenden Staat oder dritte Staaten zu begründen. Daran ändert auch nichts, dass sich die Doktrin häufig als Völkerrecht ausgibt oder von einem „Recht" spricht. Die in der Doktrin enthaltene Rechtsbehauptung eines Staates kann allerdings zu Völkerrecht erstarken, wenn sie von anderen Staaten oder der Staatengemeinschaft anerkannt wird. Dieser Prozess kann sich unter den normalen Voraussetzungen, die für die Entstehung von Völkergewohnheitsrecht oder Völkervertragsrecht gelten, vollziehen.[5] Da Staaten jedoch mit Doktrinen häufig ein Ausnahmerecht für sich beanspruchen[6], ist bei diesem Prozess das Prinzip der souveränen Gleichheit der Staaten (Art. 2 Nr. 1 UN-Charta) zu berücksichtigen.

Der engere Begriff der Sicherheitsdoktrin hat demgegenüber keinen präzisen, klar definierten Inhalt. Er beschreibt das mehr oder weniger ausgefeilte, nicht unbedingt publizierte militärstrategische Konzept einer Regierung.[7] Auch die Sicherheitsdoktrin ist damit eine innerstaatliche Erklärung, die keine unmittelbaren völkerrechtlichen Rechte oder Pflichten erzeugen kann. Eine gewisse völker-

---

1 White House, The National Security Strategy of the United States of America, September 2002 (URL: www.whitehouse.gov/nsc/nss.pdf, 20. November 2005).

2 NAGAN / HAMMER, Berkeley JIL 22 (2004), 375 (405); BRADFORD, Notre Dame LR 79 (2004), 1365 (1366); ZHIYUAN, Harvard ILJ 46 (2005), 403.

3 HACKE, ZPol 2003, 65 (66).

4 MURSWIEK, NJW 2003, 1014 (1018); GRAY, International Law, S. 175; SCHWEISFURTH, Aggression, FAZ, 28. April 2003, S. 10.

5 BERBER, Völkerrecht I, S. 74.

6 Nach REISMAN, AJIL 97 (2003), 82 (90), macht die Forderung nach einer Ausnahme für sich selbst gerade das Wesen der Doktrin aus.

7 NAGAN / HAMMER, Berkeley JIL 22 (2004), 375 (400).

rechtliche Relevanz erhält die Sicherheitsdoktrin jedoch durch eine ihr eigene „Doppelnatur“. Zunächst erklärt ein Staat mit einer nationalen Sicherheitsdoktrin nur für sich, dass bestimmte Interessen für seine Sicherheit und sein Überleben unabdingbar sind. Damit zeigt er seinen potentiellen Gegnern auch die Grenzen des von ihm geduldeten Verhaltens sowie die Bereitschaft, seine definierten Sicherheitsinteressen wenn notwendig auch mit Gewalt zu wahren.[8] Insoweit steht eine Sicherheitsdoktrin nicht nur in einem Spannungsverhältnis zu Art. 2 Nr. 1 UN-Charta, sondern auch zum universellen Gewaltverbot nach Art. 2 Nr. 4 UN-Charta.

A. Die Entwicklungsgeschichte der Bush-Doktrin

Die National Security Strategy vom September 2002 steht in einer Reihe seit dem Zweiten Weltkrieg verkündeter nationaler Sicherheitsdoktrinen der USA. Besondere Bedeutung kommt der Bush-Doktrin jedoch insofern zu, als sie die erste Formulierung einer umfassenden geopolitischen Strategie der Vereinigten Staaten nach dem Zusammenbruch des Ostblocks ist.

I. Frühere Nationale Sicherheitsdoktrinen der USA

Während des Ost-West-Konflikts beherrschte die Strategie der „Eindämmung und Abschreckung“ die US-amerikanische Sicherheitspolitik. Der Diplomat und Historiker George F. Kennan formulierte in dem 1947 anonym veröffentlichten Artikel „The Sources of Soviet Conduct“ als erster die Grundlinien dieser Strategie.[9] Darin beschrieb er die UdSSR als einen imperialistischen und revolutionären Staat, der weltweit sozialistische Revolutionsbewegungen fördere und damit das bestehende Staatensystem gefährde. Übergeordnetes Ziel der amerikanischen Außenpolitik unter Präsident Harry S. Truman sei daher die Eindämmung (containment) der weiteren Ausbreitung kommunistischer Regime in der Welt.[10]

Diese als „Truman-Doktrin“ bekannte Strategie wurde unter den nachfolgenden Präsidenten beibehalten, jedoch den neuen Waffentechnologien und den Veränderungen der Weltlage entsprechend angepasst. Denn schon 1949 wandelte sich die strategische Situation der USA durch den Aufstieg der UdSSR zur

---

8 NAGAN / HAMMER, Berkeley JIL 22 (2004), 375 (382).

9 GADDIS, Foreign Policy 133 (Nov./Dec. 2002), 50; SAFIRE, Safire's New Political Dictionary, S. 146.

10 KENNAN, Foreign Affairs 25 (1946/47), 566 (575): “... the main element of any United States policy towards the Soviet Union must be that of a long-term, patient but firm and vigilant containment of Russian expansive tendencies.”.

zweiten Atommacht von Grund auf. Die beiden Blöcke sahen sich nun mit dem Szenario der versicherten gegenseitigen Zerstörung („mutually assured destruction“[11]) konfrontiert. Neben der Eindämmung der weiteren Ausbreitung des Sowjetkommunismus formulierte die Regierung Eisenhower mit der „Abschreckung“ (deterrence) des Gegners ein zweites Strategieelement: die Drohung mit „massive retaliation“, einem vernichtenden Atomschlag. Dabei hatte die Strategie der „massive retaliation“ einen defensiven Charakter, da beiden Seiten davon ausgingen, dass die jeweils andere nicht die verheerenden Folgen einer atomaren Auseinandersetzung riskieren würde.[12]

Nachdem die Kuba-Krise des Jahres 1962 die Welt nahe an den Abgrund eines Atomkrieges geführt hatte[13], war das Vertrauen auf die Drohung mit gegenseitiger Vernichtung als strategische Option erschüttert, da diese Logik selbst geringfügige regionale oder lokale Konfrontationen hochgefährlich werden ließ. Die Regierung Kennedy setzte daher an die Stelle der „massive retaliation“ die Strategie der „flexible response“: Der Aufbau eines großen Arsenals taktischer Atomwaffen, die nicht die totale Vernichtung des Gegners bezwecken, sollte die jeweils angemessene Reaktion auf Provokationen der Gegenseite ermöglichen.[14] Das atomare Gleichgewicht zwischen den Blöcken erwog die Regierung Nixon schließlich zu einer Entspannungspolitik („détente“) gegenüber der UdSSR, mit der die faktische Anerkennung der Hegemonie der beiden Supermächte in ihren jeweiligen Hemisphären einherging. Im Zuge dieser Politik wurden Interventionen der Sowjetunion innerhalb ihrer Einflusssphäre, wie die Niederschlagung des Prager Frühlings 1968, von westlicher Seite zwar weiterhin verurteilt, die Gefahr einer militärischen Auseinandersetzung schworen sie jedoch nicht mehr herauf.[15]

Einen grundsätzlichen Wandel in der Sicherheitspolitik brachte in den 1980er Jahren die „Reagan-Doktrin“. Anders als seine Amtsvorgänger betrachte Präsident Reagan die Sowjetunion nicht mehr als gleichrangige Weltmacht, sondern als schwachen und verwundbaren Gegner, der in einem Rüstungswettlauf „totgerüstet“ werden könne.[16] Zum Symbol der Hochrüstung unter Reagan wurde das nie verwirklichte „Strategic Defense Initiative (SDI)“-Programm, das die USA vor sowjetischen Nuklearangriffen abschirmen sollte und damit das ato-

---

[11] Diese sarkastische gemeinte Formel prägte der Politikwissenschaftler Donald Brennan erst in den 1960er Jahren, um auf die Vernachlässigung der konventionellen Verteidigung zugunsten der atomaren Hochrüstung aufmerksam zu machen (JERVIS, Foreign Policy 133 (Nov./Dec. 2002), 40).

[12] REISMAN, AJIL 97 (2003), 82 (84); JERVIS, Foreign Policy 133 (Nov./Dec. 2002), 40.

[13] Dazu ALEXANDROV, Self-Defense, S. 157 f.

[14] NAGAN / HAMMER, Berkeley JIL 22 (2004), 375 (396); AFSAH, GLJ 4 (2003), 901 (906 f.).

[15] NAGAN / HAMMER, Berkeley JIL 22 (2004), 375 (397).

[16] GREWE, Epochen, S. 753; NAGAN / HAMMER, Berkeley JIL 22 (2004), 375 (397 f.).

mare Gleichgewicht des Schreckens zwischen den Blöcken in Frage stellte.[17] Die traditionelle Containment-Politik erweiterte die Reagan-Regierung um eine offensive Komponente, indem sie antikommunistischen Bürgerkriegsparteien in Staaten der Dritten Welt verdeckt logistische und finanzielle Unterstützung zukommen ließ. Diese Politik der gezielten Subversion missliebiger sozialistischer Regime gaben die USA erst auf internationalen Druck hin auf, nachdem der IGH[18] im „Nicaragua"-Fall das Argument der USA, die Unterstützung der „Contras" sei als Ausübung des kollektiven Selbstverteidigungsrechts gerechtfertigt, nicht akzeptiert hatte.[19]

II. Die Neuorientierung der amerikanischen Sicherheitspolitik nach Ende des Ost-West-Konflikts

Nach dem Zusammenbruch des Ostblocks sahen sich die USA am Beginn der Amtszeit von Präsident George H. W. Bush Sr. mit einer gänzlichen neuen Weltlage mit ihr als alleiniger Supermacht konfrontiert. Die Eindämmung Abschreckung der UdSSR als die obersten Ziele der nationalen Sicherheitspolitik der USA waren obsolet geworden.[20] Der Übergang vom „bipolaren Weltsystem der Supermächte"[21] zu einer unipolaren Ordnung erzwang daher einen grundsätzlichen Kurswechsel in der geopolitischen Strategie der USA.[22]

1. Die nationalen Sicherheitsstrategien der USA unter den Präsidenten Bush Sr. und Clinton

Bereits die letzte unter Präsident Bush Sr. veröffentlichte Sicherheitsstrategie vom August 1991[23] betonte die Bedeutung des politischen Umbruchs für die künftige Strategie der USA. Aber erst mit der Amtszeit von Präsident Clinton rückte die Frage, wie die USA ihre einzigartige militärische Stärke zukünftig nutzen sollten, in den Mittelpunkt der Sicherheitspolitik des Weißen Hauses. Trotz der von konservativer Seite scharf kritisierten Kürzungen im Militärhaus-

---

17 AFSAH, GLJ 4 (2003), 901 (914 f.).

18 ICJ Rep. 1986, 14 (133), Ziff. 263 – Military and Paramilitary Activities (Merits): "... adherence by a State to any particular doctrine does not constitute a violation of customary international law; [...]. The Court cannot contemplate the creation of a new rule opening up a right of intervention by one State against another on the ground that the latter has opted for some particular ideology or political system.".

19 KOHEN, The use of force by the United States, S. 198 f.

20 NAGAN / HAMMER, Berkeley JIL 22 (2004), 375 (399); IKENBERRY, Foreign Affairs 81 (2002), No. 5, 44 (45).

21 GREWE, Epochen, S. 750.

22 NAGAN / HAMMER, Berkeley JIL 22 (2004), 375 (399).

23 URL: www.fas.org/man/docs/918015-nss.htm, 3. Oktober 2005.

halt durch die Demokraten wuchs diese Übermacht der Vereinigten Staaten im Laufe der 1990er Jahre sogar noch weiter an.[24]

Auch Clinton blieb insoweit in der Tradition der Politik des Kalten Krieges, als er in seiner letzten dem Kongress vorgelegten Sicherheitsstrategie vom Dezember 1999 auf die defensive Wirkung der atomaren Abschreckung setzte[25]:

> "Our nuclear deterrent posture is one example of how U.S. military capabilities are effectively to deter aggression and coercion against U.S. interest. Nuclear weapons serve as a guarantee of our security commitments to allies and a disincentive to those who would contemplate developing or otherwise acquiring their own nuclear weapons. [...] The United States will continue to maintain a robust triad of strategic nuclear forces sufficient to deter any potential adversaries."[26]

Neben der nuklearen Abschreckung sah Clinton aber auch in der internationalen Einbindung der USA ein unverzichtbares Element für die nationale Sicherheit.[27] Neu war ebenfalls die Heraufstufung der weltweiten Achtung der grundlegenden Menschenrechte zu einem „nationalen Interesse", das zu verteidigen sich die USA auch unter dem Einsatz von militärischer Gewalt bereit erklärten.[28] Die Linie der amerikanischen Sicherheitspolitik unter Clinton kann daher als „robuster Internationalismus"[29] qualifiziert werden.

In Hinblick auf den Einsatz der amerikanischen Militärmacht stimmten die Sicherheitsstrategien unter Bush Sr. und Clinton in folgenden sechs Maximen überein[30]:

- Militärische Gewalt ist ein Mittel der Außenpolitik der USA.
- Auch schwerwiegende Völkerrechtsverletzungen sind kein zwingender Grund zum Einsatz von militärischer Gewalt.
- Die USA sind beim Einsatz ihrer Militärmacht nicht zwingend an das Völkerrecht gebunden.

---

24 IKENBERRY, Foreign Affairs 81 (2002), No. 5, 44 (50); LEFFLER, Foreign Policy 144 (Sep./Oct. 2004), 22 (24).

25 AFSAH, GLJ 4 (2003), 901 (919 f.).

26 A National Security Strategy for a New Century (1999), S. 12 (URL: http://clinton4.nara.gov/media/pdf/nssr-1299.pdf, 1. April 2006).

27 Vgl. nur A National Security Strategy for a New Century (1999), S. 6 ff.

28 A National Security Strategy for a New Century (1999), S. 2. Das amerikanische Engagement zum Kampf gegen schwere Menschenrechtsverletzungen (democratic enlargement) wurde daher auch als „Clinton-Doktrin" bezeichnet (BRINKLEY, Foreign Policy 106 (Spring 1997), 110 (127); KORB / KRAIG, Winning the Peace in the 21st Century, S. 19).

29 COOK, Harv. J. Law & Publ. Pol. 27 (2004), 797 (798).

30 KOHEN, The use of force by the United States, S. 201.

- Die Ausschöpfung friedlicher Mittel zur Streitbeilegung ist keine notwendige Vorbedingung des Einsatzes militärischer Gewalt.
- Die Interessen der USA und die Erfolgaussichten entscheiden über den Einsatz von Gewalt.
- Erforderlichenfalls agieren die USA ohne Zustimmung der UN und die Unterstützung anderer Staaten.

Die Entwicklung einer neuen kohärenten „Grand Strategy“[31] jenseits von „containment and deterrence“ gelang allerdings weder unter Bush Sr. noch unter Clinton. Die 1990er Jahre erscheinen daher im Rückblick als eine Phase der Selbstfindung der USA in ihrer neuen Rolle als alleiniger Weltmacht.[32]

2. Kritik und Konzepte der Neokonservativen in der außen- und sicherheitspolitischen Diskussion

In der außen- und sicherheitspolitischen Debatte in den USA tat sich seit Beginn der 1990er Jahre eine Strömung hervor, die die historische Chance, die der Untergang der UdSSR bot, zur dauerhaften Festigung der amerikanischen Vorherrschaft nutzen wollte. Bekannt geworden sind die Vertreter dieser Denkschule unter dem Sammelbegriff „Neokonservative“, ein Ausdruck, der bei seinem Aufkommen in den 1960er Jahren diejenigen Intellektuellen bezeichnete, die vor allem von der linken Seite des politischen Spektrums neu zu den Konservativen gestoßen waren. Im Gegensatz zum überkommenen Konservatismus befürworteten sie die Rassenintegration, den Sozialstaat sowie ein auf amerikanische Stärke setzendes internationales Engagement der USA.[33] Als akademische Ziehväter dieser Bewegung gelten die deutschstämmigen Sozialwissenschaftler Leo Strauss und Albert Wohlstetter, die unter anderem an der Universität Chicago lehrten. Einige von ihren Studenten, wie etwa Richard Perle und Paul Wolfowitz, gelangten unter Präsident Reagan erstmals in höhere Regierungsämter.[34]

Unter Rückgriff auf politikwissenschaftliche Begrifflichkeiten lässt die seit Beginn der 1990er Jahre ausgearbeitete sicherheitspolitische Linie der Neokon-

[31] Der Begriff der „Grand Strategy“ bezeichnet in der US-amerikanischen Politikwissenschaft die Festlegung der langfristigen weltweiten Interessen eines Staates unter Nennung der dafür erforderlichen militärischen, politischen und wirtschaftlichen Mittel (BIDDLE, American Grand Strategy After 9/11: An Assessment, S. 1).

[32] AFSAH, GLJ 4 (2003), 901 (919); BIDDLE, American Grand Strategy After 9/11: An Assessment, S. 1.

[33] KIMMAGE, Wer denkt für Bush? Porträt der republikanischen Intelligenz, FAZ, 22. Oktober 2004, S. 44; SAFIRE, Safire's New Political Dictionary, S. 481 f.

[34] AFSAH, GLJ 4 (2003), 901 (916).

servativen als „hegemonialer Internationalismus“ in der Tradition Reagans beschreiben.[35] Typisch für das Denken der Neokonservativen ist eine ausgeprägte Skepsis gegenüber der als Einschränkung empfundenen internationalen Einbindung der USA, gepaart mit der im amerikanischen Exzeptionalismus verwurzelten Überzeugung, dass die Vereinigten Staaten eine besondere Verpflichtungen haben, gerade auch in Hinblick auf die weltweite Durchsetzung demokratischer Herrschaftsformen.[36] Im Zentrum der neokonservativen Außen- und Sicherheitspolitik steht daher das Ziel einer amerikanischen Weltherrschaft, die auf militärischer Überlegenheit, universell geltenden amerikanischen Werten und dem Streben nach nationaler Ehre beruht.[37]

Präsident Bush Sr. spürte den wachsenden Einfluss dieser Gruppe innerhalb der eigenen Republikanischen Partei bereits am Ende seiner Amtszeit. Er wurde von den Neokonservativen scharf kritisiert, weil er es in ihren Augen versäumt hatte, das Regime von Saddam Hussein nach dessen Niederlage von 1991 zu stürzen[38] – ein Ziel, dass allerdings weder in Ausübung des kollektiven Selbstverteidigungsrechts zugunsten Kuwaits noch vom Sicherheitsrat legitimiert gewesen wäre. Die Regierungsübernahme der Demokraten zu Beginn des Jahres 1993 unterbrach die Karriere der neokonservativen Politiker und Beamten in Außen- und Verteidigungsministerium. Durch die Arbeit in neokonservativen Think Tanks und Publikationen wie dem „Weekly Standard“ und „Commentary“ beteiligten sie sich jedoch während der Amtszeit von Präsident Bill Clinton, dessen liberale, auf internationale Zusammenarbeit setzende Politik sie zu scharfer Kritik reizte, intensiv an der sicherheitspolitischen Debatte.[39] Die Zusammenschau von verschiedenen neokonservativen Diskussionsbeiträgen seit dem Beginn der 1990er Jahre zeigt, dass die heute so genannte Bush-Doktrin eine Strategie ist, die im Laufe eines Jahrzehnts vorformuliert worden ist.[40]

a) Der „Defense Planning Guidance“-Bericht von Paul Wolfowitz

Das erste in der Öffentlichkeit wahrgenommene Dokument neokonservativer Außen- und Sicherheitspolitik war der Entwurf des „Defense Planning

---

35 FRÖHLICH, Hegemonialer Internationalismus, FAZ, 10. April 2003, S. 8.

36 RUDOLF, USA – Sicherheitspolitische Konzeptionen und Kontroversen, S. 183.

37 BOHNE, ESS und NSS im Vergleich, S. 45. Vgl. dazu den programmatischen Aufsatz von KRISTOL / KAGAN, Foreign Affairs 75 (1996), No. 4, 18 ff.

38 FRÖHLICH, Hegemonialer Internationalismus, FAZ, 10. April 2003, S. 8.

39 BOHNE, ESS und NSS im Vergleich, S. 46.

40 FRÖHLICH, Hegemonialer Internationalismus, FAZ, 10. April 2003, S. 8; IKENBERRY, Foreign Affairs 81 (2002), No. 5, 44 (50).

Guidance"[41] vom 18. Februar 1992, der unter Federführung von Paul Wolfowitz, damals politischer Abteilungsleiter im Verteidigungsministerium, formuliert worden war.[42] Der „Defense Planning Guidance" ist ein etwa alle zwei Jahre vom Verteidigungsministerium erstellter interner Bericht über die geopolitische Strategie der USA, an dem die Spitzen der vier Teilstreitkräfte und die zivile Führung im Pentagon ihre langfristige Planung von Truppenstärke und Budget ausrichten sollen. Der Ausgabe von 1992 kam insofern besondere Aufmerksamkeit zu, als sie die Erste nach Ende des Ost-West-Konflikts sein sollte.[43] Bereits in diesem Papier aus dem letzten Jahr der Amtszeit von Präsident Bush Sr. nannte Wolfowitz die drei Kernpunkte der militärstrategischen Neuausrichtung der USA, auf denen ein Jahrzehnt später die National Security Strategy des Jahres 2002 fußen würde[44]:

- Die Verhinderung des Aufstiegs neuer weltpolitischer Rivalen durch die Sicherung der militärischen und technologischen Überlegenheit der Vereinigten Staaten. Dieses Ziel bezieht sich ausdrücklich auch auf die westeuropäischen und asiatischen Verbündeten der USA, insbesondere Deutschland und Japan.

- Die Sicherung der globalen Interessen der USA und die Verbreitung amerikanischer Werte in der Welt durch die Unterstützung demokratischer Regierungsformen und offener Wirtschaftssysteme, die Verhinderung der Verbreitung von Massenvernichtungswaffen und der Schutz amerikanischer Bürger vor Terroristen.

- Der Vorbehalt des unilateralen, gegebenenfalls präventiven Handelns sowie die Betonung der strategischen Unabhängigkeit der USA als außenpolitische Maxime. Dies schließt auch die präventive Kriegsführung ein.[45]

Wolfowitz' Entwurf des „Defense Planning Guidance" stieß im Ausland, aber auch im Weißen Haus, auf scharfe Kritik, so dass der damalige Verteidigungs-

41 Das 46-seitige Dokument unterlag der Geheimhaltung. Alle Einzelheiten stammen aus dem Enthüllungsartikel von TYLER, U.S. Strategy Plan Calls for Insuring No Rivals Develop, NYT, 8. März 1992, S. 1 (Forts. S. 14).

42 FRÖHLICH, Hegemonialer Internationalismus, FAZ, 10. April 2003, S. 8.

43 TYLER, U.S. Strategy Plan Calls for Insuring No Rivals Develop, NYT, 8. März 1992, S. 14; FRÖHLICH, Hegemonialer Internationalismus, FAZ, 10. April 2003, S. 8.

44 FRÖHLICH, Hegemonialer Internationalismus, FAZ, 10. April 2003, S. 8; IKENBERRY, Foreign Affairs 81 (2002), No. 5, 44 (50); ZHIYUAN, Harvard ILJ 46 (2005), 403.

45 "The U.S. may be faced with the question of whether to take military steps to prevent the development or use of weapons of mass destruction." (zit. nach Tyler, U.S. Strategy Plan Calls for Insuring No Rivals Develop, NYT, 8. März 1992, S. 14).

minister Dick Cheney das Papier zur Überarbeitung zurückziehen musste.[46] Die unter der Leitung von Cheney und des Generalstabschefs Colin Powell formulierte Neufassung brachte zwar keine Änderungen in der Sache, war jedoch weitaus diplomatischer formuliert. Sie betonte die Bedeutung des kollektiven militärischen Handelns für die USA und gab die kaum verhüllte Drohung an die amerikanischen Verbündeten Deutschland und Japan, sich nicht zu militärischen Rivalen der USA aufzuschwingen, auf.[47] Ebenso verzichtet die spätere Fassung auf Andeutungen zur Entwicklung einer Präventivkriegsstrategie.[48] Zur Umsetzung dieser Strategie kam es schließlich nach dem Wahlsieg des Demokraten Clinton im November 1992 nicht mehr.

b) Der Gründungsaufruf des „Project for the New American Century"

"American foreign policy is adrift." Diese paukenschlagartige, zugespitzte These war Auftakt des Gründungsaufrufs des „Project for the New American Century"[49] vom 3. Juni 1997. Unterzeichner des Manifests waren neben Paul Wolfowitz die bekannten Republikaner Dick Cheney, Jeb Bush, Dan Quayle und Donald Rumsfeld, aber auch der Verleger Steve Forbes, der Historiker Francis Fukuyama und andere. Ziel dieses Netzwerks von neokonservativen Intellektuellen und Außenpolitikexperten ist „to make the case and rally support for American global leadership". Die Gruppe kritisierte die Kürzungen der Ausgaben für die Außen- und Verteidigungspolitik durch die Regierung von Präsident Clinton, da diese es zunehmend schwer machten, den Einfluss Amerikas in der Welt zu erhalten.[50] Langfristige strategische Überlegungen hätten gegenüber den Versprechungen kurzfristiger wirtschaftlicher Vorteile so das Nachsehen. Damit setze die Regierung die Fähigkeit der USA aufs Spiel, gegenwärtigen Bedrohungen zu begegnen und auch künftige, noch größere Herausforderungen zu meistern. Die Konservativen hätten diese inkohärente Politik zwar bekämpft und isolationistischen Tendenzen auch in den eigenen Reihen widerstanden. Sie hätten es jedoch versäumt, ihrerseits eigene strategische Leitlinien für die amerikanische Außenpolitik zu formulieren.

---

46 TYLER, Pentagon Drops Goal of Blocking New Superpowers, NYT, 24. Mai 1992, S. 1; FRÖHLICH, Hegemonialer Internationalismus, FAZ, 10. April 2003, S. 8.

47 Auch die Neufassung des „Defense Planning Guidance" vom 16. Mai 1992 war als Verschlusssache klassifiziert. Details aus dem Papier wurden durch den Artikel von TYLER, Pentagon Drops Goal of Blocking New Superpowers, NYT, 24. Mai 1992, S. 1 (Fort. S. 14) öffentlich.

48 FRÖHLICH, Hegemonialer Internationalismus, FAZ, 10. April 2003, S. 8.

49 URL: www.newamericancentury.org/statementofprinciples.htm, 19. Juni 2004.

50 Diese Kritik hält allerdings einer empirischen Untersuchung nicht stand, da die Militärausgaben der USA in den späten 1990er Jahren weit stärker wuchsen als die aller anderen Staaten (LEFFLER, Foreign Policy 144 (Sep./Oct. 2004), 22 [24]).

Als Lehre aus der Geschichte des 20. Jahrhunderts forderten die Unterzeichner die Rückkehr zur Politik der militärischen Stärke und moralischen Eindeutigkeit in der Tradition Reagans und zogen daraus vier Konsequenzen, die die künftige Außen- und Verteidigungspolitik der Vereinigten Staaten zu leiten hätten[51]:

- Eine deutliche Erhöhung der Verteidigungsausgaben, um der Verantwortung der Vereinigten Staaten heute und in Zukunft gerecht zu werden.
- Die Stärkung der Verbindung zu demokratischen Verbündeten sowie das entschiedene Auftreten gegenüber feindlichen Regimen.
- Die weltweite Verbreitung politischer und wirtschaftlicher Freiheit.
- Der Erhalt und die Ausweitung einer internationalen Ordnung, die Sicherheit, Wohlstand und Prinzipien der USA wahrt.

In diesen Zielen zeigen sich deutliche Parallelen zum „Defense Planning Guidance"-Papier von Wolfowitz und Cheney aus dem Jahr 1992.

c) Der offene Brief zum Irak an Präsident Clinton

Ein weiterer Markstein in der Profilierung des kommenden Strategiewechsels war ein Offener Brief an Präsident Bill Clinton vom 26. Januar 1998[52], in dem 18 bekannte Neokonservative den Sturz des Regimes von Saddam Hussein im Irak forderten. Zu den Unterzeichnern zählen unter anderem Donald Rumsfeld, Paul Wolfowitz, Richard L. Armitage, John Bolton, Zalmay Khalilzad, Peter W. Rodman, Paula Dobriansky und Robert Zoellick, die später alle in führenden Positionen der Regierung von George W. Bush tätig waren.[53] Die Unterzeichner beklagten, dass die Politik der Eindämmung des Saddam-Regimes im Scheitern begriffen sei und die Ungewissheit über die Frage, ob der Irak im Besitz von Massenvernichtungswaffen ist, die Lage im Nahen Osten destabilisiere. Als „einzig akzeptable Strategie" gegenüber dem Irak empfahl die Gruppe zunächst die Verhinderung eines Einsatzes oder auch nur der Drohung mit dem Einsatz von Massenvernichtungswaffen. Diese Strategie impliziere nach dem Scheitern der Diplomatie auch den Einsatz militärischer Gewalt, die gegebenenfalls auch ohne Beschluss des Sicherheitsrats ergriffen werden sollte:

---

[51] FRÖHLICH, Hegemonialer Internationalismus, FAZ, 10. April 2003, S. 8.

[52] URL: www.newamericancentury.org/iraqclintonletter.htm, 19. Juni 2004.

[53] RUDOLF, ZfP 2003, 257 (263); FRÖHLICH, Hegemonialer Internationalismus, FAZ, 10. April 2003, S. 8.

> "We believe the U.S. has the authority under existing UN resolutions to take the necessary steps, including military steps, to protect our vital interests in the Gulf. In any case, American policy cannot continue to be crippled by a misguided insistence on unanimity in the UN Security Council."

Die irakische Obstruktion der UN-Inspektionen zwischen Sommer und Herbst 1998 schien die strategischen Überlegungen der Neokonservativen zu bestätigen. Nachdem die Vereinten Nationen ihre Inspektoren am 16. Dezember 1998 aus dem Irak abgezogen hatten, flogen die britischen und amerikanischen Streitkräfte mehrtägige Luftangriffe auf militärische Ziele im Irak (Operation „Desert Fox“).[54] Russland und China verurteilten die Angriffe im Sicherheitsrat scharf, Frankreich nur mäßig.[55]

III. Die Entwicklung ab dem Amtsantritt von Präsident George W. Bush

Im Wahlkampf des Jahres 2000 warb George W. Bush für eine Abkehr von der auf breite internationale Zusammenarbeit setzenden Außenpolitik Clintons hin zu einem auf amerikanische Interessen fokussierten „new realism“, der auf militärische Aufrüstung und die Kooperation mit den Großmächten Russland und China setzt.[56] Nach seinem Amtsantritt besetzte Bush mit Dick Cheney (Vizepräsident), Donald Rumsfeld (Verteidigungsminister), Colin Powell (Außenminister) und Condolezza Rice (Sicherheitsberaterin) die Schlüsselpositionen seines Kabinett mit Persönlichkeiten, die bereits in der Regierung seines Vaters und zum Teil sogar schon in den 1970er Jahren Kabinettsämter innegehabt hatten, die jedoch nicht als Neokonservative im eigentlichen Sinne bezeichnet werden können.[57] Zwar erlangten einige der neokonservativen Exponenten, die ihr neues strategisches Konzept im Laufe der neunziger Jahre immer wieder in die politische Diskussion gebracht hatten, in einflussreiche Ämter der zweiten Führungsebene von Außen- und Verteidigungsministerium. Neben Paul Wolfowitz sind hier insbesondere Richard Armitage (Staatssekretär im Außenministerium) und Lewis Libby (Stabschef von Vizepräsident Cheney) zu nennen.[58] Ein übermächtiger Einfluss der Neokonservativen auf die Regie-

---

54 FRÖHLICH, Hegemonialer Internationalismus, FAZ, 10. April 2003, S. 8.

55 SCOR, 53rd Sess., 3955th Meeting, UN Doc. S/PV.3955. Zur völkerrechtlichen Beurteilung der Operation „Desert Fox“ vgl. etwa GRAY, EJIL 13 (2002), 1 (11 ff.).

56 IKENBERRY, Foreign Affairs 81 (2002), No. 5, 44 (46); DUNN, International Affairs 79 (2003), 277 (283).

57 MARSHALL, Foreign Affairs 82 (2003), No. 6, 142 (144 f.); DAALDER / LINDSAY, America unbound, S. 15.

58 MARSHALL, Foreign Affairs 82 (2003), No. 6, 142 (145).

rung Bush Jr. kann jedoch für den Beginn ihrer Amtszeit nicht festgestellt werden.[59]

1. Die Terroranschläge vom 11. September 2001 als Katalysator für die Umsetzung einer neokonservativen Sicherheitsdoktrin

Die Anschläge des 11. September 2001 ließen die Notwendigkeiten einer neuen, umfassenden Strategie hervortreten, die die Stellung der USA im internationalen System neu definierte und angemessene Antworten auf die Herausforderungen durch den internationalen Terrorismus bot. Der Schock, den die Anschläge bewirkt hatten, ermöglichte einen radikalen Wandel, der unter anderen Umständen nicht möglich gewesen wäre. In diesem Moment schlug die Stunde der Neokonservativen. Sie hatten stets eindringlich auf die Gefahren durch terroristische Anschläge und die Weiterverbreitung von Massenvernichtungswaffe hingewiesen. Besaßen sie zu Beginn der Amtszeit von Präsident Bush noch keine erkennbare ideologische Schlüsselrolle innerhalb der Regierung, gelang es den Neokonservativen nun, ihren Einfluss auf das Denken ihrer Vorgesetzten in der Regierung auszuüben, um so den „Krieg gegen den Terrorismus" zum legitimierenden Prinzip für die Durchsetzung ihres strategischen Paradigmas zu nutzen. Insbesondere Verteidigungsminister Rumsfeld und Vizepräsident Cheney wurden unter dem Einfluss ihrer Mitarbeiter Wolfowitz und Douglas Feith beziehungsweise Lewis Libby zu Verfechtern einer neokonservativen Außenpolitik.[60] Regierungsinterne Kritiker der neuen Linie – wie Außenminister Colin Powell – konnten sich demgegenüber nicht durchsetzen.[61] Zugespitzt ausgedrückt machten also erst die Anschläge vom 11. September 2001 aus George W. Bush einen neokonservativen Präsidenten.[62]

2. Die „Graduation Speech" von West Point am 1. Juni 2002

Die erste Äußerung eines grundsätzlichen Wandels in der Außen- und Sicherheitspolitik der USA nach dem 11. September 2001 war die „Graduation Speech" von Präsident Bush an der Militärakademie West Point am 1. Juni 2002.[63] In dieser Rede kündigte Bush die bedeutendste Korrektur der amerikanischen Sicherheitsstrategie seit dem Zweiten Weltkrieg an. Die Doktrin der „Ein-

---

[59] DAALDER / LINDSAY, America unbound, S. 15, 46. Zur Einordnung der Mitglieder der Regierung von George W. Bush in verschiedenen außenpolitischen Denktraditionen NYE, PSQ 119 (2004), 255 (264 ff.).

[60] MARSHALL, Foreign Affairs 82 (2003), No. 6, 142 (145).

[61] FRÖHLICH, Hegemonialer Internationalismus, FAZ, 10. April 2003, S. 8.

[62] KIMMAGE, Wer denkt für Bush? Porträt der republikanischen Intelligenz, FAZ, 22. Oktober 2004, S. 44; RUDOLF, ZfP 2003, 259 (267).

[63] URL: www.whitehouse.gov/news/releases/2002/06/print/20020601-3.html, 1. April 2006.

dämmung und Abschreckung“ wird nicht gänzlich aufgegeben, bevorzugt wird aber zukünftig das präventive – notfalls unilaterale – militärische Eingreifen zur Abwehr potentieller Gefahren[64]:

> “For much of the last century, America’s defense relied on the Cold War doctrines of deterrence and containment. In some cases, those strategies still apply. But new threats also require new thinking. Deterrence – the promise of massive retaliation against nations – means nothing against shadowy terrorist networks with no nation or citizens to defend. Containment is not possible when unbalanced dictators with weapons of mass destruction can deliver those weapons on missiles or secretly provide them to terrorist allies. [...] If we wait for threats to fully materialize, we will have waited too long. Homeland defense and missile defense are part of stronger security, and they’re essential priorities for America. Yet the war on terror will not be won on the defensive. We must take the battle to the enemy, disrupt his plans, and confront the worst threats before they emerge. In the world we have entered, the only path to safety is the path of action. And this nation will act.”

Anders als die überkommene Strategie der Abschreckung geht die hier skizzierte Präventionsstrategie nicht mehr davon aus, dass der Gegner durch Drohungen zur Wahl rationaler Entscheidungen angehalten werden könne; vielmehr liegt ihr die Annahme zugrunde, dass der Gegner ohne Rücksicht auf eigene Verluste zu irrationalem Verhalten entschlossen sei und daher nicht abgeschreckt werden könne.[65] Die in der Rede von West Point entworfenen Grundzüge einer neuen Sicherheitsstrategie flossen später in das V. Kapitel der NSS 2002 ein.[66]

3. Die offizielle Vorstellung der neuen National Security Strategy im September 2002

Die Veröffentlichung der neuen Nationalen Sicherheitsstrategie erfolgte am 17. September 2002.[67] Dieses Datum war bewusst gewählt worden, um die neue Doktrin erst nach Bushs Rede vor dem Sicherheitsrat zum Irak-Konflikt am 12. September 2002 offiziell zu machen.[68] Die gesetzliche Grundlage der Veröffentlichung bildet Sec. 603 des „Goldwater-Nichols Department of Defense Reorganization Act“ von 1986.[69] Anlässlich der Neuorganisation des Verteidi-

---

64 FRÖHLICH, Hegemonialer Internationalismus, FAZ, 10. April 2003, S. 8; HACKE, ZPol 1/2003, 65 (83).

65 FREEDMAN, The Washington Quarterly 26 (2003), No. 2, 105 (105f.).

66 BLUMENWITZ, Präventionsstrategie, S. 24; STREINZ, JöR 52 n.F. (2004), 219 (239).

67 Die offizielle Überleitung der NSS an den Kongress erfolgte erst am 20. September 2002 (VON LEPEL, HuV-I 16 (2003), 77).

68 FRÖHLICH, Hegemonialer Internationalismus, FAZ, 10. April 2003, S. 8; NAGAN / HAMMER, Berkeley JIL 22 (2004), 375 (407).

69 Sec. 603 Goldwater-Nichols Department of Defense Reorganization Act (PL 99-433, October 1, 1986, 100 Stat 992): [...]

gungsministeriums setzte der Kongress damals die gesetzliche Verpflichtung der Regierung zur Veröffentlichung ihrer nationalen Sicherheitsdoktrin durch, um die massiven Rüstungsausgaben der Regierung Reagans einer stärkeren parlamentarischen Kontrolle zu unterstellen.[70] Der Goldwater-Nicols Act verpflichtet die Regierung, dem Kongress jährlich zusammen mit dem Budgetentwurf für das nächste Fiskaljahr – und nach einem Regierungswechsel innerhalb von fünf Monaten – eine umfassende nationale Sicherheitsstrategie zu präsentieren. Wegen des Regierungswechsels im Januar 2001 und den Anschlägen vom 11. September 2001 verzögerte sich die Veröffentlichung um mehr als ein Jahr. Damit setzte die Regierung Bush eine gewisse Tradition fort, da bis dahin noch jede Regierung die Verpflichtung zur jährlichen Publikation missachtet hatte.[71] So übermittelte die Regierung Clinton dem Kongress in ihrer zweiten Amtszeit (1997-2001) zum letzten Mal im Jahr 1999 ihre Sicherheitsstrategie.

Die NSS 2002 ist im Wesentlichen eine Zusammenstellung und Formalisierung der bereits in der Rede von West Point angerissenen Gedanken.[72] Als „Grand Strategy" für die Herausforderungen des 21. Jahrhunderts beschränkt sich die NSS 2002 jedoch nicht auf Problemeinschätzungen und die Darlegung der strategischen Ziele, Handlungsprinzipien und Sicherheitsmaßnahmen der USA, sondern erläutert auch Selbstverständnis und die Wertgrundlagen der amerikanischen Politik. Mit einem Umfang von 31 Seiten zuzüglich des dreiseitigen Übersendungsschreibens an den Kongress ist das Dokument im Vergleich zu

---

(a) (1) The President shall transmit to Congress each year a comprehensive report on the national security strategy of the United States (hereinafter in this section referred to as a "national security strategy report"). (2) The national security strategy report for any year shall be transmitted on the date on which the President submits to Congress the budget for the next fiscal year under section 1105 of title 31 United States Code.

(b) Each national security strategy report shall set forth the national security strategy of the United States and shall include a comprehensive description and discussion of the following: (1) The worldwide interests, goals, and objectives of the United States that are vital to the national security of the United States. (2) The foreign policy, worldwide commitments, and national defense capabilities of the United States necessary to deter aggression and to implement the national security strategy of the United States. (3) The proposed short-term and long-term uses of the political, economic, military, and other elements of the national power of the United States to protect or promote the interests and achieve the goals and objectives referred to in paragraph 1. (4) The adequacy of the capabilities of the United States to carry out the national security strategy of the United States, including an evaluation of the balance among the capabilities of all elements of the national power of the United States to support the implementation of the national security strategy. [...].

70 KORB / KRAIG, Winning the Peace in the 21st Century, S. 16. Es war allerdings seit der Amtszeit von Präsident Nixon üblich, dass die Regierung im jährlichen „State of the World Report" ihre Sicherheitsstrategie darlegt (KORB / KRAIG, a.a.O., S. 18).

71 KORB / KRAIG, Winning the Peace in the 21st Century, S. 18.

72 ZHIYUAN, Harvard ILJ 46 (2005), 403; GADDIS, Foreign Policy 133 (Nov./Dec. 2002), 50.

früheren Auflagen recht kurz gefasst und leicht verständlich formuliert.[73] In den folgenden Monaten ergänzte die Regierung die NSS 2002 durch zwei partikuläre Sicherheitsstrategien: Die National Strategy to Combat Weapons of Mass Destruction (NSCWMD) vom Dezember 2002 und die National Strategy for Combating Terrorism (NSCT) vom Februar 2003.[74]

Die Europäische Union reagierte – bis in die Wortwahl hinein – auf die amerikanische NSS 2002 mit der Verabschiedung einer Europäischen Sicherheitsstrategie (ESS).[75] Nach dem innereuropäischen Zerwürfnis über den Irak-Konflikt im Frühjahr 2003 gaben die Außenminister Deutschlands, Frankreich und Großbritanniens den Anstoß für die Ausarbeitung eines Konzepts, das bei künftigen Krisen Grundlage des gemeinsamen Handelns sein solle.[76] Am 12. Dezember 2003 nahm der Europäische Rat das vom Hohen Vertreter für die Gemeinsame Außen- und Sicherheitspolitik, Javier Solana, vorgelegte Strategiepapier[77] mit dem Titel „Ein sicheres Europa in einer besseren Welt“[78] an. Im Mittelpunkt der Strategie stehen neben einem effizienten Multilateralismus auch die Bekämpfung des Terrorismus, die Weiterverbreitung von Massenvernichtungswaffen und die Problematik der „gescheiterten Staaten“.[79] Mit der ESS versetzte sich die Europäische Union damit in die Lage, mit den USA zukünftig auf gleichem konzeptionellem Niveau über eine Neuordnung des internationalen Sicherheitssystems zu diskutieren.[80]

B. Der Inhalt der Bush-Doktrin

Die verschiedenen Elemente der Bush-Doktrin sind in dem Regierungsdokument „The National Security Strategy of the United States of America“ zusammengefasst. In seinem formalen Aufbau besteht dieses Dokument aus einem Vorwort, einem einleitenden und acht ausführenden Kapiteln, denen jeweils ein

---

73 BOHNE, ESS und NSS im Vergleich, S. 45.

74 SCHMITT, Harv. J. Law & Publ. Pol. 27 (2004), 737 (743 ff.).

75 BOHNE, ESS und NSS im Vergleich, S. 44; SCHRÖDER, Aktuelle Gefahren der internationalen Gemeinschaft, S. 286.

76 BACIA, Alles Militärische wird kleingeschrieben, FAZ, 15. Dezember 2003, S. 10.

77 Die ESS ist formal keine „gemeinsame Strategie“ i.S.v. Art. 12 EU-Vertrag, da sie entgegen Art. 13 Abs. 2 EU-Vertrag keine Aussagen über die zur Verwirklichung der Strategie bereitzustellenden Mittel enthält.

78 URL: http://ue.eu.int/uedocs/cmsUpload/031208ESSIIDE.pdf, 1. April 2006.

79 BLANCK, Die Europäische Sicherheits- und Verteidigungspolitik, S. 182; SCHRÖDER, Aktuelle Gefahren der internationalen Gemeinschaft, S. 286 ff.

80 BOHNE, ESS und NSS im Vergleich, S. 43. Kritisch in Hinblick auf den Nutzen der ESS dagegen BLANCK, Die Europäische Sicherheits- und Verteidigungspolitik, S. 182.

Zitat aus Reden von Präsident George W. Bush aus der Zeit zwischen September 2001 und Juni 2002 vorangestellt ist.

I. Die sicherheitspolitischen Handlungsmaximen der USA nach der Bush-Doktrin

In der politikwissenschaftlichen Analyse werden – je nach Differenzierung – bis zu sieben Elemente der Bush-Doktrin identifizieren.[81] Drei Handlungsmaximen, die untereinander in engem Zusammenhang stehen und im Kern bereits im „Defense Planning Guidance"-Papier von 1992 formuliert waren, stechen deutlich hervor[82]:

- Die Festigung und dauerhafte Bewahrung der überlegenen Machtposition der USA. Allein die unangefochtene Vormachtstellung der USA könne die internationale Ordnung und die internationale Sicherheit gewährleisten. Potentielle regionale oder globale Konkurrenten sollen daher von vornherein entmutigt werden, den seit Ende des Kalten Krieges erreichten militärtechnologischen Vorsprung der USA einzuebnen.[83] Als potentielle Großmachtrivalen identifiziert die NSS 2002 Russland, China und Indien[84], die EU findet hingegen nur als „our partner in opening world trade"[85] Erwähnung. Dennoch ist die Warnung, sich nicht zum militärischen Rivalen der USA aufzuschwingen, ohne Zweifel auch an die NATO-Partner in Westeuropa und die EU im Ganzen gerichtet.[86]

- Die Betonung der strategischen Unabhängigkeit der USA als außenpolitische Maxime. Deutlich wird dies in der Ankündigung, dass die USA bei der Durchführung ihrer Strategien auf Koalitionen – bewusst

---

81 So beispielsweise IKENBERRY, Foreign Affairs 81 (2002), No. 5, 44 (49 ff.).

82 RUDOLF, ZfP 2003, 257 (258 f.); HACKE, Weltordnungspolitik nach dem 11. September, S. 43. JERVIS, PSQ 118 (2003), 365, nennt als weiteren vierten Punkt den festen Glauben in die Tatsache, dass das politische System eines Staates seine Außenpolitik bestimmt.

83 NSS 2002, IX. Kap., S. 30: "The United States must and will maintain the capability to defeat any attempt – by an enemy whether a state or non-state actor – to impose its will on the United States, our allies, or our friends. We will maintain the forces sufficient to support our obligations, and to defend freedom. Our forces will be strong enough to dissuade potential adversaries from pursuing a military build-up in hopes of surpassing, or equaling, the power of the United States.".

84 NSS 2002, VIII. Kap., S. 26.

85 NSS 2002, VIII. Kap., S. 25.

86 JERVIS, PSQ 118 (2003), 365 (376).

im Plural gehalten – setzen werden.[87] Eher verzichten die USA also auf die Teilnahme eines bestimmten Staates in diesen *ad hoc* geschmiedeten Koalitionen, als in einer fest gefügten Allianz Kompromisse suchen zu müssen.[88] Dies bedeutet eine weitgehende Absage an die institutionelle Einbindung der USA, die ein Kennzeichen der liberalen amerikanischen Politik nach 1945 war.[89]

- Die Doktrin des Präventivschlages, die sich gegen Terroristen und nach Massenvernichtungswaffen strebende „Schurkenstaaten" richtet.

Erklärtes Ziel der von diesen Handlungsmaximen geleiteten Politik ist die Schaffung eines „Gleichgewichts der Mächte zugunsten der Freiheit", wie die NSS 2002 an gleich mehreren Stellen herausstreicht:

> "The United States possesses unprecedented – and unequaled – strength and influence in the world. Sustained by faith in the principles of liberty, and the value of a free society, this position comes with unparalleled responsibilities, obligations, and opportunity. The great strength of this nation must be used to promote a balance of power that favors freedom."[90]

Diese Formulierung lässt Assoziationen mit dem System des Gleichgewichts der Mächte im Europa des 18. und 19. Jahrhunderts anklingen, offenbar eine Zeit, die in den Augen der als Beispiel für neokonservativen Urheber der Bush-Doktrin für Stabilität in der internationalen Ordnung steht. Tatsächlich geht ein Vergleich der von den USA angestrebten Weltordnung mit dem europäischen Gleichgewichtssystem vollkommen fehl, da die USA mit der NSS 2002 ein System des Ungleichgewichts der Mächte zu ihren Gunsten, eine Hegemonialstellung, anstreben.[91]

---

87 NSS 2002, VIII. Kap., S. 25: "America will implement its strategies by organizing coalitions – as broad as practicable – of states able and willing to promote a balance of power that favors freedom.".

88 JERVIS, PSQ 118 (2003), 365 (374); DUNN, International Affairs 79 (2003), 277 (283 f.).

89 RUDOLF, ZfP 2003, 257 (258). Die USA hatten sich allerdings schon zuvor eine unilaterale Option vorbehalten, vgl. nur Clintons „A National Security Strategy for a New Century" (1999), S. 19 f.: "We act in concert with the international community whenever possible, but do not hesitate to act unilaterally when necessary.".

90 NSS 2002, I. Kap, S. 1. Die Formel der „balance of power that favors freedom" findet sich auch im Vorwort, im VIII. Kap., S. 25 und im IX. Kap., S. 29.

91 LUBAN, Phil. & Publ. Affairs 32 (2004), 207 (219); COOPER, The Breaking of Nations, S. 9.

II. Das Recht auf „preemptive self-defense“ nach der Bush-Doktrin

Der in der völkerrechtlichen Debatte umstrittenste Aspekt der Bush-Doktrin ist die Inanspruchnahme eines Rechts auf „preemptive self-defense“ gegen Terroristen und so genannte „Schurkenstaaten“:

> “We must be prepared to stop rogue states and their terrorist clients before they are able to threaten or use weapons of mass destruction against the United States or our allies and friends.”[92]

Die grundlegenden Ausführungen zum präventiven Selbstverteidigungsrecht gegen terroristische Gruppen und „Schurkenstaaten“ (rogue states) finden sich im III. Kapitel („Strengthen Alliances to Defeat Global Terrorism and Work to Prevent Attacks Against Us and Our Friends“) und V. Kapitel („Prevent Our Enemies from Threatening Us, Our Allies, and Our Friends with Weapons of Mass Destruction“) der NSS 2002.[93] Präventivaktionen können sich nach der NSS 2002 indirekt aber auch gegen Staaten richten, die – ohne selbst Schurkenstaaten zu sein – freiwillig oder zumindest wissentlich Terroristen beherbergen.[94]

Die in der NSS 2002 formulierte Inanspruchnahme eines Rechts auf „preemptive self-defense“[95] ist nicht revolutionär. Selektive präventive Militärschläge zur Ausschaltung von Anlagen zur Produktion von Massenvernichtungswaffen wie im Sudan 1998 waren bereits unter Präsident Clinton ein Element im Kampf der USA gegen die Weiterverbreitung von biologischen und chemischen Kampfstoffen.[96] Allerdings wurde diese Option von der Vorgängerregierung nicht förmlich als außenpolitische Doktrin etabliert.[97] Das Ausbuchstabieren der „preemptive self-defense“ in der NSS 2002 hat daher auch bei

---

92 NSS 2002, V. Kap., S. 14 (Hervorhebung vom Verf.).

93 GRAY, CJIL 1 (2002), 437 (440 f.); DIES., International Law, S. 176; VON LEPEL, HuV-I 16 (2003), 77 (78).

94 ÖSTERDAHL, NJIL 73 (2004), 247 (257). Vgl. NSS 2002, III. Kap., S. 5: “We will make no distinction between terrorists and those who knowingly harbor or provide aid to them.”.

95 Zur Etymologie des Wortes „preemptive“ s.o. Einl., B II 1.

96 BRADFORD, Notre Dame LR 79 (2004), 1365 (1424); RUDOLF, ZfP 2003, 257 (259). Auch die Rechtfertigung der Operation „Enduring Freedom“ gegen das afghanische Taliban-Regime vom Oktober 2001 (UN Doc. S/2001/946) kann als implizite Inanspruchnahme eines präventiven Selbstverteidigungsrechts gelesen werden: “There is much we do not know. Our inquiry is still in its early stages. We may find that our self-defense requires further actions with respect to other organizations or other states.” (Hervorhebung vom Verf.).

97 LEFFLER, Foreign Policy 144 (Sep./Oct. 2004), 22 (24); ALBRIGHT, Foreign Affairs 82 (2003), No. 5, 2 (4).

ihren Befürwortern Widerspruch geweckt, da so eine unnötige weltweite Kontroverse über die Rechtmäßigkeit dieser Strategie provoziert worden sei.[98]

Auch der von Javier Solana vorgelegte Entwurf für die Europäische Sicherheitsstrategie enthielt den Begriff der „preemptive action". Zwar waren damit nicht in erster Linie militärische, sondern vielmehr politische Maßnahmen angesprochen[99], wegen der scharfen öffentlichen Kritik am Konzept der USA wurde die Formulierung jedoch als zu missverständlich verworfen und in der im Dezember 2003 verabschiedeten Fassung durch den Begriff des „preventive engagement" ersetzt.[100]

1. Präventive Selbstverteidigung gegen terroristische Organisationen

Im III. Kapitel erläutert die NSS 2002, dass die USA im Kampf gegen terroristische Organisationen die internationale Unterstützung suchen, wenn nötig aber ihr Recht auf präventive Selbstverteidigung gegen Terroristen auch unilateral ausüben werden:

> "We will disrupt and destroy terrorist organizations by: [...] defending the United States, the American people, and our interests at home and abroad by identifying and destroying the threat before it reaches our borders. While the United States will constantly strive to enlist the support of the international community, we will not hesitate to act alone, if necessary, to exercise our right of self-defense by acting preemptively against such terrorists, to prevent them from doing harm against our people and our country; [...]"[101]

Dabei bestimmt die NSS 2002 den „Terrorismus" nur unscharf als „vorsätzliche, politisch motivierte Gewaltanwendung gegen Unbeteiligte"[102]. Diese weite Begriffsbestimmung reflektiert die Unfähigkeit in der wissenschaftlichen, politischen und völkerrechtlichen Diskussion, die eine weltweit akzeptierte Definition der Wesensmerkmale des Terrorismus zu finden („Your terrorist is my freedom fighter").[103] Offensichtlich orientiert sich die Formulierung in der NSS 2002 an der Definition des Terrorismus im nationalen Recht der USA.[104]

---

98 SCHMITT, Harv. J. Law & Publ. Pol. 27 (2004), 737 (754): "Such rumination was unnecessary and unfortunate, for it ignited a firestorm of controversy in the international law community, with many suggesting that the strategy was illegal.".

99 BOHNE, ESS und NSS im Vergleich, S. 64.

100 BLANCK, Die Europäische Sicherheits- und Verteidigungspolitik, S. 182.

101 NSS 2002, III. Kap., S. 6 (Hervorhebung vom Verf.).

102 NSS 2002, III. Kap., S. 5: "The enemy is terrorism – premeditated, politically motivated violence perpetrated against innocents.".

103 BOHNE, ESS und NSS im Vergleich, S. 61 f.; BLANCK, Die Europäische Sicherheits- und Verteidigungspolitik, S. 87 ff.

104 Vgl. United States Code, title 22, chapter 38, sec. 2656f (d) (2), der Terrorismus als „premeditated, politically motivated violence perpetrated against noncombatant targets by

2. Präventive Selbstverteidigung gegen „Schurkenstaaten"

Als mögliche Angreifer und damit potentielle Ziele von präventiven Selbstverteidigungsaktionen identifiziert die Bush-Doktrin jedoch in erster Linie die so genannten „Schurkenstaaten" (rogue states), ein Begriff, der damit für die Sicherheitsstrategie der USA zentraler Bedeutung erlangt.[105] Der Ausdruck „rogue state" wurde im Jahr 1994 von der Regierung Clinton in die politische Terminologie der USA eingeführt, gegen Ende ihrer Amtszeit jedoch wieder aufgegeben. Die Regierung George W. Bush benutzte diesen Begriff nach ihrer Amtsübernahme zunächst, um kleinere Staaten zu bezeichnen, von denen die Gefahr eines konventionellen ballistischen Angriffs auf die USA ausgehe. Erst nach den Anschlägen vom 11. September 2001 wurde der „Schurkenstaat" in den engeren Zusammenhang von Terrorismus und der Weiterverbreitung von Massenvernichtungswaffen gerückt.[106]

Diese „Schurkenstaaten" zeichnen sich nach der Analyse der NSS 2002 durch die kumulative Erfüllung folgender Merkmale aus[107]:

- Die gewaltsame Unterdrückung der Bevölkerung und Vergeudung der nationalen Ressourcen zum Vorteil der Herrschenden.
- Die Missachtung des Völkerrechts, Bedrohung der Nachbarstaaten und den Bruch internationale Verträge.
- Die Entschlossenheit zum Erwerb von Massenvernichtungswaffen und anderer hoch entwickelter Militärtechnik, um sie als Bedrohung oder offensiv im Dienste der aggressiven Absichten ihrer Führer einzusetzen.
- Die Unterstützung des weltweiten Terrorismus.
- Die Missachtung der grundlegenden humanitären Werte und den Hass auf die Vereinigten Staaten und das, wofür sie stehen.[108]

---

subnational groups or clandestine agents" definiert. Dieser Aspekt wirft die Frage auf, ob private Terroristengruppen überhaupt das Ziel von militärischen Selbstverteidigungsmaßnahmen im Sinne von Art. 51 UN-Charta sein können (dazu s.o., 2. Kap. B III 1 b bb).

[105] Dies unterschlägt der frühere US-amerikanische Außenminister POWELL, Foreign Affairs 83 (2004), No. 1, 22 (24): "As to preemption's scope, it applies only to the undeterrable threats that come from nonstate actors such as terrorist groups.".

[106] MINNEROP, Paria-Staaten im Völkerrecht?, S. 130 ff. und 143 ff.

[107] Zu diesen Begriffsmerkmalen ausführlich ÖSTERDAHL, NJIL 73 (2004), 247 (249 ff.).

[108] NSS 2002, V. Kap., S. 13 f.: "These states: brutalize their own people and squander their national resources for the personal gain of the rulers; display no regard for international law, threaten their neighbors, and callously violate international treaties to which they are

In der Vergangenheit zählten die USA den Irak, den Iran, Libyen, den Sudan, Syrien, Kuba und Nordkorea zu den „Schurkenstaaten“.[109] Im Kontext der Charakterisierung der „rogue states“ erwähnt die NSS 2002 demgegenüber namentlich nur den Irak und Nordkorea.[110]

Von den „rogue states“ zu unterscheiden, aber für die Sicherheit der USA nicht minder bedrohlich sind nach der NSS 2002 die „schwachen Staaten“ (weak states). „Schwache Staaten“ kennzeichnen sich in erster Linie durch Armut, schwache staatliche Institutionen und tief greifende Korruption. Das Konzept des „weak state“ ist also ein rein empirisches, anders als die normativ bestimmten „Schurkenstaaten“ sind „schwache Staaten“ nicht von vornherein „böse“.[111] Sie können jedoch eine genauso große Gefahr für die nationalen Interessen der USA darstellen wie „Schurkenstaaten“, da bei ihnen die Gefahr besteht, dass Terroristen oder Drogenkartelle ihr Territorium als Rückzugsraum ausnutzen, wenn nicht gar die korrupte Führung dieser Staaten sich wissentlich mit terroristischen Gruppen zusammentut.[112]

Rechtsphilosophisch betrachtet hat der „rogue state“ in der NSS 2002 gewisse Parallelen mit dem von John Rawls geprägten Begriff des „outlaw state“[113], da beide eine Kriegsgefahr für andere Staaten darstellen. Dennoch sind die beiden Konzepte nicht deckungsgleich: „Schurkenstaaten“ im Sinne der NSS 2002 haben *per definitionem* die Mittel, andere Staaten gegenwärtig mit Krieg zu bedrohen, Rawls' „outlaw states“ hingegen nicht unbedingt. Anders als „outlaw states“, die Kriege aus rationalen Gründen führen, neigen „rogue states“ wiederum dazu, Kriege auch aus nichtrationalen, das heißt ideologischen Interessen zu führen.[114]

---

party; are determined to acquire weapons of mass destruction, along with other advanced military technology, to be used as threats or offensively to achieve the aggressive designs of these regimes; sponsor terrorism around the globe; and reject basic human values and hate the United States and everything for which it stands.".

109 BOHNE, ESS und NSS im Vergleich, S. 60; MINNEROP, Paria-Staaten im Völkerrecht?, S. 130 ff.

110 NSS 2002, V. Kap., S. 14.

111 ÖSTERDAHL, NJIL 73 (2004), 247 (247 f.). Der Begriff „weak state“ in der NSS 2002 korrespondiert mit dem in der politischen Diskussion geläufigen Ausdruck „failed state“.

112 NSS 2002, Vorwort: "The events of September 11, 2001, taught us that weak states, like Afghanistan, can pose as great a danger to our national interests as strong states. Poverty does not make poor people into terrorists and murderers. Yet poverty, weak institutions, and corruption can make weak states vulnerable to terrorist networks and drug cartels within their borders.".

113 Als „outlaw states“ definiert RAWLS (The Law of Peoples, S. 90) „these regimes think a sufficient reason to engage in war is that war advances, or might advance, the regime's rational (not reasonable) interests.“.

114 LUBAN, Phil. & Publ. Affairs 32 (2004), 207 (231).

3. Das Konzept der „preemptive self-defense"

Die Ausführungen im V. Kapitel der NSS 2002 zum Recht auf „preemptive self-defense" bewegen sich zunächst innerhalb der Schranken des völkergewohnheitsrechtlich anerkannten Rechts auf antizipatorische Selbstverteidigung[115]:

> "For centuries, international law recognized that nations need not suffer an attack before they can lawfully take actions to defend themselves against forces that present an imminent danger of attack."[116]

Wie das Erfordernis der unmittelbaren Gefahr eines Angriffs („imminent danger of attack") anklingen lässt, soll die präventive Selbstverteidigung auch nach der Bush-Doktrin grundsätzlich nur unter den Voraussetzungen zulässig sein, die Daniel Webster im „Caroline"-Fall formuliert hatte.[117] Die USA erkennen damit zwar die Bindung an das Völkerrecht bei der Ausübung einzelstaatlicher Gewalt an.[118] Die Art. 2 Nr. 4, Art. 39 ff. und Art. 51 UN-Charta als normatives Fundament des Friedenssicherungsrechts der Vereinten Nationen werden allerdings weder an dieser noch an einer anderen Stelle der NSS 2002 erwähnt.[119]

a) Die Vorverlagerung der Realisierungsschwelle der „unmittelbaren Bedrohung"

In der folgenden Passage fordert die NSS 2002 dann jedoch einen Wandel im Verständnis des Merkmals der „unmittelbaren Bedrohung", um den technischen Möglichkeiten und neuen Zielen der heutigen Gegner der USA gerecht zu werden:

> "Legal scholars and international jurists often conditioned the legitimacy of preemption on the existence of an imminent threat – most often a visible mobilization of armies, navies, and air forces preparing to attack. We must adapt the concept of imminent threat to the capabilities and objectives of today's adversaries. Rogue states and terrorists do not seek to attack us using conventional means. They know such attacks would fail. Instead, they rely on acts of terror and, potentially, the use of weapons of mass destruction – weapons that can be easily concealed, delivered covertly, and used without warning. [...] The greater the threat, the greater is the risk of inaction – and the more compelling the case for taking anticipatory action to defend ourselves, even if uncertainty remains as to the time and place of the enemy's attack."[120]

---

115 S.o., 2. Kap. C III 3 b, c.

116 NSS 2002, V. Kap., S. 15.

117 BYERS, Journal of Political Philosophy 11 (2003), 171 (181); BRADFORD, Notre Dame LR 79 (2004), 1365 (1424 f.); ZOLLER, ASIL Proc. 98 (2004), 333 (333 f.).

118 LIETZAU, ZaöRV 64 (2004), 281 (295); HERDEGEN, ZaöRV 64 (2004), 571 (574).

119 MAOGOTO, NILR 51 (2004), 1 (12); BYERS, Journal of Political Philosophy 11 (2003), 171 (182).

120 NSS 2002, V. Kap., S. 15.

Die NSS 2002 zielt also darauf ab, den Anwendungsbereich des Selbstverteidigungsrechts durch Vorverlagerung der Schwelle, ab der präventiv gehandelt werden darf, deutlich auszuweiten.[121]

aa) Massenvernichtungswaffen in den Händen von „Schurkenstaaten" als Begründung der Vorverlagerung

Die NSS 2002 begründet das Bedürfnis nach einer Vorverlagerung der Eingriffsschwelle mit den Gefahren durch die weltweite Verbreitung von Nuklearwaffen sowie biologischen und chemischen Kampfstoffen. Die 1990er Jahre hätten gezeigt, dass diese Massenvernichtungswaffen in den Händen von „Schurkenstaaten" sowie deren Weitergabe an terroristische Gruppen eine ganz neue Qualität der Bedrohung für die Sicherheit der Vereinigten Staaten und ihre Verbündeten bedeuteten:

> "At the time of the Gulf War, we acquired irrefutable proof that Iraq's designs were not limited to the chemical weapons it had used against Iran and its own people, but also extended to the acquisition of nuclear weapons and biological agents. In the past decade North Korea has become the world's principal purveyor of ballistic missiles, and has tested increasingly capable missiles while developing its own WMD [*i.e. weapons of mass destruction*] arsenal. Other rogue regimes seek nuclear, biological, and chemical weapons as well. These states' pursuit of, and global trade in, such weapons has become a looming threat to all nations. We must be prepared to stop rogue states and their terrorist clients before they are able to threaten or use weapons of mass destruction against the United States and our allies and friends. [...] It has taken almost a decade for us to comprehend the true nature of this new threat. Given the goals of rogue states and terrorists, the United States can no longer solely rely on a reactive posture as we have in the past. The inability to deter a potential attacker, the immediacy of today's threats, and the magnitude of potential harm that could be caused by our adversaries' choice of weapons, do not permit that option. We cannot let our enemies strike first."[122]

bb) Der Wechsel von einem temporalen zu einem probabilistischen Verständnis der „Unmittelbarkeit" des drohenden Angriffs

Die zentrale juristische Argumentation der Bush-Doktrin in Hinblick auf die Vorverlagerung der Realisierungsschwelle der Gefahr lautet daher, dass der Begriff der „unmittelbaren Gefahr" den „Fähigkeiten und Zielen der heutigen Gegner" angepasst werden müsse.[123] Angesichts des Fortschritts der

---

[121] BENVENISTI, EJIL 15 (2004), 677 (686); KOLB, ZÖR 59 (2004), 111 (122); BRUHA, AVR 41 (2003), 295 (297); HILLGRUBER, ZfP 2003, 245 (249).

[122] NSS 2002, V. Kap., S. 14 f. (Ergänzung vom Verf.).

[123] NSS 2002, V. Kap., S. 15: "Legal scholars and international jurists often conditioned the legitimacy of preemption on the existence of an imminent threat – most often a visible mobilization of armies, navies, and air forces preparing to attack. We must adapt the concept of imminent threat to the capabilities and objectives of today's adversaries.".

Waffentechnologie seit dem kanadischen Unabhängigkeitskampf erscheint es tatsächlich naheliegend, das hergebrachte Verständnis der „unmittelbaren Bedrohung" zu revidieren. So hatte Daniel Webster bei seiner Formulierung im „Caroline"-Fall noch Angriffe von Soldaten mit Musketen und Kanonenkugeln im Sinn, und noch den Urteilen der Internationalen Militärgerichtshöfe nach dem Zweiten Weltkrieg lag eine Vorstellung von Kriegsführung mit konventionellen Waffen zugrunde.[124] Nach der Analyse der NSS 2002 ist diese Vorstellung im Zeitalter weit verbreiteter Massenvernichtungswaffen nicht mehr zeitgemäß: Kleine, mobile Waffen wie Nuklearsprengköpfe oder Granaten mit biologischen oder chemischen Kampfstoffen können sehr viel schneller eingesetzt werden und dabei größere Opfer gerade unter der Zivilbevölkerung fordern als die konventionell bewaffneten Armeen früherer Tage.[125]

(1) Das vage probabilistische Verständnis der Bush-Doktrin

Die grundsätzliche Frage ist daher, ob das Völkerrecht an einem auf zeitliche Nähe abstellenden, temporalen Verständnis der „unmittelbaren Gefahr" festhalten kann oder ob ein neuer Begriff der Unmittelbarkeit, der Wahrscheinlichkeitserwägungen einschließt, erforderlich ist. Die Bush-Doktrin entscheidet sich für den zweiten Weg:

> "The greater the threat, the greater is the risk of inaction – and the more compelling the case for taking anticipatory action to defend ourselves, even if uncertainty remains as to the time and place of the enemy's attack."[126]

Die genaue Kenntnis von Zeit und Ort des bevorstehenden Angriffs soll demnach keine *conditio sine qua non* von rechtmäßigen Maßnahmen der vorweggenommenen Verteidigung sein. In Überdehnung des Wortsinnes von „imminent"[127] bemüht die NSS 2002 stattdessen ein vages, auf die Einschätzung der Risiken und der Wahrscheinlichkeit eines Angriffs abstellendes Verständnis der „unmittelbaren Gefahr".[128] Die Realisierungsschwelle der „unmittelbaren Gefahr" und damit der Zeitpunkt, ab dem präventive Verteidigung zulässig ist, wird so gegenüber der anerkannten „Webster"-Formel vorverlagert. Eine juristisch greifbare Neudefinition der „unmittelbaren Gefahr" bietet die NSS 2002

---

124 GREENWOOD, San Diego ILJ 4 (2003), 7 (16); TAYLOR, The Washington Quarterly 27 (2004), No. 4, 57 (66).

125 NSS 2002, V. Kap., S. 15.

126 NSS 2002, V. Kap., S. 15.

127 YOO, AJIL 97 (2003), 563 (572); LIETZAU, ZaöRV 64 (2004), 281 (296). Vgl. Oxford Advanced Learner's Dictionary of Current English, 4. Aufl., Oxford u.a. 1989, S. 620, wonach „imminent" soviel wie „about to happen" oder „likely to happen very soon" bedeutet.

128 FRANCK, AJIL 97 (2003), 607 (619).

hingegen nicht.[129] Die Negierung der materiellen Bedeutung des Kriteriums der „unmittelbaren Gefahr" führt daher nicht zu seiner Anpassung, sondern zu seiner Aufgabe.[130]

(2) Die Ansätze im Schrifttum zur Anpassung des Kriteriums der „unmittelbaren Gefahr"

Mit der Feststellung, dass im Zeitalter der Massenvernichtungswaffen ein anderer Standard für das Kriterium der „unmittelbaren Gefahr" geschaffen werden müsse, hat die Bush-Doktrin besonders im anglo-amerikanischen völkerrechtlichen Schrifttum Zustimmung gefunden.[131] Dort werden verschiedene Ansätze für die Neuinterpretation der „Unmittelbarkeit" der Gefahr verfolgt.

So stellt Christopher Greenwood fest, dass der Begriff der „unmittelbaren Gefahr" zwingend einen zeitlichen Nexus zwischen der drohenden Gefahr und den Verteidigungsmaßnahmen verlangt.[132] Unter Beibehaltung eines temporalen Begriffs der „Unmittelbarkeit" der Gefahr eines Angriffs müsse diese jedoch durch die Schwere der Bedrohung einerseits und die technische Methode, mit der die Gefahr vermittelt wird, andererseits beurteilt werden:

> "In assessing what constitutes an imminent attack, however, it is necessary to take into account two factors that did not exist at the time of the Caroline incident. The first is the gravity of the threat. [...] Where the threat is an attack by weapons of mass destruction, the risk imposed on a State by waiting until that attack actually take place compounded by the impossibility for that State to afford its population any effective protection once the attack has been launched, mean that such an attack can reasonably be treated as imminent in circumstances where an attack by conventional means would not be so regarded. The second consideration is the method of delivery of the threat. It is far more difficult to determine on the time scale within which the threat of attack by terrorists means would be materialize than it is with threats posed by, for example, regular armed forces. These would be material consideration in assessing whether, in any particular

---

[129] HEISBOURG, The Washington Quarterly 26 (2003), No. 2, 75 (77); SAPIRO, AJIL 97 (2003), 599 (602); CIRINCIONE / MATHEWS / PERKOVICH, WMD in Iraq: Evidence and Implications, S. 60.

[130] MURSWIEK, NJW 2003, 1014 (1018); BOTHE, EJIL 14 (2003), 227 (232 f.); STROMSETH, AJIL 97 (2003), 628 (635); im Ergebnis auch BROWNLIE, Principles, S. 702.

[131] So z. B. von ROCKEFELLER, Denver JILP 33 (2004), 131 (148 f.); SCHMITT, Harv. J. Law & Publ. Pol. 27 (2004), 737 (755 f.); LUBAN, Phil. & Publ. Affairs 32 (2004), 207 (230); LIETZAU, ZaöRV 64 (2004), 281 (296); TAFT, ASIL Proc. 98 (2004), 331 (332); BETHLEHEM, International law and the use of force, Ziff. 35. Zustimmung im deutschsprachigen Schrifttum kommt etwa von HERDEGEN, Völkerrecht, § 34 Rn. 19 und DÖRR, Das völkerrechtliche Gewaltverbot, S. 44 f.

[132] GREENWOOD, San Diego ILJ 4 (2003), 7 (15): "In so far as talk of a 'pre-emption' doctrine is intended to refer to a broader right of self-defense to respond to threats that might materialize at some time in the future, such a doctrine has no basis in law.".

case, an attack should be treated as imminent. Nevertheless, the requirement that the attack be imminent cannot be ignored or rendered meaningless." [133]

Mark L. Rockefeller identifiziert demgegenüber das Tatbestandsmerkmal der „unmittelbaren Gefahr" als nur unselbständigen Aspekt der Voraussetzung der „Erforderlichkeit" der Selbstverteidigung. Daher spricht er sich für ein von der zeitlichen Nähe losgelöstes, auf die Wahrscheinlichkeit eines drohenden Angriffs abhebendes Verständnis der „Unmittelbarkeit" aus:

"Having established that imminence is merely a component of necessity, and proof of necessity is the true aim of the self-defense doctrine, an alternative non-temporal standard must effectively account for the primary components of necessity: certainty, severity, and the unavailability of other viable options. As such, perhaps a new definition of imminent danger would be more appropriate: Imminent danger is that which will occur with certainty, as determined by on-going, intermittent, or cyclical nature of the danger and manifested through previous acts or statements of intent."[134]

Abraham D. Sofaer, früherer Rechtsberater des Pentagons, propagiert schließlich den gänzlichen Verzicht auf ein eigenständiges Kriterium einer „imminent threat" bei der „preemptive self-defense", da dieses nur aufgrund einer Fehldeutung der Korrespondenz zwischen Webster und Lord Ashburton im „Caroline"-Fall diskutiert werde. Stattdessen fordert er, die „Unmittelbarkeit" der drohenden Gefahr ausschließlich anhand der Kriterien der „Erforderlichkeit" und der „Verhältnismäßigkeit" der Selbstverteidigung zu beurteilen:

"The standard generally applicable to pre-emptive self-defense is [...] the same general rule applicable to all uses of force: necessity to act under the relevant circumstances, together with the requirement that any action be proportionate to the threat addressed."[135]

Diesen Weg der normativen Begrenzung des Rechts auf „preemptive self-defense" allein durch die Prinzipien der „necessity" und „proportionality" scheint auch die NSS 2002 zu bevorzugen. Daruaf deutet jedenfalls hin, dass die Bush-Doktrin kein neues Verständnis der aus dem „Caroline"-Fall abgeleiteten Rechtsregel[136] der Erforderlichkeit und Verhältnismäßigkeit der Selbstverteidi-

---

[133] GREENWOOD, San Diego ILJ 4 (2003), 7 (16). Ihm folgend TAYLOR, The Washington Quarterly 27 (2004), No. 4, 57 (66).

[134] ROCKEFELLER, Denver JILP 33 (2004), 131 (144). Eigene Ansätze für eine an der Wahrscheinlichkeit eines Angriffs orientierte Interpretation der „unmittelbaren Gefahr" verfolgen auch YOO, AJIL 97 (2003), 563 (574); SCHMITT, Harv. J. Law & Publ. Pol. 27 (2004), 737 (755); BETHLEHEM, International law and the use of force, Ziff. 35; LUBAN, Phil. & Publ. Affairs 32 (2004), 207 (230 ff.).

[135] SOFAER, EJIL 14 (2003), 209 (220). Für diesen Ansatz auch DARBY, Self-Defense in Public International Law, S. 33, und MEESSEN, Selbstverteidigung als werdendes Völkergewohnheitsrecht, NZZ, 18. Februar 2003, S. 5.

[136] S.o., 2. Kap. C III 3 b bb.

gung postuliert. Demgemäß handeln die USA nach der NSS 2002 nur „preemptively", „wenn notwendig", und dann nur mit „maßvoller Gewalt".[137]

b) Der Verzicht auf den Nachweis einer konkreten Angriffsabsicht

Stillschweigend dehnt die Bush-Doktrin mit dem Erfordernis der konkreten Angriffsabsicht des Gegners, die im herkömmlichen Verständnis der „Erforderlichkeit" enthalten ist, noch eine zweite Voraussetzungen der antizipatorischen Selbstverteidigung aus. Ein Indiz für diesen Wandel ist bereits die unklare Formulierung der Bush-Doktrin in Hinblick auf die Anforderungen an den Grad der Gefahr, der zu „preemptive self-defense" berechtigen soll. Zwar knüpft die NSS 2002 am Schluss des V. Kapitels jede vorbeugende Gewaltanwendung der USA an das Vorliegen einer „specific threat"[138]. In einem vorangegangenen Absatz wird jedoch in Erinnerung gerufen, dass die USA bereits früher vorbeugend gehandelt hätten, um einer „sufficient threat"[139] für ihre nationale Sicherheit zu begegnen.

Aufgrund der kurzen Vorlaufzeit beim Einsatz von modernen Massenvernichtungswaffen kann ein Angreifer seine konkrete Angriffsabsicht so lange verborgen halten, bis es für effektive Verteidigungsmaßnahmen der anderen Seite zu spät sein könnte. Die wahre Gefahr besteht also in der unzureichenden Informationslage.[140] Indes bleiben die Ausführungen der Bush-Doktrin hinsichtlich des ersten Mittels der Wahl zur Ausforschung der wahren Absichten feindlich gesinnter Staaten – der Verbesserung der geheimdienstlichen Aufklärung und der internationalen Vernetzung bei der Auswertung der gewonnenen Erkenntnisse – nur sehr knapp und stichwortartig[141]:

---

[137] NSS 2002, V. Kap., S. 15 f.: "To forestall or prevent such hostile acts by our adversaries, the United States will, if necessary, act preemptively. [...] The reasons for our actions will be clear, the force measured, and the cause just." (Hervorhebung vom Verf.).

[138] NSS 2002, V. Kap., S. 16: "The purpose of our action will always be to eliminate a specific threat to the United States or our allies and friends." (Hervorhebung vom Verf.).

[139] NSS 2002, V. Kap., S. 15: "The United States has long maintained the option of preemptive actions to counter a sufficient threat to our national security." (Hervorhebung vom Verf.).

[140] Die Verunsicherung in den USA über den Grad der akuten Bedrohung durch terroristische Gruppen brachte Verteidigungsminister Donald Rumsfeld auf den Punkt: "There are things we know that we know. There are known unknowns. That is to say, there are things that we know we don't know. But there are also unknown unknowns. There are things we don't know we don't know. [...] Each year, we discover a few more of those unknown unknowns." (zit. nach Ikenberry, Foreign Affairs 81 (2002), No. 5, 44 [50]).

[141] CIRINCIONE / MATHEWS / PERKOVICH, WMD in Iraq: Evidence and Implications, S. 60; HEISBOURG, The Washington Quarterly 26 (2003), No. 2, 75 (76).

> "To support preemptive options, we will: build better, more integrated intelligence capabilities to provide timely, accurate information on threats, wherever they may emerge; coordinate closely with allies to form a common assessment of the most dangerous threats; [...]."[142]

Stattdessen greift die Bush-Doktrin zu einem Zirkelschluss, um den Nachweis der konkreten Angriffsabsicht des „Schurkenstaates" nicht erbringen zu müssen. Den „Schurkenstaaten" wird *per definitionem* vorgeworfen, dass sie „die USA und alles wofür sie stehen hassen"[143]. Die innere Logik des jeweiligen Regimes lässt den Angriff auf die USA als jederzeit mögliche Verhaltensoption erscheinen. Damit übernimmt die Bush-Doktrin die neokonservative Grundüberzeugung, dass die innere Verfasstheit eines Staates auch seine Außenpolitik determiniert.[144] Allein entscheidend ist nach der Bush-Doktrin, ob ein „Schurkenstaat" die bloße Möglichkeit zum Angriff hat.[145] Entwickelt oder erwirbt ein solcher Staat Massenvernichtungswaffen, gilt dies gleichermaßen als Beweis der Absicht seines Regimes, die USA oder ihre Verbündeten und Freunde damit anzugreifen. Nach diesem Verständnis sind Selbstverteidigungsmaßnahmen daher auch ohne den weitergehenden Nachweis einer konkreten Angriffsabsicht „erforderlich".

c) „Preemptive self-defense" als Forderung nach einer Rechtsänderung

Die NSS 2002 erweckt vordergründig den Anschein, als handele es sich bei dem Konzept der „preemptive self-defense" um eine „Anpassung" – im Sinne einer gebotenen Neuinterpretation – der Voraussetzungen des antizipatorischen Selbstverteidigungsrechts auf die aktuellen Bedrohungen durch Terroristen und „Schurkenstaaten". Tatsächlich zielt die Bush-Doktrin jedoch darauf ab, die Ausübung dieses im Völkergewohnheitsrecht anerkannten Rechts von den Voraussetzungen der „unmittelbaren Gefahr" und der konkreten Angriffsabsicht des Gegners zu lösen.[146] Das entscheidende Element der Argumentation ist dabei der Wechsel von einem temporalen Verständnis der Unmittelbarkeit, das auf das Verhältnis zwischen Angreifer und Angegriffenem in einer konkreten Situation abstellt, hin zu einem Verständnis, welches die Gefahr allein aus der Perspektive der Staatsgewalt unter Berücksichtigung der zu ihrer Verfügung stehenden Abwehrmittel betrachtet. Damit soll das Selbstverteidigungsrecht um die Möglich-

142 NSS 2002, V. Kap., S. 16.

143 S.o., 3. Kap. B II 2.

144 JERVIS, PSQ 118 (2003), 365 (371).

145 COOK, Harv. J. Law & Publ. Pol. 27 (2004), 797 (810); IKENBERRY, Foreign Affairs 81 (2002), No. 5, 44 (52).

146 MURSWIEK, NJW 2003, 1014 (1018); STREINZ, JöR 52 n.F. (2004), 219 (239).

keit erweitert werden, eben nicht nur in einer konkreten Gefährdungssituation, sondern bereits bei Vorliegen einer abstrakten Gefahr handeln zu dürfen.[147]

Der Blick in die Geschichte der rechtlichen Beurteilung des Präventivkrieges zeigt, dass der zeitlich unmittelbar bevorstehende Angriff und die Angriffsabsicht des Gegners bereits von Hugo Grotius als Voraussetzungen der rechtmäßigen präventiven Selbstverteidigung nach dem Naturrecht identifiziert worden waren. Grotius' Nachfolger Samuel Pufendorf und Émer de Vattel vertraten ebenfalls die Position, dass das Naturrecht dem Recht auf vorbeugende Verteidigung Grenzen setze und nur bei offenkundiger Angriffsabsicht des Gegners erlaube. An diesen Lehren orientierte sich der amerikanische Außenminister Daniel Webster im Jahr 1841, als er im „Caroline"-Fall die präventive Selbstverteidigung vom Nachweis der „necessity of self-defense, instant, overwhelming, leaving no choice of means, and no moment for deliberation" abhängig machte. Wie die Urteile der Internationalen Militärtribunale von Nürnberg und Tokio nach dem Zweiten Weltkrieg und die Praxis des Sicherheitsrats nach 1945 zeigen, ist diese Formel zur Abgrenzung zwischen Aggression und rechtmäßiger Präventivverteidigung Teil des gegenwärtigen Völkergewohnheitsrechts.[148] Die Voraussetzungen des zeitlich unmittelbar bevorstehenden Angriffs und der Gewissheit der Angriffsabsicht des Gegners sind damit *essentialia* des antizipatorischen Selbstverteidigungsrechts. Ihre Aufgabe bedeutete einen Bruch mit einer bis zum Werk von Hugo Grotius zurückreichenden Traditionslinie.

Entgegen manchem Zweifel im Schrifttum[149] wirbt die Bush-Doktrin also nicht für eine schlichte Neuinterpretation des bestehenden Rechts, sondern fordert einen Rechtswandel.[150] Die USA propagieren ein Recht auf Selbstverteidigung gegen Bedrohungen, die weit davon entfernt sind, sich zu einer „unmittelbaren Gefahr" noch im Sinne einer großzügig ausgelegten „Webster"-Formel zu entwickeln. Vielmehr entwirft die Bush-Doktrin das Konzept eines präventiven Selbstverteidigungsrechts, dessen materiell-rechtliche Schranken nur die „Erforderlichkeit" und „Verhältnismäßigkeit" der Maßnahmen sind. Unter Hinweis auf die Bedrohungen des 21. Jahrhunderts wird der Begriff der „Selbstverteidigung" damit derart ausgeweitet, dass sich letztlich hinter der Forderung nach einem

---

147 NOLTE, Vorbeugende Gewaltanwendung, S. 309; EICK, ZRP 2004, 200 (201 f.); MINNEROP, Paria-Staaten im Völkerrecht?, S. 468; VON LEPEL, HuV-I 16 (2003), 77 (79).

148 S.o., 2. Kap., C III 3 b cc und c.

149 Vgl. etwa BOTHE, EJIL 14 (2003), 227 (232). "It is hard to tell whether this [*i.e. die Ausführungen der NSS 2002 zum Begriff der „Unmittelbarkeit" der Gefahr*] is meant as an argument *de lege lata* or *de lege ferenda*." (Ergänzung vom Verf.).

150 SAPIRO, AJIL 97 (2003), 599; STROMSETH, AJIL 97 (2003), 628 (638); WOLFRUM, Max Planck UNYB 7 (2003), 1 (31 f.); STREINZ, JöR 52 n.F. (2004), 219 (239); KREß, ZStW 115 (2003), 294 (315).

Recht auf „preemptive self-defense" die nach dem Recht zur Führung von Präventivkriegen verbirgt.[151]

III. Die Bekräftigung der Bush-Doktrin in der Nationalen Sicherheitsstrategie 2006

Am 17. März 2006 veröffentlichte das Weiße Haus die erste Nationale Sicherheitsstrategie in der zweiten Amtsperiode von Präsident George W. Bush.[152] Die Neuauflage wurde unter Federführung des Nationalen Sicherheitsberaters, Stephen J. Hadley, der schon als damaliger Mitarbeiter von Paul Wolfowitz im Verteidigungsministerium am Entwurf der NSS 2002 mitgewirkt hatte, erarbeitet. Der nach wie vor starke Einfluss der Neokonservativen in der Regierung Bush macht sich bereits in der Einleitung bemerkbar, in der sich die Strategie in die politische Tradition von Truman und Reagan, der beiden nach neokonservativer Deutung bedeutendsten Präsidenten nach dem Zweiten Weltkrieg, stellt.[153]

Die Gliederung der NSS 2006 folgt in Abfolge und Titel seiner Kapitel exakt dem Aufbau der NSS 2002; neu ist nur ein abschließendes Sachkapitel zu den Chancen und Herausforderungen der Globalisierung.[154] Die einzelnen Kapitel der NSS 2006 sind nach einem einheitlichen Muster aufgebaut: Zunächst wird unter Punkt „A. Summary of National Security Strategy 2002" der wesentliche Inhalt des korrespondierenden Kapitels der NSS 2002 rekapituliert. In einem zweiten Schritt werden unter „B. Current Context: Successes and Challenges" Rechenschaft über die Erfolge der letzten drei Jahre abgelegt und die noch unbewältigten Herausforderungen beschrieben. Am Ende jedes Sachkapitel folgt unter „C. The Way Ahead" eine Skizzierung der kommenden Aufgaben.

Die zentralen Aussagen zum Konzept der „preemptive self-defense" finden sich wiederum im V. Kapitel des Dokuments. Im ersten Abschnitt wird dort zunächst die Kernaussage der NSS 2002 über die Notwendigkeit der Option der präventiven Selbstverteidigung wörtlich wiederholt. Gegenüber der Fassung von 2002 wird jedoch anschließend wie zur Bekräftigung des eigenen Rechtsstand-

---

151 FALK, AJIL 97 (2003), 590 (598); SAPIRO, AJIL 97 (2003), 599; FREEDMAN, The Washington Quarterly 26 (2003), 105 (113). Zu Recht daher JERVIS, PSQ 118 (2003), 365 (369): "Calling this aspect of the doctrine [...] 'preemptive', as the Bush administration does, is to do violence to the English language.".

152 White House, The National Security Strategy of the United States of America, March 2006 (URL: www.whitehouse.gov/nsc/nss/2006, 19. März 2006). Entgegen der gesetzlichen Verpflichtung nach dem „Goldwater-Nicols Act" zum jährlichen Bericht an den Kongress erschien die neue Sicherheitsstrategie erst dreieinhalb Jahre nach der NSS 2002.

153 NSS 2006, Einl.: "The path we have chosen is consistent with the great tradition of American foreign policy. Like the policies of Harry Truman and Ronald Reagan, our approach is idealistic about our national goals, and realistic about the means to achieve them.".

154 RÜB, Auf dem Pfad der Zuversicht, FAZ, 18. März 2006, S. 10.

punkts der Konnex zwischen „preemption“ und dem „inherent right of self-defense“ deutlicher herausgestrichen:

> “The greater the threat, the greater is the risk of inaction – and the more compelling the case for taking anticipatory action to defend ourselves, even if uncertainty remains as to the time and place of the enemy's attack. [...] To forestall or prevent such hostile acts by our adversaries, the United States will, if necessary, act preemptively in exercising our inherent right of self-defense.”[155]

Der heftigen Kritik der europäischen Verbündeten an diesem Konzept kommt die NSS 2006 allenfalls mit dem vorsichtigen Bekenntnis zum Vorrang der nichtmilitärischen Gefahrenprävention vor militärischen Maßnahmen entgegen[156]:

> “The United States will not resort to force in all cases to preempt emerging threats. Our preference is that nonmilitary actions succeed.”[157]

Im Abschnitt „C. The Way Ahead“ des V. Kapitels wird dann das strategische Paradigma der präventiven Selbstverteidigung im Kampf gegen den Terror einmal mehr auf den Punkt gebracht:

> “Taking action need not involve military force. Our strong preference and common practice is to address proliferation concerns through international diplomacy, in concert with key allies and regional partners. If necessary, however, under long-standing principles of self defense, we do not rule out the use of force before attacks occur, even if uncertainty remains as to the time and place of the enemy's attack. When the consequences of an attack with WMD are potentially so devastating, we cannot afford to stand idly by as grave dangers materialize. This is the principle and logic of preemption. The place of preemption in our national security strategy remains the same.”[158]

Dieser letzte Satz lässt keinen Zweifel, dass die Regierung Bush entschlossen ist, entgegen der weltweiten Kritik unverändert an ihrem Konzept der „preemptive self-defense“ festzuhalten.[159]

---

[155] NSS 2006, V. Kap., S. 18 (Hervorhebung vom Verf.); vgl. demgegenüber NSS 2002, V. Kap., S. 15.

[156] So BAKER, Bush Restates Terror Strategy, o. S.

[157] NSS 2006, V. Kap., S. 18: “The United States will not resort to force in all cases to preempt emerging threats. Our preference is that nonmilitary actions succeed. And no country should ever use preemption as a pretext for aggression.”.

[158] NSS 2006, V. Kap., S. 23 (Hervorhebung vom Verf.).

[159] Übereinstimmend WELSH, Preemptive War, International Law & the 2006 National Security Strategy, o. S.; BAKER, Bush Restates Terror Strategy, o. S.; RÜB, Auf dem Pfad der Zuversicht, FAZ, 18. März 2006, S. 10.

C. Die Vereinbarkeit der Ausweitung des Selbstverteidigungsrechts auf „preemptive self-defense" mit der geltenden Völkerrechtsordnung

Zwar ist die NSS 2002 zunächst nur ein an den Kongress adressiertes Dokument des Präsidenten, sie erregte aber auch außerhalb der USA eine breite und kritische Aufmerksamkeit. Im Zuge dessen haben gewichtige Stimmen in der Welt das Konzept der „preemptive self-defense" der Bush-Doktrin als mit der Völkerrechtsordnung unvereinbar kritisiert. Ablehnung erfuhr die Präventivkriegsdoktrin etwa von der Abschlusskonferenz der Staats- und Regierungschefs der „Blockfreien Staaten"[160] sowie von verschiedenen Staaten in der offenen Sicherheitsratsdebatte nach Beginn des Irak-Krieges am 26. März 2003[161]. Ohne die USA beim Namen zu nennen, äußerte auch der UN-Generalsekretär Kofi Annan in einer Adresse an die Generalversammlung vom 23. September 2003 schwere Bedenken gegen das Konzept der „preemptive self-defense":

> "Rather than wait for that to happen, they argue, States have the right and obligation to use force pre-emptively, even on the territory of other States, and even while weapons systems that might be used to attack them are still being developed. [...] This logic represents a fundamental challenge to the principles on which, however imperfectly, world peace and stability have rested for the last 58 years."[162]

Es stellt sich daher die Frage, ob die von der Bush-Doktrin aufgestellte Rechtsbehauptung mit der gegenwärtigen Völkerrechtsordnung vereinbar ist.[163] Der Maßstab dieser Untersuchung kann freilich nicht das völkervertragliche und völkergewohnheitsrechtliche Selbstverteidigungsrecht in seiner bisherigen Ausgestaltung sein, da die Bush-Doktrin gerade auf einen Rechtswandel abzielt. Maßstab sind mit dem Grundsatz der souveränen Gleichheit der Staaten (Art. 2 Nr. 1 UN-Charta) und dem universellen Gewaltverbot (Art. 2 Nr. 4 UN-Charta) zwei Grundpfeiler der seit Beginn des 20. Jahrhunderts sukzessive errichteten Friedensordnung.

---

[160] Abschlusserklärung des XIII. Treffens der Staats- und Regierungschefs der Nichtpaktgebundenen Staaten in Kuala Lumpur am 24./25. Februar 2003, Ziff. 119 (URL: www.nam.gov.za/media/030227e.htm, 14. Oktober 2005).

[161] Malaysia, UN Doc. S/PV.4726, S. 8; Jemen, ebda., S. 13; Jamaika, ebda., S. 33; Iran, ebda., S. 33; Libanon, ebda., S. 35.

[162] Address by the Secretary-General Kofi Annan to the General Assembly, Press Release, UN Doc. SG/SM/8891.

[163] Von der „Völkerrechtswidrigkeit" des Konzepts der „preemptive self-defense" sollte nicht gesprochen werden: Nicht die abstrakte Forderung nach Rechtswandel, sondern erst das konkrete Handeln kann das Völkerrecht verletzen (BLECKMANN, Völkergewohnheitsrecht, S. 103).

I. Die Vereinbarkeit des Konzepts der „preemptive self-defense" mit dem Grundsatz der souveränen Gleichheit

Nach einer im Schrifttum vertretenen Ansicht ist die Erweiterung des Selbstverteidigungsrechts im Sinne des Konzepts der „preemptive self-defense" mit dem Grundsatz der souveränen Gleichheit der Staaten unvereinbar, da mit ihm ein Sonderrecht der USA geschaffen würde.[164]

1. Der Grundsatz der Gleichheit der Staaten vor dem Völkerrecht

Für das Recht der UN findet sich die positivrechtliche Normierung des Prinzips der Staatengleichheit in Art. 2 Nr. 1 UN-Charta. Danach beruhen die Vereinten Nationen „auf dem Grundsatz der souveränen Gleichheit aller ihrer Mitglieder". Die Kodifikation dieses Prinzips in der UN-Charta hat allerdings einen rein deklaratorischen Charakter, da es seine Rechtsgrundlage nicht in Verträgen oder dem Gewohnheitsrecht hat, sondern sich zwangsläufig aus der Struktur einer plural verfassten Staatengemeinschaft ergibt.[165] Näher konkretisiert werden die verschiedenen Aspekte der souveränen Gleichheit durch den sechsten Grundsatz der „Friendly-Relations"-Deklaration der Generalversammlung.[166] Danach beinhaltet der Grundsatz der souveränen Gleichheit auch die Gleichheit der Staaten vor dem Recht:

> "All States enjoy sovereign equality. They have equal rights and duties and are equal members of the international community, notwithstanding differences of an economic, social, political or other nature. In particular, sovereign equality includes the following elements: (a) States are juridically equal; ..."[167]

In seiner Ausprägung der „Gleichheit vor dem Recht" steht der Grundsatz der souveränen Gleichheit nach hergebrachtem Verständnis Vorrechten einzelner Staaten im allgemeinen Völkerrecht entgegen.[168] Demgegenüber betrachtet eine

---

164 MURSWIEK, NJW 2003, 1014 (1019); BLUMENWITZ, ZfP 2003, 301 (332 f.); ANGHIE, ASIL Proc. 98 (2004), 326 (327). Daneben könnte auch die Beschränkung der Bush-Doktrin auf ein Recht zu „preemptive self-defense" gegen „Schurkenstaaten" mit dem Grundsatz der Staatengleichheit kollidieren, vgl. zustimmend MINNEROP, Paria-Staaten im Völkerrecht?, S. 377 ff. und ablehnend BENVENISTI, EJIL 15 (2004), 677 (695 f.).

165 WOLFRUM, in: Dahm / Delbrück / Wolfrum, Völkerrecht I/3, S. 784.

166 FASSBENDER / BLECKMANN, in: Simma, Charter, Art. 2 (1), Rn. 31.

167 Anlage zu GA/Res. 2625 (1970).

168 JENNINGS / WATTS, Oppenheim's International Law Vol. I/1, § 107, S. 339 f.; GINTHER, Hegemony, in: Bernhardt, EPIL II, S. 688; STEINBERGER, Sovereignty, in: Bernhardt, EPIL IV, S. 515. So bereits VATTEL, Le droit des gens, Préliminaires, § 18 f.: «Une petite République n'est pas mois un Etat souverain que le plus puissant Royaume. Par une suite nécessaire de cette égalité, ce qui est permis à une Nation, l'est aussi à toute autre, et ce qui n'est pas permis à l'une, ne l'est pas non plus à l'autre.».

im Vordringen befindliche Auffassung in der Literatur begrenzte Vorrechte für eine oder mehrere Großmächte für zulässig, da diese durch die Ausübung ihrer Ordnungsfunktion die Souveränität der übrigen Staaten erst sicherten.[169] Diese das Element der „Souveränität“ in dem Begriffspaar „souveräne Gleichheit“ herausstreichende Argumentation verkennt jedoch, dass erst die Gleichheit vor dem Recht die Bindung aller Staaten an das allgemeine Völkerrecht begründet. Der Grundsatz der Staatengleichheit ist mithin ein konstituierender Grundsatz der Völkerrechtsordnung.[170]

Allerdings steht das Prinzip der souveränen Gleichheit nicht der vertraglichen Vereinbarung von Sonderrechten einzelner Staaten entgegen. Beispiele für vertraglich eingeräumte Sonderrechte sind etwa der Status der fünf ständigen Mitglieder des Sicherheitsrats nach Art. 23 Abs. 1 UN-Charta und deren Vetorecht nach Art. 27 Abs. 3 UN-Charta oder die unterschiedliche Stimmengewichtung in internationalen Organisationen wie dem Internationalen Währungsfonds oder der Welthandelsorganisation.[171] Bei dem Grundsatz der „Gleichheit vor dem Recht“ handelt sich folglich nicht um eine Norm des *ius cogens* i.S.v. Art. 53, 64 WVRK.[172] Durch völkerrechtliche Vereinbarung kann also dem Umstand Rechnung getragen werden, dass die Staaten zwar rechtlich, aber eben nicht faktisch gleich sind.

Selten, vom Grundsatz der souveränen Gleichheit der Staaten aber ebenfalls nicht ausgeschlossen, ist die völkergewohnheitsrechtliche Ausbildung von Sonderrechten einzelner Staaten. Eines der raren Beispiele für ein solches Ausnahmeregime ist die einseitige Ausweitung der deutschen Küstengewässer vor der Elbemündung von drei Seemeilen[173] auf eine so genannte „Box“ von bis zu 16 Seemeilen Kantenlänge im Jahr 1984.[174] Wegen der einmaligen geographischen Situation und des eng umrissenen Zwecks der Maßnahme – der Verhinderung von Ölverschmutzungen in den stark bewegten Gewässern der inneren

---

[169] FASSBENDER / BLECKMANN, in: Simma, Charter, Art. 2 (1), Rn. 61 m.w.N.; BENVENISTI, EJIL 15 (2004), 677 (693 ff.). Vgl. die Diskussion um einen „double standard“ für die USA als einzig verbliebener Weltordnungsmacht einerseits und für die übrigen Staaten andererseits bei LUBAN, Phil. & Publ. Affairs 32 (2004), 207 (236 ff.).

[170] BVerfGE 46, 342 (402 f.) – Philippinische Botschaft; TOMUSCHAT, Obligations for States, RdC 241 (1993/IV), S. 292; WOLFRUM, in: Dahm / Delbrück / Wolfrum, Völkerrecht I/3, S. 784.

[171] BYERS, Journal of Political Philosophy 11 (2003), 171 (174 f.).

[172] CASSESE, International Law, S. 65; FASSBENDER / BLECKMANN, in: Simma, Charter, Art. 2 (1), Rn. 62.

[173] Vgl. Art. 3 ff. des Genfer Übereinkommens über das Küstenmeer und die Anschlusszone vom 29. April 1958 (UNTS 516, 205). Völkergewohnheitsrechtlich zulässig war damals die Festsetzung des Küstenmeers auf eine Breite von bis zu 12 Seemeilen (KOKOTT / GÜNDLING, ZaöRV 45 (1985), 675 [688]).

[174] Erklärung vom 12. November 1984 (BGBl. 1984 I, 1366). Eine Seekarte mit der Erweiterung ist abgedruckt bei Kokott / Gündling, ZaöRV 45 (1985), 675 (676).

Deutschen Bucht – protestierte kein Staat gegen das Vorgehen der Bundesrepublik, so dass die Ausdehnung des Küstengewässers mit der Zeit zu partikulärem Völkergewohnheitsrecht erstarkte.[175]

Die Verhandlungen über das Statut des Internationalen Strafgerichtshofs in den 1990er Jahren hatten den USA vor Augen geführt, dass die Staatengemeinschaft nicht bereit sein würde, ihnen in der Rolle als „Weltpolizist“ vertragliche Ausnahmerechte zur Gewaltanwendung einzuräumen.[176] In Hinblick auf die in der NSS 2002 dargelegte Bedrohung befinden sich die USA auch nicht in einer Sondersituation, die andere Staaten zur Akzeptanz eines Ausnahmerechts bewegen könnte. Es wäre mit dem Grundsatz der souveränen Gleichheit also nicht vereinbar, wenn die USA das Recht auf „preemptive self-defense“ nach der Bush-Doktrin einseitig für sich reklamierten, ohne anderen Staaten das gleiche Recht zuzugestehen.[177] Die Bedeutung des Grundsatzes der Gleichheit vor dem Völkerrecht für die völkerrechtliche Beurteilung des Konzepts der „preemptive self-defense“ betont auch die von UN-Generalsekretär Kofi Annan eingesetzte Expertenkommission in ihrem Bericht aus dem Jahr 2004: “Allowing one to so act is to allow all.”[178]

2. Die Aussagen der NSS 2002 zum Recht anderer Staaten auf „preemptive self-defense“

Der einzige Satz der NSS 2002, der Aufschluss über den Standpunkt der USA hinsichtlich eines Präventionsrechts anderer Staaten geben könnte, lautet:

> “The United States will not use in all cases to preempt emerging threats, nor should nations use preemption as a pretext for aggression.”[179]

Dieser Satz kann wörtlich nur so ausgelegt werden, dass das Recht auf „preemptive self-defense“ grundsätzlich allen Staaten zustehen soll. Die eindeutige Forderung nach einem Sonderrecht für die USA kann in diesen Satz kaum gelesen werden.[180] Einige Stimmen in der Literatur meinen daher, die Inan-

---

[175] BYERS, Journal of Political Philosophy 11 (2003), 171 (175).

[176] SCHEFFER, AJIL 93 (1999), 12 (18 f.); BYERS, Journal of Political Philosophy 11 (2003), 171 (175); NOLTE, Vorbeugende Gewaltanwendung, S. 319.

[177] BOTHE, EJIL 14 (2003), 227 (237); TOMUSCHAT, VN 2003, 41 (45); SCHWEISFURTH, Aggression, FAZ, 28. April 2003, S. 10.

[178] Report of the Secretary-General's High-level Panel on Threat, Challenges and Change, Ziff. 191.

[179] NSS 2002, V. Kap., S. 15.

[180] Die NSS 2006, V. Kap., S. 18 formuliert noch deutlicher: “The United States will not resort to force in all cases to preempt emerging threats. […] And no country should ever use preemption as a pretext for aggression.”.

spruchnahme eines exklusiven Rechts für die USA ergebe sich aus dem hegemonialen Anspruch[181], aus dem heraus die NSS 2002 formuliert worden sei.[182]

Unzweifelhaft wären die Konsequenzen der Doktrin der „preemptive self-defense" für die internationale Stabilität weniger gravierend, wenn nur die USA dieses Recht hätten.[183] Diese Einsicht illustriert bereits eine kurz nach Veröffentlichung der NSS 2002 übermittelte Pressemeldung, nach der der indische Finanzminister Jaswant Singh im Kaschmir-Streit mit Pakistan – also in einem Konflikt zwischen zwei Atommächten – auch für sein Land ein Recht auf präventive Selbstverteidigung im Sinne der Bush-Doktrin beansprucht habe.[184]

Gegen diese Interpretation der NSS 2002 spricht jedoch die Überlegung, dass die Regierung Bush bei der Formulierung ihrer Sicherheitsstrategie offensichtlich bemüht war, sich in den Bahnen der hergebrachten Völkerrechtsdoktrin zu halten. Ein offener Bruch mit dem Prinzip der souveränen Gleichheit durch die Forderung nach einem Ausnahmerecht für die USA hätte demgegenüber nur internationalen Protest erregt.[185] Die angeführte Passage aus der NSS 2002 kann daher durchaus wörtlich verstanden werden. Die USA streben eine generelle Ausweitung des Selbstverteidigungsrechts an, allerdings in dem Wissen, dass nur machtvolle Staaten, also in erster Linie sie selbst, davon profitieren würden.[186] Sobald die neue Norm etabliert ist, könnte dann in der eigenen Bewertung der Maßnahmen anderer Staaten ein anderes Maß als an die eigenen angelegt werden.[187] Erreicht wäre damit zwar kein Privileg *de iure*, zumindest aber ein Privileg *de facto*. Eine solche Ausweitung des Selbstverteidigungsrechts wäre mit dem Grundsatz der Gleichheit vor dem Völkerrecht vereinbar, da sie nur auf die stets vorhandene faktische Ungleichheit der Staaten abheben würde.

---

181 Zum amerikanischen Vormachtanspruch in der NSS 2002 s.o., 3. Kap. B I.

182 Murswiek, NJW 2003, 1014 (1019); Blumenwitz, ZfP 2003, 301 (332 f.); Schaller, Friedenssicherungsrecht, S. 20; Streinz, JöR 52 n.F. (2004), 219 (239).

183 Reisman, AJIL 97 (2003), 82 (90); Nolte, Vorbeugende Gewaltanwendung, S. 319; Benvenisti, EJIL 15 (2004), 677 (694).

184 Imhasly, Präventivkrieg darf jeder führen, Die tageszeitung (taz), 5. Oktober 2002, S. 9.

185 Bereits Bush's Rede an der Militärakademie West Point vom 1. Juni 2002 hatte den USA international den Vorwurf eingebracht, für sich ein Ausnahmerecht auf „preemptive self-defense" zu reklamieren (Nagan / Hammer, Berkeley JIL 22 (2004), 375 [423]).

186 Byers, Journal of Political Philosophy 11 (2003), 171 (176); O'Connell, Pre-Emption and Exception, S. 158.

187 Schachter, AJIL 83 (1989), 259 (263), meint, dass die USA bereits in den 1980er Jahren den strengen Maßstab, den sie an Selbstverteidigungsmaßnahmen anderer Staaten anlegen, für sich selbst nicht gelten ließen.

II. Die Vereinbarkeit des Konzepts der „preemptive self-defense" mit dem universellen Gewaltverbot

Das Gewaltverbot als Verbotsnorm und das Selbstverteidigungsrecht als Erlaubnisnorm stehen zueinander in einem kontradiktorischen Verhältnis – je weiter das Recht zur einseitigen Anwendung von militärischer Gewalt reicht, desto schmaler wird der Schutzbereich des Verbots der Anwendung zwischenstaatlicher Gewalt. Daher fordert jede Ausweitung des Selbstverteidigungsrechts die Effektivität des Gewaltverbots heraus.[188] Dies bedeutet allerdings nicht, dass das Verhältnis zwischen Gewaltverbot und Selbstverteidigungsrecht statisch wäre.[189] Es gleicht vielmehr der permanenten Auslotung einer „praktischen Konkordanz" zwischen dem Sicherheitsinteresse des einzelnen Staates oder der einzelnen Staatengruppe einerseits und dem Stabilitätsinteresse der gesamten Staatengemeinschaft andererseits.

Die Kodifizierung von Gewaltverbot und Selbstverteidigungsrecht in den Art. 2 Nr. 4 und 51 UN-Charta können diesen gewohnheitsrechtlichen Prozess nicht behindern: Die Staatenpraxis und die sie tragende Rechtsüberzeugung reagieren sensibel auf Veränderungen der sozialen, politischen, wirtschaftlichen und technologischen Umstände.[190] Die Grenze dieser Flexibilität markiert erst der zwingende Kern des Gewaltverbots, der Schutz der Staaten vor bewaffneten Angriffen.[191] Von der Unvereinbarkeit des Konzepts der „preemptive self-defense" mit dem völkerrechtlichen Gewaltverbot kann also erst dann zu Recht gesprochen werden, wenn seine Umsetzung den Verlust dieses grundsätzlichen Schutzes nach sich ziehen würde.

1. Die normative Entgrenzung des Selbstverteidigungsrechts durch das Konzept der „preemptive self-defense"

Als Ausnahme vom Gewaltverbot bedarf das Selbstverteidigungsrecht einer normativen Begrenzung, da sonst auch das Gewaltverbot keine klaren Konturen haben kann. Die Folgen einer unscharfen Bestimmung des Selbstverteidigungsrechts führt das Scheitern des Briand-Kellogg-Pakts in der Zwischenkriegszeit vor Augen. Während den Verhandlungen hatten viele der späteren Signatarstaaten in diplomatischen Noten klargestellt, dass der Pakt das Recht jedes Staates unberührt lasse, für sich über das Vorliegen einer Selbstverteidigungssituation zu entscheiden.[192] Angesichts des evidenten Missbrauchs dieser Freiheit in den

---

188 Zum kontradiktorischen Verhältnis zwischen Verbots- und Erlaubnisnorm RÜTHERS, Rechtstheorie, Rn. 124.

189 SCHACHTER, AJIL 83 (1989), 259 (273).

190 DARBY, Self Defense in Public International Law, S. 33.

191 Dazu s.o., 2. Kap. B II.

192 S.o., 2. Kap. A III 2 b.

1930er Jahren entschied das Nürnberger Internationale Militärtribunal, dass die Ausübung des Selbstverteidigungsrechts einer externen Rechtskontrolle *ex post facto* unterliegen müsse.[193] Das Internationale Militärtribunal für den Fernen Osten verwarf ebenfalls die Vorstellung einer ungebundenen Auslegungshoheit des einzelnen Staates über das Selbstverteidigungsrecht, da das Kriegsverbot des Pakts sonst wertlos sei:

> "Under the most liberal interpretation of the Kellogg-Briand Pact, the right of self-defence does not confer upon the State resorting to war the authority to make a final determination upon the justification for its action. Any other interpretation would nullify the Pact; and this Tribunal does not believe that the Powers in concluding the Pact intended to make an empty gesture".[194]

Die wirksame Begrenzung der zwischenstaatlichen Gewaltanwendung setzt voraus, dass kein Staat letztverbindlich für sich entscheiden darf, ob die rechtlichen Voraussetzungen für die Ausübung der Selbstverteidigung erfüllt sind. Als Erlaubnisnorm für den Einsatz einzelstaatlicher Gewalt muss das Selbstverteidigungsrecht daher von der Staatengemeinschaft objektiv nachprüfbaren Bindungen unterliegen.[195] Dies setzt jedenfalls voraus, dass die Voraussetzungen des Selbstverteidigungsrechts klar gefasst sind. Daher muss der Tatbestand dieser Norm insbesondere die Situation, die das Recht auf Selbstverteidigung auslöst, benennen.

a) Das auslösende Moment bei der reaktiven und bei der antizipatorischen Selbstverteidigung

Auslöser des reaktiven Selbstverteidigungsrechts ist nach der Formulierung des Art. 51 UN-Charta ein „bewaffnete Angriff". Ungeachtet der Diskussionen um die Ausweitung dieses Begriffs auf Anschläge privater Terrororganisationen nach dem 11. September 2001[196]: Ob ein „bewaffneter Angriff" stattgefunden hat oder nicht, ist für Dritte offensichtlich und damit objektiv nachvollziehbar. Parallel dazu ist der Auslöser des antizipatorischen Selbstverteidigungsrechts die „unmittelbare Gefahr" eines solchen Angriffs. Diese „Unmittelbarkeit" der Gefahr manifestiert sich nach dem hergebrachten Verständnis in der zeitlichen Nähe des erwarteten Angriffs. Auch wenn die Sachverhaltsaufklärung im konkreten Fall schwierig sein kann – exemplarisch hierfür sind die bis heute nicht restlos aufgeklärten Umstände, die zum Ausbruch des Sechs-Tage-Krieges im

---

[193] Der Prozess gegen die Hauptkriegsverbrecher vor dem Internationalen Militärgerichtshof, Amtlicher Wortlaut in deutscher Sprache, Band I, S. 232.

[194] Urteil des Internationalen Militärtribunals für den Fernen Osten, 4.-12. November 1948, S. 67.

[195] SCHACHTER, AJIL 83 (1989), 259 (273 ff.).

[196] Dazu s.o., 2. Kap. B III 1 b bb sowie unlängst OELLERS-FRAHM, The ICJ and Art. 51 of the UN Charter, S. 504 ff.

Jahr 1967 geführt hatten: Mit der für Dritte jedenfalls grundsätzlich erkennbaren akuten Bedrohung des Opfers durch den Aggressor enthält das temporale Verständnis von „Unmittelbarkeit“ das notwendige Element der Offensichtlichkeit.[197]

Damit ist nicht gesagt, dass die von Massenvernichtungswaffen ausgehende Gefahr kein neues Verständnis dieser „Unmittelbarkeit“ verlangt. Es soll nur bestritten werden, dass deswegen – wie im Schrifttum angeregt wurde[198] – ein Verzicht auf die zeitliche Komponente des Begriffs erforderlich sei. Das temporale Verständnis der Unmittelbarkeit der Gefahr eines Angriffs hat eine völkerrechtliche Kontinuität vom 17. Jahrhundert bis in die Gegenwart. Es überdauerte damit einen Fortschritt in der Waffentechnologie, der von den mit Musketen und Kanonen bewaffneten Heerscharen des Dreißigjährigen Krieges über den totalen konventionellen Krieg bis hin zur Atomrüstung in der zweiten Hälfte des 20. Jahrhundert reicht. Vor diesem Hintergrund erscheint es wenig plausibel, dass der Qualitätssprung in der Bedrohung von der konventionellen Kriegsführung zu der mit Massenvernichtungswaffen ein nicht-temporales Verständnis der „Unmittelbarkeit“ geradezu erzwinge. Es hat sich vielmehr erwiesen, dass die in der Staatenpraxis bis heute bedeutsame Formel der „necessity of self-defense, instant, overwhelming, leaving no choice of means, and no moment of deliberation“ nicht statisch ist, sondern sich den Fortschritten der Waffentechnologie angepasst und von der internationalen Gemeinschaft auch so gehandhabt wird.[199]

b) Das auslösende Moment bei der „preemptive self-defense“

Die Bush-Doktrin greift die Frage der Realisierungsschwelle der „unmittelbaren Gefahr“ im Zeitalter von Terrorismus, „Schurkenstaaten“ und Massenvernichtungswaffen zwar auf, kommt dann aber nicht zu eindeutigen Schlussfolgerungen. Sofern sie überhaupt an diesem Begriff festhält – was durchaus zweifelhaft ist, da sie den Gedanken nicht weiterführt –, fordert sie jedenfalls ein nicht-temporales, auf Wahrscheinlichkeiten abstellendes Verständnis der „unmittelbaren Gefahr“ („even if uncertainty remains as to the time and place of the enemy's attack“[200]).[201] Die Evaluation und Abwägung verschiedener Wahrscheinlichkeits-

---

[197] NOLTE, Vorbeugende Gewaltanwendung, S. 310. Auch beim Notwehrrecht des deutschen Strafrechts wird der Beurteilung, ob ein Angriff unmittelbar bevorsteht, grundsätzlich an einem temporalen Maßstab gemessen (ERB, in: Münchener Kommentar zum Strafgesetzbuch, § 32, Rn. 98).

[198] YOO, AJIL 97 (2003), 563 (574); ROCKEFELLER, Denver JILP 33 (2004), 131 (144 ff.).

[199] SAPIRO, AJIL 97 (2003), 599 (606); BOTHE, EJIL 14 (2003), 227 (232 f.).

[200] NSS 2002, V. Kap., S. 15.

[201] S.o., 3. Kap. B II 3 a bb (1).

faktoren bleibt jedoch zwangsläufig ein unsicherer[202] und originär subjektiver Prozess. Problematisch ist bereits die Frage, wie hoch die so ermittelte Wahrscheinlichkeit eines Angriffs sein muss, um Präventivmaßnahmen zu rechtfertigen. Handelt es sich bei dieser Schwelle um eine feste Größe, zum Beispiel 80 Prozent Angriffswahrscheinlichkeit, oder ist sie von den Faktoren des Einzelfalls abhängig?[203] Schon diese ersten Fragen zeigen deutlich, dass dieser Ansatz eine objektive Beurteilung der Selbstverteidigungssituation durch die Staatengemeinschaft nicht ermöglicht.

Die auch in der Bush-Doktrin anerkannten Prinzipien der Erforderlichkeit der Selbstverteidigung und der Verhältnismäßigkeit der Maßnahmen können die Aufgabe, Dritten ein objektives Urteil über das Vorliegen der Selbstverteidigungssituation zu ermöglichen, nicht erfüllen. Die Erforderlichkeit der Selbstverteidigung ist naturgemäß eine Frage des Einzelfalls, von der schon deshalb keine allgemeine Regel, an der Dritte die konkrete Entscheidung messen könnten, abstrahiert werden kann.[204] Vor allem aber ist die Erforderlichkeit der Selbstverteidigung stets der Einschätzungsprärogative des angegriffenen Staates überlassen. Das notwendige objektive Gegengewicht zu dieser Ermessenentscheidung – wie der „bewaffnete Angriff" oder dessen „unmittelbare Gefahr" bei der reaktiven beziehungsweise antizipatorischen Selbstverteidigung – bietet das Konzept der „preemptive self-defense" gerade nicht. Wenn aber die bloße Erforderlichkeit das auslösende Moment des Selbstverteidigungsrechts wird, dann ist es an jedem einzelnen Staat, über den Einsatz von Gewalt autonom zu entscheiden.[205]

Was mit dem Konzept der „preemptive self-defense" von Selbstverteidigungsrecht übrig bliebe, hätte wegen der Unbestimmtheit ihres Tatbestands nur noch den oberflächlichen Anschein einer Rechtsnorm.[206] Mit anderen Worten: „Preemptive self-defense" führt zur Aufgabe der rechtlichen Eingrenzung des Selbstverteidigungsrechts. An die Stelle der Norm tritt die subjektive, von der Staatengemeinschaft nicht verifizierbare Entscheidung über den Gewalteinsatz

---

202 Nach HERDEGEN, Völkerrecht, § 34 Rn. 19, S. 242, sind verbleibende Unsicherheiten bei dieser Wahrscheinlichkeitsprognose über „ob" und „wann" des Angriffs „letztlich dem Inhaber des Vernichtungspotentials zuzurechnen". Damit wird auf den polizeirechtlichen Begriff des „Störers" zurückgegriffen, der dem Wesen des Rechts auf Selbstverteidigung fremd ist.

203 Vgl. die Diskussion dieser Frage bei LUBAN, Phil. & Publ. Affairs 32 (2004), 207 (233 f.).

204 Eine weitere Frage ist, wie die Verhältnismäßigkeit von Maßnahmen gegen nur abstrakte Bedrohung bestimmt werden soll. Vgl. kritisch dazu KRUGMANN, Grundsatz der Verhältnismäßigkeit, S. 25 f.; GRAY, CJIL 1 (2002), 437 (443); O'CONNELL, The Myth of Preemptive Self-Defense, S. 19; MAOGOTO, NILR 51 (2004), 1 (33).

205 FRANCK, AJIL 97 (2003), 607 (619 f.); KOLB, ZÖR 59 (2004), 111 (128).

206 BRUNNÉE / TOOPE, ICLQ 53 (2004), 785 (792).

in jedem Einzelfall.[207] Durch diese Überdehnung des Selbstverteidigungsrechts ins Unbestimmte verliert aber auch das Gewaltverbot zwangsläufig seine Konturen.[208]

2. „Preemptive self-defense" als Anreiz zu vermehrter Gewaltanwendung

Neben normativen Bedenken sprechen auch gewichtige sicherheitspolitische Überlegungen gegen die Ausweitung des Selbstverteidigungsrechts auf „preemptive self-defense". Denn zum einen zeigt bereits ein Blick auf die Krisenherde der Welt zu Beginn des 21. Jahrhunderts, dass ein allen Staaten zustehendes Recht auf die militärische Prävention potentieller Gefahren für ihre Sicherheit eine Gewaltspirale in Gang zu setzen drohte.[209] Dies illustrieren die zum Teil seit Jahrzehnten schwelenden Konflikte zwischen Staaten, die mit Atomwaffen im Besitz der wohl verhängnisvollsten Massenvernichtungswaffen sind. In einem „worst-case"-Szenario könnte ein Recht auf „preemptive self-defense" vorbeugende Schläge beispielsweise von Indien gegen Pakistan, Israel gegen Iran und seine arabischen Nachbarstaaten oder Nordkorea gegen Südkorea und Japan legitimieren.[210] Die absehbare Folge wäre eine vollständige Erosion des Gewaltverbots.[211]

Zum anderen könnte sich die Bush-Doktrin als selbst erfüllende Prophezeiung erweisen. Wenn Massenvernichtungswaffen im Besitz von „Schurkenstaaten" zu militärischen Präventivaktionen gegen solche Regime berechtigten, wäre aus der Sicht dieser Potentaten der heimliche Aufbau eines Arsenals eben dieser Waffen ein wirksamer Schutz.[212] Dieser hier nur skizzierte Gedanke zeigt, dass das Konzept der „preemptive self-defense" dem Zweck des Art. 2 Nr. 4 UN-Charta, der Begrenzung von Gewalt, diametral entgegen läuft.[213]

---

207 KOLB, ZÖR 59 (2004), 111 (128).

208 SEIDEL, AVR 41 (2003), 449 (476); GARDNER, AJIL 97 (2003), 585 (588); HILLGENBERG, Gewaltverbot, S. 166; VITZTHUM, Einheit der Völkerrechtsordnung, S. 860 f.; HILPOLD, VN 2005, 81 (86).

209 REISMAN, AJIL 97 (2003), 82 (89); KRAJEWSKI, Baltic YBIL 5 (2005), 1 (18).

210 GARDNER, AJIL 97 (2003), 585 (588); O'CONNELL, The Myth of Preemptive Self-Defense, S. 19; KOLB, ZÖR 59 (2004), 111 (129 f.).

211 So bereits WENGLER, Das völkerrechtliche Gewaltverbot, S. 5, der das Angriffsverbot praktisch entwertet sieht, „wenn man dem Gereizten und Ängstlichen den präventiven Gegenschlag wegen einer von ihm vermuteten, aber noch nicht auf seinem Gebiet verwirklichten Angriffsabsicht erlauben würde.".

212 MAOGOTO, NILR 51 (2004), 1 (39).

213 SAPIRO, AJIL 97 (2003), 599 (601); MURSWIEK, NJW 2003, 1014 (1019); KRAJEWSKI, Baltic YBIL 5 (2005), 1 (18).

D. Der Einfluss des Konzepts der „preemptive self-defense" auf die künftige Entwicklung des Völkerrechts

Eine völkerrechtliche Analyse der Bush-Doktrin kann sich nicht mit dem Verdikt ihrer Unvereinbarkeit mit dem universellen Gewaltverbot zufrieden geben. Der genossenschaftliche Charakter des Völkerrechts bringt es mit sich, dass die Staaten dem Völkerrecht nicht nur als Rechtssubjekte unterworfen sind, sondern auch rechtsschöpfend die Gestalt dieser Ordnung verändern können.[214] Es schließt sich mithin die Frage an, ob die Bush-Doktrin in der Lage ist, das künftige Völkerrecht in ihrem Sinne zu beeinflussen.

Nach der Veröffentlichung der Bush-Doktrin im September 2002 haben sich hochrangige Politiker weltweit – nicht nur aus den Staaten der „Koalition der Willigen" des Irak-Krieges[215], sondern auch aus Deutschland – dem amerikanischen Vorstoß zur Ausweitung des Selbstverteidigungsrechts angeschlossen. So griff der Bundesvorstand der damals oppositionellen CDU in dem Manifest „Die außenpolitischen Interessen Deutschlands: Stabilität durch Partnerschaft und Vertrauen" („Schäuble-Papier") vom 28. April 2003 die amerikanische Forderung nach einer Weiterentwicklung des Völkerrechts auf:

> „Weil das Recht auf Selbstverteidigung einschließlich Nothilfe und Interventionsverbot zur Sicherung von Frieden und Stabilität nicht mehr ausreicht, muss das Völkerrecht behutsam weiterentwickelt werden. Wenn dabei der Souveränitätsbegriff an Ordnungskraft verliert, wird die Legitimation durch völkerrechtlich geregelte Entscheidungsverfahren noch wichtiger."[216]

Der potentielle Einfluss der Bush-Doktrin auf die künftige Entwicklung des Völkervertrags- und des Völkergewohnheitsrechts muss anhand der völkerrechtlichen Rechtsquellenlehre beurteilt werden.

I. Der Einfluss auf die Entwicklung des Völkervertragsrechts

Die Ausweitung des Selbstverteidigungsrechts auf „preemptive actions" durch die formelle Änderung von Art. 51 UN-Charta scheint angesichts der Mehrheitsverhältnisse in der UN-Generalversammlung ausgeschlossen. Eindeutige Zustimmung zum Konzept der „preemtive self-defense" erhielten die USA nur

---

[214] BERBER, Völkerrecht I, S. 16.

[215] So z.B. der australischen Verteidigungsminister Robert Hill in einer Rede vom 28. November 2002 (URL: www.minister.defence.gov.au/2002/694281102.doc, 19. Oktober 2005).

[216] Beschluss des Bundesvorstands der CDU vom 28. April 2003, Ziff. 7 (URL: www.cdu.de/tagesthema/beschluss240403.pdf, 6. November 2005). Vgl. dazu aber auch SCHÄUBLE, ZSE 2004, 165 (171): „Dabei geht es ausdrücklich nicht um eine „Erstschlagsdoktrin", sondern um eine multilateral legitimierte Abschreckung.".

von Australien, Israel und Russland.[217] Die britische Regierung als wichtigster Verbündeter der USA im Irak-Krieg äußerte sich sehr hingegen zurückhaltend zu den amerikanischen Vorschlägen.[218] Die kleinen, weniger mächtigen Staaten der Welt – und das sind die meisten – haben kein Interesse an einer solchen Änderung, da die damit einhergehende Schwächung des Gewaltverbots tendenziell zu ihren Lasten ginge. Dies zeigte bereits die explizite Ablehnung der Präventivkriegsdoktrin durch mehrere Staaten während der offenen Debatte des Sicherheitsrats vom 26./27. März 2003.[219] Die nach Art. 108 UN-Charta für eine Änderung der Satzung erforderliche Mehrheit von zwei Dritteln der Mitglieder der Generalversammlung wird daher kaum je erreicht werden könnte.

Wegen der Ablehnung durch die überwältigende Mehrheit der Staaten scheidet auch die Annahme einer späteren Übung bei der Anwendung der UN-Charta i.S.v. Art. 31 Abs. 3 lit. b WVRK (subsequent practice)[220] in Hinblick auf ein Recht auf „preemptive self-defense" aus.

II. Der Einfluss auf die Entwicklung des Völkergewohnheitsrechts

Im völkerrechtlichen Schrifttum wurde vielfach die Befürchtung geäußert, dass das von der Bush-Doktrin propagierte Recht auf „preemptive self-defense" infolge des Irak-Konflikts zu neuem Völkergewohnheitsrecht erstarken könnte.[221] Damit sich in der Staatengemeinschaft nicht durch stillschweigende Hinnahme eine dahingehende Rechtsüberzeugung bilde, raten die Autoren den Regierungen der Welt zu nachdrücklichem Protest.[222]

---

217 BYERS, Journal of Political Philosophy 11 (2003), 171 (182); KREß, ZStW 115 (2003), 294 (315 f.); VITZTHUM, Einheit der Völkerrechtsordnung, S. 860. Auch Japan hat sich mittlerweile in den Kreis der Befürworter eingereiht, indem es im Konflikt mit Nordkorea mit einem „Präventivschlag" gegen dessen Raketenstellungen drohte („Japan droht Nordkorea mit Militärschlag", Die Welt, 11. Juli 2006, S. 6).

218 GRAY, International Law, S. 178 f.

219 KREß, ZStW 115 (2003), 294 (316). Auf die weltweite Ablehnung des Konzepts der „preemptive self-defense" verweisen auch GRAY, International Law, S. 177 und NOLTE, FW 78 (2003), 119 (131).

220 Dazu WOLFRUM, in: Dahm / Delbrück / Wolfrum, Völkerrecht I/3, S. 673 ff.

221 Vgl. ICJ Rep. 1986, 14 (103), Ziff. 194 – Military and Paramilitary Activities (Merits): "Reliance by a State on a novel right or an unprecedented exception to the principle might, if shared by other states, tend towards a modification of customary international law.".

222 So z.B. DUPUY, L'unité de l'ordre juridique international, RdC 297 (2002), S. 351 f.; O'CONNELL, The Myth of Preemptive Self-Defense, S. 19; MURSWIEK, NJW 2003, 1014 (1018); SCHWEISFURTH, Aggression, FAZ, 28. April 2003, S. 10; SEIDEL, AVR 41 (2003), 449 (477); STEINKAMM, Der Irak-Krieg – auch völkerrechtlich eine neue Dimension, NZZ, 16. Mai 2003, S. 9.

1. Die Voraussetzungen für die Entstehung neuen Völkergewohnheitsrechts

Nach der bis heute anerkannten Definition des Ständigen Internationalen Gerichtshofs entsteht Völkergewohnheitsrecht durch einen „Brauch als Ausdruck der Rechtsüberzeugung" („usage generally accepted as expressing principles of law"[223]): Die allgemein als Recht erkannte Übung ist also konstitutiv für die Entstehung einer Norm des Völkergewohnheitsrechts. Der Wortlaut von Art. 38 Abs. 1 lit. b IGH-Statut, der das Gewohnheitsrecht als „internationale Gewohnheit, als Zeugnis für eine allgemein als Recht angenommene Praxis" („international custom, as evidence of a general practice accepted as law") definiert, ist insofern irreführend. Nicht der Rechtssatz ist Beweis für die Praxis, sondern die Praxis ist Beweis für die Norm.[224]

Der Begriff des Völkergewohnheitsrechts weist demnach zwei Merkmale auf: das objektive Element der „allgemeinen Übung" sowie die subjektive Komponente der *opinio iuris*, der diese Übung tragende Überzeugung, dass sie vom Recht gefordert ist.[225] Dass für die Begründung von Völkergewohnheitsrecht beide Merkmale kumulativ vorliegen müssen, ist bis heute nicht unumstritten, entspricht jedoch der ganz überwiegenden Auffassung im völkerrechtlichen Schrifttum sowie der ständigen Rechtssprechung des IGH[226]. Der Grund hierfür ist, dass nur durch das Merkmal der Rechtsüberzeugung der Rechtssatz von der unverbindlichen „Courtoisie" im Verkehr der Staaten untereinander abgegrenzt werden kann.[227]

a) Die „allgemeine Übung" als objektives Element des Völkergewohnheitsrechts

Die Herausbildung einer „allgemeinen Übung" oder „Gewohnheit" als objektives Element ist die erste Voraussetzung für die Entstehung neuen Völkergewohnheitsrechts. Diese kann erst dann angenommen werden, wenn sich die Staaten – oder andere zur Rechtssetzung befugte Völkerrechtssubjekte – über einen längeren Zeitraum hinweg und im Wesentlichen übereinstimmend in einer bestimmten Weise im internationalen Rechtsverkehr verhalten. Die betreffende

---

223 PCIJ, Series A, No. 10 (1927), 3 (18) – Steamship Lotus.

224 DELBRÜCK, in: Dahm / Delbrück / Wolfrum, Völkerrecht I/1, S. 56; HEINTSCHEL VON HEINEGG, in: Ipsen, Völkerrecht, § 16 Rn. 2.

225 JENNINGS / WATTS, Oppenheim's International Law Vol. I/1, § 10, S. 27. Zur aktuellen Methodendebatte, besonders in Hinblick auf den gewohnheitsrechtlichen Charakter des Gewaltverbots siehe CORTEN, EJIL 16 (2005), 803 ff.

226 Vgl. nur ICJ Rep. 1969, 3 (44), Ziff. 77 – North Sea Continental Shelf (Merits): "Not only must the acts concerned amount to a settled practice, but they also be such, or be carried out in such a way, as to be evidence of a belief that this practice is rendered obligatory by the existence of a rule of law requiring it.".

227 BERNHARDT, Customary International Law, in: Bernhardt, EPIL I, S. 899; SHAW, International Law, S. 80; BIN, Opinio juris, S. 66.

Verhaltensweise kann also nur dann Gewohnheitsrecht begründend wirken, wenn sie von einer gewissen Dauer, Einheitlichkeit und Verbreitung ist.[228] Singuläre Handlungen, aber auch die ständige Praxis einzelner Staaten – selbst der Großmächte – stellen noch keine „allgemeine Übung" in diesem Sinne dar.[229]

Als völkergewohnheitsrechtlich relevante Staatenpraxis, die zu einer Übung in diesem Sinne führen kann, kommen grundsätzlich alle staatlichen Akte rein tatsächlicher Natur, aber auch Äußerungen von staatlichen Stellen jeder Gewalt und Stufe in Betracht.[230] In erster Linie zu berücksichtigen sind wegen ihrer besonderen Aussagekraft die Akte und Stellungnahmen der zur äußeren Vertretung des Staates berufenen Organe; aber auch innerstaatliche Gesetze, Handeln der Exekutive sowie die Entscheidungen nationaler und internationaler Gerichte mit völkerrechtlichem Bezug können eine relevante Staatenpraxis darstellen.[231]

Um vom Beginn einer allgemeinen Übung in der Staatenpraxis zu sprechen, ist es nicht erforderlich, dass sich ein Staat auf die von ihm aufgestellte Rechtsbehauptung in einem konkreten Fall beruft.[232] Vielmehr kann bereits die abstrakt formulierte Rechtsbehauptung den Beginn einer entsprechenden Gewohnheit in der Staatenpraxis markieren.[233] Viele Regeln des Gewohnheitsrechts entstanden und entstehen bis heute nur durch einen Austausch von Argument und Gegenargument, ohne dass dieser Prozess der Rechtsbildung von physischen Akten begleitet gewesen wäre. Die ursprüngliche Rechtsbehauptung kann als ein „Vorschlag" an die Staatengemeinschaft zur Schaffung einer neuen Norm des Gewohnheitsrechts begriffen werden. Zur Keimzelle eines neuen Rechtssatzes entwickelt sich diese Rechtsbehauptung aber nur dann, wenn eine hinreichende Anzahl anderer Staaten sich ihr anschließt, beispielsweise, indem sie abstrakt

---

228 DELBRÜCK, in: Dahm / Delbrück / Wolfrum, Völkerrecht I/1, S. 56; HEINTSCHEL VON HEINEGG, in: Ipsen, Völkerrecht, § 16 Rn. 7.

229 Dies übergeht YOO, AJIL 97 (2003), 563 (573), der die Falle der Inanspruchnahme von präventiver Selbstverteidigung durch die USA seit der Kuba-Krise als allgemeine Übung in der Staatenpraxis darstellt.

230 AKEHURST, BYIL 47 (1974/75), 1 (53); SHAW, International Law, S. 80. Zu weit hingegen CARTY EJIL 15 (2004), 143, der auch Äußerungen von „known government advisers who are systematically developing policy with legal implications" einbeziehen möchte.

231 JENNINGS / WATTS, Oppenheim's International Law Vol. I/1, § 10, S. 26 f.; DELBRÜCK, in: Dahm / Delbrück / Wolfrum, Völkerrecht I/1, S. 57. So auch BVerfGE 46, 342 (Leitsatz 6) – Philippinische Botschaft.

232 Von dieser Prämisse scheinen etwa BYERS, Journal of Political Philosophy 11 (2003), 171 (182), und BOTHE, AVR 41 (2003), 255 (262), auszugehen.

233 Eingehend BLECKMANN, Völkergewohnheitsrecht, S. 90 ff.; AKEHURST, BYIL 47 (1974/75), 1 (4 ff.). Staatliche Äußerungen können je nach Kontext also sowohl ein Beitrag zu einer „allgemeinen Übung" als auch zur Bildung einer *opinio iuris* sein (TOOPE, Customary international law, S. 304).

oder in einem konkreten Fall dasselbe Recht für sich reklamieren.[234] Durch die Kumulierung dieser einzelnen Rechtsbehauptung nähert sich die Staatenpraxis dem Schwellenwert, ab dem sie hinreichend dicht ist, so dass sie als eine „allgemeine Übung" betrachtet werden kann.[235]

Die NSS 2002 ist als außen- und sicherheitspolitischer Bericht des Präsidenten an den Kongress eine im innerstaatlichen Kontext getätigte Äußerung der US-amerikanischen Exekutive. Wie die Analyse des V. Kapitels der NSS 2002 gezeigt hat, fordert der Bericht eine Neukonzeption des Selbstverteidigungsrechts. Die NSS 2002 setzt sich also mit völkerrechtlichen Fragen auseinander, so dass sie ohne weiteres unter den Begriff des für die Gestaltung des Völkergewohnheitsrechts relevanten staatlichen Handelns subsumiert werden kann. Sofern andere Staaten dieses erweiterte Recht auf vorbeugende Selbstverteidigung ebenfalls einfordern, hat das als abstrakte Rechtsbehauptung in der NSS 2002 ausgearbeitete Konzept der „preemptive self-defense" durchaus das Potential, sich zu einer dauerhaften, einheitlichen und verbreiteten Übung zu entwickeln.

b) Die *opinio iuris* als subjektives Element des Völkergewohnheitsrechts

Damit Völkergewohnheitsrecht entsteht, muss neben die Übung auch die sie tragende Überzeugung der Staaten von ihrer rechtlichen Gebotenheit treten. Der Begriff der *opinio iuris* meint nicht den zielgerichteten, abstrakten oder konkreten „Willen" eines Staates, der Wandlungen unterliegen kann. Gemeint ist vielmehr die von der Wandelbarkeit des Willens losgelöste, feststehende Grundposition, dass eine bestimmte Verhaltensweise einzuhalten ist, weil sie dem entspricht, was die Staaten als dem Recht gemäß betrachten.[236] Die Bildung einer solchen *opinio iuris* in der Staatengemeinschaft (*opinio generalis iuris generalis*) ist ein Prozess, der in Wechselwirkung mit der Herausbildung der entsprechenden Übung in der Staatenpraxis steht: Am Anfang steht ein dem bisherigen Völkerrecht widersprechendes Handeln eines Staates. Wenn die anderen Staaten übereinstimmen und eine dahingehende Rechtsüberzeugung erkennen lassen, dann entwickelt sich aus der fortschreitenden Übung zusammen mit der

[234] Ein klassischer Fall der Änderung des Völkergewohnheitsrechts nur durch die Behauptung eines neuen Rechts ist die Festlandsockelproklamation Trumans von 1945 (NOLTE, FW 78 (2003), 119 [128]).

[235] BLECKMANN, Völkergewohnheitsrecht, S. 103.

[236] HEINTSCHEL VON HEINEGG, in: Ipsen, Völkerrecht, § 16 Rn. 14. Daher kann es entgegen DUPUY, L'unité de l'ordre juridique international, RdC 297 (2002), S. 351, und IOVANE / DE VITTOR, AFDI 49 (2003), 17 (31), auch nicht auf die Rechtsüberzeugung der „Zivilgesellschaft" ankommen (BERNHARDT, Customary International Law, in: Bernhardt, EPIL I, S. 900).

sich zu einer *opinio generalis iuris generalis* verdichtenden Rechtsüberzeugung allmählich eine neue Norm des Gewohnheitsrechts.[237]

Dies bedeutet nicht, dass die Staaten ihre *opinio individualis iuris generalis* explizit äußern müssten. Sobald sich im internationalen Verkehr eine gleichmäßige, dauernde Übung entwickelt, kann vermutet werden, dass die Staaten so handeln, weil sie glauben, es zu müssen oder zu dürfen.[238] Daher kann in vielen Fällen das Schweigen eines Staates als Ausdruck seiner *opinio individualis iuris generalis* zu einer neuen Übung gewertet werden (Acquiescence).[239] Diesem Gedanken liegt der Rechtssatz *Qui tacit consentire videtur si loqui debuisset ac potuisset* („Wer schweigt scheint zuzustimmen, wenn er hätte reden müssen und können.") zugrunde.[240] Welche Anforderungen an die Beurteilung des Schweigens als Zustimmung zu stellen sind, hängt von den Umständen des Einzelfalls ab. Ohne auf die Rechtsfigur der Acquiescence ausdrücklich Bezug zu nehmen, identifizierte der IGH hat im Fischereistreit zwischen Großbritannien und Norwegen einige Gesichtspunkte[241]: das Kennen oder Kennenmüssen des Schweigenden von der relevanten Handlung, dessen besondere Betroffenheit von der sich anbahnenden Rechtsänderung sowie den Zeitablauf.[242]

Die von den USA vorgeschlagene Ausweitung des Selbstverteidigungsrechts auf „preemptive self-defense" betrifft wegen der damit einhergehenden Einschränkung des Gewaltverbots grundsätzlich alle Staaten der Welt in gleichem Maße. Sie müssen also „reden", das heißt protestieren, wenn sie verhindern wollen, dass ihr Schweigen zu dieser Rechtsbehauptung als Beitrag zur Herausbildung der entsprechenden *opinio generalis iuris generalis* gewertet werden kann.[243] Vor diesem Hintergrund haben die angesprochenen Warnungen im

---

[237] SHAW, International Law, S. 69; JENNINGS / WATTS, Oppenheim's International Law Vol. I/1, § 10, S. 30. Zur Unterscheidung zwischen *opinio individualis iuris generalis* und *opinio generalis iuris generalis* vgl. BIN, Opinio juris, S. 63 ff.

[238] DELBRÜCK, in: Dahm / Delbrück / Wolfrum, Völkerrecht I/1, S. 60; BERNHARDT, Customary International Law, in: Bernhardt, EPIL I, S. 899.

[239] Zur Acquiescence vgl. AKEHURST, BYIL 47 (1974/75), 1 (38 ff.); MÜLLER / COTTIER, Acquiescence, in: Bernhardt, EPIL I, S. 14 ff. Die Wertung des Schweigens als genuiner Beitrag zur Herausbildung einer allgemeinen Übung (so KOLB, NILR 50 (2003), 119 [136]) überdehnt allerdings wohl dessen Aussagekraft.

[240] Vgl. ICJ Rep. 1962, 6 (23) – Temple of Preah Vihear (Merits).

[241] MÜLLER / COTTIER, Acquiescence, in: Bernhardt, EPIL I, S. 15.

[242] ICJ Rep. 1951, 116 (139) – Fisheries (United Kingdom v. Norway).

[243] Dies gilt zumindest für die einflussreichen Staaten der Welt. Bei kleineren Staaten beruht die Passivität häufig nicht auf der eigenen Rechtsüberzeugung, sondern auf der Angst, für offenen Protest gegen die Völkerrechtspolitik der USA einen hohen politischen und wirtschaftlichen Preis zahlen zu müssen (KOHEN, The use of force by the United States, S. 225 f.). Die Völkerrechtslehre steht daher vor der schwierigen Aufgabe, dieses Schweigen richtig zu deuten (NOLTE, FW 78 (2003), 119 [129 f.]).

Schrifttum vor den weit reichenden Folgen einer passiven Haltung gegenüber den völkerrechtspolitischen Forderungen der USA ihre Berechtigung.

Der angeregten Verschiebung der Balance zwischen Gewaltverbot und Selbstverteidigung stellt sich in Hinblick auf die *opinio iuris* jedoch noch eine besondere Hürde: Die Ausweitung des Selbstverteidigungsrechts relativiert den grundsätzlichen Schutz der Staaten vor bewaffneten Angriffen, der als Kernbereich des Gewaltverbots eine Norm des völkerrechtlichen *ius cogens* ist.[244] Eine solche Änderung von *ius cogens* ist jedoch nur durch eine Norm mit ebenfalls zwingendem Charakter (*ius cogens superveniens*) möglich. Die Änderung von *ius cogens* bedarf mithin einer „doppelten" *opinio iuris*, also nicht nur der Überzeugung in der Staatengemeinschaft, dass die Gewohnheit rechtlich gefordert ist, sondern auch die allgemeine Rechtsüberzeugung vom zwingenden Charakter der neuen Norm.[245] Keinesfalls ausreichend wäre in diesem Zusammenhang das Schweigen der Staatengemeinschaft angesichts vereinzelter Verletzungen einer zwingenden Völkerrechtsnorm.[246]

2. Der Irak-Krieg des Jahres 2003 als Präzedenzfall der „preemptive self-defense"?

Schweigen gegenüber dem amerikanischen Vorschlag der Ausweitung des Selbstverteidigungsrechts könnte demnach die völkergewohnheitsrechtliche Anerkennung des Konzepts der „preemptive self-defense" befördern. Zwar wurde die abstrakte Forderung der Bush-Doktrin nur von wenigen Staaten offen unterstützt, so dass die Anforderungen an eine konsistente Staatenpraxis – Dauer, Einheitlichkeit und Verbreitung – bei weitem nicht erfüllt sind.[247] Ein anderes Bild ergäbe sich allerdings, wenn der Irak-Krieg, der mit militärischer oder politischer Unterstützung von den circa vierzig Staaten der „Koalition der Willigen" geführt wurde[248], von den USA und ihren Verbündeten als „preemptive self-defense" gerechtfertigt worden wäre. Ein solcher Präzedenzfall hätte auf die künftige Entwicklung des Völkergewohnheitsrechts einen weit stärkeren Einfluss als eine bloß abstrakte, singuläre Rechtsbehauptung. Es stellt sich daher die Frage, mit welchen völkerrechtlichen Argumenten die USA und ihrer Verbündeten den Gewalteinsatz gegen den Irak gerechtfertigt haben.

---

244 Dazu s.o., 2. Kap. B II.

245 KOLB, NILR 50 (2003), 119 (139). BYERS, EJIL 13 (2002), 21 (35), sieht in der amerikanischen Politik daher die Tendenz zur Leugnung des zwingenden Charakter des Gewaltverbots.

246 KOHEN, The use of force by the United States, S. 228.

247 Zur ablehnenden Haltung der deutschen Regierung vgl. TALMON, Baltic YBIL 5 (2005), 41 (61 ff.).

248 GRAY, International Law, S. 273.

a) Die Unterscheidung zwischen politischer Argumentation und juristischer Rechtfertigung

Um die völkerrechtlich bedeutsamen Äußerungen eines Staates zu identifizieren, ist es zunächst erforderlich, sauber zwischen der völkerrechtlichen Argumentation des betreffenden Staates und den möglichen Motiven seines Handelns – einschließlich der mit jeder Krise einhergehenden politischen Rhetorik – zu unterscheiden.[249] Es muss außerdem berücksichtigt werden, dass die im innerstaatlichen Entscheidungsprozess vorgebrachten politischen und juristischen Argumente in einem grundsätzlich anderen Kontext und gegenüber einem anderen Empfänger vorgebracht werden als Rechtfertigungen auf der völkerrechtlichen Ebene.[250] So ist die Autorisierung des Präsidenten zum Militäreinsatz gegen den Irak durch den Kongress[251] eine Maßnahme nach US-amerikanischem Verfassungsrecht, die nicht ohne weiteres als die völkerrechtliche Rechtfertigung der USA betrachtet werden kann.[252]

Die strikte Trennung zwischen der nach innen gerichteten politischen –einschließlich der verfassungsrechtlichen – Rechtfertigung und der nach außen gerichteten völkerrechtlichen Argumentation entspricht auch der Methodik des IGH. So weigerte sich der Gerichtshof im Rechtsstreit zwischen Nicaragua und den USA, eine Kongressresolution vom 29. Juli 1985 als Teil der juristischen Rechtfertigung der Vereinigten Staaten zu werten. Die Argumente für eine Unterstützung der „Contras" seien dort in einem ausschließlich politischen Kontext vorgebracht worden. Die Restriktion begründete der Gerichtshof damit, dass er bei der Entscheidung über einen Rechtsstreit nicht auf die von den Parteien vorgebrachten Rechtssätze beschränkt sei, er den Parteien aber auch nicht Rechtsansichten zuschreiben dürfe, die diese so nicht vorgetragen hätten.[253]

---

249 Bothe, AVR 41 (2003), 255 (259); Brunnée / Toope, ICLQ 53 (2004), 785 (791). Vgl. auch ICJ Rep. 1986, 14 (70 f.), Ziff. 127 – Military and Paramilitary Activities (Merits), wo der Gerichtshof andere Motive der USA für die Aktivitäten neben der offiziellen juristischen Rechtfertigung für unbeachtlich erklärte.

250 Kritsiotis, EJIL 15 (2004), 233 (250).

251 Authorization for Use of Military Force Against Iraq Resolution of 2002 (PL 107-243, October 16, 2002, 116 Stat. 1498). Das Gesetz autorisiert den Präsidenten in Sec. 3(a) "to use the Armed Forces of the United States as he determines to be necessary and appropriate in order to – (1) defend the national security of the United States against the continuing threat posed by Iraq and (2) enforce all relevant United Nation's Security Council resolutions regarding to Iraq".

252 Bei der Evaluierung der völkerrechtlichen Rechtfertigung ist also ein strengerer Maßstab an die dafür relevanten Tatsachen zu stellen als bei der Untersuchung der Staatenpraxis in Hinblick auf eine Herausbildung einer „allgemeinen Übung".

253 ICJ Rep. 1986, 14 (134), Ziff. 266 – Military and Paramilitary Activities (Merits): "The Court also notes that these justifications, advanced solely in a political context which it is naturally not for the Court to appraise, were not advanced as legal arguments. [...] The

b) Die Rechtfertigung mit dem Bruch der Waffenstillstandsresolution von 1991 durch den Irak

Die erstrangige Quelle zur Feststellung der völkerrechtlichen Position der USA und ihrer Verbündeten sind ihre Stellungnahmen gegenüber dem UN-Sicherheitsrat, da diese eindeutig der völkerrechtlichen Rechtfertigung gegenüber anderen Staaten und den Vereinten Nationen dienten.[254] In drei nahezu gleich lautenden Briefen an den Präsidenten des Sicherheitsrats über ihren Angriff auf den Irak vom 20. März 2003 beriefen sich die alliierten Hauptkriegsmächte – die USA, Großbritannien und Australien – auf die Sicherheitsratsresolutionen 678 (1990), 687 (1991) und 1441 (2002).[255] Der Irak habe trotz erneuter Warnung in der Resolution 1441 die im Jahr 1991 in der Resolution 687 festgelegten Bedingungen des Waffenstillstands schwerwiegend gebrochen („material breach“[256]), so dass die Ermächtigung zu militärischen Maßnahmen nach Art. 42 UN-Charta aus der Resolution 678 wieder aufgelebt sei:

> “The action follows a long history of non-cooperation by Iraq with the United Nations Special Commission (UNSCOM), the United Nations Monitoring, Verification and Inspection Commission (UNMOVIC) and the International Atomic Energy Agency (IAEA) and numerous findings by the Security Council that Iraq has failed to comply with the disarmament obligations imposed on it by the Council, including in resolutions 678 (1990), 687 (1991) and 1441 (2002). In its resolution 1441 (2002), the Council reiterated that Iraq’s possession of weapons of mass destruction constitutes a threat to international peace and security; that Iraq has failed, in clear violation of its obligations, to disarm; and that in consequence Iraq is in material breach of the conditions for the ceasefire at the end of hostilities in 1991 laid down by the Council in its resolution 687 (1991). Military action was undertaken only when it became apparent that there was no other way of achieving compliance by Iraq. The objective of the action is to secure compliance by Iraq with its disarmament obligations as laid down by the Council.”[257]

Noch deutlicher kommt das Argument, die Alliiierten seien vom Sicherheitsrat zur gewaltsamen Durchsetzung der irakischen Verpflichtung aus der Waffenstillstandsresolution 687 (1991) ermächtigt, im Brief der USA zum Ausdruck[258]:

> “The actions being taken are authorized under existing Council resolutions, including its resolutions 678 (1990) and 687 (1991). Resolution 687 (1991) imposed a series of obli-

Court is however not entitled to ascribe to States legal views which they do not themselves formulate.”.

[254] Frowein, GYIL 46 (2003), 9 (10); Bothe, AVR 41 (2003), 255 (259).

[255] UN Doc. S/2003/350 (Vereinigtes Königreich), S/2003/351 (USA) und S/2003/352 (Australien).

[256] Der Ausdruck „material breach“ (erhebliche Verletzung) ist der englischen Fassung des Art. 60 WVRK entlehnt.

[257] Brief des Ständigen Vertreters des Vereinigten Königreichs von Großbritannien und Nordirland an den Präsidenten des Sicherheitsrats vom 20. März 2003, UN Doc. S/2003/350.

[258] Bothe, AVR 41 (2003), 255 (259).

gations on Iraq, including, most importantly, extensive disarmament obligations, that were conditions of the ceasefire established under it. It has been long recognized and understood that a material breach of these obligations removes the basis of the ceasefire and revives the authority to use force under resolution 678 (1990). This has been the basis for coalition use of force in the past and has been accepted by the Council, as evidenced, for example, by the Secretary-General's public announcement in January 1993 following Iraq's material breach of resolution 687 (1991) that coalition forces had received a mandate from the Council to use force according to resolution 678 (1990)."[259]

Diese Begründung für den Kampfeinsatz haben die Vertreter der USA, Großbritanniens und Australiens in der offenen Debatte im Sicherheitsrat am 26./27. März 2003 wiederholt.[260] Zwar hatte der amerikanische Außenminister Powell noch am 5. Februar 2003 in einer Rede vor dem Sicherheitsrat versucht, den geplanten Militärschlag als Selbstverteidigung gegen eine terroristische Allianz aus „Al Qaida" und Saddam Hussein zu rechtfertigen, diese Argumentation stieß jedoch auf allgemeine Ablehnung.[261] Vor Beginn der Kampfhandlungen übernahmen die USA daher die von Großbritannien von Beginn an vertretene Position[262], wonach eine wertende Zusammenschau verschiedener Resolutionen des Sicherheitsrats den Angriff auf den Irak rechtfertige.[263]

c) „Preemptive self-defense" als Teil der juristischen Rechtfertigung der USA?

Unmittelbar nach Beginn der militärischen Auseinandersetzung im Irak vertraten einige Autoren die Auffassung, dass zumindest die USA neben dem „material breach"-Argument implizit auch ein Recht auf „preemptive self-defense" als Rechtfertigung für den Einsatz militärischer Gewalt gegen den Irak herangezogen hätten.[264] Diese Annahme stützt sich darauf, dass die USA, anders als Groß-

---

[259] Brief des Ständigen Vertreters der Vereinigten Staaten an den Präsidenten des Sicherheitsrats vom 20. März 2003, UN Doc. S/2003/351 (Hervorhebung vom Verf.).

[260] Australien: UN Doc. S/PV.4726, S. 27; Vereinigtes Königreich: UN Doc. S/PV.4726 (Resumption 1), S. 23; USA: UN Doc. S/PV.4726 (Resumption 1), S. 25. Eine ausführliche Erläuterung der offiziellen amerikanischen Position bieten TAFT / BUCHWALD, AJIL 97 (2003), 557 ff.

[261] JOHNSTONE, Columbia JTL 43 (2005), 337 (375 f.).

[262] Vgl. die Stellungnahme des Kronanwalts und Rechtsberaters der britischen Regierung, Attorney-General Lord Goldsmith, gegenüber dem House of Lords (Lords Hansard, 21. April 2004, column 371): "It has never been the position of the Government that the military action against Iraq was legally justified on grounds of pre-emptive self-defence.".

[263] NOLTE, FW 78 (2003), 119 (131 f.). Anders KRITSIOTIS, EJIL 15 (2004), 233 (252), nach dem die USA bereits im August 2002 die von der britischen Regierung favorisierte Argumentation der Durchsetzung der verschiedenen Sicherheitsratsresolutionen übernommen hätten.

[264] TOMUSCHAT, VN 2003, 41 (41 f.); O'CONNELL, Addendum to Armed Force in Iraq: Issues of Legality, o. S.

britannien und Australien, im letzten Absatz ihres Schreibens an den Präsidenten des Sicherheitsrats auch geltend machen, die Aktionen der Koalitionsstreitkräfte seien

> "... necessary steps to defend the United States and the international community from the threat posed by Iraq and to restore international peace and security in the area."[265]

Dieser Satz stelle, auch wenn dort nicht ausdrücklich auf Art. 51 UN-Charta Bezug genommen werde, „seinem ganzen Sinne nach nichts anderes dar als die Rechtsbehauptung, dass der Angriff auf Irak in Wahrheit eine Schutzmaßnahme der Selbstverteidigung gewesen sei"[266].

Diese Interpretation lässt jedoch außer Betracht, dass der Brief der USA die Wendung „to defend the United States and the international community" in einer gegenüber dem „material breach"-Argument eindeutig nachrangigen Position bringt und – anders als bei der Inanspruchnahme des Selbstverteidigungsrechts durch die USA sonst üblich – die Formel „acting in accordance with the inherent right of self-defense/Article 51 of the Charter"[267] gerade nicht verwendet.[268] Den Staaten ist bei der völkerrechtlichen Begründung ihres Handelns meist bewusst, dass sie Präzedenzfälle für die Zukunft schaffen oder aber vermeiden können.[269] Dass die USA in ihrer offiziellen Mitteilung an den Sicherheitsrat ausdrücklich auf einen Hinweis auf Art. 51 UN-Charta oder die Verwendung des technischen Begriffes der „Selbstverteidigung" verzichten, kann daher nur bedeuten, dass sie es gerade vermeiden wollten, einen Präzedenzfall der präventiven Selbstverteidigung zu schaffen.[270]

Die letzte Passage in der Mitteilung der USA ist daher nicht als Teil der juristischen, sondern der politischen Rechtfertigungsstrategie zu werten.[271] Dem schloss sich auch der 2. Wehrdienstsenat des BVerwG in einem Urteil vom 21. Juni 2005 an, indem er die politische Inanspruchnahme des Selbstverteidi-

---

265 Brief des Ständigen Vertreters der Vereinigten Staaten an den Präsidenten des Sicherheitsrats vom 20. März 2003, UN Doc. S/2003/351 (Hervorhebung vom Verf.).

266 So TOMUSCHAT, VN 2003, 41 (42) und in diesem Sinne auch GRAY, International Law, S. 182. KRAJEWSKI, Baltic YBIL 5 (2005), 1 (13), kritisiert demgegenüber die Nähe in der Formulierung des letzten Satzes dieser Passage zum Wortlaut von Art. 39 UN-Charta.

267 Vgl. die Mitteilung der USA an den Sicherheitsrat über den Beginn von Selbstverteidigungsmaßnahmen gegen Afghanistan vom 7. Oktober 2001 (UN Doc. S/2001/946).

268 FROWEIN, GYIL 46 (2003), 9 (11); KRITSIOTIS, EJIL 15 (2004), 233 (251); KREß, ZStW 115 (2003), 294 (314); SCHALLER, Friedenssicherungsrecht, S. 20.

269 BLECKMANN, Völkergewohnheitsrecht, S. 105; SCHACHTER, AJIL 83 (1989), 259 (266).

270 TALMON, Irakkrieg ist kein Präzedenzfall (Leserbrief), FAZ, 7. Mai 2003, S. 7; BRUNNEE / TOOPE, ICLQ 53 (2004), 785 (794).

271 BOTHE, AVR 41 (2003), 255 (260); FROWEIN, GYIL 46 (2003), 9 (11). KRITSIOTIS, EJIL 15 (2004), 233 (249), hält es demgegenüber für möglich, dass die USA „Selbstverteidigung" als ergänzendes Rechtsargument angeführt haben könnten, um so ihre Rechtfertigung insgesamt überzeugender werden zu lassen.

gungsrechts durch die Regierung der USA für die Rechtfertigung des Gewalteinsatzes gegen den Irak für juristisch unbeachtlich erklärte:

> „Die ursprünglich öffentlich geltend gemachte Behauptung einer Bedrohung durch ABC-Waffen des Iraks als Rechtfertigung für den militärischen Gewalteinsatz blieb im Bereich der politischen Erklärungen, war jedoch insbesondere nicht Bestandteil der rechtlichen Rechtfertigung gegenüber dem UN-Sicherheitsrat. [...] Offenkundig waren – wie auch der Inhalt ihrer diplomatischen Note an den UN-Sicherheitsrat vom 21. März 2003 zeigt – die Entscheidungsträger in der US-Regierung selbst der Ansicht, dass der Irak kein geeigneter Fall war, um eine Berufung auf ein Selbstverteidigungsrecht nach Art. 51 UN-Charta zu rechtfertigen.“[272]

3. Ergebnis

Das Konzept der „preemptive self-defense“ ist zunächst nur eine abstrakte Rechtsbehauptung der USA. Zu Völkergewohnheitsrecht erstarkt diese nur dann, wenn sich in der Staatenpraxis eine allgemeine, von der korrespondierenden *opinio iuris* getragene Übung der „preemptive self-defense“ entwickelt. Diesen Rechtsbildungsprozess hat der Irak-Krieg von 2003 nicht beschleunigt, da er kein von breiter Unterstützung getragener Präzedenzfall der „preemptive self-defense“ war. Entgegen einem verbreiteten Missverständnis rechtfertigten die alliierten Hauptkriegsmächte die Eröffnung der Kampfhandlungen gegen den Irak nicht mit einem Recht auf „preemptive self-defense“, sondern allein mit einer Ermächtigung durch vorangegangene Sicherheitsratsresolutionen. Diese Rechtfertigung stellt also nicht auf ein eigenes Recht zur Selbstverteidigung ab, sondern auf ein abgeleitetes Recht zur Gewaltanwendung im Rahmen einer Maßnahme der kollektiven Sicherheit. Anderslautende Erklärungen der beteiligten Parteien außerhalb des völkerrechtlichen Verkehrs können an diesem Befund nichts ändern.[273]

Die USA haben ihre völkerrechtspolitische Initiative zur Ausweitung des Selbstverteidigungsrechts in der NSS 2006 bekräftigt. Ob die Bush-Doktrin zum Ausgangpunkt eines erweiterten völkergewohnheitsrechtlichen Selbstverteidigungsrechts wird, entscheidet daher allein die künftige Zustimmung oder Ablehnung des Konzepts der „preemptive self-defense“ in der Staatengemeinschaft. Da die Anerkennung des Rechts auf präventive Gewaltanwendung mit dem grundsätzlichen Schutz vor bewaffneten Angriffen unvereinbar ist, müsste die Rechtsüberzeugung der Staaten auch die Abkehr vom zwingenden Charakter des Gewaltverbots umfassen. Schweigen in der Staatengemeinschaft würde diese mögliche Rechtsentwicklung eher befördern; Staaten, die von den US-

---

[272] BVerwG, Urteil vom 21. Juni 2005 (Az. 2 WD 12.04), S. 79 f.

[273] BOTHE, AVR 41 (2003), 255 (260); WOLFRUM, Max Planck UNYB 7 (2003), 1 (75); FROWEIN, GYIL 46 (2003), 9 (10).

amerikanischen Thesen zum Selbstverteidigungsrecht nicht überzeugt sind, sollten ihnen daher unmissverständlich und mit Nachdruck widersprechen.

E. Zusammenfassung

Mit der als Bush-Doktrin bekannten National Security Strategy vom September 2002 identifizieren die USA die Verbindung aus politisch-religiösem Extremismus und der verdeckten Weiterverbreitung von Massenvernichtungswaffen als die größte Bedrohung für ihre nationale Sicherheit. Die strategische Innovation der Bush-Doktrin liegt in der Aufgabe der seit Ende des Zweiten Weltkrieges verfolgten Strategie der „Eindämmung und Abschreckung". Nach der Analyse der NSS 2002 wirkt diese Strategie nur gegenüber Kontrahenten, von denen rationale Reaktionen erwartet werden können. „Rogue states" und Terrorgruppen hegten hingegen einen fanatischen Hass auf die USA, so dass sie mit herkömmlichen Methoden weder eindämmt, noch davon abgeschreckt werden könnten, die USA oder ihre Verbündeten anzugreifen. Integrierender Bestandteil der Bush-Doktrin ist daher die ausdrückliche Inanspruchnahme eines Rechts auf „preemptive self-defense" gegen diese weltweit operierende Terrorgruppen und „Schurkenstaaten". Damit setzt die Bush-Doktrin ein wesentliches Paradigma neokonservativer Außen- und Sicherheitspolitik um, deren Vertreter seit Beginn der 1990er Jahre immer wieder die Option von „preemptive actions" der USA eingefordert hatten.

Das Konzept der „preemptive self-defense" meint rechtstechnisch die Lockerung der völkergewohnheitsrechtlichen Beschränkung der präventiven Selbstverteidigung auf die Abwehr von zeitlich unmittelbar bevorstehenden Angriffen. Anders als die antizipatorische Selbstverteidigung soll „preemptive self-defense" auch die Verteidigung gegen Angriffe, deren Zeit und Ort ungewiss ist, erlauben. An die Stelle der Verteidigung gegen eine konkrete Gefahr tritt die Abwehr auch nur abstrakter Bedrohungen. Die Bush-Doktrin bricht daher mit einer bis in das Werk von Hugo Grotius zurückreichenden völkerrechtlichen Kontinuität, nach der nur ein zeitlich unmittelbar bevorstehender Angriff ausnahmsweise zu präventiver Selbstverteidigung berechtigt. Ein dermaßen ausgeweitetes Selbstverteidigungsrecht wäre mit dem universellen Gewaltverbot als einem der Grundpfeiler der gegenwärtigen Friedensordnung nicht zu vereinbaren.

Mit der Behauptung eines Rechts auf „preemptive self-defense" allein können die USA eine Änderung des Völkergewohnheitsrechts allerdings nur anstoßen und nicht schon bewirken. Erst die breite Zustimmung in der Staatengemeinschaft könnte die intendierten Ausweitung des Selbstverteidigungsrechts zu Völkergewohnheitsrecht erstarken lassen. Entgegen einem in der Öffentlichkeit verbreiteten Missverständnis war der Irak-Krieg des Jahres 2003 jedoch nicht der befürchtete Schritt hin zur völkergewohnheitsrechtlichen Anerkennung der „preemptive self-defense". Die alliierten Hauptkriegsmächte USA, Großbritannien und Australien rechtfertigten den Waffengang gegenüber dem Sicherheitsrat gerade nicht mit einem Recht auf präventive Selbstverteidigung, sondern mit der Ermächtigung durch verschiedene frühere und aktuelle Sicherheitsratsresolutionen. Unabhängig davon, ob diese Rechtfertigung völkerrechtskonform war oder nicht: Die Manifestation einer Staatenpraxis und der sie tragenden *opinio iuris* von „preemtive self-defense" der Staaten der „Koalition der Willigen" war der Irak-Krieg nicht.

Dies bedeutet jedoch nicht, dass die Regierung Bush von ihrer Doktrin Abstand genommen hätte. In der Neuauflage der Nationalen Sicherheitsstrategie vom März 2006 bekräftigte das Weiße Haus, die USA würden sich gegenüber der Bedrohung durch Massenvernichtungswaffen die Option militärischer Präventivschläge in Ausübung ihres Selbstverteidigungsrechts offen halten.

Schlussbetrachtung und Ausblick

In der völkerrechtlichen Beurteilung des Präventivkrieges besteht eine Kontinuität, die sich von der gegenwärtigen Rechtslage bis zu den Anfängen der modernen Völkerrechtswissenschaft bei Hugo Grotius zurückverfolgen lässt. Nach der Überwindung des unbeschränkten *ius ad bellum* des Positivismus kennt das gegenwärtige Völkerrecht den rechtmäßigen Präventivkrieg nur noch im Rahmen der kollektiven Sicherheit zur Abwendung von Friedensbedrohungen und in engen Grenzen als präventive Selbstverteidigung. Diese „antizipatorische Selbstverteidigung" ist völkergewohnheitsrechtlich zulässig, wenn sich ein Staat der „unmittelbaren Gefahr" eines bewaffneten Angriffs ausgesetzt sieht und der Angriffswille des Gegners feststeht. Diese Rechtslage entspricht nahezu Grotius' Lehre vom präventiven Selbstverteidigungsrecht unter dem Regime des Naturrechts. Nach Grotius hat der Staat oder ein Einzelner nur dann das Recht zu einem präventiven Verteidigungskrieg, wenn die vom Gegner ausgehende Gefahr gegenwärtig ist und die Angriffsabsicht des Gegners feststeht. Aus Grotius' Sicht hat das positive Völkerrecht damit den Idealzustand, seine Annäherung bis zur Identifikation mit dem Naturrecht, erreicht.

Entscheidendes Merkmal der Kontinuität in der rechtlichen Beurteilung der präventiven Selbstverteidigung von Hugo Grotius bis in die heutige Zeit ist, dass jeweils ein temporales Verständnis vom Begriff der „Unmittelbarkeit" beziehungsweise der „Gegenwärtigkeit" der Gefahr zugrunde gelegt wird. Diese Kontinuität ist keineswegs zufällig. Der amerikanische Außenminister Daniel Webster, der im „Caroline"-Fall die „necessity of self-defence, instant, overwhelming, leaving no choice of means, and no moment deliberation" die bis heute anerkannten Schranken der zeitlichen Vorverlagerung des Selbstverteidigungsrechts formuliert hatte, ließ sich seinerseits von Grotius beeinflussen.

Die Bush-Doktrin bricht mit dieser Tradition, da sie mit dem Konzept der „preemptive self-defense" die bereits von Grotius geforderte strenge Begrenzung der präventiven Selbstverteidigung unterläuft. Nach diesem Konzept soll die präventive Selbstverteidigung auch dann rechtmäßig sein, wenn ein gegnerischer Angriff nicht unmittelbar bevorsteht, sofern eine Bedrohung der eigenen Sicherheit wahrgenommen wird. Grotius beschränkt das Recht zur präventiven Selbstverteidigung in objektiver Hinsicht auf den Fall, dass die gegenwärtige Gefahr eines gegnerischen Angriffs besteht. Die Bush-Doktrin bekennt sich zwar auch zur Unmittelbarkeit der Bedrohung als Voraussetzung für präventive Selbstverteidigung, Kenntnis von Zeit und Ort des gegnerischen Angriffs ist allerdings nicht erforderlich. Mit dieser Interpretation verliert die Unmittelbarkeit als zeitliches Moment zur Abgrenzung zwischen rechtmäßiger präventiver Selbstverteidigung und unrechtmäßigem präventiven Angriff seine Konturen. Tatsächlich nimmt die Bush-Doktrin dem Tatbestandsmerkmal der Unmittelbarkeit der Bedrohung also seinen materiellen Gehalt. In subjektiver Hinsicht fordert Grotius, dass die Angriffsabsicht des Gegners zweifelsfrei nachgewiesen werden kann, ein Merkmal, auf das die Bush-Doktrin bei „Schurkenstaaten" verzichtet. Ideengeschichtlich betrachtet ist die Auseinandersetzung um „preemptive self-defense" eine Neuauflage der bereits zwischen Gentili und Bacon einerseits und Grotius andererseits geführten Debatte um die Grenzen der Vorverlagerung des Selbstverteidigungsrechts.

Die Entgrenzung des völkergewohnheitsrechtlichen Selbstverteidigungsrechts im Sinne der Bush-Doktrin träfe das universelle Gewaltverbot – das Ergebnis aus der Erfahrung zweier Weltkriege und Zentrum der gegenwärtigen Friedensordnung – in seinem Mark. Schon aus Eigeninteresse sollten die USA diese Doktrin aufgeben, weil sie selbst langjährige Verbündete an einer vertrauensvollen Zusammenarbeit mit den USA im Kampf gegen die Bedrohuungen des 21. Jahrhunderts zweifeln lässt. Dennoch ist die Problemanalyse der Bush-Doktrin ernst zu nehmen. Die abschreckende Wirkung der Bereitschaft zur Selbstverteidigung ist Bestandteil der Sicherheitsvorstellung, die eine Beschränkung der zulässigen einzelstaatlichen Gewalt auf die Selbstverteidigung politisch erst akzeptabel macht. Lassen sich Terroristen oder „Schurkenstaaten" von der Drohung mit „Reaktion" allein nicht abschrecken, stellt sich zwangsläufig die Frage nach der „Prävention" von Angriffen mit Massenvernichtungswaffen.

Das Völkergewohnheitsrecht unterliegt seiner Natur nach einem starken politischen Änderungsdruck. Soll das Gewaltverbot auch im 21. Jahrhundert Bestand haben, muss die Völkerrechtsordnung gegenüber den aktuellen Bedrohungen überzeugende Alternativen zur entgrenzten präventiven Selbstverteidigung bereithalten. Das erste Mittel der Wahl wäre die konsequente Anwendung der Befugnisse des Sicherheitsrats zur präventiven Gewaltanwendung nach Art. 42 UN-Charta. Die kollektiven Sicherheitsstrukturen der Charta sind zur Abwehr der von den USA beschworenen Gefahren ausreichend, sie müssten nur konsequent angewandt werden. Parallel dazu sollten die Staatenpraxis und vor allem die Völkerrechtswissenschaft für die Ausübung des antizipatorischen Selbstverteidigungsrechts „harte", das heißt objektiv nachprüfbare Kriterien entwickeln. Auf das temporale Verständnis der „unmittelbaren Gefahr" kann dabei im Interesse der Rechtssicherheit jedoch nicht verzichtet werden.

Eine Alternative dazu könnte eine künftige Sicherheitsratspraxis sein, nach der ein sich bedroht sehender Staat zur Selbstverteidigung gegen Angriffe, die eben nicht im hergebrachten Sinne „unmittelbar" bevorstehen, ermächtigt wird. Diese Kombination aus Selbstverteidigung und kollektiver Sicherheit würde einerseits dem wachsenden Sicherheitsbedürfnis der Staaten gegen die von Massenvernichtungswaffen ausgehende Bedrohung Rechnung tragen; andererseits würde dieser Ansatz aber auch gewährleisten, dass die Entscheidung über den Gewalteinsatz angesichts einer noch nicht konkretisierten Gefahr ausschließlich bei dem zur Abwehr von Friedensbedrohungen legitimierten Sicherheitsrat verbleibt.

QUELLENVERZEICHNIS

Aristoteles, Die Nikomachische Ethik, übersetzt von Olof Gigon, neu herausgegeben von Rainer Nickel, Zürich / Düsseldorf 2001

Aristoteles, Politik, eingeleitet, übersetzt und kommentiert von Olof Gigon, 2. Aufl., Zürich / Stuttgart 1971

Ayala, Balthazar, De jure et officiis bellicis et disciplina militari libri III, The Classics of International Law No. 2 (Hrsg.: James Brown Scott), Vol. I.: Reproduction of the First Edition, with Introduction by John Westlake, Washington 1912 (zit.: Ayala, De jure et officiis bellicis)

Bacon, Francis, Considerations touching a war with Spain, in: Spedding, James u.a. (Hrsg.), The Works of Francis Bacon, Vol. XIV, unveränderter Nachdruck der Ausgabe London 1874, Stuttgart-Bad Cannstadt 1963, S. 469-505

Berber, Friedrich (Hrsg.), Völkerrecht Dokumentensammlung, Band II: Konfliktrecht, München / Berlin 1967 (zit.: Berber, Dok. II)

van Bynkershoek, Cornelius, Questionum Juris Publici Libri Duo, The Classics of International Law No. 14 (Hrsg.: James Brown Scott), Vol. I: The Photographic Reproduction of the Edition of 1737, Oxford / London 1930 (zit.: Bynkershoek, Questionum Juris Publici)

Cicero, Marcus Tullius, De officiis, recognovit brevique adnotatione critica instruxit M. Winterbottom, Oxford 1994

Cicero, Marcus Tullius, De re publica, Librorum sex quae manserunt sextum recognovit, Berlin 1964

Cicero, Marcus Tullius, Philippics, edited and translated by D. R. Shackleton Bailey, Chapel Hill / London 1986 (zit.: Cicero, Philippica)

Cicero, Marcus Tullius, Pro L. Cornelio Balbo oratio, in: M. Tulli Ciceronis orationes, Tomus V, recognovit brevique adnotatione critica instruxit Gulielmus Peterson, Oxford 1911 (zit.: Cicero, Pro Balbo)

Corpus Iuris Canonici, editio Lipsiensis secunda post Aemilii Ludouici Richteri curas, ad librorum manu scriptorium et editionis Romanae fidem regognouit et adnotatione critica, instruxit Aemilius Friedberg, pars prior Decretum Magistri Gratiani, Graz 1959

Corpus Iuris Civilis, Text und Übersetzung, gemeinschaftlich übersetzt und herausgegeben von Okko Behrends, Rolf Knütel, Berthold Kupisch, Hans Hermann Seiler, Band II – Digesten 1-10, Heidelberg 1995, Band III – Digesten 11-20, Heidelberg 1999

Corpus Iuris Civilis, Volumen primum, Institutiones recognovit Paulus Krueger, Digesta recognovit Theodor Mommsen retractavit Paulus Krueger, Berolini 1911

Crawford, James (Hrsg.), The International Law Commission's Articles on State Responsibility, Introduction, Text and Commentaries, Cambridge 2002

Descamps, Edouard-Eugène-François / Renault, Louis, Recueil international des traités du XXe siècle: contenant l'ensemble du droit conventionnel entre les États et les sentences arbitrales (textes originaux avec traduction française), année 3, Paris 1903

Friedrich der II. von Preußen, L'Antimachiavel, in: Preuss, J. D. E. (Hrsg.), Œuvres de Frédéric le Grand, Band VII, Berlin 1847

Gellius, Aulus, Noctium Atticarum libri XX, ex recensione Martini Hertz, volumen prius, Lipsiae 1877 (zit.: Gellius, Noctes Atticae)

Gentili, Alberico, De iure belli libri tres, The Classics of International Law No. 16 (Hrsg.: James Brown Scott), Vol. I: A Photographic Reproduction of the Edition of 1612, Oxford / London 1933

Grewe, Wilhelm G. (Hrsg.), Fontes historiae iuris gentium, Band II (1493-1815), Berlin, New York 1988; Band III/1 (1815-1945), Berlin / New York 1992; Band III/2 (1815-1945), Berlin / New York 1992 (zit.: Grewe, FHIG)

Grotius, Hugo, De iure belli ac pacis libri tres in quibus ius naturae et gentium item iuris publici praecipua explicantur, curavit B. J. A. de Kanter-van Hettinga Tromp, editionis anni 1939 quae Lugduni Batavorum in aedibus E. J. Brill emissa est, exemplar photomechanice iteratum, annotationes novas addiderunt R. Feenstra et C. E. Persenaire adiuvante E. Arps-De Wilde, Aalen 1993 (zit.: Grotius, IBP)

Grotius, Hugo, De iure praedae commentatorius, The Classics of International Law No. 22 (Hrsg.: James Brown Scott), Vol. I: A Translation of the Original Manuscript of 1604, by Gwladys L. Williams, with the collaboration of Walter H. Zeydel, Oxford / London 1950 (zit.: Grotius, De iure praedae)

Grotius, Hugo, De Jure Belli ac Pacis Libri Tres, The Classics of International Law No. 3 (Hrsg.: James Brown Scott), Vol. II: Translation of the Text, by Francis W. Kelsey, with the collaboration of Arthur E. R. Boak, Henry A. Sanders, Jesse S. Reeves, and Hubert F. Wright, with an introduction by James Brown Scott, Oxford / London 1925

Grotius, Hugo, Drei Bücher vom Recht des Krieges und des Friedens, ins Deutsche übersetzt und herausgegeben von Walter Schätzel, Die Klassiker des Völkerrechts, Band I, Tübingen 1950

Knipping, Franz u.a. (Hrsg.), Das System der Vereinten Nationen und seine Vorläufer, Band I/1: Vereinte Nationen, Bern / München 1995

Livius, Titus, Ab urbe condita, libri XLI-XLV, edidit John Briscoe, Stuttgart 1986

Livius, Titus, Ab urbe condita, Tomus I (libri I-V), recognoverunt et adnotatione critica instruxerunt Robertus Seymour Conway et Carolus Flamstead Walters, Oxford 1946

Moser, Johann Jakob, Grundsätze des Völkerrechts, Auszüge aus „Versuch des neuesten Europäischen Völker-Rechts in Friedens- und Kriegszeiten", 1. Teil, 1. Bd. (1777), in: Wolf, Erik (Hrsg.), Deutsches Rechtsdenken, Heft 16, Frankfurt am Main 1959 (zit.: Moser, Grundsätze des Völkerrechts)

Pufendorf, Samuel, De Jure Naturae et Gentium Libri Octo, The Classics of International Law No. 17 (Hrsg.: James Brown Scott), Vol. I: The Photographic Reproduction of the Edition of 1688, Oxford / London 1934 (zit.: Pufendorf, De Jure Naturae et Gentium)

Seneca, Lucius Annaeus, De clementia, texte établi et traduit par François Préchac, 3. Aufl., Paris 1967

Servius Grammaticus, Servii Grammatici qui feruntur in Vergilii carmina commentarii, recensuerunt Georg Thilo et Hermann Hagen, Vol. II: Aeneidos Librorum VI-XII commentarii, recensuit Georg Thilo, 2. Nachdruckauflage der Auflage Leipzig 1884, Hildesheim u.a. 1986 (zit.: Servius, Aeneas-Kommentar)

Shewmaker, Kenneth E. u.a. (Hrsg), The Papers of Daniel Webster: Diplomatic Papers, Vol. I (1841-1843), Hanover (NH) / London 1983

Suárez, Francisco, De legibus, ac Deo legislatore, in: Selection from Three Works of Francisco Suárez, S.J., The Classics of International Law No. 20 (Hrsg.: James Brown Scott), Vol. I: The Photographic Reproduction of the Selections from the original Editions, Oxford / London 1944

Suárez, Francisco, De triplici virtute theologica, fide, spe, et charitate, in: Selection from Three Works of Francisco Suárez, S.J., The Classics of International Law No. 20 (Hrsg.: James Brown Scott), Vol. I: The Photographic Reproduction of the Selections from the original Editions, Oxford / London 1944 (zit.: Suárez, De triplici virtute theologica)

Tacitus, Publius Cornelius, De origine et situ Germanorum, edited by J. G. C. Anderson, Oxford 1938 (zit.: Tacitus, Germania)

Thomas von Aquin, Summa theologiae, Cinisello Balsamo (MI) 1999

Thukydides, Der Peloponnesische Krieg, übertragen von August Horneffer, Essen 1993

United States, Department of State (Hrsg.), Foreign Relations of the United States 1928 Bd. 1, Washington 1942 (zit.: Foreign Relations 1928-I)

Vattel, Émer de, Le Droit des Gens, ou Principes de la Loi Naturelle, appliqué à la Conduite et aux Affaires des Nations et des Souverains, The Classics of International Law No. 4 (Hrsg.: James Brown Scott), Vol. I.-A Photographic Reproduction of Books I and II of the First Edition (1758), Vol. II.- A Photographic Reproduction of Books III and IV of the First Edition (1758), Washington 1916 (zit.: Vattel, Le Droit des Gens)

Vitoria, Franciscus de, De Indis relectio posterior, sive de iure belli Hispanorum in barbaros, in: De Indis et De iure belli relectiones (Hrsg.: Ernest Nys), The Classics of International Law Nr. 7 (Hrsg.: James Brown Scott), Washington 1917 (zit.: de Vitoria, De iure belli)

Vitoria, Franciscus de, De Indis relectio prior, in: De Indis et de iure belli relectiones (Hrsg.: Ernest Nys), The Classics of International Law Nr. 7 (Hrsg.: James Brown Scott), Washington 1917

Wolff, Christian, Jus Gentium Methodo Scientifica Pertractatum, The Classics of International Law No. 13 (Hrsg.: James Brown Scott), Vol. I: The Photographic Reproduction of the Edition of 1764, Oxford / London 1934 (zit.: Wolff, Jus Gentium)

LITERATURVERZEICHNIS

Beiträge aus Strupp/Schlochauer (Hrsg.), Wörterbuch des Völkerrechts, 2. Aufl., Berlin 1960 ff. und Bernhardt (Hrsg.), Encyclopedia of Public International Law, Amsterdam u.a. 1992 ff., sind nicht im Einzelnen aufgeführt.

Abi-Saab, Georges, Grotius as a System-Builder: The Example of the "*Jus Ad Bellum*", in: Dufour, Alfred u.a. (Hrsg.), Grotius et l'ordre juridique international, Travaux du colloque Hugo Grotius Genève 10-11 novembre 1983, Lausanne 1985, S. 80-88 (zit.: Abi-Saab, Grotius as a System-Builder)

Afsah, Ebrahim, Creed, Cabal, or Conspiracy – The Origins of the current Neo-Conservative Revolution in US Strategic Thinking, GLJ 4 (2003), 901-923 (Internet-Publikation: www.germanlawjournal.com)

Ago, Roberto, Le droit international dans la conception de Grotius, RdC 182 (1983/IV), S. 375-398 (zit.: Ago, Conception de Grotius)

Akande, Dapo, Nuclear Weapons, Unclear Law? Deciphering the Nuclear Weapons Advisory Opinion of the International Court, BYIL 68 (1997), 165-217

Akehurst, Michael, Custom as a Source of International Law, BYIL 47 (1974/75), 1-53

Akehurst, Michael, Enforcement Action by Regional Agencies, with Special Reference to the OAS, BYIL 42 (1967), 175-227

Al Chalabi, Hassan Abdel Hadi, La légitime défense en droit international, Le Caire 1952 (zit.: Al Chalabi, La légitime défense)

Albright, Madeleine K., Bridges, Bombs, or Bluster?, Foreign Affairs 82 (2003), No. 5, 2-19

Alexandrov, Stanimir A., Self-Defense Against the Use of Force in International Law, The Hague u.a. 1996 (zit.: Alexandrov, Self-Defense)

Amerasinghe, Chittharanjan F., The Historical Development of International Law – Universal Aspects, AVR 39 (2001), 367-393

Anghie, Antony, The Bush Administration Preemption Doctrine and the United Nations, ASIL Proc. 98 (2004), 326-329

Arend, Anthony Clark, International Law and the Preemptive Use of Military Force, The Washington Quarterly 26 (2003), No. 2, 89-103

Bacia, Horst, Alles Militärische wird kleingeschrieben, FAZ, 15. Dezember 2003, S. 10

Baker, Peter, Bush Restates Terror Strategy – 2002 Doctrine of Preemptive War Reaffirmed, Washingstonpost.com, 16. März 2006 (URL: www.washingtonpost.com/wp-dyn/content/article/2006/03/16/AR2006031600679_pf.html, 28. März 2006)

Basdevant, Jules, Hugo Grotius, in: Pillet, Antoine (Hrsg.), Les Fondateurs du Droit International, unveränderter Nachdruck der Ausgabe Paris 1904, Vaduz 1988, S. 125-267

Bauer, Andreas F., Effektivität und Legitimität – Die Entwicklung der Friedenssicherung durch Zwang nach Kapitel VII der Charta der Vereinten Nationen unter besonderer Berücksichtigung der neueren Praxis des Sicherheitsrats, Berlin 1996

Bauer, Dominique, The importance of medieval canon law and the scholastic tradition for the emergence of the early modern international legal order, in: Lesaffer, Randall (Hrsg.), Peace treaties and international law in European history, Cambridge 2004, S. 198-221 (zit.: Bauer, Medieval canon law)

Benvenisti, Eyal, The US and the Use of Force: Double-edged Hegemony and the Management of Global Emergencies, EJIL 15 (2004), 677-700

Berber, Friedrich, Lehrbuch des Völkerrechts, I. Band – Allgemeines Friedensrecht, 2. Aufl., München 1975; II. Band – Kriegsrecht, 2. Aufl., München 1969; III. Band – Streiterledigung, Kriegsverhütung, Integration, 2. Aufl., München 1977 (zit.: Berber, Völkerrecht I-III)

Bernhardt, Rudolf (Hrsg.), Encyclopedia of Public International Law, Volume I-IV, Amsterdam u.a. 1992-2000 (zit.: *Bearbeiter*, *Beitrag*, in: Bernhardt, EPIL I-IV)

Bethlehem, Daniel, International law and the use of force: The law as it is and as it should be, Cambridge 2004 (URL: www.publications.parliament.uk/pa/cm200304/cmselect/cmfaff/441/4060808.htm, 1. Juli 2005)

Biddle, Stephen D., American Grand Strategy After 9/11: An Assessment, Carlisle 2005

Bin, Cheng, Opinio juris: a key concept in international law that is much misunderstood, in: Sienho, Yee / Wang, Tieya (Hrsg.), International Law in the Post-Cold War World, Essays in memory of Li Haopei, London 2001, S. 56-76

Blanck, Kathrin, Die Europäische Sicherheits- und Verteidigungspolitik im Rahmen der europäischen Sicherheitsarchitektur, Wien / New York 2005

Bleckmann, Albert, Die Praxis des Völkergewohnheitsrechts als konsekutive Rechtssetzung, in: Bernhardt, Rudolf u.a. (Hrsg.), Völkerrecht als Rechtsordnung – Internationale Gerichtsbarkeit – Menschenrechte, Festschrift für Hermann Mosler, Berlin u.a. 1983, S. 89-110 (zit.: Bleckmann, Völkergewohnheitsrecht)

Bleckmann, Albert, Völkerrecht, Baden-Baden 2001

Blumenwitz, Dieter, Das universelle Gewaltanwendungsverbot und die Bekämpfung des grenzüberschreitenden Terrorismus, BayVBl. 1986, 737-743

Blumenwitz, Dieter, Der Präventivkrieg und das Völkerrecht, in: Politische Studien Nr. 391 (Sep./Okt. 2003), S. 21-32

Blumenwitz, Dieter, Die amerikanische Präventionsstrategie im Lichte des Völkerrechts, in: Fischer, Horst u.a. (Hrsg.), Krisensicherung und Humanitärer Schutz – Crisis Management and Humanitarian Protection, Festschrift für Dieter Fleck, Berlin 2004, S. 23-35 (zit.: Blumenwitz, Präventionsstrategie)

Blumenwitz, Dieter, Die völkerrechtlichen Aspekte des Irak-Krieges, ZfP 2003, 301-334

Blumenwitz, Dieter, Feindstaatenklauseln – Die Friedensordnung der Sieger, München / Wien 1972

Blumenwitz, Dieter, Souveränität – Gewaltverbot – Menschenrecht, in: Politische Studien, Sonderheft 4/1999, S. 19-40 (zit.: Blumenwitz, Souveränität)

Bohne, Eberhard, Die Europäische Sicherheitsstrategie und die Nationale Sicherheitsstrategie der USA im Vergleich, in: Brink, Stefan / Wolff, Heinrich Amadeus (Hrsg.), Gemeinwohl und Verantwortung – Festschrift für Hans Herbert von Arnim zum 65. Geburtstag, Berlin 2004, S. 43-71 (zit.: ESS und NSS im Vergleich)

Bothe, Michael, Der Irak-Krieg und das völkerrechtliche Gewaltverbot, AVR 41 (2003), 255-271

Bothe, Michael, Kosovo – Anlässe zum völkerrechtlichen Nachdenken, in: Ipsen, Knut u.a. (Hrsg.), Wehrrecht und Friedenssicherung, Festschrift für Klaus Dau zum 65. Geburtstag, Neuwied / Kriftel 1999, S. 13-29 (zit.: Bothe, Kosovo)

Bothe, Michael, Terrorism and the Legality of Pre-emptive Force, EJIL 14 (2003), 227-240

Bourquin, Maurice, Grotius est-il le père du Droit des Gens?, in: Grandes figures et grandes œuvres juridiques, Mémoires publiés par la Faculté de Droit de Genève No. 6, Genève 1948, S. 77-95

Bourquin, Maurice, Le problème de la sécurité international, RdC 49 (1934/III), S. 469-542 (zit.: Bourquin, Sécurité international)

Bourquin, Maurice, Règles générales du droit de la paix, RdC 35 (1931/I), S. 1-232 (zit.: Bourquin, Droit de la paix)

Bowett, Derek W., Reprisals Involving Recourse to Armed Force, AJIL 66 (1972), 1-36

Bowett, Derek W., Self-Defence in International Law, New York 1958 (zit.: Bowett, Self-Defence)

Bradford, William, "The Duty to Defend Them": A Natural Law Justification for the Bush Doctrine of Preventive War, Notre Dame LR 79 (2004), 1365-1492

Briggs, Herbert W., The Law of Nations, 2. Aufl., London 1952

Brinkley, Douglas, Democratic Enlargement: The Clinton Doctrine, Foreign Policy 106 (Spring 1997), 110-127

Brownlie, Ian, International Law and the Use of Force by States, Oxford 1963

Brownlie, Ian, Principles of Public International Law, 6. Aufl., Oxford 2003 (zit.: Brownlie, Principles)

Bruha, Thomas, Gewaltverbot und humanitäres Völkerrecht nach dem 11. September 2001, AVR 40 (2002), 383-421

Bruha, Thomas, Irak-Krieg und Vereinte Nationen, AVR 41 (2003), 295-313

Brunnée, Jutta / Toope, Stephen J., Slouching Towards New "Just" Wars: International Law and the Use of Force After September 11th, NILR 51 (2004), 363-392

Brunnée, Jutta / Toope, Stephen J., The Use of Force: International Law After Iraq, ICLQ 53 (2004), 785-806

Buchheim, Hans, Rationales politisches Handeln bei Thukydides, Der Staat 30 (1991), 323-347

Bull, Hedley, The Importance of Grotius in the Study of International Relations, in: Bull, Hedley u.a. (Hrsg.), Hugo Grotius and International Relations, Oxford 1990, S. 65-93 (zit.: Bull, The Importance of Grotius)

von Bülow, Bernhard W., Der Versailler Völkerbund, Stuttgart 1923

Burkhardt, Johannes, Die Friedlosigkeit der Frühen Neuzeit. Grundlegung einer Theorie der Bellizität Europas, ZHF 24 (1997), 509-574

Butkevych, Olga V., History of Ancient International Law: Challenges and Prospects, JHIL 5 (2003), 189-236

von Buttlar, Christian, Rechtsstreit oder Glaubensstreit?, Anmerkungen zur Debatte um die präventive Selbstverteidigung im Völkerrecht, in: Bröhmer, Jürgen u.a. (Hrsg.), Internationale Gemeinschaft und Menschenrechte, Festschrift für Georg Ress zum 70. Geburtstag, Köln u.a. 2005, S. 15-28 (zit.: von Buttlar, Präventive Selbstverteidigung)

Byers, Michael, Der Irak und der Fall Caroline, in: Ambos, Kai / Arnold, Jörg (Hrsg.), Der Irak-Krieg und das Völkerrecht, Berlin 2004, S. 235-241

Byers, Michael, Preemptive Self-defense: Hegemony, Equality and Strategies of Legal Change, Journal of Political Philosophy 11 (2003), 171-190

Byers, Michael, The Shifting Foundations of International Law – A Decade of Forceful Measures against Iraq, EJIL 13 (2002), 21-41

Carty, Anthony, The Iraq Invasion as a Recent United Kingdom 'Contribution to International Law', EJIL 16 (2005), 143-151

Cassese, Antonio, Ex iniuria ius oritur: Are We Moving towards International Legitimation of Forcible Humanitarian Countermeasures in the World Community?, EJIL 10 (1999), 23-30

Cassese, Antonio, International Law, 2. Aufl., Oxford / New York 2005

Charney, Jonathan I., Anticipatory Humanitarian Intervention in Kosovo, AJIL 93 (1999), 834-841

Chesterman, Simon, Just War or Just Peace? Humanitarian intervention and international law, Oxford 2001 (zit.: Chesterman, Just War)

Cirincione, Joseph / Mathews, Jessica T. / Perkovich, George, WMD in Iraq: Evidence and Implications, Carnegie Endowment for International Peace (Hrsg.), Washington, Januar 2004 (URL: www.carnegieendowment.org/files/Iraq3FullText.pdf, 22. November 2005)

von Clausewitz, Carl, Vom Kriege, vollständige Ausgabe im Urtext mit historisch-kritischer Würdigung von Dr. Werner Hahlweg, Bonn 1952

Cook, Martin L., Ethical and Legal Dimensions of the Bush Preemption Strategy, Harv. J. Law & Publ. Pol. 27 (2004), 797-815

Cooper, Robert, The Breaking of Nations -- Order and Chaos in the Twenty-first Century, New York 2003

Corten, Olivier, Le retour des guerres préventives: le droit international menacé, Bruxelles 2003

Corten, Olivier, The Controversies Over the Customary Prohibition on the Use of Force: A Methodological Debate, EJIL 16 (2005), 803-822

Cot, Jean-Pierre / Pellet, Alain (Hrsg.), La Charte des Nations Unies, 2. Aufl., Paris 1991 (zit.: *Bearbeiter*, in: Cot/Pellet, Charte)

D'Amato, Anthony, Israel's Air Strike upon the Iraqi Nuclear Reactor, AJIL 77 (1983), 584-588

D'Amato, Anthony, Trashing Customary International Law, AJIL 81 (1987), 101-105

Daalder, Ivo H. / Lindsay, James M., America unbound – The Bush revolution in foreign policy, Washington 2003

Dahm, Georg / Delbrück, Jost / Wolfrum, Rüdiger, Völkerrecht – Band I/1, Die Grundlagen. Die Völkerrechtssubjekte, 2. Aufl., Berlin / New York 1989; Band I/3, Die Formen des völkerrechtlichen Handelns; Die inhaltliche Ordnung der internationalen Gemeinschaft, 2. Aufl., Berlin / New York 2002 (zit.: *Bearbeiter*, in: Dahm/Delbrück/Wolfrum, Völkerrecht I/1 bzw. I/3)

Darby, Joseph J., Self-Defense in Public International Law: the Doctrine of Preemption and Its Discontents, in: Bröhmer, Jürgen u.a. (Hrsg.), Internationale Gemeinschaft und Menschenrechte, Festschrift für Georg Ress zum 70. Geburtstag, Köln u.a. 2005, S. 29-33

Deiseroth, Dieter, Deutschland im US-Irak-Krieg – NATO-Bündnisverpflichtungen im Konflikt mit Verfassungs- und Völkerrecht, in: Ambos, Kai / Arnold, Jörg (Hrsg.), Der Irak-Krieg und das Völkerrecht, Berlin 2004, S. 131-157

del Vecchio, Giorgio, Grotius und die Gründung des internationalen Rechts, ÖstZöffR 12 (1962/63), 352-357

Delbrück, Jost, Effektivität des UN-Gewaltverbots – Bedarf es einer Modifikation der Reichweite des Art. 2 (4) UN-Charta?, FW 74 (1999), 139-158

Delivanis, Jean, La légitime défense en droit international public moderne (Le droit international face à ses limites), Paris 1971 (zit.: Delivanis, La légitime défense)

Detter, Ingrid, The Law of War, 2. Aufl., Cambridge 2000

Dinstein, Yoram, Comments on War, Harv. J. Law & Publ. Pol. 27 (2004), 877-892

Dinstein, Yoram, War, Aggression and Self-Defence, 3. Aufl., Cambridge 2001

Doehring, Karl, Völkerrecht, 2. Aufl., Heidelberg 2004

Dohna, Bernt Graf zu, Die Grundprinzipien des Völkerrechts über die freundschaftlichen Beziehungen und die Zusammenarbeit zwischen den Staaten, Berlin 1973 (zit.: Dohna, Grundprinzipien des Völkerrechts)

Donner, Michael, Die Begrenzung bewaffneter Konflikte durch das moderne ius ad bellum, AVR 33 (1995), 168-218

Dörr, Oliver, Das völkerrechtliche Gewaltverbot am Beginn des 21. Jahrhunderts – Was bleibt von Art. 2 (4) UN-Charta?, in: Dörr, Oliver (Hrsg.), Ein Rechtslehrer in Berlin, Symposium für Albrecht Randelzhofer, Berlin u.a. 2004, S. 33-54 (zit.: Dörr, Das völkerrechtliche Gewaltverbot)

Doswald-Beck, Louise, The Legal Validity of Military Intervention by Invitation of the Government, BYIL 56 (1985), 189-252

Draper, Gerald I. A. D., Grotius' Place in the Development of Legal Ideas about War, in: Bull, Hedley u.a. (Hrsg.), Hugo Grotius and International Relations, Oxford 1990, S. 177-207 (zit.: Draper, Legal Ideas about War)

Drobnig, Ulrich, Der Friedensgedanke in der Naturrechtslehre des Hugo Grotius, AVR 3 (1951/52), 22-43

Duchhardt, Heinz, The Missing Balance, JHIL 2 (2000), 67-72

Dufour, Alfred, Grotius – Homme de loi, homme de foi, homme de lettres, in: Dufour, Alfred u.a. (Hrsg.), Grotius et l'ordre juridique international, Travaux du colloque Hugo Grotius Genève 10-11 novembre 1983, Lausanne 1985, S. 9-32 (zit.: Dufour, Grotius)

Dunn, David Hastings, Myths, motivations and 'misunderestimations': the Bush administration and Iraq, International Affairs 79 (2003), 279-297

Dupuy, Pierre-Marie, L'unité de l'ordre juridique international, RdC 297 (2002), S. 9-490

Eick, Christophe, „Präemption", „Prävention" und die Weiterentwicklung des Völkerrechts, ZRP 2004, 200-203

van Eikema Hommes, Hendrik, Grotius on Natural and International Law, NILR 30 (1983), 61-71

Elaraby, Nahil, Some Reflections on the Role of the Security Council and the Prohibition of the Use of Force In International Relations: Article 2 (4) Revisited in Light of Recent Developments, in: Frowein, Jochen Abr. u.a. (Hrsg.), Verhandeln für den Frieden – Negotiating for Peace, Liber Amicorum Tono Eitel, Berlin u.a. 2003, S. 41-67 (zit.: Elaraby, Art. 2 (4) Revisited)

von Elbe, Joachim, Die Wiederherstellung der Gleichgewichtsordnung in Europa durch den Wiener Kongreß, ZaöRV 4 (1934), 226-260

von Elbe, Joachim, The Evolution of the Concept of Just War in International Law, AJIL 33 (1939), 665-688

Eyffinger, Arthur, Europe in the Balance: An Appraisal of the Westphalian System, NILR 45 (1998), 161-187

van Eysinga, Willem J. M., Hugo Grotius – Eine biographische Skizze, Basel 1952

Fahl, Gundolf, Der Grundsatz der Freiheit der Meere in der Staatenpraxis von 1493 bis 1648, Köln u.a. 1969 (zit.: Fahl, Freiheit der Meere)

Falk, Richard A., What Future for the UN Charter System of War Prevention?, AJIL 97 (2003), 590-598

Fassbender, Bardo, Die Gegenwartskrise des völkerrechtlichen Gewaltverbots vor dem Hintergrund der geschichtlichen Entwicklung, EuGRZ 2004, 241-256

Franck, Thomas M., Fairness in International Law and Institutions, Oxford 1995

Franck, Thomas M., Recourse to Force: State Action Against Threats and Armed Attacks, Cambridge 2002 (zit.: Franck, Recourse to Force)

Franck, Thomas M., Terrorism and the Right of Self-Defense, AJIL 95 (2001), 839-843

Franck, Thomas M., What Happens Now? The United Nations After Iraq, AJIL 97 (2003), 607-620

Franck, Thomas. M., Who Killed Article 2 (4)? Or: Changing Norms Governing the Use of Force by States, AJIL 64 (1970), 809-837

Franzke, Hans-Georg, Die militärische Abwehr von Angriffen auf Staatsangehörige im Ausland – insbesondere ihre Zulässigkeit nach der Satzung der Vereinten Nationen, ÖstZöffR 16 (1966), 128-175

Freedman, Lawrence, Prevention, Not Preemption, The Washington Quarterly 26 (2003), No. 2, 105-114

Frenzke, Dietrich / Hacker, Jens / Uschakow, Alexander, Die Feindstaatenartikel und das Problem des Gewaltverzichts der Sowjetunion im Vertrag vom 12.8.1970, Berlin 1971 (zit.: *Bearbeiter*, in: Frenzke/Hacker/Uschakow, Feindstaatenartikel)

Fröhlich, Stefan, Hegemonialer Imperialismus, FAZ, 10. April 2003, S. 8

Frowein, Jochen A., Der Terrorismus als Herausforderung für das Völkerrecht, ZaöRV 62 (2002), 879-905

Frowein, Jochen A., Is Public International Law Dead?, GYIL 46 (2003), 9-16

Frowein, Jochen A., Zwangsmaßnahmen von Regionalorganisationen, in: Beyerlin, Ulrich u.a. (Hrsg.), Recht zwischen Umbruch und Bewahrung, Festschrift für Rudolf Bernhardt, Berlin u.a. 1995, S. 57-69

Gaddis, John Lewis, A Grand Strategy of Transformation, Foreign Policy 133 (Nov./Dec. 2002), 50-57

Gardam, Judith, Necessity, Proportionality and the Use of Force by States, Cambridge 2004

Gardner, Richard N., Neither Bush nor the "Jurisprudes", AJIL 97 (2003), 585-590

Genoni, Maurizio, Die Notwehr im Völkerrecht, Zürich 1987

Gill, Terry D., Just War Doctrine in Modern Context, in: Gill, Terry D. / Heere, Wybo P. (Hrsg.), Reflections on Principles and Practice of International Law, Essays in Honour of Leo J. Bouchez, The Hague 2000, S. 17-64 (zit.: Gill, Just War Doctrine)

Gill, Terry D., Legal and some political limitations on the power of the UN Security Council to exercise its enforcement powers under Chapter VII of the Charter, NYIL 26 (1995), 33-138

Gizewski, Christian, Hugo Grotius und das antike Völkerrecht, Der Staat 32 (1993), 325-355

Glennon, Michael J., The Fog of Law: Self-Defense, Inherence, and the Incoherence in Art. 51 of the United Nations Charter, Harv. J. Law & Publ. Pol. 25 (2002), 539-558

Glennon, Michael J., Why the Security Council Failed, Foreign Affairs 82 (2003) No. 3, 16-35

Göppert, Otto, Der Völkerbund, Handbuch des Völkerrechts, Band IV/1, Stuttgart 1938

Gray, Christine, From Unity to Polarization: International Law and the Use of Force against Iraq, EJIL 13 (2002), 1-19

Gray, Christine, International Law and the Use of Force, 2. Aufl., Oxford 2004 (zit.: Gray, International Law)

Gray, Christine, The legality of NATO's military action in Kosovo: is there a right of humanitarian intervention, in: Sienho, Yee / Wang, Tieya (Hrsg.), International Law in the Post-Cold War World, Essays in memory of Li Haopei, London 2001, S. 240-253 (zit.: Gray, NATO's military action in Kosovo)

Gray, Christine, The US National Security Strategy and the New "Bush Doctrine" on Preemptive Self-defense, CJIL 1 (2002), 437-447

Green, Leslie Claude, Armed Conflict, War, and Self-Defence, AVR 6 (1956/57), 387-438

Greenwood, Christopher, International law and the "war against terrorism", International Affairs 78 (2002), 301-317

Greenwood, Christopher, International Law and the Pre-emptive Use of Force: Afghanistan, Al-Qaida, and Irak, San Diego ILJ 4 (2003), 7-37

Greenwood, Christopher, The Concept of War in Modern International Law, ICLQ 36 (1987), 283-306

Grewe, Wilhelm G., Epochen der Völkerrechtsgeschichte, Baden-Baden 1984 (zit.: Grewe, Epochen)

Grewe, Wilhelm G., Grotius – Vater des Völkerrechts, Der Staat 23 (1984), 161-178

Grewe, Wilhelm G., Was ist „klassisches", was ist „modernes" Völkerrecht?, in: Böhm, Alexander u.a. (Hrsg.), Idee und Realität des Rechts in der Entwicklung internationaler Beziehungen, Festgabe für Wolfgang Preiser, Baden-Baden 1983, S. 111-131

Grzeszick, Bernd, Die Staatsgewalt in der UN-Charta zwischen Gewaltverbot und Selbstverteidigungsrecht, AVR 41 (2003), 484-505

Guggenheim, Paul, Jus naturale und jus gentium als geistesgeschichtliche Grundlagen der zeitgenössischen Völkerrechtsordnung, in: Constantopoulos, Dimitri S. u.a. (Hrsg.), Grundprobleme des internationalen Rechts, Festschrift für Jean Spiropoulos, Bonn 1957, S. 213-225 (zit.: Guggenheim, Jus naturale und jus gentium)

Guggenheim, Paul, Les Origines de la Notion autonome du Droit des Gens, in: van Asbeck, Le Baron F. M. u.a. (Hrsg.), Symbolae Verzijl, présentées au Professeur J. H. W. Verzijl à l'occasion de son LXX-ième anniversaire, La Haye 1958, S. 177-189

Häberle, Peter, Klassikertexte im Verfassungsleben, Vortrag gehalten vor der Berliner Juristischen Gesellschaft am 22. Oktober 1980, Schriftenreihe der Juristischen Gesellschaft e.V., Heft 67, Berlin 1981

Hacke, Christian, Der Terrorangriff vom 11. September 2001 und seine Folgen für die amerikanische Außenpolitik, ZPol 1/2003, 65-84

Hacke, Christian, Weltordnungspolitik nach dem 11. September: Die deutsch-amerikanischen Beziehungen im Zeichen des Krieges gegen den Terror und der Irak-Krise, in: Isensee, Jose (Hrsg.), Der Terror, der Staat und das Recht, Berlin 2004, S. 41-54

Haggenmacher, Peter, Droits subjectifs et système juridique chez Grotius, in: Foisneau, Luc (Hrsg.), Politique, droit et théologie chez Bodin, Grotius et Hobbes, Paris 1997, S. 73-130 (zit.: Haggenmacher, Droits subjectifs)

Haggenmacher, Peter, Grotius and Gentili: A Reassessment of Thomas E. Hollands Inaugural Lecture, in: Bull, Hedley u.a. (Hrsg.), Hugo Grotius and International Relations, Oxford 1990, S. 133-176 (zit.: Haggenmacher, Grotius and Gentili)

Haggenmacher, Peter, Grotius et la doctrine de la guerre juste, Paris 1983 (zit.: Haggenmacher, Doctrine de la guerre juste)

Haggenmacher, Peter, Grotius et le droit international – le texte et la légende, in: Dufour, Alfred u.a. (Hrsg.), Grotius et l'ordre juridique international, Travaux du colloque Hugo Grotius Genève 10-11 novembre 1983, Lausanne 1985, S. 115-143 (zit.: Haggenmacher, Grotius et le droit international)

Haggenmacher, Peter, On Assessing the Grotian Heritage, in: T.M.C. Asser Instituut (Hrsg.), International Law and The Grotian Heritage, A commemorative colloquium held at The Hague on 8 April 1983 on the occasion of the fourth centenary of the birth of Hugo Grotius, The Hague 1985, S. 150-160 (zit.: Haggenmacher, Grotian Heritage)

Hailbronner, Kay, Die Grenzen des völkerrechtlichen Gewaltverbots, in: Schindler, Dietrich / Hailbronner, Kay (Hrsg.), Die Grenzen des völkerrechtlichen Gewaltverbots, BDGV 26, Heidelberg 1986, S. 49-111

Hannikainen, Lauri, Peremptory Norms (jus cogens) in International Law, Helsinki 1988 (zit.: Hannikainen, Peremptory Norms)

Harris, David J., Cases and Materials on International Law, 4. Aufl., London 1991

Hausmaninger, Herbert, „Bellum iustum" und „iusta causa belli" im älteren römischen Recht, ÖstZöffR 11 (1961), 335-345

Heberlein, Horst, Die Geltungsbeendigung der Feindstaatenklauseln – ein äußerer Aspekt der deutschen Einheit, AVR 29 (1991), 85-103

Heintschel von Heinegg, Wolff, Seekriegsrecht und Neutralität im Seekrieg, Berlin 1995 (zit.: Heintschel von Heinegg, Seekriegsrecht)

Heintschel von Heinegg, Wolff, Wider die Mär vom Tod des Neutralitätsrechts, in: Fischer, Horst u.a. (Hrsg.), Krisensicherung und Humanitärer Schutz – Crisis Management and Humanitarian Protection, Festschrift für Dieter Fleck, Berlin 2004, S. 221-241 (zit.: Heintschel von Heinegg, Neutralitätsrecht)

Heisbourg, François, A Work in Progress: The Bush Doctrine and Its Consequences, The Washington Quarterly 26 (2003), No. 2, 75-88

Henkin, Louis, The Reports of the Death of Article 2 (4) are Greatly Exaggerated, AJIL 65 (1971), 544-548

Herdegen, Matthias, Asymmetrien in der Staatenwelt und die Herausforderungen des „konstruktiven Völkerrechts", ZaöRV 64 (2004), 571-582

Herdegen, Matthias, Völkerrecht, 4. Aufl., München 2005

Hershey, Amos S., The History of International Relations During Antiquity and the Middle Ages, AJIL 5 (1911), 901-933

Hertz, Anselm, Die thomasische Lehre vom bellum justum als ethischer Kompromiß, in: Brunner, Horst (Hrsg.), Die Wahrnehmung und Darstellung von Kriegen im Mittelalter und in der Frühen Neuzeit, Wiesbaden 2000, S. 17-30 (zit.: Hertz, Die thomasische Lehre)

Hertz, Wilhelm G., Das Problem des völkerrechtlichen Angriffs, 2. Aufl., Leiden 1936

Hestermeyer, Holger P., Die völkerrechtliche Beurteilung des Irak-Kriegs im Lichte transatlantischer Rechtskulturunterschiede, ZaöRV 64 (2004), 315-341

von der Heydte, Friedrich August Freiherr, Die Feindstaatenklausel in der Satzung der UNO, in: Schaumann, Wilfried (Hrsg.), Völkerrechtliches Gewaltverbot und Friedenssicherung, Baden-Baden 1971, S. 247-256 (zit.: von der Heydte, Feindstaatenklausel)

von der Heydte, Friedrich August Freiherr, Die Geburtsstunde des souveränen Staates, Regensburg 1952

von der Heydte, Friedrich August Freiherr, Glossen über Wesen und Funktion des Krieges im Völkerrecht, in: Der Göttinger Arbeitskreis (Hrsg.), Mensch und Staat in Recht und Geschichte, Festschrift für Herbert Kraus zur Vollendung seines 70. Lebensjahres dargebracht von Freunden, Schülern und Mitarbeitern, Kitzingen am Main 1954, S. 73-87 (zit.: von der Heydte, Wesen und Funktion des Krieges)

von der Heydte, Friedrich August Freiherr, Völkerrecht, Band II, Köln, Berlin 1960 (zit.: von der Heydte, Völkerrecht II)

Hillgenberg, Hartmut, Gewaltverbot: Was gilt noch?, in: Frowein, Jochen Abr. u.a. (Hrsg.), Verhandeln für den Frieden – Negotiating for Peace, Liber Amicorum Tono Eitel, Berlin u.a. 2003, S. 141-168 (zit.: Hillgenberg, Gewaltverbot)

Hillgruber, Christian, Das Verhältnis von Frieden und Gerechtigkeit – völkerrechtlich betrachtet, ZfP 2003, 245-256

Hilpold, Peter, Die Vereinten Nationen und das Gewaltverbot, VN 2005, 81-88

Hofmann, Hasso, Hugo Grotius, in: Stolleis, Michael (Hrsg.), Staatsdenker im 17. und 18. Jahrhundert, 2. Aufl., Frankfurt am Main 1987, S. 52-77

Hofmann, Rainer, International Law and the Use of Military Force Against Iraq, GYIL 45 (2002), 9-34

Ikenberry, G. John, America's Imperial Ambition, Foreign Affairs 81 (2002), No. 5, 44-60

Imhasly, Bernard, Präventivkrieg darf jeder führen, Die tageszeitung, 5. Oktober 2002, S. 9

Iovane, Massimo / de Vittor, Francesca, La doctrine européenne et l'intervention en Iraq, AFDI 49 (2003), 17-31

Ipsen, Knut, Ein neues jus ad bellum?, in: Machura, Stefan / Ulbrich, Stefan (Hrsg.), Recht – Gesellschaft – Kommunikation, Festschrift für Klaus F. Röhl, Baden-Baden 2003, S. 242-251

Ipsen, Knut, Relativierung des „absoluten" Gewaltverbots?, in: Ipsen, Knut u.a. (Hrsg.), Wehrrecht und Friedenssicherung, Festschrift für Klaus Dau zum 65. Geburtstag, Neuwied / Kriftel 1999, S. 103-120

Ipsen, Knut, Völkerrecht, 5. Aufl., München 2004 (zit.: *Bearbeiter*, in: Ipsen, Völkerrecht)

Ipsen, Knut, Zum Begriff des „internationalen bewaffneten Konflikts", in: Delbrück, Jost u.a. (Hrsg.), Recht im Dienst des Friedens, Festschrift für Eberhard Menzel zum 65. Geburtstag am 21. Januar 1976, Berlin 1975, S. 405-425

Jeismann, Karl-Ernst, Das Problem des Präventivkrieges im europäischen Staatensystem, Freiburg 1957 (zit.: Jeismann, Präventivkrieg)

Jennings, Robert Y., The Caroline and McLeod Cases, AJIL 32 (1938), 82-99

Jennings, Robert / Watts, Arthur, Oppenheim's International Law, Volume I/1: Peace, Introduction and Part 1, 9. Aufl., London 1992 (zit.: Jennings/Watts, International Law Vol. I/1)

Jervis, Robert, Mutual Assured Destruction, Foreign Policy 133 (Nov./Dec. 2002), 40-42

Jervis, Robert, Understanding the Bush Doctrine, PSQ 118 (2003), 365-388

Jiménez de Aréchaga, Eduardo, International Law in the Past Third of a Century, RdC 159 (1978/I), S. 1-344

Jiménez de Aréchaga, Eduardo, The Grotian Heritage and the Concept of a Just World Order, in: T.M.C. Asser Instituut (Hrsg.), International Law and The Grotian Heritage, A commemorative colloquium held at The Hague on 8 April 1983 on the occasion of the fourth centenary of the birth of Hugo Grotius, The Hague 1985, S. 5-24

Joecks, Wolfgang / Miebach, Klaus (Hrsg.), Münchener Kommentar zum Strafgesetzbuch, Band 1 (§§ 1-51 StGB), München 2003 (zit.: *Bearbeiter*, in: MüKo-StGB)

Johnstone, Ian, The Plea of „Necessity" in International Legal Discourse: Humanitarian Intervention and Counter-terrorism, Columbia JTL 43 (2005), 337-388

Joyner, Daniel H., The Kosovo Intervention: Legal Analysis and a More Persuasive Paradigm, EJIL 13 (2002), 597-619

Kadelbach, Stefan, Staatenverantwortlichkeit für Angriffskriege und Verbrechen gegen die Menschlichkeit, in: Heintschel von Heinegg u.a. (Hrsg.), Entschädigung nach bewaffneten Konflikten – Die Konstitutionalisierung der Welthandelsordnung, BDGV 40, Heidelberg 2003, S. 63-105 (zit.: Kadelbach, Staatenverantwortlichkeit)

Kadelbach, Stefan, Zwingendes Völkerrecht, Berlin 1992

von Kaltenborn, Carl, Die Vorläufer des Hugo Grotius auf dem Gebiete des ius naturae et gentium sowie der Politik im Reformationszeitalter, Nachdruck der Ausgabe Leipzig 1848, Frankfurt am Main 1965 (zit.: von Kaltenborn, Vorläufer)

Karl, Wolfram, Vertrag und spätere Praxis im Völkerrecht, Berlin u.a. 1983

Kennan, George F. (unter dem Pseudonym „X"), The Sources of Soviet Conduct, Foreign Affairs 25 (1946/47), 566-582

Kerth, Sonja, Der gute Grund – Modelle für Kriegsbegründungen in Liedern und Reimsprüchen des 15. und 16. Jahrhunderts, in: Brunner, Horst (Hrsg.), Der Krieg im Mittelalter und in der frühen Neuzeit: Gründe, Begründungen, Bilder, Bräuche, Recht, Wiesbaden 1999, S. 229-262

Kewenig, Wilhelm, Gewaltverbot und noch zulässige Machteinwirkung und Interventionsmittel, in: Schaumann, Wilfried (Hrsg.), Völkerrechtliches Gewaltverbot und Friedenssicherung, Baden-Baden 1971, S. 175-217

Kimmage, Michael, Wer denkt für Bush? Porträt der republikanischen Intelligenz, FAZ, 22. Oktober 2004, S. 44

Kingsbury, Benedict / Roberts, Adam, Introduction: Grotian Thought in International Relations, in: Bull, Hedley u.a. (Hrsg.), Hugo Grotius and International Relations, Oxford 1990, S. 1-64 (zit.: Kingsbury/Roberts, Grotian Thought)

Kipp, Heinrich, Pax et securitas oder pax et iustitia im Völkerrecht, in: Kipp, Heinrich u.a. (Hrsg.), Um Recht und Freiheit – Festschrift für Friedrich August Freiherr von der Heydte zur Vollendung des 70. Lebensjahres, Berlin 1977, S. 253-277 (zit.: Kipp, Pax et securitas)

Knight, William S. M., The Life and Works of Hugo Grotius, London, New York 1962

Kohen, Marcelo G., The use of force by the United States after the end of the Cold War, and its impact on international law, in: Byers, Michael / Nolte, Georg (Hrsg.), United States Hegemony and the Foundations of International Law, Cambridge 2003, S. 197-231 (zit.: Kohen, The use of force by the United States)

Kokott, Juliane / Gündling, Lothar, Die Erweiterung der deutschen Küstengewässer in der Nordsee, ZaöRV 45 (1985), 675-693

Kolb, Robert, Selected Problems in the Theory of Customary International Law, NILR 50 (2003), 119-150

Kolb, Robert, Self-Defence and Preventive War at the Beginning of the Millennium, ZÖR 59 (2004), 111-134

Kolb, Robert, Sur l'origine du couple terminologique ius ad bellum/ius in bello, RICR 1997, 593-602

Koller, David S., The Moral Imperative: Toward a Human Rights-Based Law of War, Harvard ILJ 46 (2005), 231-264

Korb, Larry / Kraig, Michael, Winning the Peace in the 21st Century – A Task Force Report of the Strategies for US National Security Program, The Stanley Foundation, October 2003 (URL: www.reports.stanleyfoundation.org/SNS03.pdf, 29. Juli 2004)

Kosters, Jan, Les fondements du droit des gens, Bibliotheca Visseriana Tomus IV, Lugduni Batavorum (Leiden) 1925

Kotzsch, Lothar, The Concept of War in Contemporary History and International Law, Geneva 1956 (zit.: Kotzsch, Concept of War)

Kotzur, Markus, „Krieg gegen den Terrorismus" – politische Rhetorik oder neue Konturen des „Kriegsbegriffes" im Völkerrecht?, AVR 40 (2002), 454-479

Kotzur, Markus, Die Wirkungsweise von Klassikertexten im Völkerrecht, JöR 49 n.F. (2001), 329-347

Krajewski, Markus, Preventive Use of Force and Military Actions against Non-State Actors: Revisiting the Right of Self-defence in Insecure Times, Baltic YBIL 5 (2005), 1-26

Kreß, Claus, Die Rettungsoperation der Bundeswehr in Albanien am 14. März 1997 aus völker- und verfassungsrechtlicher Sicht, ZaöRV 57 (1997), 329-362

Kreß, Claus, Gewaltverbot und Selbstverteidigungsrecht nach der Satzung der Vereinten Nationen bei staatlicher Verwicklung in Gewaltakte Privater, Berlin 1995 (zit.: Kreß, Gewaltverbot und Selbstverteidigungsrecht)

Kreß, Claus, Strafrecht und Angriffskrieg im Licht des „Falles Irak", ZStW 115 (2003), 294-351

Krisch, Nico, Review Essay: Legality, Morality and the Dilemma of Humanitarian Intervention after Kosovo, EJIL 13 (2002), 323-335

Krisch, Nico, Selbstverteidigung und kollektive Sicherheit, Berlin u.a. 2001

Kristol, William / Kagan, Robert, Toward a Neo-Reaganite Foreign Policy, Foreign Affairs 75 (1996), No. 4, 18-32

Kritsiotis, Dino, Arguments of Mass Confusion, EJIL 15 (2004), 233-278

Kritsiotis, Dino, The Kosovo Crisis and NATO's Application of Armed Force Against the Federal Republic of Yugoslavia, ICLQ 49 (2000), 330-359

Krugmann, Michael, Der Grundsatz der Verhältnismäßigkeit im Völkerrecht, Berlin 2004 (zit.: Krugmann, Grundsatz der Verhältnismäßigkeit)

Kunz, Josef L., Bellum justum and bellum legale, AJIL 45 (1951), 528-534

Kunz, Josef L., Die intrasystematische Stellung des Art. XI des Völkerbundpaktes, Leipzig 1931 (zit.: Kunz, Art. XI des Völkerbundpaktes)

Kunz, Josef L., Kriegsrecht und Neutralitätsrecht, Wien 1935

Kunz, Josef L., Statisches und dynamisches Völkerrecht, in: Verdroß, Alfred (Hrsg.), Gesellschaft, Staat und Recht (Festschrift für Hans Kelsen), Wien 1931, S. 217-251

Kurth, Michael E., Der dritte Golfkrieg aus völkerrechtlicher Sicht, ZRP 2003, 195-198

Lailach, Martin, Die Wahrung des Weltfriedens und der internationalen Sicherheit als Aufgabe des Sicherheitsrats der Vereinten Nationen, Berlin 1998

Lammasch, Heinrich, Das Völkerrecht nach dem Kriege, Kristiania 1917

Lange, Christian L., Histoire de la doctrine pacifique et son influence sur le développement du droit international, RdC 13 (1926/III), S. 171-426 (zit.: Lange, Doctrine pacifique)

Lange, Christian, Zu Fragen der Rechtmäßigkeit des NATO-Einsatzes im Kosovo, EuGRZ 1999, 313-316

Lauterpacht, Hersch, The Grotian Tradition in International Law, BYIL 23 (1946), 1-53

le Fur, Louis, La théorie du droit naturel depuis le XVIIe siècle et la doctrine moderne, RdC 18 (1927/III), S. 259-442 (zit.: le Fur, Droit naturel)

le Fur, Louis, Les Conventions de Londres (1933) et la définition de l'agresseur, RDI 11 (1933), 179-191

Leffler, Melvyn P., Bush's Foreign Policy, Foreign Policy 144 (Sep./Oct. 2004), 22-28

Legohérel, Henri, Jean Bodin et l'Europe de son temps, JHIL 1 (1999), 38-47

von Lepel, Oskar Matthias Freiherr, Die präemptive Selbstverteidigung im Lichte des Völkerrechts, HuV-I 16 (2003), 77-81

Lesaffer, Randall, The Grotian Tradition Revisited: Change and Continuity in the History of International Law, BYIL 73 (2002), 103-139

Li, Dexiang, Review of the Report of the High-level Panel on Threats, Challenges and Change, CJIL 4 (2005), 303-309

Li, Haopei, Jus cogens and international law, in: Sienho, Yee / Wang, Tieya (Hrsg.), International Law in the Post-Cold War World, Essays in memory of Li Haopei, London 2001, S. 499-522

Lietzau, William K., The Role of Military Force in Foreign Relations, Humanitarian Intervention, and the Security Council, ZaöRV 64 (2004), 281-304

Lingens, Karl-Heinz, Internationale Schiedsgerichtsbarkeit und Jus Publicum Europaeum, Berlin 1988

Luban, David, Preventive War, Phil. & Publ. Affairs 32 (2004), 207-248

Lueder, Carl, Krieg und Kriegsrecht im Allgemeinen, in: von Holtzendorff, Franz (Hrsg.), Handbuch des Völkerrechts Band IV/1, Hamburg 1889, S. 169-367

Magenheimer, Heinz, Präventivkrieg und die Nicht-Weiterverbreitung von Massenvernichtungswaffen, in: Politische Studien Nr. 391 (Sep./Okt. 2003), S. 43-53 (zit.: Magenheimer, Präventivkrieg)

Manz, Johannes J., Emer de Vattel – Versuch einer Würdigung, Zürich 1971 (zit.: Manz, Emer de Vattel)

Maogoto, Jackson Nyamuya, New Frontiers, Old Problems: The War on Terror and the Notion of Anticipating the Enemy, NILR 51 (2004), 1-39

Marshall, Joshua Micah, Review Essay: Remaking the World – Bush and the Neoconservatives, Foreign Affairs 82 (2003), 142-146

von Martens, Friedrich, Völkerrecht – Das internationale Recht der civilisierten Nationen, Deutsche Ausgabe von Carl Bergbohm, Erster Band, Berlin 1883

Mazura, Silvia, Die preußische und österreichische Kriegspropaganda im Ersten und Zweiten Schlesischen Krieg, Berlin 1996 (zit.: Mazura, Kriegspropaganda)

McCoubrey, Hilaire / White, Nigel D., International Law and Armed Conflicts, Aldershot u.a. 1992

McDougal, Myers S. / Feliciano, Florentino P., The International Law of War: Transnational Coercion and World Public Order, New Haven /Dordrecht 1994 (zit.: McDougal/Feliciano, International Law of War)

McDougal, Myers S., The Soviet-Cuban Quarantine and Self-Defense, AJIL 57 (1963), 597-604

McNair, Arnold D. / Watts, Arthur D., The Legal Effects of War, 4. Aufl., Cambridge 1966

Meessen, Karl M., Selbstverteidigung als werdendes Völkergewohnheitsrecht – Das Vorgehen gegen den Irak im Spiegel rechtlicher Abwägungen, NZZ, 18. Februar 2003, S. 5

Mégret, Frédéric, War? Legal Semantics and the Move to Violence, EJIL 13 (2002), 361-399

Menk, Thomas Michael, Gewalt für den Frieden – Die Idee der kollektiven Sicherheit und die Pathognomie des Krieges im 20. Jahrhundert, Berlin 1992

Meron, Theodor, International Law in the Age of Human Rights, RdC 301 (2003), S. 9-490

Meurer, Christian, Hugo Grotius, Festrede zur Feier des 344-jährigen Bestehens der Julius-Maximilians-Universität Würzburg gehalten am 10. Juli 1926, in: Meurer, Christian, Zwei Rektoratsreden, Würzburg 1926, S. 49-69 (zit.: Meurer, Hugo Grotius)

Minnerop, Petra, Paria-Staaten im Völkerrecht?, Berlin u.a. 2004

Mohnhaupt, Heinz, „Europa" und „ius publicum" im Europa des 17. und 18. Jahrhunderts, in: Bergfeld, Christoph u.a. (Hrsg.), Aspekte europäischer Rechtsgeschichte, Festgabe für Helmut Coing zum 70. Geburtstag, Frankfurt am Main 1982, S. 207-232 (zit.: Mohnhaupt, Europa und ius publicum)

van der Molen, Gesina H. J., Alberico Gentili and the Development of International Law, 2. Aufl., Leyden 1967 (zit.: van der Molen, Alberico Gentili)

Moore, John Bassett, A Digest of International Law, Vol. II, Washington 1906

Moratiel Villa, Sergio, Philosophie du droit international: Suárez, Grotius et épigones, RICR 1997, 577-591

Morgenthau, Hans J., Politics among Nations – The Struggle for Power and Peace, 4. Aufl., New York 1967

Murphy, Sean D., Terrorism and the Concept of "Armed Attack" in Article 51 of the U. N. Charter, Harvard ILJ 43 (2003), 41-51

Murswiek, Dietrich, Die amerikanische Präventivkriegsstrategie und das Völkerrecht, NJW 2003, 1014-1020

Nagan, Winston P. / Hammer, Craig, The New Bush National Security Doctrine and the Rule of Law, Berkeley JIL 22 (2004), 375-438

Nellen, Henk J. M., Hugo Grotius, Bonn 1983

Neuhold, Hanspeter, Internationale Konflikte – verbotene und erlaubte Mittel ihrer Austragung, Wien / New York 1977

Nolte, Georg, Die USA und das Völkerrecht, FW 78 (2003), 119-140

Nolte, Georg, Eingreifen auf Einladung – Zur völkerrechtlichen Zulässigkeit des Einsatzes fremder Truppen im internen Konflikt auf Einladung der Regierung, Berlin 1999

Nolte, Georg, Vorbeugende Gewaltanwendung und gezielte Tötungen: Der Weg in eine andere Rechtsordnung, in: Ambos, Kai / Arnold, Jörg (Hrsg.), Der Irak-Krieg und das Völkerrecht, Berlin 2004, S. 303-321 (zit.: Nolte, Vorbeugende Gewaltanwendung)

Nussbaum, Arthur, Geschichte des Völkerrechts in gedrängter Darstellung, München / Berlin 1960 (zit.: Nussbaum, Geschichte)

Nye, Joseph S. Jr., Soft Power and American Foreign Policy, PSQ 119 (2004), 255-270

Nys, Ernest, Les origines du droit international, Bruxelles / Paris 1894

O'Connell, Mary Ellen, Addendum to Armed Forces in Iraq: Issues of Legality (URL: www.asil.org/insights/insigh99a1.htm, 24. Januar 2005)

O'Connell, Mary Ellen, La doctrine américaine et l'intervention en Iraq, AFDI 49 (2003), 3-16

O'Connell, Mary Ellen, Pre-Emption and Exception – The US Moves Beyond Unilaterism, in: Lutz, Dieter S. / Gießmann, Hans J. (Hrsg.), Die Stärke des Rechts gegen das Recht des Stärkeren – Politische und rechtliche Einwände gegen eine Rückkehr des Faustrechts in die internationalen Beziehungen, Baden-Baden 2003, S. 148-159

O'Connell, Mary Ellen, The Myth of Preemptive Self-Defense, ASIL Task Force on Terrorism, August 2002 (URL: www.asil.org/taskforce/oconnell.pdf, 5. April 2006)

Ochoa-Ruiz, Natalia / Salamanca-Aguado, Esther, Exploring the Limits of International Law relating to the Use of Force in Self-defence, EJIL 16 (2005), 499-524

Oellers-Frahm, Karin, The International Court of Justice and Article 51 of the UN Charter, in: Dicke, Klaus u.a. (Hrsg.), Weltinnenrecht, Liber amicorum Jost Delbrück, Berlin 2005, S. 503-517 (zit.: Oellers-Frahm, The ICJ and Art. 51 of the UN Charter)

Onuma, Yasuaki, Conclusion: Law Dancing to the Accompaniment of Love and Calculation, in: Onuma, Yasuaki (Hrsg.), A Normative Approach To War – Peace, War, and Justice in Hugo Grotius, Oxford 1993, S. 333-370 (zit.: Onuma, Conclusion)

Oppenheim, Lassa / Lauterpacht, Hersch, International Law, Vol. I – Peace, 8. Aufl., London 1955; Vol. II – Disputes, War and Neutrality, 7. Aufl., London 1952

Oppermann, Thomas, Das Verbot der Gewaltanwendung – Hauptprobleme der Geltung und der Anwendung, in: Schaumann, Wilfried (Hrsg.), Völkerrechtliches Gewaltverbot und Friedenssicherung, Baden-Baden 1971, S. 119-145 (zit.: Oppermann, Gewaltanwendung)

Österdahl, Inger, ... But Some Are More Equal than Others – On Weak and Rogue States in the National Security Strategy of the United States, NJIL 73 (2004), 247-263

Ottenwälder, Paul, Zur Naturrechtslehre des Hugo Grotius, Tübingen 1950 (zit.: Ottenwälder, Naturrechtslehre)

Pajunk, Inken, Möglichkeiten und Grenzen der Prävention gewaltsamer Konflikte durch die Vereinten Nationen. Eine an Konfliktstudien orientierte Untersuchung multilateraler Konfliktverhütung nach Ende des Kalten Krieges, Münster 2004 (zit.: Pajunk, Prävention gewaltsamer Konflikte)

Paulus, Andreas, Antinomies of Power and Law: A Comment on Robert Kagan, GLJ 4 (2003), 871-888 (Internet-Publikation: www.germanlawjournal.com)

Pillet, Antoine, La Guerre et le Droit, Louvain 1922

Powell, Colin L., A Strategy of Partnership, Foreign Affairs 83 (2004), No. 1, 22-34

Preiser, Wolfgang, Über die Ursprünge des modernen Völkerrechts, in: Lüderssen, Klaus / Ziegler, Karl-Heinz (Hrsg.), Macht und Norm in der Völkerrechtsgeschichte, Baden-Baden 1978, S. 9-27 (zit.: Preiser, Ursprünge des modernen Völkerrechts)

Rawls, John, The Law of Peoples, with "The Idea of Public Reason Revisited", Cambridge (Mass.) 1999

Reeves, Jesse S., Grotius, De jure belli ac pacis: A Bibliographical Account, AJIL 19 (1925), 251-262

Reeves, Jesse S., The First Edition of Grotius' De Jure Belli ac Pacis, 1625, AJIL 19 (1925), 12–22

Reeves, Jesse S., The Influence of the Law of Nature upon International Law in the United States, AJIL 3 (1909), 547-561

Regout, Robert H. W., La doctrine de la guerre juste de Saint Augustin à nos jours, Nachdruck der Ausgabe Paris 1934, Aalen 1974 (zit.: Regout, La doctrine de la guerre juste)

Reibstein, Ernst, Das „Europäische Öffentliche Recht" 1648-1815, AVR 8 (1959/60), 385-420

Reisman, W. Michael, Assessing Claims to Revise the Laws of War, AJIL 97 (2003), 82-90

Reisman, W. Michael, Unilateral Action and the Transformations of the World Constitutive Process: The Special Problem of Humanitarian Intervention, EJIL 11 (2000), 3-18

Remec, Peter Pavel, The Position of the Individual in International Law according to Grotius and Vattel, The Hague 1960 (zit.: Remec, Position of the Individual)

Rengger, Nicholas, On the just war tradition in the twenty-first century, International Affairs 78 (2002), 353-363

Rens, Ivo, Grotius et la doctrine traditionnelle de la «guerre juste», in: Dufour, Alfred u.a. (Hrsg.), Grotius et l'ordre juridique international, Travaux du colloque Hugo Grotius Genève 10-11 novembre 1983, Lausanne 1985, S. 67-79

Rettich, Heinrich, Zur Theorie und Geschichte des Rechts zum Kriege, Stuttgart 1888 (zit.: Rettich, Theorie und Geschichte)

Rifaat, Ahmed M., International Aggression – A Study of the Legal Concept: Its Development and Definition in International Law, Stockholm 1979 (zit.: Rifaat, International Aggression)

Rivier, Alphonse, Literaturhistorische Übersicht der Systeme und Theorien des Völkerrechts seit Grotius, in: von Holtzendorff, Franz (Hrsg.), Handbuch des Völkerrechts, Erster Band, Berlin 1885, S. 393-523 (zit.: Rivier, Systeme und Theorien)

Rivkin Jr., David B. / Casey, Lee A., Leashing the Dogs of War, The National Interest 78 (Fall 2003), 57-69

Rockefeller, Mark L., The "Imminent Threat" Requirement for the Use of Preemptive Military Force: Is It Time for a Non-Temporal Standard?, Denver JILP 33 (2004), 131-149

Roelofsen, Cornelis G., Some Remarks on the Sources of the Grotian System of International Law, NILR 30 (1983), 73-79

Rogge, Heinrich, Nationale Friedenspolitik, Berlin 1934

Röling, Bert V. A., Die Definition der Aggression, in: Delbrück, Jost u.a. (Hrsg.), Recht im Dienst des Friedens, Festschrift für Eberhard Menzel zum 65. Geburtstag am 21. Januar 1976, Berlin 1975, S. 387-403

Röling, Bert V. A., Jus ad bellum and the Grotian Heritage, in: T.M.C. Asser Instituut (Hrsg.), International Law and The Grotian Heritage, A commemorative colloquium held at The Hague on 8 April 1983 on the occasion of the fourth centenary of the birth of Hugo Grotius, The Hague 1985, S. 111-135

Roscher, Bernhard, The "Renunciation of War as an Instrument of National Policy", JHIL 4 (2002), 293-309

Rosenne, Shabtai, The Perplexities of Modern International Law, RdC 291 (2001), S. 9-472

Rouillard, Louis-Philippe, The Caroline Case: Anticipatory Self-Defence in Contemporary International Law, Miskolc JIL 1 (2004), 104-120

Rousseau, Jean Jacques, Du Contrat social et autres œuvres politiques, Paris 1975 (zit.: Rousseau, Du Contrat social)

Rüb, Matthias, Auf dem Pfad der Tugend – Präsident Bushs neue Nationale Sicherheitsstrategie ist seine alte, FAZ, 18. März 2006, S. 10

Ruddy, Francis S., The Acceptance of Vattel, in: Alexandrowicz, Charles H. (Hrsg.), Grotian Society Papers 1972, The Hague 1972, S. 177-196

Rudolf, Peter, Der 11. September, die Neuorientierung amerikanischer Außenpolitik und der Krieg gegen den Irak, ZfP 2003, 257-280

Rudolf, Peter, USA – Sicherheitspolitische Konzeptionen und Kontroversen, in: Ferdowsi, Mir A. (Hrsg.), Sicherheit und Frieden zu Beginn des 21. Jahrhunderts, 3. Aufl., München 2004, S. 179-195

Rutgers, Victor-Henri, La mise en harmonie du Pacte de la Société des Nations avec le Pacte de Paris, RdC 38 (1931/IV), S. 1-123

Rüthers, Bernd, Rechtstheorie, 2. Aufl., München 2005

Safire, William, Safire's New Political Dictionary – The Definitive Guide to the New Language of Politics, New York 1993

Sapiro, Miriam, Iraq: The Shifting Sands of Preemptive Self-Defense, AJIL 97 (2003), 599-607

Schachter, Oscar, International Law in Theory and Practice, General Course in Public International Law, RdC 178 (1982/V), S. 9-396

Schachter, Oscar, Self-Defense and the Rule of Law, AJIL 83 (1989), 259-277

Schaller, Christian, Das Friedenssicherungsrecht im Kampf gegen den Terrorismus – Gewaltverbot, kollektive Sicherheit, Selbstverteidigung und Präemption, SWP-Studie Februar 2004, Berlin 2004 (zit.: Schaller, Friedenssicherungsrecht)

Schaller, Christian, Massenvernichtungswaffen und Präventivkrieg, ZaöRV 62 (2002), 641-668

Schäuble, Wolfgang, Die deutsche und europäische Sicherheitspolitik vor neuen Herausforderungen, ZSE 2004, 165-172

Scheffer, David J., The United States and the International Criminal Court, AJIL 93 (1999), 12-22

Scheltens, Désiré F., Grotius' Doctrine of the Social Contract, NILR 30 (1983), 43-60

Schilling, Theodor, Zur Rechtfertigung der einseitigen gewaltsamen humanitären Intervention als Repressalie oder Nothilfe, AVR 35 (1997), 430-458

Schindler, Dietrich, Abgrenzungsfragen zwischen ius ad bellum und ius in bello, in: Hangartner, Yvo / Trechsel, Stefan (Hrsg.), Völkerrecht im Dienst des Menschen, Festschrift für Hans Haug, Bern / Stuttgart 1986, S. 251-259 (zit.: Schindler, Ius ad bellum und ius in bello)

Schindler, Dietrich, Die Grenzen des völkerrechtlichen Gewaltverbots, in: Schindler, Dietrich / Hailbronner, Kay (Hrsg.), Die Grenzen des völkerrechtlichen Gewaltverbots, BDGV 26, Heidelberg 1986, S. 11-47

Schmitt, Carl, Der Nomos der Erde im Völkerrecht des Jus Publicum Europaeum, 2. Aufl., Berlin 1974 (zit.: Schmitt, Nomos der Erde)

Schmitt, Carl, Die Wendung zum diskriminierenden Kriegsbegriff, unveränderter Nachdruck der 1. Aufl. von 1938, 2. Aufl., Berlin 1988

Schmitt, Michael N., U.S. Security Strategies: A Legal Assessment, Harv. J. Law & Publ. Pol. 27 (2004), 737-763

Schneider, Heinrich, Liquidiert Präsident Bush das Völkerrecht? Macht, Recht und Europa in der heutigen Weltinnenpolitik, Europainstitut der Wirtschaftsuniversität Wien (Hrsg.), Working Paper Nr. 57, Wien 2004

Schröder, Meinhard, Aktuelle Gefahren der internationalen Gemeinschaft im Spiegel der US-amerikanischen und europäischen Sicherheitsstrategie, in: Bröhmer, Jürgen u.a. (Hrsg.), Internationale Gemeinschaft und Menschenrechte, Festschrift für Georg Ress zum 70. Geburtstag, Köln u.a. 2005, S. 285-293 (zit.: Schröder, Aktuelle Gefahren der internationalen Gemeinschaft)

Schröder, Meinhard, Der Westfälische Friede – eine Epochengrenze im Völkerrecht?, in: Schröder, Meinhard (Hrsg.), 350 Jahre Westfälischer Friede, Berlin 1999, S. 119-132 (zit.: Schröder, Der Westfälische Friede)

Schücking, Walter / Wehberg, Hans, Die Satzung des Völkerbundes, Berlin 1921

Schwarzenberger, Georg, Jus pacis ac belli? Prolegomena to a Sociology of International Law, AJIL 37 (1943), 460-479

Schwarzenberger, Georg, The Principle of Self-Defence in International Judicial Practice, in: Legaz Lacambra, Luis / Garcia Arias, Luis (Hrsg.), Estudios de Derecho International, Homenaje al Profesor Camilo Barcia Trelles, Santiago de Compostela 1958, S. 213-219 (zit.: Schwarzenberger, The Principle of Self-Defence)

Schwebel, Stephen M., Aggression, Intervention and Self-Defence in Modern International Law, RdC 136 (1972/II), S. 411-497 (zit.: Schwebel, Aggression)

Schweisfurth, Theodor, Aggression, FAZ, 28. April 2003, S. 10

Scott, James Brown, Grotius' De Jure Belli ac Pacis Libri Tres: The Work of a Lawyer, Statesman and Theologian, AJIL 19 (1925), 461-468

Seidel, Gerd, Die Völkerrechtsordnung an der Schwelle zum 21. Jahrhundert, AVR 38 (2000), 23-47

Seidel, Gerd, Quo vadis, Völkerrecht?, AVR 41 (2003), 449-483

Shaw, Malcolm N., International Law, 5. Aufl., Cambridge 2003

Simma, Bruno (Hrsg.), The Charter of the United Nations, 2. Aufl., München 2002 (zit.: Bearbeiter, in: Simma, Charter)

Simmonds, K. R., Hugo Grotius and Alberico Gentili, JIR 8 (1958), 85-100

Sofaer, Abraham D., On the Necessity of Pre-emption, EJIL 14 (2003), 209-226

Stahn, Carsten, Enforcement of the Collective Will After Iraq, AJIL 97 (2003), 804-823

Starke, Joseph G., The Influence of Grotius Upon The Development of International Law in the Eighteenth Century, in: Alexandrowicz, Charles H. (Hrsg.), Grotian Society Papers 1972, The Hague 1972, S. 162-176 (zit.: Starke, The Influence of Grotius)

Stein, Torsten / von Buttlar, Christian, Völkerrecht, 11. Aufl., Köln u.a. 2005

Steinkamm, Armin A., Der Irak-Krieg – auch völkerrechtlich eine neue Dimension, Unumgängliche Diskussionen über das Recht der präventiven Verteidigung, NZZ, 16. Mai 2003, S. 9

Stevens, Kenneth R., Border Diplomacy, The Caroline and McLeod Affairs in Anglo-American-Canadian Relations 1837-1842, Tuscaloosa /London 1989

Stolleis, Michael, Reichspublizistik – Politik – Naturrecht im 17. und 18. Jahrhundert, in: Stolleis, Michael (Hrsg.), Staatsdenker im 17. und 18. Jahrhundert, 2. Aufl., Frankfurt am Main 1987, S. 9-28

Stone, Julius, Aggression and World Order: A Critique of United Nations Theories of Aggression, London 1958

Streinz, Rudolf, Wo steht das Gewaltverbot heute? Das Völkerrecht nach dem Irakkrieg, JöR 52 n.F. (2004), 219-243

Strisower, Leo, Der Krieg und die Völkerrechtsordnung, Wien 1919

Stromseth, Jane E., Law and Force After Iraq: A Transitional Moment, AJIL 97 (2003), 628-642

Strupp, Karl / Schlochauer, Hans-Jürgen (Hrsg.), Wörterbuch des Völkerrechts, Band I, 2. Aufl., Berlin 1960; Band II, 2. Aufl., Berlin 1961 (zit.: *Bearbeiter*, *Beitrag*, in: Strupp/Schlochauer, WVR)

Stumpf, Christoph A. / Melot de Beauregard, Paul, Die Entwicklung der staatlichen Souveränität im Spiegel der kanonistischen Völkerrechtslehre, Der Staat 42 (2003), 459-472

Stumpf, Christoph A., Völkerrecht unter Kreuz und Halbmond: Muhammad al-Shaybani und Hugo Grotius als Exponenten religiöser Völkerrechtstraditionen, AVR 41 (2003), 83-100

Stumpf, Eva, Kulturgüterschutz im internationalen Recht unter besonderer Berücksichtigung der deutsch-russischen Beziehungen, Frankfurt am Main u.a. 2003 (zit.: Stumpf, Kulturgüterschutz)

Taft IV., William H. / Buchwald, Todd F., Preemption, Iraq, and International Law, AJIL 97 (2003), 557-563

Taft IV., William H., Preemptive Action in Self-Defense, ASIL Proc. 98 (2004), 331-333

Talmon, Stefan, Changing Views on the Use of Force: The German Position, Baltic YBIL 5 (2005), 41-76

Talmon, Stefan, Grenzen der „Grenzenlosen Gerechtigkeit". Die völkerrechtlichen Grenzen der Bekämpfung des internationalen Terrorismus nach dem 11. September 2001, in: März, Wolfgang (Hrsg.), An den Grenzen des Rechts, Kolloquium zum 60. Geburtstag von Wolfgang Graf Vitzthum, Berlin 2003, S. 101-183

Talmon, Stefan, Irakkrieg ist kein Präzedenzfall (Leserbrief), FAZ, 7. Mai 2003, S. 7

Tanaka, Tadeshi, Grotius's Concept of Law, in: Onuma, Yasuaki (Hrsg.), A Normative Approach To War – Peace, War, and Justice in Hugo Grotius, Oxford 1993, S. 32-56

Tanaka, Tadeshi, Grotius's Method: With Special Reference to Prolegomena, in: Onuma, Yasuaki (Hrsg.), A Normative Approach To War – Peace, War, and Justice in Hugo Grotius, Oxford 1993, S. 11-31 (zit.: Tanaka, Grotius's Method)

Taylor, Terence, The End of Imminence?, The Washington Quarterly 27 (2004), No. 4, 57-72

Tießler-Marenda, Elke, Einwanderung und Asyl bei Hugo Grotius, Berlin 2002

Tomuschat, Christian, Obligations Arising for States without or against Their Will, RdC 241 (1993/IV), S. 195-374

Tomuschat, Christian, Völkerrecht ist kein Zweiklassenrecht, VN 2003, 41-46

Toope, Stephen, Powerful but unpersuasive? The role of the United States in the evolution of customary international law, in: Byers, Michael / Nolte, Georg (Hrsg.), United States Hegemony and the Foundations of International Law, Cambridge 2003, S. 287-316 (zit.: Toope, Customary international law)

Treidel, Ernst, Die kriegsrechtlichen Grundanschauungen des Hugo Grotius, Dissertation Würzburg 1928 (zit.: Treidel, Grundanschauungen)

Trützschler von Falkenstein, Werner, Die sich ändernde Bedeutung der Feindstaatenartikel (Artikel 53 und 107 der Satzung der Vereinten Nationen) für Deutschland, Bern /Frankfurt am Main 1975 (zit.: Trützschler von Falkenstein, Feindstaatenartikel)

Tsakmakis, Antonis, Thukydides über die Vergangenheit, Tübingen 1995

Twiss, Travers, The Law of Nations Considered as Independent Political Communities, 2. Aufl., Oxford /London 1875 (zit.: Twiss, Law of Nations)

Tyler, Patrick E., Pentagon Drops Goal of Blocking New Superpowers, NYT, 24. Mai 1992, S. 1 (mit Forts. S. 14)

Tyler, Patrick E., U.S. Strategy Plan Calls for Insuring No Rivals Develop, NYT, 8. März 1992, S. 1 (mit Forts. S. 14)

Vagts, Alfred / Vagts, Detlev F., The Balance of Power in International Law: A History of An Idea, AJIL 73 (1979), 555-580

Verdross, Alfred / Simma, Bruno, Universelles Völkerrecht, 3. Aufl., Berlin 1984

Verdross, Alfred, Abendländische Rechtsphilosophie, 2. Aufl., Wien 1963 (zit.: Verdross, Rechtsphilosophie)

Verdross, Alfred, J. J. Mosers Programm einer Völkerrechtswissenschaft der Erfahrung, in: Tittel, Josef u.a. (Hrsg.), Multitudo Legum – Ius Unum, Festschrift für Wilhelm Wengler zu seinem 65. Geburtstag, Band I, Berlin 1973, S. 685-691

Verdross, Alfred, Völkerrecht, 4. Aufl., Wien 1959

Verosta, Stephan, Der Angriffskrieg im System des Deutschen Bundes (1815-1866), in: Bernhardt, Rudolf u.a. (Hrsg.), Völkerrecht als Rechtsordnung – Internationale Gerichtsbarkeit – Menschenrechte, Festschrift für Hermann Mosler, Berlin u.a. 1983, S. 1033-1043 (zit.: Verosta, Angriffskrieg)

Verzijl, Jan H. W., International Law in Historical Perspective, Volume I: General Subjects, Leyden 1968

Vitzthum, Wolfgang Graf (Hrsg.), Völkerrecht, 3. Aufl., Berlin /New York 2004 (zit.: *Bearbeiter*, in: Vitzthum, Völkerrecht)

Vitzthum, Wolfgang Graf, Die herausgeforderte Einheit der Völkerrechtsordnung, in: Dicke, Klaus u.a. (Hrsg.), Weltinnenrecht, Liber amicorum Jost Delbrück, Berlin 2005, S. 849-864

van der Vlugt, Willem, L'Œuvre de Grotius et son influence sur le développement du droit international, RdC 7 (1925/II), S. 395-509 (zit.: van der Vlugt, L'Œuvre de Grotius)

van Vollenhoven, Cornelis, Die drei Stufen des Völkerrechts, Den Haag 1919

van Vollenhoven, Cornelis, Grotius and Geneva, Bibliotheca Visseriana Tomus VI, Lugduni Batavorum (Leiden) 1926

Waldock, Claud Humphrey Meredith, The Regulation of the Use of Force by Individual States in International Law, RdC 81 (1952/II), S. 451-517 (zit.: Waldock, Use of Force)

Walker, George K., Anticipatory Collective Self-Defense in the Charter Era: What the Treaties Have Said, Cornell ILJ 31 (1998), 321-376

Walters, F. P., A History of the League of Nations, London u.a. 1965

Wedgewood, Ruth, NATO's Campaign in Yugoslavia, AJIL 93 (1999), 828-834

Wehberg, Hans, Die Unterscheidung von Natur- und Völkerrecht in der Lehre von Hugo Grotius, in: Der Göttinger Arbeitskreis (Hrsg.), Mensch und Staat in Recht und Geschichte, Festschrift für Herbert Kraus zur Vollendung seines 70. Lebensjahres dargebracht von Freunden, Schülern und Mitarbeitern, Kitzingen am Main 1954, S. 227-232 (zit.: Wehberg, Natur- und Völkerrecht)

Wehberg, Hans, Hugo Grotius, Wiesbaden 1956

Wehberg, Hans, Krieg und Eroberung im Wandel des Völkerrechts, Frankfurt am Main /Berlin 1953 (zit.: Wehberg, Krieg und Eroberung)

Wehberg, Hans, Le protocole de Genève, RdC 7 (1925/II), S. 1-150

Welsh, Steven C., Preemptive War, International Law & the 2006 National Security Strategy (URL: www.cdi.org/news/law/preemptive-war-031606.cfm, 4. April 2006)

Wengler, Wilhelm, Das völkerrechtliche Gewaltverbot – Probleme und Tendenzen, Vortrag gehalten vor der Berliner Juristischen Gesellschaft am 24. Juni 1966, Schriftenreihe der Juristischen Gesellschaft e.V., Heft 28, Berlin 1967

Wengler, Wilhelm, Die Entscheidung des internationalen Gerichtshofs im Nicaragua-Fall, NJW 1986, 2994-2997

Wieacker, Franz, Privatrechtsgeschichte der Neuzeit, 2. Aufl., Göttingen 1967

Wildhaber, Luzius, Gewaltverbot und Selbstverteidigung, in: Schaumann, Wilfried (Hrsg.), Völkerrechtliches Gewaltverbot und Friedenssicherung, Baden-Baden 1971, S. 147-173

Wittig, Peter, Der Aggressionsbegriff im internationalen Sprachgebrauch, in: Schaumann, Wilfried (Hrsg.), Völkerrechtliches Gewaltverbot und Friedenssicherung, Baden-Baden 1971, S. 33-73 (zit.: Wittig, Aggressionsbegriff)

Wodarz, Katharina, Gewaltverbot, Menschenrechtsschutz und Selbstbestimmungsrecht im Kosovo-Konflikt, Frankfurt am Main u.a. 2002 (zit.: Wodarz, Kosovo-Konflikt)

Wolf, Erik, Große Rechtsdenker der deutschen Geistesgeschichte, 4. Aufl., Tübingen 1963 (zit.: Wolf, Rechtsdenker)

Wolfrum, Rüdiger, The Attack of September 11, 2001, the Wars Against the Taliban and Iraq: Is There a Need to Reconsider International Law on the Recourse to Force and the Rules of Armed Conflict?, Max Planck UNYB 7 (2003), 1-78

Yoo, John, International Law and the War in Iraq, AJIL 97 (2003), 563-576

Zhiyuan, Cui, The Bush Doctrine and Neoconservatism: A Chinese Perspective, Harvard ILJ 46 (2005), 403-410

Ziegler, Karl-Heinz, Die Bedeutung von Hugo Grotius für das Völkerrecht – Versuch einer Bilanz am Ende des 20. Jahrhunderts, ZHF 23 (1996), 355-371

Ziegler, Karl-Heinz, Die römischen Grundlagen des europäischen Völkerrechts, Ius Commune IV (1972), 1-27

Ziegler, Karl-Heinz, Grotius als „Vater des Völkerrechts", in: Selmer, Peter / Münch, Ingo von (Hrsg.), Gedächtnisschrift für Wolfgang Martens, Berlin /New York 1987, S. 851-858

Ziegler, Karl-Heinz, Pluralisierung und Autorität im europäischen Völkerrecht des Spätmittelalters und der frühen Neuzeit, ZHF 30 (2003), 533-553

Ziegler, Karl-Heinz, Tradition und Wandel im Völkerrecht der römischen Spätantike, in: Böhm, Alexander u.a. (Hrsg.), Idee und Realität des Rechts in der Entwicklung internationaler Beziehungen, Festgabe für Wolfgang Preiser, Baden-Baden 1983, S. 11-31 (zit.: Ziegler, Tradition und Wandel)

Ziegler, Karl-Heinz, Völkerrechtsgeschichte, München 1994

Zoller, Elisabeth, The Law Applicable to the Preemption Doctrine, ASIL Proc. 98 (2004), 333-337

Žourek, Jaroslav, La notion de légitime défense en droit international, AIDI 56 (1975), 1-69

AUGSBURGER SCHRIFTEN ZUM STAATS- UND VÖLKERRECHT

Begründet von Professor Dr. Dieter Blumenwitz

Band 1 Fritz-Harald Wenig: Rechtsprobleme des innerdeutschen Handels.

Band 2 Wilfried Niedermeier: Der Beitritt der Bundesrepublik Deutschland zum Statut des Internationalen Gerichtshofes unter besonderer Berücksichtigung der obligatorischen Gerichtsbarkeit.

Band 3 Johann G. Gleich: Die Anerkennung der DDR durch die Bundesrepublik.

Band 4 Matthias Weigand: Der Vertrag über die gegenseitigen Beziehungen zwischen der Bundesrepublik Deutschland und der Tschechoslowakischen Sozialistischen Republik vom 11. Dezember 1973 - Eine völkerrechtliche Analyse.

Band 5 Werner Trützschler von Falkenstein: Die sich ändernde Bedeutung der Feindstaatenartikel (Artikel 53 und 107 der Satzung der Vereinten Nationen) für Deutschland.

Band 6 Reiner Schenk: Die Viermächteverantwortung für Deutschland als Ganzes, insbesondere deren Entwicklung seit 1969.

Band 7 Wolfgang Wagner: Die Verwirklichung der Menschenrechte im Pakt der Vereinten Nationen über bürgerliche und politische Rechte vom 16. Dezember 1966, im Grundvertrag und den ihn begleitenden Nebeninstrumenten.

Band 8 Ulrich Wacker: Der Konflikt verschiedener Rechtssysteme vor, während und nach der Kolonialzeit in Kenia.

Band 9 Wolfgang Enders: Der mexikanische Bundesstaat. Die politische und sozioökonomische Problematik eines föderalen Verfassungssystems in einem Land der "Dritten Welt".

Band 10 Heiner Hasford: Die Jurisdiktion der Europäischen Gemeinschaften. Zur extraterritorialen Wirkung des Gemeinschaftsrechts.

SCHRIFTEN ZUM STAATS- UND VÖLKERRECHT

Begründet von Professor Dr. Dr. h.c. mult. Dieter Blumenwitz
Herausgegeben von Gilbert Gornig, Burkhard Schöbener
und Winfried Bausback

Band 11 Wolf Dieter Remmele: Die Selbstdarstellung der Bundesrepublik Deutschland im Ausland durch den Rundfunk als Problem des Staats- und Völkerrechts.

Band 12 Elisabeth Lichtenstern: Die Gesetzgebung im Spannungsverhältnis zwischen Bund und Ländern.

Band 13 Peter Gassner: Kollektivmacht und Individualschutz im amerikanischen Arbeitsrecht.

Band 14 Helga Walter: Das Selbstverständnis des modernen Algeriens. Die historisch-nationalen und islamischen Elemente.

Band 15 Dieter Schütz: Der internationale ordre public. Der Ausschluß völkerrechtswidrigen fremden Rechts im Internationalen Privatrecht der Bundesrepublik Deutschland.

Band 16 Klaus-Peter Kißler: Die Zulässigkeit von Wirtschaftssanktionen der Europäischen Gemeinschaft gegenüber Drittstaaten.

Band 17 Rainhardt Freiherr von Leoprechting: Die neue Rohrwaffen-Artillerie-Munition im Lichte des I. Genfer Zusatzprotokolles vom 12. Dezember 1977. Zur Frage der Völkerrechtskonformität der Verteidigung der Bundesrepublik Deutschland mit modernen konventionellen Artilleriesystemen.

Band 18 Roland Steinmeyer: Die Schiffsgläubigerrechte im südafrikanischen nationalen und internationalen Privatrecht. Eine rechtsvergleichende Darstellung unter Einbeziehung des englischen und deutschen internationalen Privatrechts und unter besonderer Berücksichtigung des ordre public.

Band 19 Martin C. Ney: Der Einsatz von Atomwaffen im Lichte des Völkerrechts. Summary: The Use of Nuclear Weapons and International Law.

Band 20 Teodoro Ribera Neumann: Das chilenische Verfassungsgericht und das deutsche Bundesverfassungsgericht - Ein Rechtsvergleich -. 1985.

Band 21 Theodora Antoniou: Europäische Integration und griechische Verfassung. 1985.

Band 22 Georg Teyssen: Deutschlandtheorien auf der Grundlage der Ostvertragspolitik. 1987.

Band 23 Karin Klüpfel: Selbstbestimmung durch Assoziation. Die Assoziation als Verwirklichung des Selbstbestimmungsrechts der Völker - dargestellt am Beispiel von Puerto Rico. 1987.

Band 24 Friedrich Dehner: Die Stellung Berlins im Bundesrat. 1987.

Band 25 Thilo Morhard: Die Rechtsnatur der Übereinkommen der Internationalen Arbeitsorganisation. Zugleich ein Beitrag zur Lehre vom "soft law". 1988.

Band 26 Ralf Jahn: Ansiedlung von Einzelhandelsgroßprojekten (§ 11 Abs. 3 BauNVO 1977). Zur Frage der Bestimmtheit grundrechtsbeschränkender Eingriffsnormen. 1988.

Band 27 Wolfgang Götzer: Der völkerrechtliche Status der Donau zwischen Regensburg und Kelheim. Eine völkerrechtliche Untersuchung des Donauabschnittes Regensburg - Kelheim unter Einbeziehung der gesamten deutschen Donau. 1988.

Band 28 Michael Hakenberg: Die Iran-Sanktionen der USA während der Teheraner Geiselaffäre aus völkerrechtlicher Sicht. 1988.

Band 29 Renate Oxenknecht: Der Schutz ethnischer, religiöser und sprachlicher Minderheiten in Art. 27 des Internationalen Paktes über bürgerliche und politische Rechte vom 16. Dezember 1966. 1988.

Band 30 Raphael Quarshie Avornyo: Deutschland und Togo. (1847-1987). 1988.

Band 31 Friedrich Frhr. Waitz von Eschen: Die völkerrechtliche Kompetenz der Vier Mächte zur Gestaltung der Rechtslage Deutschlands nach dem Abschluß der Ostvertragspolitik. 1988.

Band 32 Gisela Süß: Die Zulassung von Zahnärzten aus dem EG-Bereich zur deutschen Kassenarztpraxis. Ein Beitrag zu Standort und Bedeutung der Grundrechte im Europäischen Gemeinschaftsrecht. 1988.

Band 33 Meggy Steffens: Die deutsche Ostpolitik im Spiegel publizistischer Stellungnahmen in den USA 1969-1973. 1988.

Band 34 Norbert Karl Riedel: Der Einsatz deutscher Streitkräfte im Ausland - verfassungs- und völkerrechtliche Schranken -. 1989.

Band 35 Heidi Dünisch: Der Mundatwald - Zur Bereinigung letzter Kriegsfolgenprobleme zwischen Deutschland und Frankreich.1989.

Band 36 Sabine Niedermeyer-Krauß: Kommunalwahlrecht für Ausländer und Erleichterung der Einbürgerung. Integrationsmöglichkeiten für Ausländer aus verfassungs- und europarechtlicher Sicht. 1989.

Band 37 Dirk-Hermann Voß: Regionen und Regionalismus im Recht der Mitgliedstaaten der Europäischen Gemeinschaft: Strukturelemente einer Europäischen Verfassungsordnung. 1989.

Band 38 Tilo Klinner: Satellitenfernerkundung im Völkerrecht. Inwieweit existiert ein völkerrechtlicher Datenschutz? 1989.

Band 39 Barbara Schmidt: Die Erweiterung der seewärtigen Hoheitsrechte der Bundesrepublik Deutschland und der DDR unter besonderer Berücksichtigung deutschlandrechtlicher Probleme. 1989.

Band 40 Hans-Joachim Brauns: Wiedervereinigung und europäische Integration. 1990.

Band 41 Gilbert-Hanno Gornig: Der Hitler-Stalin-Pakt. Eine völkerrechtliche Studie. 1990.

Band 42 Gudrun Lehnberger: Kommunale Entwicklungshilfe. Eine Aufgabe der Gemeinden? - Bestandsaufnahme und rechtliche Würdigung unter besonderer Berücksichtigung der bayerischen Verwaltungspraxis. 1990.

Band 43 Heike Kaup: Der Schwangerschaftsabbruch aus verfassungsrechtlicher Sicht. Eine rechtsvergleichende Untersuchung anhand des deutschen und des amerikanischen Rechts. 1991.

Band 44 Bernadette Steinmeyer: Verfassungsrechtliche Ansätze zur Neuordnung der multirassischen Gesellschaft Südafrikas unter Berücksichtigung des Vorschlages des Verhandlungsforums der "KwaZulu/Natal Indaba". 1991.

Band 45 Burkhard Schöbener: Die amerikanische Besatzungspolitik und das Völkerrecht. 1991.

Band 46 Christian Raap: Die Souveränität der Bundesrepublik Deutschland unter besonderer Berücksichtigung des militärischen Bereichs und der deutschen Einheit. 1992.

Band 47 Andrea Wagner: Der argentinisch-chilenische Konflikt um den Beagle-Kanal. Ein Beitrag zu den Methoden friedlicher Streiterledigung. 1992.

Band 48 Ralf Wittkowski: Die Staatensukzession in völkerrechtliche Verträge unter besonderer Berücksichtigung der Herstellung der staatlichen Einheit Deutschlands. 1992.

Band 49 Michael Piazolo: Das Recht auf Abtreibung als Teilaspekt des Right of Privacy. 1992.

Band 50 Silke Wenk: Das konfiszierte deutsche Privatvermögen in Polen und der Tschechoslowakei. Die Rechtslage nach Abschluß des deutsch-polnischen und deutsch-tschechoslowakischen Nachbarschaftsvertrages. 1993.

Band 51 Antje Kießwetter: Die Verfassungsentwicklung in Namibia. 1993.

Band 52 Angelika Kleffner-Riedel: Regionalausschuß und Subsidiaritätsprinzip. Die Stellung der deutschen Bundesländer nach dem Vertrag über die Europäische Union. 1993.

Band 53 Jerzy Kranz: Entre l'influence et l'intervention. Certains aspects juridiques de l'assistance financière multilatérale. 1994.

Band 54 Knut Kettwig: Rechtsgrundlagen dezentraler grenzüberschreitender Zusammenarbeit im deutsch-polnischen und deutsch-tschechischen Grenzraum. 1994.

Band 55 Ulrich Seidenberger: Die diplomatischen und konsularischen Immunitäten und Privilegien. Ein Beitrag zur Diskussion über die Reformbedürftigkeit des Diplomaten- und Konsularrechts aus staats- und völkerrechtlicher Sicht. 1994.

Band 56 Christian Schede: Bundesrat und Europäische Union. Die Beteiligung des Bundesrates nach dem neuen Artikel 23 des Grundgesetzes. 1994.

Band 57 Florian Prugger: Die Nachfolge in das Vermögen der ehemaligen DDR. Ein Beitrag zu Art. 21 ff Einigungsvertrag unter besonderer Berücksichtigung der Firma F.C. Gerlach des Bereichs Kommerzielle Koordinierung. 1994.

Band 58 Mark Zimmer: Einsätze der Bundeswehr im Rahmen kollektiver Sicherheit. Staats- und völkerrechtliche Grundlagen unter Berücksichtigung des BVerfG-Urteils vom 12.07.1994. 1995.

Band 59 Gerd von Laffert: Die völkerrechtliche Lage des geteilten Zypern und Fragen seiner staatlichen Reorganisation. 1995.

Band 60 Wolfram Schneeweiß: Die rechtliche Stellung der Indianerstämme innerhalb der Vereinigten Staaten von Amerika. Ein Modell für den Schutz der *indigenous peoples*. 1995.

Band 61 Marianne Janik: Möglichkeiten und Grenzen einer gemeinsamen Exportkontrolle für sensitive Waren und Dienstleistungen im Lichte des europäischen Gemeinschaftsrechts. 1995.

Band 62 Michael Brems: Die politische Integration ethnischer Minderheiten aus staats- und völkerrechtlicher Sicht. 1995.

Band 63 Martin Vocke: Verfassungsinterpretation und Normbegründung - Grundlegung zu einer prozeduralen Theorie der Verfassungsgerichtsbarkeit. 1995.

Band 64 Stefan von der Beck: Die Konfiskationen in der Sowjetischen Besatzungszone von 1945 bis 1949. Ein Beitrag zu Geschichte und Rechtsproblemen der Enteignung auf besatzungsrechtlicher und besatzungshoheitlicher Grundlage. 1996.

Band 65 Stephanie Baer: Der Zerfall Jugoslawiens im Lichte des Völkerrechts. 1995.

Band 66 Christine Sauerwald: Die Unionsbürgerschaft und das Staatsangehörigkeitsrecht in den Mitgliedstaaten der Europäischen Union. 1996.

Band 67 Silke Buchner: Die Rechtswidrigkeit der Taten von "Mauerschützen" im Lichte von Art. 103 II GG unter besonderer Berücksichtigung des Völkerrechts. Ein Beitrag zum Problem der Verfolgung von staatlich legitimiertem Unrecht nach Beseitigung des Unrechtssystems. 1996.

Band 68 Bernd Weiß: Einführung und Umsetzung der Europäischen Charta der kommunalen Selbstverwaltung in Deutschland, insbesondere in Bayern und Nordrhein-Westfalen. 1996.

Band 69 Gesine Katharina Neumann: Boliviens Recht auf freien Zugang zum Pazifik. Zur völkerrechtlichen Problematik des Zugangs der Binnenstaaten zum Meer. 1997.

Band 70 Elvira Pfrang: Das Verhältnis zwischen Europäischem Gemeinschaftsrecht und deutschem Recht nach der Maastricht-Entscheidung des Bundesverfassungsgerichts. Eine Studie zu den Konflikten beider Rechtsordnungen auf dem Gebiet des Grundrechtsschutzes und der Kompetenzen. 1997.

Band 71 Dieter Blumenwitz / Burkhard Schöbener: Stabilitätspakt für Europa. Die Sicherstellung mitgliedstaatlicher Haushaltsdisziplin im Europa- und Völkerrecht. 1997.

Band 72 Matthias Weinberg: Schutz der deutschen Minderheit in Polen nach den Weltkriegen. Ein Vergleich unter Berücksichtigung der aktuellen Rechtslage. 1997.

Band 73 Reinhard Müller: Der "2+4-Vertrag und das Selbstbestimmungsrecht der Völker. 1997.

Band 74 Stefan Strobl: Das Nichtverbreitungsregime für Kernwaffen nach 1995 und der freie Zugang zu nuklearen Technologien und Materialien. 1997.

Band 75 Christine Weber: Das Gegenzeichnungsrecht unter besonderer Berücksichtigung der Verfassung des Fürstentums Liechtenstein. 1997.

Band 76 Stephan Semrau: Die Gemeinsame Außen- und Sicherheitspolitik der Europäischen Union. 1998.

Band 77 Marcus Schultz: Die Auslandsentsendung von Bundeswehr und Bundesgrenzschutz zum Zwecke der Friedenswahrung und Verteidigung. Völker- und verfassungsrechtliche Analyse unter besonderer Berücksichtigung der Entscheidung des Bundesverfassungsgerichtes zum Einsatz deutscher Streitkräfte vom 12. Juli 1994. 1998.

Band 78 Benedikt P. Kuttenkeuler: Die Verankerung des Subsidiaritätsprinzips im Grundgesetz. Ein Beitrag zur Bedeutung des Subsidiaritätsprinzips für die Kompetenzabgrenzung im Bundesstaat. 1998.

Band 79 Winfried Bausback: Verfassungsrechtliche Grenzen des Wahlrechts zum Deutschen Bundestag. 1998.

Band 80 Elvira Pfrang: Towards Liberalisation of the European Electricity Markets. The Directive concerning Common Rules for an Internal Market in Electricity in the Frame of the Competition and Internal Market Rules of the EC-Treaty. 1999.

Band 81 Alexander Wolf: Prozessuale Probleme des »Maastricht"-Urteils des Bundesverfassungsgerichts. 1999.

Band 82 Jürgen Bartl: Die humanitäre Intervention durch den Sicherheitsrat der Vereinten Nationen im "Failed State". Das Beispiel Somalia. 1999.

Band 83 Thomas Gnielinski: Die Reform des deutschen Staatsangehörigkeitsrechts. Eine Analyse und Bewertung der vorliegenden Gesetzesvorhaben. 1999.

Band 84 Margarita González: Der völkerrechtliche Status des Panamakanals nach Ablauf der Übergangszeit im Jahr 1999. 2000.

Band 85 Petra Johnen: Die Verfassungsentwicklung Südafrikas unter besonderer Berücksichtigung der verfassunggebenden Gewalt des Volkes. 2001.

Band 86 Markus Allstadt: Die offene Völkerrechtslage im deutsch-tschechischen Verhältnis und ihre Bedeutung für die Osterweiterung der Europäischen Union. Zugleich Überlegungen zu den Auswirkungen zwingenden Völkerrechts in der Vertriebenenfrage. 2000.

Band 87 Gerrit Aschmann: Europol aus Sicht der deutschen Länder. 2000.

Band 88 Mark Weber: Der Berlin-Status im intertemporalrechtlichen Konflikt. Dargestellt am Beispiel von Grundstücksenteignungen im Ostteil Groß-Berlins. 2001.

Band 89 Heidi Hellwig: Die Staatsangehörigkeit als Anknüpfung im deutschen IPR. Unter besonderer Berücksichtigung des Gesetzes zur Reform des Staatsangehörigkeitsrechts. 2001.

Band 90 Aline Bruer-Schäfer: Der Internationale Strafgerichtshof. Die Internationale Strafgerichtsbarkeit im Spannungsfeld von Recht und Politik. 2001.

Band 91 Andreas Rosenfeld: Die Verfassungsentwicklung von Mosambik. Ein Beitrag zur rechtsstaatlichen Transformation im südlichen Afrika. 2001.

Band 92 Markus Pallek: Der Minderheitenschutz im deutschen Verfassungsrecht. Eine analytische Untersuchung des Begriffs sowie der bundes- und landesverfassungsrechtlichen Stellung der ethnischen, nationalen, sprachlichen, kulturellen und religiösen Minderheiten in der Bundesrepublik Deutschland vor dem Hintergrund der völker- und europarechtlichen Rahmenbedingungen. 2001.

Band 93 Ansgar Firsching: Die Samen, ihre Rechtsstellung in Schweden und ihre Rechtsstellung im Lichte der Indigenous Peoples weltweit. 2002.

Band 94 Jörg Dunker: Regionale Integration im System des liberalisierten Welthandels. EG und NAFTA im Vergleich. 2002.

Band 95 Katharina Wodarz: Gewaltverbot, Menschenrechtsschutz und Selbstbestimmungsrecht im Kosovo-Konflikt. 2002.

Band 96 Grit Hokema: Immunität von Staatsoberhäuptern. 2002.

Band 97 Tido Oliver Hokema: Mehrfache Staatsangehörigkeit. Eine Betrachtung aus völkerrechtlicher und verfassungsrechtlicher Sicht. Unter Berücksichtigung des Staatsangehörigkeitsreformgesetzes vom 15. Juli 1999. 2002.

Band 98 Janet Kerstin Butler: Die Beteiligung von Privatpersonen am WTO-Streitbeilegungsverfahren. Bestandsaufnahme und Entwicklungsperspektiven. 2002

Band 99 Tobias H. Irmscher: Die Behandlung privater Beschwerden über systematische und grobe Menschenrechtsverletzungen in der UN-Menschenrechtskommission. Das 1503-Verfahren nach seiner Reform. 2002.

Band 100 Markus Voltz: Menschenrechte und ordre public im Internationalen Privatrecht. 2002.

Band 101 Sabine Schorer: Das Konsensprinzip in der internationalen Gerichtsbarkeit. 2003.

Band 102 Anja Weisgerber: Das Beweiserhebungsverfahren parlamentarischer Untersuchungsausschüsse des Deutschen Bundestages. 2003.

Band 103 Stephan Anstötz: Perspektiven zur staatlichen Neuordnung Zyperns. 2003.

Band 104 Eva Stumpf: Kulturgüterschutz im internationalen Recht unter besonderer Berücksichtigung der deutsch-russischen Beziehungen. 2003.

Band 105 Christian Malzahn: GATT-widrige *Treble Damages*-Klagen auf der Grundlage des US Antidumping Act 1916. Eine Untersuchung der Rechtsstellung beklagter deutscher Unternehmen im US-amerikanischen und deutschen Recht. 2003.

Band 106 Susanne Giannios: Ein Wasserregime im Nahen Osten. Rechtliche und politische Grundlagen und Perspektiven der internationalen Wasserverteilung im Jordanbecken. 2004.

Band 107 Jan Hübner: Das Verbrechen des Völkermordes im internationalen und nationalen Recht. 2004.

Band 108 Benjamin Krenberger: Deutschland im Spannungsfeld zwischen Europäischer Menschenrechtskonvention und nachzubefolgendem Besatzungsrecht. Reichweite der Verpflichtungen des souveränen Deutschlands nach der Liechtenstein-Entscheidung des Europäischen Gerichtshofes für Menschenrechte. 2004.

Band 109 Matthias Werner Schneider: Kommunaler Einfluß in Europa. Die Einflußnahme der Kommunen beim Europarat als Modell für die Europäische Union. KGRE, AdR und EKC als Säulen eines europäischen Kommunalschutzes. 2004.

Band 110 Bettina Gerber: Die Asylrechtsharmonisierung in der Europäischen Union. Unter besonderer Berücksichtigung der Richtlinie zur Festlegung von Mindestnormen für die Aufnahme von Asylbewerbern in den Mitgliedstaaten. 2004.

Band 111 Markus Lintner: Die verfassungsrechtlichen Grenzen des horizontalen Länderfinanzausgleichs nach Art. 107 Abs. 2 GG. 2004.

Band 112 Daniel Volk: Die Begrenzung kriegerischer Konflikte durch das moderne Völkerrecht. 2005.

Band 113 Eugenie Trützschler von Falkenstein: Mittelosteuropa – Nationen, Staaten, Regionen. Die Erweiterung der Europäischen Union aus der historischen Perspektive. 2005.

Band 114 Angela Kaiser: Minderheitenschutz in der Europäischen Union. Eine Untersuchung des „doppelten Standards" des EU-Minderheitenschutzes unter besonderer Berücksichtigung der Europäischen Grundrechtecharta. 2005.

Band 115 Kerstin Liesem: Die Reparationsverpflichtungen der Bundesrepublik Deutschland nach dem Zweiten Weltkrieg unter besonderer Berücksichtigung der Zwangsarbeiterentschädigung. 2005.

Band 116 Christoph Holthusen: Der Nordirlandkonflikt. Geschichte, zentrale Aspekte und Lösungsmodelle unter völkerrechtlicher Betrachtung. 2005.

Band 117 Christoph Junck: Die Gerichtsbarkeit des Internationalen Strafgerichtshofs. Vorbedingungen und Auslösemechanismen nach dem Römischen Statut vom 17. Juli 1998. 2006.

Band 118 Corinna Margit Hartmann: Staatliche Beteiligung an terroristischen Gewaltaktionen. Neue Herausforderungen für das Friedenssicherungssystem der Vereinten Nationen. 2006.

Band 119 Dagmar Wurst: Eigentums- und Investitionsgüterschutz im Völkerrecht. Das Beispiel der Landenteignung in Zimbabwe. 2006.

Band 120 Türkmen Tezcan: Der Zypernkonflikt vor dem Europäischen Menschenrechtsgerichtshof. Eine Analyse unter besonderer Berücksichtigung der Loizidou-Rechtsprechung und ihrer Auswirkung auf die zwischenstaatlichen Beziehungen. 2006.

Band 121 Dorothee von Arnim: Der Standort der EU-Grundrechtecharta in der Grundrechtsarchitektur Europas. 2006.

Band 122 Alexander Brexendorff: Rohstoffe im Kaspischen Becken. Völkerrechtliche Fragen der Förderung und des Transports von Erdöl und Erdgas. 2006.

Band 123 Markus A. Meckler: Der Kleinstaat im Völkerrecht. Das Fürstentum Liechtenstein im Spannungsfeld zwischen Souveränität und kleinstaatenspezifischen Funktionsdefiziten. 2006.

Band 124 Björn Hoppenstedt: Kommunale Selbstverwaltung in den USA. Im Lichte europäischer Standards. 2007.

Band 125 Martin Kunde: Der Präventivkrieg. Geschichtliche Entwicklung und gegenwärtige Bedeutung. 2007.

Daniel Volk

Die Begrenzung kriegerischer Konflikte durch das moderne Völkerrecht

Frankfurt am Main, Berlin, Bern, Bruxelles, New York, Oxford, Wien, 2005.
XVI, 213 S.
Schriften zum Staats- und Völkerrecht. Herausgegeben von Dieter Blumenwitz.
Bd. 112
ISBN 3-631-52961-9 · br. € 42.50*

Mit dem Krieg der Vereinigten Staaten und weiterer Alliierter gegen den Irak im Jahre 2003 ging eine heftige Diskussion um die Kriegsbegrenzung durch das moderne Völkerrecht einher. Neben der humanitären Intervention wird die präventive Selbstverteidigung als Rechtfertigung zwischenstaatlicher Gewaltanwendung ins Feld geführt. Diese Arbeit gibt zunächst einen Überblick über die Entwicklung der völkerrechtlichen Kriegsverhütung und -begrenzung. Sodann werden die Ausnahmen zum Verbot der zwischenstaatlichen Gewaltanwendung untersucht, namentlich die humanitäre Intervention und das Recht zur Selbstverteidigung.

Aus dem Inhalt: Völkerrechtliches Gewaltverbot · Kriegsrecht · Selbstverteidigungsrecht · Präventive Selbstverteidigung · Humanitäre Intervention